黃文吉著

# 北宋十大詞家研究

文史哲學集成

文史哲出版社印行

國立中央圖書館出版品預行編目資料

北宋十大詞家研究 / 黃文吉著. -- 初版. -- 臺北市 : 文史哲, 民84
面 ; 公分. -- (文史哲學集成 ; 338)
參考書目:面
ISBN 957-547-927-0(平裝)

1. 詞 - 宋(960-1279) - 評論

823.851　　84001873

㉝⑧ 文史哲學集成

北宋十大詞家研究

著者：黃文吉
出版者：文史哲出版社
登記證字號：行政院新聞局局版臺業字五三三七號
發行人：彭正雄
發行所：文史哲出版社
印刷者：文史哲出版社
台北市羅斯福路一段七十二巷四號
郵撥〇五一二八八一二彭正雄帳戶
電話：三五一一〇二八

實價新台幣四八〇元

中華民國八十五年三月初版



ISBN 957-547-927-0

# 北宋十大詞家研究　目次

# 自序

宋代是我國文化燦爛發達的時代，諸如文學、史學、哲學、藝術等各方面，都有極輝煌的成就。這固然是由於宋代朝廷重視文治，政治安定，社會繁榮的結果，但就整個中國文化的發展歷程而言，這也是一種必然的趨勢。試以宋代文學的代表——詞爲例，詞萌芽於初盛唐，發育於中晚唐，到五代即漸趨成熟，這股潮流日益壯闊，詞在宋代如何不興盛呢？加上唐詩的發展已到極限，宋詩於是另闢谿徑，轉往說理、敘事之途，而宋代文人欲宣洩情感時，則紛紛投靠在詞的旗幟之下，創造了許多偉大優秀的作品，令後人吟誦讚嘆不已。

筆者自民國六十二年隨盧師聲伯（元駿）學詞，受其薰陶啓發，對詞即產生莫大的興趣，後入研究所，在鄭師因百（騫）的指導下，完成了碩士論文《朱敦儒詞研究》，朱氏乃南北宋之交的特出詞人，在北宋末年即有「詞俊」之雅號，由於他身歷承平、變亂、偏安三個階段，所以詞作也表現出浪漫、慷慨、曠達等三種不同風格，文學與時代環境之關係顯然可見。考進博士班，便根據研究朱敦儒詞的心得爲基礎，進而探討與朱同一時代的詞人，經鄭師因百的熱心指導，撰就了《宋南渡詞人研究》論文（已由臺灣學生書局出版），並獲得博士學位。

筆者自完成學業以來，即先後於政治作戰學校中文系、國立彰化師範大學國文系講授「詞選」課程，在教學相長的激勵下，繼續從事詞學研究，於是由「宋南渡詞人」往上溯源，探討北宋這一時代的詞壇狀況，先後完成了十位重要詞家的專題研究。

本研究所選之十大詞家，係根據鄭師因百《詞選》一書所列之北宋前期五家：晏殊、歐陽修、晏幾道、張先、柳永，及北宋後期五家：蘇軾、黃庭堅、秦觀、賀鑄、周邦彥，鄭師認爲宋代是詞的輝煌時期，作家輩出，所以選錄標準應該從嚴。這十位詞家無論就作品之數量、質量或影響而言，都有傑出表現，在北宋詞壇上最具代表性，故本研究即以他們爲對象。

筆者在研究文學的過程中，常常覺得文學並非單一存在的現象，它與作家的才情、時代、環境，甚而擴充到整個歷史文化，皆有密切關係。所以從事詞學研究時，即嘗試以較宏觀的角度來探討，如筆者近幾年來陸續發表的單篇論文：〈從詞的實用功能看宋代文人的生活〉、〈漁父在唐宋詞中的意義〉、〈唱和與詞體的興衰〉、〈宋代歌妓繁盛對詞體之影響〉等，或從歷史文化、或從社會功能等大方向切入，對詞體的發展演變似乎有較新的體會。在探討個別詞家時也是如此，除了重視其作品之文學價值外，亦兼顧作品的社會性及實用性，如晏殊大量製作壽詞、詠物詞，一般論者都予以嚴厲批評，但筆者則認爲晏殊擴充詞體的實用功能，對促進文人塡詞風氣絕對有所幫助，這種開創之功，不能因爲其文學價值較低而輕易抹煞。

詞體的和韻作品也常受人詬病，可是當我們認識詞體的興衰與唱和息息相關時，那麼對張先首開以詞和韻的風氣，便不得不予以正視。蘇軾、黃庭堅等以詩爲詞的詞人都有許多和韻作品，而秦觀、周邦彥等重視音律的詞人則一首都沒有，這不是應歌、應社與本色、非本色之判然界限嗎？和韻一方面使詞體形式作法向詩靠攏，同時也是詞體內容解放、風格解放之表徵，這是我們對蘇軾大量創作和韻詞所需要理解的。

詞既然是音樂文學，北宋歌妓繁盛，詞體難免受其影響，我們探討每位詞人時，對他們與歌妓交往的情形都予以密切注意，如此其作品多兒女私情自不必訝異。但有些作家，如晏幾道、秦觀、周邦彥等，其情詞婉約哀傷、沈鬱悲涼，隱含有身世之感，吾人雖難以遽窺其旨，但亦不容小覷，或許從大處掌握，不要率易附會，如隔霧賞花、臨匣觀劍即可，這是我們對一些可能含有寄托作品的意見。

每位詞人的形式技巧、藝術風格也是我們探討的重點，或從聲韻格律、章法結構、遣詞用字等加以分析，而他們使用詞調的情形，吾人也不憚其煩地一一統計，從每位詞人的用調特色，亦顯現其創作路線之端倪。詞人的成就固然決定於作品之好壞，但要評量其在詞史的地位時，則須和其他詞人作全面性的觀照、比較，我們對每位詞人承上啓下的關係也非常留意，如歐陽修疏雋開子瞻，柳永、蘇軾在形式、內容對後人的影響，周邦彥集婉約派大成等，都有其重大貢獻，而某些特異作家，如晏幾道獨鍾小令，賀鑄詞兼多味等，亦須另眼相看。因此我們排列十位詞家的順序，除按時代先後外，間或以作風異同有所更動，如晏幾道列於張先、柳永之前，則詞史發展脈絡皦然清楚，這正是鄭師《詞選》的作法，個人亦只從中遵循而已。

本研究十篇論文中，第一篇〈北宋倚聲家初祖—晏殊〉，曾於七十九年十二月發表在《復興崗學報》四十四期，並獲得八十年度國科會研究獎助，全部論文撰寫過程，亦曾受國科會研究參考資料經費補助，謹表謝忱。第二篇〈疏雋開子瞻—歐陽修〉，刊登於國立成功大學中文系所主編的《宋代文學研究叢刊》創刊號，其他則尚未發表，在此註明，以便讀者覆按。

回顧踏上詞學的研究道路，一恍惚已二十餘年，誠然有光陰電抹之感，筆者兩年前曾主編《詞學研究書目（一九一二—一九九二）》，看到有那麼多的學界先進與同好，在詞學領域賣力耕耘，給個人無比的振奮與期許，尤其過去承蒙盧師、鄭師的諄諄教導，更覺任重道遠，無論在教學或學術研究上，不敢絲毫懈怠。本研究雖然花費筆者不少心力，但總覺個人才學有限，見解不周之處，還請海內外方家不吝指教。

民國八十四年二月**黃文吉**謹誌於國立彰化師範大學國文學系

# 北宋倚聲家初祖——晏殊

## 一、晏殊的生平與詞集

晏殊，字同叔，撫州臨川（江西臨川）人。宋太宗淳化二年（西元九九一）生。七歲能屬文，眞宗景德元年（一〇〇四），以神童薦之。次年，帝召殊與進士千餘人，並試廷中，賜同進士出身。後二日，復試詩賦論，既成，帝數稱善，擢秘書省正字，秘閣讀書，時年十五歲。仁宗朝，拜樞密副使，因事御史彈劾，罷知宣州（安徽宣城）。數月，改應天府（河南商丘）。延范仲淹以教生徒，自五代以來，天下學校廢，興學自殊始。慶曆三年（一〇四三），拜相兼樞密使，次年九月，爲孫甫、蔡襄所論，罷相，降工部尙書知潁州（安徽阜陽）。出知外郡十年，至仁宗至和元年（一〇五四），以病召歸汴京（河南開封），八月，疾少間，侍講邇英閣。至和二年，卒，年六十五，謚元獻。①

晏殊詞集名《珠玉詞》，《直齋書錄解題》載《珠玉集》一卷，今存有毛晉汲古閣刻《宋六十名家詞》本《珠玉詞》一卷，一百三十首，譌字甚多，冒廣生曾作〈珠玉詞校記〉（見《同聲月刊》一卷一〇號）。商務印書館出版林大椿校本《珠玉詞》較佳。《全宋詞》晏殊詞是以陸貽典、黃儀、毛扆等校汲古閣本的《珠玉詞》爲底本，另以吳訥《唐宋名賢百家詞》本及南京圖書館藏明鈔本《珠玉詞》校改訛字，共收詞一百三十六首，再加孔凡禮《全宋詞補輯》由《詩淵》所輯三首，則計有一百三十九首。②

## 一、《珠玉詞》的內容探討

### ㈠以詩為詞，富有哲理思考

晏殊是一位詩人，他的門生宋祁說：「晏相國，今世之工爲詩者也。末年見編集者及乃過萬篇，唐人以來所未有。」（《筆記》卷上）晏殊詩作之多，可見一斑，而可惜的是，這些作品並沒有流傳下來，後人所輯的《元獻遺文》，所剩已寥寥無幾了。由於晏殊的文學創作力是擺在詩上，塡詞只是餘事，因此正如李清照〈詞論〉所說：「至晏元獻、歐陽永叔、蘇子瞻；學際天人，作爲小歌詞，直如酌蠡水於大海，然皆句讀不葺之詩爾。」③晏殊留下來的詩雖然很少，但我們從其中的幾首便能獲悉他的詩和詞關係之密切了，如〈無題〉：

油壁香車不再逢，峽雲無跡任西東。梨花院落溶溶月，柳絮池塘淡淡風。幾日寂寥傷酒後，一番蕭瑟禁煙中。魚書欲寄何由達，水遠山長處處同。

這首七律含有作者豐沛的情感，對自己所喜的女子表現無限的思念，和他的一首詞〈鵲踏枝〉頗有異曲同工之妙：

檻菊愁煙蘭泣露。羅幕輕寒，燕子雙飛去。明月不諳離恨苦。斜光到曉穿朱户。　昨夜西風凋碧樹。獨上高樓，望盡天涯路。欲寄彩箋兼尺素。山長水闊知何處。

兩首作品的時序背景雖然不一樣，一是春天，一是秋天，但透過不同季節的不同景物，所反映出來的痴情、感傷，則是一致的，尤其兩者之結尾：「魚書欲寄何由達，水遠山長處處同」，與「欲寄彩箋兼尺素，山長水闊知何處」，像不像孿生兄弟？我們再看他的一首七律〈示張寺丞王校勘〉：

元巳清明假未開，小園幽徑獨徘徊。春寒不定斑斑雨，宿醉難禁灩灩杯。無可奈何花落去，似曾相識燕歸來。游梁賦客多風味，莫惜青錢萬選才。

這首詩是作者即景感懷、娛賓遣興之作，示給張先、與王琪的，從中顯現作者的雅好賓客，要以及時選才爲己任，正印證了《宋史》本傳所說的：「殊平居好賢，當世知名之士，如范仲淹、孔道輔皆出門。及爲相，益務進賢材，而仲淹與韓琦、富弼皆進用，至於臺閣，多一時之賢。」我們將此詩和他的〈浣溪沙〉詞作比較：

一曲新詞酒一盃。去年天氣舊亭臺。夕陽西下幾時迴。　無可奈何花落去，似曾相識燕歸來。小園香徑獨徘徊。

兩首作品相同之處達到三句之多，《四庫全書總目提要》卷一九八《珠玉詞》提要云：「集中〈浣溪沙〉春恨詞—『無可奈何花落去，似曾相識燕歸來』二句，乃殊〈示張寺丞王校勘〉七言律中腹聯，《復齋漫錄》嘗述之，今復塡入詞內，豈自愛其造語之工，故不嫌複用耶？」作者自愛造語之工是一回事，而他之所以把詩句轉爲詞句來用，作者似乎把塡詞當作和作詩是一樣看待，這則又是一回事，值得我們注意。固然兩首作品所表現的主題有所差異，但從其中所顯示的哲理—感嘆大化流轉，人生短暫，則是一致的。

晏殊的詩一般論者都把它歸入「西崑體」④，其實他和西崑體還是有所不同的，如馮班評晏殊〈寓意〉一詩說：「次聯自然富貴，妙在無金玉氣。腹聯清怨，妙在無脂粉氣。此艷體中之甲科也。」又說：「崑體多用富貴詞，此卻自然不寒儉，勝楊、劉也。」⑤因此錢鍾書也說：「據說他愛讀韋應物詩，讚它『全沒些兒脂膩氣』。但是從他現存的作品看來，他主要還是受了李商隱的影響。也許因爲他反對『脂膩』，所以他跟當時師法李商隱的西崑體作者以及宋庠、宋祁、胡宿等人不同；比較活潑輕快，不像他們那樣濃得化不開，窒塞悶氣。」⑥從晏殊的詩風來看他的詞的特色也是如此，葉嘉瑩〈論晏殊詞〉一文說：「關於晏詞之特色，如其閑雅之情調，曠達之懷抱，及其寫富貴而不鄙俗，寫艷情而不纖佻諸點，固皆有可資稱述者在。然而其最主要之一點特色，則當推其情中有思之意境。」⑦「寫富貴而不鄙俗，寫艷情而不纖佻」，正是晏殊的詩超越西崑體的地方。

晏殊的詞在葉嘉瑩看來，最主要的特色是「情中有思之意境」，她說：「蓋詞之爲體，要眇宜修，適於言情，而不適於說理，故一般詞作往往多以抒情爲主，其能以詞之形式敘寫理性之思致者，則極爲罕見。而晏殊卻獨能將理性之思致，融入抒情之敘寫中，在傷春怨別之情緒內，表現出一種理性之反省及操持，在柔情銳感之中，透露出一種圓融曠達之理性的觀照。」⑧這一點確實很重要，大家都知道，宋代的詩受理學的影響，喜歡說理、議論，晏殊的詞表現出這樣的特色，正可說明宋代的文學風氣已經開始擺脫前代的樊籬，努力在開創屬於新時代的文學氣象。

在晏殊的詞作裏頭，我們可以發現他在人生的觀察體悟上，是超越前人的，雖然他早得功名，身處富貴，但看到春秋代序，時間流逝，也難免興起人生如寄的感傷，他試圖去探討人生，寫了許多對人生看法的句子來，如他感慨人生的短暫：

兔走烏飛不住，人生幾度三臺？（〈清平樂〉）

暮去朝來既老，人生不飲何爲？（〈清平樂〉）

當歌對酒莫沈吟，人生有限情無限。（〈踏莎行〉）

綠水悠悠天杳杳，浮生豈得長年少？（〈漁家傲〉）

逢好客，且開眉，盛年能幾時？（〈更漏子〉）

細算浮生千萬緒，長於春夢幾多時？（〈木蘭花〉）

感慨人生聚少離多，人事無常：

須盡醉，莫推辭，人生多別離。（〈更漏子〉）

人生百歲，離別易，會逢難。（〈拂霓裳〉）

人面不知何處，綠波依舊東流。（〈清平樂〉）

聞琴解佩神仙侶，挽斷羅衣留不住。（〈木蘭花〉）

當時共我賞花人，點檢如今無一半。（〈木蘭花〉）

朝雲聚散眞無那，百歲相看能幾個。（〈木蘭花〉）

又感慨人生苦多樂少：

人生樂事知多少，且酌金盃，管咽絃管。（〈採桑子〉）

在晏殊的眼光裏，人生是短暫的、無常的，聚少離多，苦多樂少，他要如何排解呢？如何安頓呢？他提出的對策是盡情尋歡，及時行樂：

不向尊前同一醉，可奈光陰似水聲，迢迢去未停。（〈破陣子〉）

一盃銷盡兩眉愁。（〈浣溪沙〉）

今朝有酒今朝醉，遮莫更長無睡。（〈愁蕊香〉）

勸君莫惜縷金衣，把酒看花須強飲。（〈酒泉子〉）

不如憐取眼前人，免更勞魂兼役夢。（〈木蘭花〉）

像類似的句子實不勝枚舉，因此招惹許多譏評，如宛敏灝在《二晏及其詞》一書中對晏殊的某些作品譏之爲「富貴得意之餘」的「無病呻吟」，陳永正在《晏殊晏幾道詞選》也說：「其實晏殊並沒有許多愁緒，甚至沒有眞正的愁。『一盃銷盡兩眉愁』，此意屢見於《珠玉詞》中，選注者曾檢遍全集一三四首詞中，有『盃』、『酒』、『醉』等字樣者，竟達七十八首，『愁』與『酒』互見者，亦不下十餘處，借酒銷愁，已成濫調。」⑨說晏殊的作品是「無病呻吟」、「濫調」，並不公允，晏殊固然從少年開始得意，而且貴爲宰相，這並不代表他一生都不曾遭遇波折，其實他也屢遭拂逆⑩，即使官場得意，地位崇高，也難免有心靈的空虛寂寞，尤其對生命的恐懼，對人生短暫的慨嘆，這恐怕人之常情，無關富貴與貧賤吧？

由於晏殊的作品常有哲理性的思考，於是對他作品內容的定位造成兩極性的看法。而這種爭論早在他的兒子時代就已發生，根據《詩眼》記載：

晏叔原見蒲傳正云：「先公平日，小詞雖多，未嘗作婦人語也。傳正云：「綠楊芳草長亭路，年少抛人容易去，豈非婦人語乎？」晏曰：「公謂年少爲何語？」傳正曰：「豈不謂其所歡乎？」晏曰：「因公之言，遂曉樂天詩兩句云：『欲留年少待富貴，富貴不來年少去。』傳正笑而悟。然如此語，意自高雅爾。」⑪

晏幾道爲他父親辯解，說他父親不作艷詞，並把蒲傳正舉的詞句加以哲理性的解釋，引用白居易詩句闡說「年少抛人容易去」，不是感嘆男女分別，而是指年少光陰易逝，傳正雖然欣然同意這種說法，但《詩眼》作者並不以爲然，認爲晏幾道只是將艷詞作高雅的解釋罷了。往後的論者，一派繼承蒲傳正的看法，如《古今詞話》引江尙質說：

賢如寇準、晏殊、范仲淹、趙鼎，勳名重臣，不少艷詞。⑫

陳廷焯《白雨齋詞話》說：

晏、歐著名一時，然並無甚強人意處，即以艷體論，亦非高境。⑬

都認爲晏殊的詞有不少艷詞；另一派則繼承晏幾道的說法，往往給晏殊的詞作「言外之意」的解釋，如黃氏《蓼園詞評》評《踏莎行》（小徑紅稀）說：

按此篇仍前章之意，託興既同，而結構各異。首三句言花稀而葉盛，喻君子少而小人多也。「高臺」指帝閽。「東風」二句，小人如楊花之輕薄，易動搖君心也。「翠葉」二句，喻事多阻隔。「爐香」句，喻己心之郁紆也。「斜陽卻照深深院」，言不明之日難照此淵衷也。臣心與閨意雙關，寫去相思，自得之耳。⑭

王國維《人間詞話》說：

「我瞻四方，蹙蹙靡所騁」，詩人之憂生也。「昨夜西風凋碧樹，獨上高樓，望盡天涯路」似之。⑮

黃氏《蓼園詞評》用比興之說，將一首描寫閨思情愁的詞，說成內含諷刺朝廷的隱喻，雖然有穿鑿附會之嫌，但如果晏殊的詞不是時常在情中寓有哲思的話，則不致引人遐想。王國維說詞常「遺貌取神」⑯，充分利用讀者感發性的聯想，所以把晏殊傷離怨別的詞句，說成與《詩經．小雅．節南山》中詩人憂生的詩句相似，又曾把「昨夜西風凋碧樹」這幾句，比擬爲「成大事業大學問者」的「第一種境界」，他雖誇讚此等語非大詞人不能道，但接著馬上改口說以此意解釋，恐不爲晏公所同意⑰。王國維重視讀者鑑賞創造力的自由，不強加比附，固然可免受穿鑿之譏，而晏殊的詞富有感發力量也可見一斑。

## (二)承繼詞的本質──多情

晏殊用力作詩之餘來塡詞，詞難免受詩影響，顯現出「情中有思」的特色，但詞畢竟是詞，它是花間尊前的產物，有它獨特的本質在，所以很難擺脫這個「情」字—兒女之情，也就是寫些傷春怨別的作品，儘管我們如何「遺貌取神」、如何比附隱喻，終難掩飾晏殊多情的事實。根據葉夢得《避暑錄話》卷二載：

晏元獻雖早富貴，而奉養極約。惟喜賓客，未嘗一日不燕飲。而盤饌皆不預辦，客至旋營之。頃見蘇丞相子容嘗在公幕府，見每有嘉賓必留，但人設一空案一杯。既命酒，果實蔬茹漸至。亦必以歌樂相佐，談笑雜出。數行之後，案上已粲然矣。稍闌即罷遣歌樂，曰：「汝曹呈藝已徧，吾當呈藝。」乃具筆札，相與賦詩，率以爲常。前輩風流，未之有比也。

在這種情況下不作「艷詞」、不作「婦人語」，亦戛戛難矣！又根據《道山清話》載：

晏元獻尹京日，辟張先爲通判，新納侍兒，公甚屬意。先能爲詩詞，公雅重之，每張來，令侍兒出侑觴，往往歌子野所爲之詞。其後王夫人浸不容，公即出之，一日，子野至，公與之飲，子野作〈碧牡丹〉云云，令營伎歌之，至末句，公憮然曰：「人生行樂耳，何自苦如此。」亟命於宅庫支錢若干，復取前所出侍兒。既來，夫人亦不復誰何也。⑱

從這段故事，可看出晏殊多情的一面，其詞作表現多情、深情、痴情乃理所當然，我們檢閱《珠玉詞》到處充滿這樣的句子：

此時拚作，千尺游絲，惹住朝雲。（〈訴衷情〉）

心心念念，說盡無憑，只是相思。（〈訴衷情〉）

爭奈向，千留萬留不住。……人間後會，又不知何處，魂夢裏，也須時時飛去。（〈殢人嬌〉）

無窮無盡是離愁，天涯地角尋思遍。（〈踏莎行〉）

人情須耐久，花面長依舊。莫學蜜蜂兒，等閑悠颺飛。（〈菩薩蠻〉）

無情不似多情苦，一寸還成千萬縷，天涯地角有窮時，只有相思無盡處。（〈玉樓春〉）

像這樣富有情思的句子，把它放在晚唐、五代的集子裏，一點也不遜色。因此論者常把他與晚唐、五代的詞人相提並論，有人說他追逼《花間》，步武溫、韋，如許昂霄《詞綜偶評》說：

晏氏父子均可追逼《花間》，琴川毛氏以配南唐二主，雖不免儗之不倫，然詞林中類此者，固指不多屈也。⑲

周濟《宋四家詞選．目錄序論》說：

晏氏父子，仍步溫、韋，小晏精力尤勝。⑳

其中以說他學馮延巳者爲最多，如劉邠《中山詩話》說：

晏元獻尤喜江南馮延巳歌詞，其所自作，亦不減延巳。㉑

劉熙載《藝概．詞概》說：

馮延巳詞，晏同叔得其俊，歐陽永叔得其深。㉒

馮延巳的詞富有鮮明的主觀情感，晏殊亦是如此，所以才有以上的說法。

## ㈢第一位大量製作壽詞的詞人

晏殊的詞除了富有人生哲理、豐沛情感外，其他值得注意的就是壽詞。根據筆者統計，他寫的壽詞高達二十八闋之多。但一般論者都對這些作品持否定的態度，如陸侃如、馮沅君合著《中國詩史》說：

> 《珠玉詞》中實有不少『魚目』，……所謂『魚目』者，實指下列三種詞：一、祝壽的詞，……
> ……二、詠物的詞，……三、歌頌昇平的詞，……這三種詞約占《珠玉詞》的三分之一，就中壽詞尤多。這三種詞大都無內容，少風致，讀之味如嚼蠟；而壽詞尤劣。㉓

詹安泰《宋詞散論》也說：

> 晏殊的內容，大都不出男歡女愛，離情別緒，沒有什麼特異的地方，其中還有不少祝壽之詞，尤其令人煩厭。㉔

批評他的壽詞「味如嚼蠟」、「令人煩厭」，算是相當嚴厲了。只有葉嘉瑩教授在〈大晏詞的欣賞〉一文中，極力爲這些壽詞辯護，他說：

> 《珠玉詞》中有一部分祝頌之詞，這是最爲不滿大晏的人所據爲口實，而對之加以詆毀的。……
> ……大晏所寫的祝頌之詞，也絕沒有明言專指的淺俗卑下之言，他祇是平淡然卻誠摯地寫他個人的一份祝願，且多以大自然之景物爲陪襯，而大晏對自然界之景物又自有其一份詩人之感覺，所以大晏所寫的祝頌之詞，不但閒雅富麗，而且更有著一份清新之致。㉕

這一段話固然能讓我們以較寬容的態度來欣賞這些壽詞，但個人認爲，這些壽詞的價值並不在它的文學成就，正如況周頤《蕙風詞話續編》卷一所說：「宋人多壽詞，佳句卻罕覯。」㉖葉嘉瑩教授也不諱言「這些詞在《珠玉詞》中自非佳作」㉗，那麼我們應該以怎樣的角度來看這些詞呢？根據個人的研究心得，由於壽詞有其實用性、應酬性，壽詞的興起，爲社會大衆所喜愛，對塡詞風氣的興盛，絕對是有幫助的。因此從這個角度來看晏殊的壽詞，它在整個詞史的發展上，便顯得極爲重要了。從早期的《敦煌曲》，到晚唐五代的詞集中，雖然也可發現一些賀壽內容的作品，如《敦煌曲》中的〈拜新月〉（國泰時清晏）、〈虞美人〉（再安社稷垂衣理）、〈感皇恩〉（四海天下及諸州），張說的〈舞馬詞〉（綵旄八佾成行），王建〈宮中三臺〉（池北池南草綠），司空圖〈楊柳枝〉（聖主千年樂未央）等，但數量不多，而且大都僅限於頌揚君主而已，對象並不普徧。所以我們可以說，晏殊是詞史上第一個大量製作壽詞的人，祝壽的對象也擴充了許多。此後，製作壽詞的風氣就逐漸開展起來，如柳永、黃庭堅也都有祝壽的作品，尤其南北宋之交，這種風氣興盛到極點，南渡詞人的詞作中，幾乎是無人不寫壽詞的㉘，因此說晏殊是始作俑者也好，說他是開風氣之先也好，不容否認的，這些壽詞對後世影響非常深遠，藉著壽詞的實用性，使大家樂於從事塡詞，從不斷的創作經驗中，自然提昇詞的文學性，產生許多優秀的作品來，單就這一點，我們怎麼忍心苛責這些壽詞，而不承認它在詞史上的重要性呢？

晏殊的壽詞除了〈喜遷鶯〉（風轉蕙）、又（歌斂黛）等少數幾首是向皇帝祝壽的以外，大都沒有明言專指爲何人而作，倒有許多首是寫自己的生日，如〈少年遊〉（芙蓉花發去年枝）：「家人拜上千春壽，深意滿瓊卮」、〈漁家傲〉（荷葉荷花相間鬥）：「誰喚謝娘斟美酒，縈舞袖，當筵勸我千長壽」、〈拂霓裳〉（慶生辰）：「慶生辰，慶生辰是百千春」等都是。南北宋之交有一位詞人周紫芝（一〇八二—一一五五），他寫了一首〈水調歌頭〉（白髮三千丈）的生日詞，題注云：「十月六日於僕爲始生之日，戲作此詞爲林下一笑。世固未有自作生日詞者，蓋自竹坡老人始也。」「竹坡」是作者自號，其語氣頗爲自得。這首生日詞根據詞中「五十九年非」句，知作於紹興十一年（一一四一），但向子諲在《酒邊集．江北舊詞》中，就有〈望江南〉（微雨過）、〈好事近〉（小雨度微雲）兩首是爲自己生日作的，即使趙鼎的〈賀聖朝〉（花光燭影春容媚），丙辰（紹興六年，一一三六）生日作，都比他還早，如果推本溯源，最早自作生日詞的，應該要算晏殊了。

### (四)詠物詞頗為豐富

其次，晏殊的詠物詞也非常多，根據蔡茂雄《珠玉詞研究》一書的統計，詠物的詞有〈少年遊〉、〈漁家傲〉、〈菩薩蠻〉等二十八首[29]。這些作品如前所述，和壽詞一樣被陸、馮二氏評爲「魚目」、「無內容，少風致，讀之味如嚼蠟」。詠物詞難作是事實，歷來詞評家對此都有所論述，如張炎《詞源》說：「詩難于詠物，詞爲尤難。體認稍眞，則拘而不暢；摹寫差遠，則晦而不明。」[30]詠物詞不好作，鮮有佳構，但不容否認的，它是宋詞一個很重要的特色，就像詠物詩是宋詩重要的特色一樣。宋代理學發達，可說是宋人生活的反映，也由於宋人有「萬物靜觀皆自得」的雍容態度，有「民吾同胞，物吾與也」的博愛胸襟，更有「即物而窮其理」的科學精神，因此他們很留意觀察外物，造成詠物詩大爲興盛。影響所及，詞人也把詞用來詠物。葉嘉瑩在論詠物詞的發展時說：

在《花間集》所收錄的十八位作者五百首作品中，除了像〈楊柳枝〉等習慣上多用來詠柳的作品以外，大概只有牛嶠的兩首〈夢江南〉可以算是詠物之作。……所以眞正詠物之作，在唐五代的小詞中，實在可以說極爲罕見的。其後到了北宋之世，詠物詞才逐漸得到發展，而其中對詠物詞之發展最具影響力的兩位作者，則一個自當是使詞轉向詩化的作者蘇軾，另一位則是使詞走向思索安排之途徑的作者周邦彥。在蘇軾以前的作者，一般詠物之詞的數量都極少。[31]

葉教授說唐五代詞中極少有詠物，詠物詞在北宋才逐漸發展起來，這是正確的，又說蘇軾和周邦彥對詠物詞的發展深具影響，也是事實，至於說「在蘇軾以前的作者，一般詠物之詞的數量都極少」，則有待商榷。因爲晏殊的詠物詞高達二十八首之多，怎能以「數量都極少」一筆把它帶過呢？因此，晏殊的詠物詞和壽詞一樣，在詞的內容開創方面，及造成塡詞風氣的興盛方面，都有很重大的意義，不容忽視。晏殊可說是詞史上第一位大量創作詠物詞的作家。

晏殊這二十八首詠物詞，所歌詠的有：芙蓉、荷、石竹、紅梅、黃葵、菊、梅、梅桃等，其中歌詠最多的，就是荷，共有十七首，超過一半以上，可見晏殊對荷花喜愛之深了。晏殊作詠物詞有一種很特殊的地方，就是他喜歡用同一個詞牌，不斷地歌詠，如用了兩首〈少年遊〉寫芙蓉，用了兩首〈瑞鷓鴣〉寫紅梅，用了三首〈菩薩蠻〉寫黃葵，反覆最多的就是〈漁家傲〉，共塡了十四首來寫荷。

這一系列的作品，作者必須避免字詞、物象的重複，正可凸顯作者下筆的功力，及觀察事物的細微，晏殊這十四首〈漁家傲〉詠荷詞，將荷葉荷花的千姿百態曲盡形容，如：「荷葉荷花相間鬥，紅嬌綠嫩新妝就」、「荷葉初開猶半卷，荷花欲拆猶微綻」、「夜雨染成天水碧，朝陽借出胭脂色」、「殘紅片片隨波浪，……時時綠柄輕搖颺」、「蓮葉層層張綠繖，蓮房箇箇垂金盞」等等，眞是美不勝收。

### (五)開始有反映社會的傾向

由於詞的開始，只是音樂的附庸，常用來供給歌女在席間吟唱助興，所以它的內容難免受到限制，題材顯得非常狹隘，晏殊的詞也免不了有這種缺點，劉揚忠在論〈二晏父子〉一文中說：

> 題材狹窄固爲大晏詞的明顯缺陷，但若結合歷史條件和他個人經歷來看，其詞最富個性的一點，恰恰在於它們眞摯而自然地反映了屬於這種身份的人們特定的生活情趣，特定的歡樂和悲哀。㉜

晏殊的詞固然個人的情味、思想比較濃厚，但在他的集子裏也偶有反映社會的佳作，如〈玉堂春〉中有兩首歌詠汴京風物：「帝城春暖，御柳暗遮空苑，海燕雙雙，拂颺簾櫳……寶馬香車，欲傍西池看，觸處楊花滿袖風。」、「斗城池館，二月風和煙暖。繡戶珠簾，日影初長，玉轡金鞍，繚繞沙堤路，幾處行人映綠楊。……」將京城繁榮的景象表露無遺。又如〈破陣子〉：

> 燕子來時新社，梨花落後清明。池上碧苔三四點，葉底黃鸝一兩聲。長飛絮輕。　巧笑東鄰女伴，采桑徑裏逢迎。疑怪昨宵春夢好，元是今朝鬥草贏。笑從雙臉生。

將鄉村少女在春日鬥草的歡樂，刻劃得非常活潑生動，很有社會生活寫實風貌，從這首詞中，也可看出宋朝太平雍熙的景象。而其中最受大家矚目的，莫過於〈山亭柳〉了：

家住西秦。賭博藝隨身。花柳上、鬥尖新。偶學念奴聲調，有時高遏行雲。蜀錦纏頭無數，不負辛勤。數年來往咸京道，殘盃冷炙謾消魂。衷腸事、託何人。若有知音見採，不辭徧唱〈陽春〉。一曲當筵落淚，重掩羅巾。

這首詞作者題為「贈歌者」，是《珠玉詞》中少數有題之作，作者透過女主角自述的筆法，寫一位曾盛極一時的歌女因年老色衰而被遺棄的不幸遭遇，充分反映出社會的現實與不幸。這種「聲情激越，感慨悲涼」的風格，在珠圓玉潤的晏殊詞裏是罕見的。喻朝剛說：「在宋代詞人的作品裏，以歌女生活為題材的詞數量不少，但絕大多數側重於表現兒女風情，甚至有許多作品情調低級庸俗，毫無可取之處。晏殊的這首〈山亭柳〉卻能高出一格，提出一個在當時具有普遍性的社會問題，因而值得珍視。」又說：「詞一般側重抒發作者的主觀感情，較少用來描寫故事、人物和情節的，因而抒情的因素往往多於敘事的成分。本篇卻以敘事為主，其中有人物，有故事，有情節，雖然極為簡略，但寫得十分生動。在一篇不到八十字的作品中，女主人公的生平、遭遇及其性格，被作者描繪得栩栩如生，藝術表現手法非常簡練。」㉝由於歌女的悲慘下場，在社會上是具有普遍性，正如白居易〈琵琶行〉中的琵琶女一樣，「同是天涯淪落人，相逢何必曾相識」，琵琶女有白居易的影子，〈山亭柳〉的歌女又何嘗沒有晏殊的影子？鄭師因百說：「此詞云西秦咸京，當是知永興時作。時同叔年逾六十，去國已久，難免抑鬱；此詞慷慨激越，所謂借他人酒杯澆胸中塊壘者也。」㉞鄭師的說法亦有其理由。從以上這些例子，可看出晏殊的詞已開始掙脫傳統的束縛，逐漸擴充詞的題材範圍，這種傾向是值得我們注意的。

## 三、《珠玉詞》的形式探討

### ㈠喜歡重複使用詞句

晏殊富於多情，不僅表現在感舊上，他對文字的使用亦復如此，他對喜愛的詞句，常不忍釋手，一而再，再而三地把它運用在作品上，所以《珠玉詞》中每多重複的詞句，如：

落花風雨更傷春，不如憐取眼前人。（〈浣溪沙〉）

不如憐取眼前人，免更勞魂兼役夢。（〈玉樓春〉）

晏殊創造了「不如憐取眼前人」這樣生動的警句，難怪他要反覆用之。又如：

欲寄彩箋兼尺素，山長水闊知何處？（〈鵲踏枝〉）

當時輕別意中人，山長水遠知何處？（〈踏莎行〉）

「山長水闊知何處」和「山長水遠知何處」只差一個字，作者望著連綿起伏的山巒，遼闊無際的江水，其痴情自然呈現，用詞就不避重複了。其他如重複「此情難寄」：

恨此情難寄。（〈撼庭秋〉）

惆悵此情難寄。（〈清平樂〉）

重複「一場愁夢」：

一場愁夢日西斜。（〈浣溪沙〉）

一場愁夢酒醒時。（〈踏莎行〉）

重複「紅箋小字」：

紅箋小字憑誰附。（〈踏莎行〉）

紅箋小字，說盡平生意。（〈清平樂〉）

重複「蘭泣露」：

檻菊愁煙蘭泣露。（〈鵲踏枝〉）

燕子歸飛蘭泣露。（〈清平樂〉）

重複「玉椀冰寒」：

玉椀冰寒滴露華。（〈浣溪沙〉）

玉椀冰寒消暑氣。（〈浣溪沙〉）

由於晏殊詞中多感舊之語，「往事舊歡」、「樓高目斷」這樣的詞句也就屢見不鮮：

往事舊歡何限意。（〈謁金門〉）

舊歡前事入顰眉。（〈浣溪沙〉）

何況舊歡新恨，阻心期。（〈鳳銜盃〉）

春來秋去，往事知何處？（〈清平樂〉）

樓高目斷，天遙雲黯，只堪憔悴。（〈訴衷情〉）

憑高目斷，鴻雁來時，無限思量。（〈訴衷情〉）

畫閣魂消，高樓目斷。（〈踏莎行〉）

高樓目盡欲黃昏，梧桐葉上蕭蕭雨。（〈踏莎行〉）

雖然晏殊將一些詞句反覆使用，但都能安排適得其所，更凸顯他駕馭文字的功力，李調元《雨村詞話》曾說：「晏殊《珠玉詞》極流麗，能以翻用成語見長。如『垂楊只解惹春風，何曾繫得行人住』，又『春風不解禁楊花，濛濛亂撲行人面』等句是也。翻覆用之，各盡其致。」㉟所以晏殊重複使用詞句不但不礙其成就，反而是他的特色之一。

### ㈡擅於寫景

前面說過，晏殊的詞富有哲理思考，富於多情，然而他在說理抒情當中，並不流於枯澀、輕浮，最主要原因是他善於藉景來營造意象，正如劉若愚先生所說：

晏殊的詞裏充滿了意象的運用，這些意象多得自大自然，尤其是自然界裏陰柔的一部分：花、樹、鳥、霧、山等，還有一部分是得自環繞於日常生活四周的：亭、院、簾、幕等。這些意象很自然的助成了他閒雅而溫潤的詞風。㊱

我們試看他的〈訴衷情〉這首詞，寫景多麼優美：

芙蓉金菊鬥馨香，天氣欲重陽。遠村秋色如畫，紅樹間疏黃。　流水淡，碧天長。路茫茫。

憑高目斷，鴻雁來時，無限思量。

詞的結尾，充滿著無限的情思，但他在前面藉著許許多多秋天的景象，將情烘托出來，讓我們讀了渾然在圖畫之中，很自然地被感染上一層秋的懷念。況周頤《蕙風詞話》說：「蓋寫景與言情，非二事也。蓋言情者，但寫景而情在其中。此等境界，唯北宋人詞往往有之。」㊲我們拿況周頤這一段話來看晏殊的詞，確實如此，這也是他高明的地方。如他有些詞，以景作結，含有悠長不盡之韻味：

所惜光陰去似飛，風飄露冷時。（〈破陣子〉）

記得去年今日，依前黃葉西風。（〈清平樂〉）

高樓目盡欲黃昏，梧桐葉上蕭蕭雨。（〈踏莎行〉）

一場愁夢酒醒時，斜陽卻照深深院。（〈踏莎行〉）

以上這四首詞都含有作者豐沛的情感，但他欲語還休，最後用景來收筆，透過這些景物，使我們很具體地感受到他的悲愴與無奈。前兩首〈破陣子〉、〈清平樂〉，作者以「風飄露冷」、「黃葉西風」秋天蕭瑟的景象中戛然而止，這種震撼雖不是直接，但卻強而有力，令人低迴不已。後兩首〈踏莎行〉，都是黃昏時候，一種是雨打梧桐葉上，一種是夕陽斜照深院，這兩種景象充分顯示青春流逝，時不我留的淒涼感，作者的情、愁則盡在不言中。《珠玉詞》中又有許多情景交融的好句子，如：

樓頭殘夢五更鐘，花底離情三月雨。（〈玉樓春〉）

檻菊愁烟蘭泣露，羅幕輕寒，燕子雙飛去。（〈蝶戀花〉）

細草愁烟，幽花怯露，憑欄總是銷魂處。（〈踏莎行〉）

念蘭堂紅燭，心長焰短，向人垂淚。（〈撼庭秋〉）

〈玉樓春〉的兩句，鐘聲殘夢、微雨落花，都是寫獨處閨中的凄寂，用來曲折地抒發懷人之情，文字對仗工整，陳廷焯《白雨齋詞話》特別指出說：「婉轉纏綿，深情一往，麗而有則，耐人玩味。」㊳〈蝶戀花〉與〈踏莎行〉中的句子頗爲相近，檻菊、細草之所以愁，蘭、花之所以泣、所以怯，其實都是含有作者之情在其中，物我合一，景物也就人性化了。〈撼庭秋〉的紅燭垂淚，是由杜牧〈贈別〉詩：「蠟燭有心還惜別，替人垂淚到天明」轉化而來，其實紅燭何嘗知道流淚，它只不過是作者的化身，作者自己在流淚而已。

一般論者常說晏殊的詞充滿富貴象，但它的富貴並不是金玉滿堂，而是透過自然景物所襯映出來的氣象，正如吳處厚《青箱雜記》卷五所載：「晏元獻公雖起田里，而文章富貴，出于天然。嘗覽李慶孫〈富貴曲〉云：『軸裝曲譜金書字，樹記花名玉篆牌。』公曰：『此乃乞兒相，未嘗諳富貴者。』故公每吟咏富貴，不言金玉錦繡，而唯說其氣象。若『樓臺側畔楊花過，簾幕中間燕子飛』、『梨花院落溶溶月，楊柳池塘淡淡風』之類是也。故公自以此句語人曰：『窮兒家有這景致也無？』」從這一段敘述，我們正可體會晏殊的詞，不求金玉錦繡字面的堆砌，而是在於氣氛的營造，把環境寫得博大高華，充滿富貴氣象，這也是他寫景中的一個很重要特色。

### (三)修辭技巧的運用

晏殊擅於寫景，其中很多情景交融的詞句裏，他運用的是擬人法的修辭技巧，如前面所舉的〈蝶戀花〉、〈踏莎行〉、〈撼庭秋〉等詞的句子都是，我們仔細觀察《珠玉詞》，運用擬人法寫成的句子實不勝枚舉，就以楊柳爲例，便可發現如下的句子：

垂柳只解惹春風，何曾繫得行人住？（〈踏莎行〉）

春風不解禁楊花，濛濛亂撲行人面。（〈踏莎行〉）

楊柳陰中駐彩旌，……雨條煙葉繫人情。（〈浣溪沙〉）

誰教楊柳千絲，就中牽繫人情。（〈相思兒令〉）

佳人初試薄羅裳，柳絲無力燕飛忙。（〈浣溪沙〉）

日腳依稀添一線，旋開楊柳綠蛾眉。（〈木蘭花〉）

前面兩首〈踏莎行〉，作者將楊柳比擬爲人，而加以責怪，唐圭璋說：「『春風』句，似怨似嘲，將物做人看，最空靈有味。」㊴中間兩首〈浣溪沙〉和〈相思兒令〉，則把楊柳當作像人一樣地有情感。後兩首〈浣溪沙〉和〈木蘭花〉，則把楊柳寫成像人一樣的形態。晏殊之所以常用擬人的寫法，其原因是他富於多情，客觀的景物就往往蒙上主觀的色彩，物象也就人化了，這一點和五代的詞人馮延巳非常相似，難怪乎劉邠〈中山詩話〉說：「晏元獻尤喜江南馮延巳歌詞，其所自作，亦不減延巳。」㊵

除了擬人的手法外，晏殊也常用譬喻，使詞句活潑生動，如：

花不盡，柳無窮，應與我情同。（〈喜遷鶯〉）

多情只似春楊柳，占斷可憐時候。（〈秋蕊香〉）

長於春夢幾多時，散似秋雲無覓處。（〈木蘭花〉）

爭奈世人多聚散，頻祝願，如花似葉長相見。（〈漁家傲〉）

以上這些譬喻都是明喻，我們很容易可以看出作者的用心，〈喜遷鶯〉中，作者以花柳的無盡無窮，比喻自己情意的緜遠。〈秋蕊香〉又以春天楊柳，在料峭天候搖曳生姿，比喻自己的多情。〈木蘭花〉以春夢秋雲比喻人生的短暫，這是本自白居易〈花非花〉：「來如春夢幾多時，去似朝雲無覓處。」晏殊在另一首〈木蘭花〉中又寫道：「朝雲聚散眞無那，百歲相看能幾箇。」表現相當沈痛。人生既然苦短，聚散無常，只有多多祝福了，〈漁家傲〉以荷花、荷葉長相左右，比喻人能永聚不散。他在〈訴衷情〉中也以同樣的譬喻：「如花如葉，歲歲年年，共占春風。」來祝福。另外他又用了不少隱喻：

露蓮雙臉遠山眉，偏與淡妝宜。（〈訴衷情〉）

窗間斜月兩眉愁，簾外落花雙淚墮。（〈木蘭花〉）

蓮葉層層張綠繖，蓮房箇箇垂金盞。（〈漁家傲〉）

一把藕絲牽不斷，紅日晚，回頭欲去心撩亂。（〈漁家傲〉）

隱喻由於省去了喻詞，喻體與喻依的關係就比較不明顯。〈訴衷情〉爲了形容心中所念的女子是如何迷人，用帶露的紅蓮來比喻她的雙臉，用遠處的春山來比喻她的黛眉，作者是本自《西京雜記》對卓文君之稱美：「眉色如望遠山，臉際常若芙蓉。」「芙蓉」就是蓮花。接著〈木蘭花〉卻用窗前彎彎的斜月，比喻兩眉的愁聚，以簾外簌簌的落花，比喻雙淚紛紛而墮，則是別出心裁。〈漁家傲〉將一層層的蓮葉，比喻作張開的綠傘，將一箇箇成熟的蓮蓬，比喻作倒垂的金盞，甚爲貼切。而最後以藕斷絲連來暗喻情懷牽繫，固屬常見，但作者在全詞中安排得很自然，沒有雕琢痕跡，就難能可貴了。

《珠玉詞》中又有一些用誇張的手法造成的警句，我們也特別把它提出來，供大家欣賞：

何人解繫天邊日，占取春風，免使繁紅，一片西飛一片東。（〈採桑子〉）

無情不似多情苦，一寸還成千萬縷，天涯地角有窮時，只有相思無盡處。（〈玉樓春〉）

〈採桑子〉的句子設想誰能夠繫住天邊的太陽，以挽住春光，免使繁花散落飄零，這是多麼誇張的想法，凸顯他對美好時光易逝的強烈感受，可謂無理而妙。同時他在〈訴衷情〉中又構造出這樣的句子來：「此情拚作，千尺游絲，惹住朝雲。」朝雲易散，作者想把自己化作千尺游絲，將朝雲繫住，和繫住天邊日有異曲同工之妙。可見作者對意中人一往情深，已到如痴如醉的境地，才迸出如此奇異的幻想出來。前面在論晏殊多情時，已舉過〈玉樓春〉這個例子，作者爲了極力表現自己的情感，用誇張語氣說：「天涯海角固然遙遠，但都有盡頭，只有自己的相思是永無止境的。」晏殊在另一首〈踏莎行〉也寫著：「無窮無盡是離愁，天涯地角尋思遍。」如此誇大形容的文字，像洪水般將情感宣洩出來，深深地打動讀者的心。

### ㈣重視格律，嚴辨去聲

晏殊在填詞時，非常重視格律，他有一個很重要的特色，就是嚴格分辨去聲。前人填詞，大多只分平仄，但晏殊對於用仄之處，還特別將去聲分辨出來，認爲該用去聲的地方，絕不與上聲、入聲相混，很少有例外，如〈訴衷情〉上、下片結句第二個字，他填了八首，全部用去聲字：「逢著意中人」、「惹住朝雲」、「掩亂有啼鶯」、「牽繫人情」、「紅樹間疏黃」、「無限思量」、「和露泣西風」、「心事無窮」、「閒共柳絲垂」、「只是相思」、「齊拜玉爐煙」、「富貴長年」、「清唱遏行雲」、「歲歲長新」、「偏向臉邊濃」、「共占春風」，以上十六句的第二個字，除「著」字屬入聲，但有時也可當去聲用，稍有爭議外，其他全部都是去聲字。根據夏承燾的統計，全集去聲相對者多至五六十首，同調之詞，若〈訴衷情〉、〈采桑子〉等，皆七八首相對，一首中去聲獨多者，如〈拂霓裳〉、〈殢人嬌〉皆在六七字左右，偶有差池，十之一二而已。[41]由此可見他講究格律之精細。

另外，晏殊在用韻方面也有他獨特之處，一般人填仄聲韻的調子，都是上聲、去聲通押、入聲獨押，但晏殊在填仄聲韻的調子，卻喜歡單獨押去聲韻，如〈殢人嬌〉三首、〈踏莎行〉五首、〈木蘭花〉十首等都是，極少有例外。他爲什麼對去聲字特別感興趣呢？這大概與他所要表達的情緒有密切的關係。中國字分平上去入四聲，由於聲調高低抑揚頓挫不同，所以四聲的表情功能也有所差異，唐代《元和韻譜》上說：「平聲哀而安，上聲厲而舉，去聲清而遠，入聲直而促。」由於去聲「清而遠」，正適合表現他那種富貴閑雅的氣氛，溫潤和婉的情調，所以他的詞多用去聲韻是其來有自。

### (五)詞調特色

晏殊在一百三十九首詞中，共用了三十八種調子，前面我們說過，晏殊喜歡用同一個詞牌，不斷地來歌咏一樣事物，如塡了十四首〈漁家傲〉來寫荷花，所以他在塡詞選調時，有某些詞牌是他最喜歡、最常用的，依次是：〈漁家傲〉（十四首）、〈浣溪沙〉（十三首）、〈木蘭花〉（十首）、〈訴衷情〉（十首）、〈採桑子〉（七首）、〈蝶戀花〉（七首）、〈清平樂〉（五首）、〈踏莎行〉（五首）、〈破陣子〉（五首）、〈喜遷鶯〉（五首）等十種調子，共寫了七十八首，超過總詞數一半以上。如果我們將這十種調子和唐五代詞人常用的十五種詞調（依次是：〈楊柳枝〉、〈菩薩蠻〉、〈浣溪沙〉、〈漁父〉、〈臨江仙〉、〈酒泉子〉、〈憶江南〉、〈竹枝〉、〈更漏子〉、〈南鄉子〉、〈清平樂〉、〈虞美人〉、〈南歌子〉、〈女冠子〉、〈生查子〉）相比的話，很明顯可以看出，除了〈浣溪沙〉、〈清平樂〉相同外，其他則大異其趣，這顯示出作者在選調方面，已經跳脫前人的範圍，開創屬於宋人聲音的新領域。因此他自創的詞調不少，我們根據《御製詞譜》的考證，凡是註明「調見《珠玉詞》」或「此調始于晏殊者」有：〈望仙門〉、〈秋蕊香〉、〈少年遊〉、〈燕歸梁〉、〈雨中花〉、〈睿恩新〉、〈玉堂春〉、〈漁家傲〉、〈破陣子〉、〈長生樂〉、〈山亭柳〉等十一首，這些都可能是晏殊所創；另外《御製詞譜》把它列爲正體的作品也有：〈踏莎行〉、〈清商怨〉、〈撼庭秋〉、〈胡搗練〉、〈滴滴金〉、〈紅窗聽〉、〈殢人嬌〉等七首。這些調子有部分曾對宋代詞壇起了很積極的作用，如〈漁家傲〉，成爲宋代詞人喜歡塡的調子，歐陽修（五十一首）、王安石（三首）、蘇軾、黃庭堅（各六首）、賀鑄（四首）、周邦彥（二首）等大家都曾塡它。〈少年遊〉也是如此，有柳永（十首）、張先（四首）、歐陽修（五首）、晏幾道（五首）、蘇軾（三首）、周邦彥（四首）等多位詞人塡它。另外像〈蝶戀花〉，在唐五代詞人的作品中叫〈鵲踏枝〉，經晏殊改爲〈蝶戀花〉這個調名後，宋代詞人也都採用，可見他的影響力。晏殊的詞雖多以小令爲主，但他也有三首〈拂霓裳〉（八十二字），算是對長調的一種嘗試吧！

## 四、結論

歷來論晏殊詞者，大都就他承繼《花間》詞人這方面而言，正面的評價較多，也有少數持反面意見的。如前面已舉過的許昂霄《詞綜偶評》、周濟《宋四家詞選．目錄序論》，說他「追逼《花間》」、「步武溫韋」，劉攽《中山詩話》、劉熙載《藝概．詞概》說他「所作不減延巳」、「得其俊」等等之語都是正面的肯定。而持反面意見的以陳廷焯《白雨齋詞話》爲主，他說：

> 晏、歐詞雅近正中，然貌合神離，所失甚遠。蓋正中意餘於詞，體用兼備，不當作艷詞讀。若晏、歐不過極力爲艷詞耳，尚安足重。㊷

陳氏評晏殊的詞雖與馮延巳相近，但只是形似而已，其精神是不相同的，意思是指晏殊的艷詞不像馮延巳，缺乏言外之意，只能當艷詞讀而已，其實他這種說法並不公允，充其量只算對了一半，晏殊固然有不少情感豐沛的艷詞，但也不乏「情中有思」的佳構，能夠帶給讀者感發的力量，是不容一筆抹煞的。他又說：

北宋詞，沿五代之舊，才力較工，古意漸遠。晏、歐著名一時，然並無甚強人意處，即亦艷體論，亦非高境。㊸

晏元獻、歐陽文忠皆工詞，而皆出小山下。專精之詣，固應讓渠獨步。然小山雖工詞，而卒不能比肩溫、韋，方駕正中者，以情溢詞外，未能意蘊言中也。故悅人甚易，而復古則不足。㊹

陳氏這兩則詞話更進一步批評晏殊，說晏殊所極力作的艷詞，也沒有什麼了不起；並藉著批評晏幾道的詞不能與溫、韋、延巳相提並論，說晏殊且在小山之下，反襯晏殊在詞史的地位，和晚唐五代詞人相比，是下之又下。陳氏論詞主要是發揮清代常州詞派的說法，主張作詞貴在「有所感」、「有所寄托」，風格強調「沈鬱」，反對輕佻浮滑、「一直說去，不留餘地」，所以他批評晏幾道「情溢詞外，未能意蘊言中」。這些論詞主張固然有某些進步的意義，但一味提倡比興，以致附會失實，一味尊奉溫、韋，而不知文學進化的道理，也難免偏差，受人詬病。

晏殊的詞除了承繼前人的作法之外，也有爲宋代詞壇開創的一面，否則他就不能成爲一個大家了，可惜歷來很少有人觸及這方面。馮煦《蒿庵論詞》說：

宋初諸家，靡不祖述二主，憲章正中，譬之歐虞褚薛之書，皆出逸少。晏同叔去五代未遠，馨烈所扇，得之最先，故左宮右徵，和婉而明麗，爲北宋倚聲家初祖。㊺

馮氏雖然給晏殊一個很好的封號──「北宋倚聲家初祖」，似乎觸及到晏殊在詞壇開創的一面，但他的主要論點畢竟還是集中在承繼前人的作法上，並沒有什麼新鮮的看法。在本篇討論晏殊的論文裏，我們無論是從形式或內容來探究他的詞，都採取較宏觀的角度，尤其著重在他對宋詞的開創這方面，總結晏殊詞的內容，富有哲理思考、大量製作壽詞、咏物詞頗爲豐富、開始有反映社會的傾向等等，都對宋詞產生極深遠的影響；在形式方面，他雖然還是運用小令來塡詞，沒有什麼進展，但他自創許多新調，給宋代詞人增加發揮才思的空間，並且他在格律用韻上，特別講究嚴辨去聲，這是超越前代詞人的，也給以後講究聲律的婉約派詞人很重要的啓導；綜上所述，我們才可以很大聲地指出，晏殊是北宋倚聲家初祖。

【附　註】

① 有關晏殊傳記，見《宋史》卷三一一本傳。又：宛敏灝〈晏同叔年譜〉（《安徽大學月刊》一卷六期，一九三四年四月，收入《二晏及其詞》，上海：商務印書館，一九三五年六月）、夏承燾〈晏同叔年譜〉（《詞學季刊》二卷一、二號，一九三四年十月及一九三五年一月；收入《唐宋詞人年譜》，上海古籍出版社，一九七九年五月新一版）、鄭師因百〈夏著二晏年譜補正〉（《包遵彭先生紀念論文集》，頁二〇三—二二三，一九七一年二月；收入《景午叢編》下集，臺北：中華書局，民國一九七二年三月），阮廷焯〈夏承燾「晏殊年譜」摭遺〉（《華學季刊》，五卷四期，頁五五—六九，一九八四年十二月），亦可參考。

② 有關《珠玉詞》的校註本，有：張紹鐸《珠玉詞校訂箋註》（臺北：中國文化大學中文研究所碩士論文，一九七一年）、蔡茂雄《珠玉詞研究》（臺北：文津出版社，一九七五年七月）、吳林抒校箋《珠玉詞》（南

昌：江西人民出版社，一九八五年十二月）、胡士明校點《珠玉詞》（上海古籍出版社，一九八八年十二月）等。

③胡仔《苕溪漁隱叢話》（臺北：長安出版社，一九七八年十二月），後集，卷三三，頁二五四。

④劉攽《中山詩話》說：「楊大年、錢文僖、晏元獻、劉子儀以文章立朝，爲詩皆宗尚李義山，號『西崑體』，後進多竊義山語句」。

⑤李慶甲集評校點《瀛奎律髓彙評》（上海古籍出版社，一九八六年四月），上冊，卷五，頁二一八。

⑥錢鍾書《宋詩選註》（北京：人民文學出版社，一九五八年九月），頁一三。

⑦繆鉞、葉嘉瑩合撰《靈谿詞說》（臺北：國文天地雜誌社，一九八九年十二月），頁九四。

⑧同註⑦。

⑨陳永正《晏殊晏幾道詞選》（臺北：遠流出版事業公司，一九八八年七月），頁一〇。

⑩如《宋史》本傳載：「坐從幸玉清昭應宮從者持笏後至，殊怒，以笏撞之折齒，御史彈奏，罷知宣州。」又：「孫甫、蔡襄上言：『宸妃生聖躬爲天下主，而殊嘗被詔誌宸妃墓，沒而不言。』又奏論殊役官兵治僦舍以規利。坐是，降工部尚書，知潁州。……時以謂非殊罪。」

⑪同註③，前集，卷二十六，頁一七八。趙與旹《賓退錄》也有載。

⑫沈雄《古今詞話·詞話》卷上，見唐圭璋《詞話叢編》（臺北：新文豐出版公司，一九八八年二月），冊一，頁七六〇。

⑬ 陳廷焯《白雨齋詞話》卷一，見同註⑫，冊四，頁三七八一。

⑭ 同註⑫，冊四，頁三〇四八。

⑮ 同註⑫，冊五，頁四二四四。

⑯ 王國維《人間詞話》說：「詞之雅鄭，在神不在貌。」見同註⑫，冊五，頁四二四六。

⑰ 王國維《人間詞話》說：「古今之成大事業、大學問者，必經過三種之境界。『昨夜西風凋碧樹，獨上高樓，望盡天涯路』，此第一境也。……此等語皆非大詞人不能道。然遽以此意解釋諸詞，恐爲晏、歐諸公所不許也。」見同註⑫，冊五，頁四二四五。

⑱ 王奕清等撰《歷代詞話》卷四引，見同註⑫，冊二，頁一一五八。

⑲ 同註⑫，冊二，頁一五七五。

⑳ 同註⑫，冊二，頁一六四三。

㉑ 何文煥編《歷代詩話》（臺北：木鐸出版社，一九八二年二月），上冊，頁二九二。

㉒ 同註⑫，冊四，頁三六八九。

㉓ 陸侃如、馮沅君合撰《中國詩史》（北京：作家出版社，一九五六年九月），頁六二〇—六二一。

㉔ 詹安泰《宋詞散論》（廣州：廣東人民出版社，一九八二年一月），頁一九〇。

㉕ 葉嘉瑩《迦陵論詞叢稿》（臺北：明文書局，一九八一年九月），頁一三三。

㉖ 同註⑫，冊五，頁四五四〇，雪坡壽詞條。

㉗ 同註㉕。

㉘ 參見筆者所撰《宋南渡詞人》（臺北：臺灣學生書局，一九八五年五月），頁八二。

㉙ 蔡茂雄《珠玉詞研究》（臺北：文津出版社，一九七五年七月），頁二六一二七。作者認爲〈漁家傲〉（粉筆丹青描未得）這首是歐陽修的作品，刪去，所以寫荷的〈漁家傲〉只剩十三首，咏物詞總共二十七首；如果根據《全宋詞》，在無直接證據之下，讓其重出，則〈漁家傲〉維持十四首，咏物詞共二十八首。

㉚ 張炎《詞源》卷下，見同註⑫，冊一，頁二六一。

㉛ 葉嘉瑩〈論詠物詞之發展及王沂孫之詠物詞〉，見《唐宋詞名家論集》（臺北：國文天地雜誌社，一九八七年十一月），頁四二六。

㉜ 劉揚忠〈二晏父子〉，見《文史知識》，一九八三年九期，頁八七。

㉝ 見傅庚生、傅光編《百家唐宋詞新話》（成都：四川文藝出版社，一九八九年五月），頁一二一。

㉞ 鄭師因百《詞選》（臺北：中國文化大學出版部，一九八二年二月），頁二九。

㉟ 李調元《雨村詞話》卷二，見同註⑫，冊二，頁一四〇六。

㊱ 劉若愚著、王貴苓譯《北宋六大詞家》（臺北：幼獅文化事業公司，一九八六年六月），頁二九。

㊲ 況周頤《蕙風詞話》卷二，見同註⑫，冊五，頁四四二五。

㊳ 陳廷焯《白雨齋詞話》卷五，見同註⑫，冊四，頁三八八五。

㊴ 唐圭璋《唐宋詞簡釋》（臺北：木鐸出版社，一九八二年三月），頁五八。

㊵　同註㉑。
㊶　夏承燾《唐宋詞論叢》（香港：中華書局，一九七九年一月），頁五七。
㊷　陳廷焯《白雨齋詞話》卷一，見同註⑫，冊四，頁三七八一。
㊸　同註㊷。
㊹　陳廷焯《白雨齋詞話》卷七，見同註⑫，冊四，頁三九五二。
㊺　馮煦《蒿庵論詞》，見同註⑫，冊四，頁三五八五。

# 疏雋開子瞻——歐陽修

## 一、歐陽修的生平與詞集

歐陽修，字永叔，號醉翁，晚更號六一居士，廬陵（江西吉安）人。①宋眞宗景德四年（一〇〇七）生。四歲而孤，母鄭氏親教之，家甚貧，以荻畫地學書。幼敏悟過人，得唐韓愈遺稿於廢書簏中，讀而心慕焉，苦志探賾，至忘寢食。仁宗天聖八年（一〇三〇），舉進士甲科，調西京（河南洛陽）推官。始從尹洙游，與梅堯臣爲歌詩相倡和，遂以文章名冠天下。慶曆三年（一〇四三），知諫院。時杜衍、富弼、韓琦、范仲淹皆在位。歐陽修以直言爲仁宗所器重，參與修起居注、知制誥。後黨議起，杜衍等相繼罷去，修上疏極諫。於是邪黨益忌修，因其孤甥張氏獄，傅致以罪。出知滁州（安徽滁縣），徙揚州（江蘇江都）、潁州（安徽阜陽），還，爲翰林學士。在翰林八年，知無不言，嘉祐五年（一〇六〇），拜樞密副使，六年，參知政事，與韓琦同心輔政。神宗熙寧四年（一〇七一），與王安石新法不合，以太子少師致仕。熙寧五年，卒，年六十六。贈太子太師，謚文忠。事蹟具見《宋史》卷三一九本傳。②

歐陽修有《歐陽文忠全集》行世，詞附集後，名《近體樂府》，計三卷，一百九十四首。毛晉收入《宋六十名家詞》，改名《六一詞》，計一卷，一百七十一首，毛本每以意刪削，實不足取。又有《醉翁琴趣外篇》，收入吳昌綬雙照樓《景刊宋金元明本詞》，計六卷，二〇三首，其中見於《近體樂府》者有一三〇首，未見者有七十三首。唐圭璋《全宋詞》所收的歐陽修詞，是以雙照樓《景刊宋金元明本詞》爲底本，收《近體樂府》一百七十一首、《醉翁琴趣外篇》六十六首，並從《東軒筆錄》卷十輯得〈漁家傲〉三句、從《能改齋漫錄》卷十七、《全芳備祖前集》卷七、《花草粹編》卷四，輯得〈少年游〉、〈桃源憶故人〉、〈阮郎歸〉等三首，計收詞二百四十首及殘句三句，對歐陽修詞的整理盡了不少功夫。③

## 二、歐陽修的作品眞僞考辨

吾人研究歐陽修的詞，首先要面對的，就是其作品的眞僞問題。這個問題由來已久，如南宋羅泌在校正《近體樂府》所作的跋語云：

> (公)吟詠之餘，溢爲歌詞，有《平山集》盛傳於世，曾慥《雅詞》不盡收也。今定爲三卷，且載樂語於首，其甚淺近者，前輩多謂劉煇僞作，故削之。元豐中崔公度跋馮延巳《陽春錄》，謂皆延巳親筆，其間有誤入《六一詞》者。近世《桐汭志》、《新安志》亦記其事。今觀延巳之詞，往往自與唐《花間集》、《尊前集》相混，而柳三變詞，亦雜《平山集》中，則此三卷，

> 或甚浮艷者，殆非公之少作，疑以傳疑可也。④

從羅泌跋語可瞭解到歐陽修詞集所存在的兩個問題：一是與其他詞人的作品相混。二是有僞作摻入。關於第一個問題算是比較容易解決，前人在這方面也下了不少功夫，如唐圭璋就曾撰〈宋詞互見考〉⑤，專以考辨互見的宋詞歸屬問題，因此在他編《全宋詞》時，就駕輕就熟地將歐陽修與其他詞人相混的作品做一番釐清工作，成效不錯，除了〈蝶戀花〉（庭院深深深幾許）與〈玉樓春〉（池塘水綠春微暖）這兩首有待商榷外⑥，其餘大致妥當。至於第二個問題則比較棘手。歐陽修的作品有僞作摻入，除了羅泌跋語之外，宋代尚有許多人持類似的說法，如曾慥《樂府雅詞．序》云：

> 歐公一代儒宗，風流自賞，詞章幼眇，此所矜式，當時小人或作艷語，謬爲公詞。

其他如：陳振孫《直齋書錄解題》、王灼《碧雞漫志》卷二、蔡絛《西清詩話》、朱熹《名臣言行錄》等，也都有相近的說法。因此我們對歐陽修詞集中僞作的問題不得不予以正視，尤其元代吳師道《吳禮部詩話》說：

> 歐公小詞，間見諸詞集。……近有《醉翁琴趣外篇》凡六卷，二百餘首，所謂鄙褻之語，往往而是，不止一二也。前題東坡居士序，近八九語。所云：「散落尊酒間，盛爲人所愛，尚猶小技，其上有取焉者。」詞氣卑俗，不類坡作，益可證作詞之僞。⑦

由這一段話可見《醉翁琴趣外篇》中僞作之嚴重。《醉翁琴趣外篇》有問題者，就是不見於《近體樂府》的七十三首，但這七十三首可斷定其他詞人作品混入的有七首⑧，扣除後所剩下的六十六首便是問題的癥結所在。

關於這六十六首作品是否僞作，論者大都持兩極化的看法，不是全盤否定，便全盤肯定，否定者認爲這些作品有許多露骨的色情描寫，有許多輕佻浮滑的語句，就作品的風格和詞旨而言，它都不可能是歐陽修作的。⑨肯定者則認爲作艷詞是當時的風尙，歐陽修生活也有浪漫的一面，故作艷詞亦有可能。⑩

個人認爲，描寫男女情愛的內容固然是詞與生俱來的特質，尤其民間流行的詞更是如此，但上層社會的文人他們所寫的情詞，在表現技巧、遣詞用字和下層社會流行的還是有所差別，下層社會流行的作品，爲了符合大衆需要，走的是通俗路線，遣詞用字淺白，較接近口語，抒發情感也較直接；上層社會的文人則往典雅的路線發展，文字雅馴，較接近文言，情感的表現也較含蓄。特別値得我們注意的是上層社會文人的觀念，他們對俗詞艷語的排斥，如張舜民《畫墁錄》這一段記載：

柳三變既以詞忤仁廟（宋仁宗），吏部不放改官。三變不能堪，詣政府。晏公（殊）曰：「賢俊作曲子麼？」三變曰：「只如相公亦作曲子。」公曰：「殊雖作曲子，不曾道『綵線慵拈伴伊坐』。」柳遂退。

晏殊塡詞不肯寫「綵線慵拈伴伊坐」，可見當時上層社會的文人，他們塡詞的觀念，雖然也同樣塡詞，但絕不會肆無忌憚作出露骨的描寫，說出窮形盡相的語言。換言之，他們所塡的情詞，有其意境及藝術美，不流於低俗鄙陋，如風流多情的張先，他的作品大量以女性爲寫作題材，卻無淺滑的毛病。鄭師因百在〈成府談詞〉一文云：「《醉翁琴趣外編》，中多諧謔鄙俚之作；忌者僞構，坊賈妄編，二種成分皆有之。然其中亦有眞摯自然之詞爲《近體樂府》所未收者，須分別觀之。」⑪所以我們對《醉翁琴趣外篇》的六十六首作品，必須謹愼分辨，何者爲僞，何者爲眞，當然這種工作比全盤肯定或全盤否定來得困難，但這是研究前人作品應有的態度，方不致厚誣古人。李栖在《歐陽修詞研究及其校注》一書中，已對《醉翁琴趣外篇》的六十六首作品做了一番釐清工作，他提出有「鄙褻之語」的豔詞：〈醉蓬萊〉（見羞容斂翠）、〈看花回〉（曉色初透東窗）、〈蝶戀花〉（幾度蘭房聽禁漏）、同調（寶琢珊瑚山樣瘦）、〈惜芳時〉（因倚蘭臺翠雲嚲）、〈繫裙腰〉（水軒簷幕透薰風）、〈滴滴金〉（尊前一把橫波溜）、〈卜算子〉（極得醉中眠）、〈南鄉子〉（好个人人）、〈迎春樂〉（薄紗衫子裙腰匝）、〈夜行船〉（輕捧香腮低枕）、〈宴瑤池〉（戀眼噥心終未改）、〈解仙佩〉（有个人人牽繫）等十三首，認爲這些作品確如宋人所云「爲小人無名子所作，而謬爲公詞」。另外又提出存疑的作品：〈于飛樂〉（寶奩開）、〈梁州令〉（紅杏牆頭樹）、〈洞仙歌令〉（樓前亂草）、同調（情知須病）、〈錦香囊〉（一寸相思無著處）、〈怨春郎〉（爲伊家）、〈鹽角兒〉（增之太長）、同調（人生最苦）等八首，認爲它們在內容上雖不盡猥褻，但用字、風格都十分「粗鄙」，與柳永、黃庭堅詞相當類似，在《近體樂府》中也找不到這一類的作品。⑫除了以上二十一首之外，個人認爲還有一些作品也相當鄙俗，如〈千秋歲〉（羅衫滿袖）、〈阮郎歸〉（玉肌花臉柳腰肢）、〈憶秦娥〉（十五六）、〈蕙香囊〉（身作琵琶）、〈玉樓春〉（夜來枕上爭閒事）、〈夜行船〉（閒把鴛衾橫枕）、

〈望江南〉（江南柳，葉小未成陰）等七首，在內容、或遣詞用字上，都過於輕浮淺陋，將它們放在存疑之列似乎較為妥當。經過這樣汰擇之後，把《醉翁琴趣外篇》所剩的三十八首，和《近體樂府》一百七十一首，及他書輯得的三首、殘句三句等合併討論，共計二百十二首及殘句三句，應該是比較接近歐陽修作品的眞正面貌。

## 三、歐詞內容以離愁相思為大宗

歐陽修是宋代的文壇領袖，在古文方面，他承繼唐代韓愈的古文運動，使古文在宋代創造出輝煌的成績。在詩歌方面，他也掃除了宋朝初年西崑體的華麗詩風，開創宋代詩歌的新風格，可以和唐詩互別苗頭。詞從晚唐五代興起之後，到了新時代應該有它的新氣象，尤其面對當時的文壇領袖，他如何來處理這個新興不久的文體，如何給它灌入新生命，是很值得我們探索的。

由於詞是配合音樂歌唱的文字，其主要功能不外在賓筵別席遣情寄興，因此文人在塡詞時，並不是板起面孔，以嚴肅的態度來創作，而是抱著無所為而為的心情，自然而然地創作，這正如前人所說的「遊戲作小詞」、「吟詠之餘，溢為詞章」⑬。在這種情況之下，詞人往往比較容易眞情流露，顯現出作者不為人所知的性格。歐陽修在詩文中所沒有發洩出來的情感，似乎都集中在詞裏表現出來。因此我們觀察歐陽修的作品，以寫離愁別恨、戀愛相思的作品最為大宗。

歐陽修的道德文章固然為後人所景仰，但他也有風流放縱的一面，尤其早期少年得志，雄姿英發，更是浪漫多情。歐陽修在天聖九年（一〇三一）當西京留守推官時，時常與朋友賦詩飲酒，到處遊覽，府尹錢思公恐其廢職事，欲因微戒之，於是利用府會語及寇萊公時說：「諸君知萊公所以取禍否？由晚節奢縱、宴飲過度耳。」⑭錢世昭《錢氏私志》也有一段關於歐陽修親近官妓的記載：

> 歐陽文忠任河南推官，親一妓。時先文禧（錢愐父親錢惟演）罷政爲西京留守，梅聖俞、謝希深、尹師魯同在幕下。惜歐有才無行，共白於公，屢微諷而不之恤。一日，宴於後圃，客集而歐與妓俱不至，移時方來，在坐相視以目。公責妓云：「末至何也？」妓云：「中暑往涼堂睡著，覺而失金釵，猶未見。」公曰：「若得歐推官一詞，當爲償汝。」歐即席云云（〈臨江仙〉詞，略），坐皆稱善。遂命妓滿酌觴歐，而令公庫償其失釵。

歐陽修在慶曆八年（一〇四八）知揚州時，好友梅堯臣曾和他一起觀舞，並寫下這樣的詩句：

> 誰憐嬌小好腰支，老大而今莫那伊，太守風流未應淺，更教多唱楚人辭。⑮

宋朝官宦人家蓄養家妓的風氣很普遍，以歐陽修的身分地位當然有這個能力，梅堯臣在嘉祐四年（一〇五九）曾寫一首〈次韻和醻永叔〉的詩，描寫歐陽修所蓄的家妓有八九位，個個年輕貌美：

> 公家八九姝，鬟髮如盤鴉，朱唇白玉膚，參年始破瓜。

而且這些家妓能歌善舞，給歐陽修帶來不少歡樂：

> 群姝莫要劇，爲公歌啞啞，公當是日醉，歡適不可涯。⑯

以歐陽修的風流個性及生活環境，藉著遊戲小詞大量寫出男女戀情、離別相思的作品，則是很自然的事。如〈訴衷情〉（清晨簾幕卷輕霜）、〈踏莎行〉（候館梅殘）、〈生查子〉（去年元夜時）、同調（含羞整翠鬟）、〈蝶戀花〉（庭院深深深幾許）、〈玉樓春〉（別後不知君遠近）等都是極爲膾炙人口的作品。

歐陽修在抒寫情愛的作品，固然是上承晚唐五代詞體的主要內容，但在寫法方面已經和前人大不相同。王灼《碧雞漫志》卷二說：「晏元獻公、歐陽文忠公，風流緼藉，一時莫及，而溫潤秀潔，亦無其比。」「溫潤秀潔」扼要概括了歐陽修的情詞不露骨、不粗俗，而具有深沈雅致的特色，正與前人的浮艷有別。鄧魁英在〈歐陽修在詞史上的地位〉一文指出：

歐詞從內容來說雖然大部分是離別相思之作，可是他開始從對婦女體態、服飾的外形描繪，轉向細致深刻的內心刻劃，又把代言體進而改變爲個人抒情之作。⑰

這是歐陽修在情詞上的一項突破，就舉他的〈踏莎行〉爲例：

候館梅殘，溪橋柳細。草薰風暖搖征轡。離愁漸遠漸無窮，迢迢不斷如春水。　寸寸柔腸，盈盈粉淚。樓高莫近危闌倚。平蕪盡處是春山，行人更在春山外。

這是一首送行的詞，作者描寫一位多情的女子，在送走遠行的人之後，內心依依不捨及無限的痛苦。上片寫分別時的情景，前三句寫景，景中有情，接著後兩句由景轉入對離情的描寫，情中有景。下片寫離別後送行人的相思情切。它的句法、平仄和上片完全一樣，但情景的安排則剛好相反，下片是由情寫起，以景作結。全詞以高妙的藝術手筆，勾劃一幅美妙的春景圖，拿春水比喻離愁，用春山襯托行人，委婉曲折表現感人的離情。像這樣感情深刻的作品，實不是一般艷詞所可同日而言的。即使《醉翁琴趣外篇》所收的情詞（僞作及存疑除外），也表現得相當生動，如《玉樓春》：

艷冶風情天與措。清瘦肌膚冰雪妒。百年心事一宵同，愁聽雞聲窗外度。　信阻青禽雲雨暮。海月空驚人兩處。強將離恨倚江樓，江水不能流恨去。

這是一首描寫離恨的詞，雖然有寫女子的艷冶神態與美麗肌膚，但這是襯托她被拋棄的悲哀，並不是主體，全詞的重點在刻劃她那永無休止的離愁別恨，作者用滾滾江水也不能將恨流去來襯托，與〈踏莎行〉的「迢迢不斷如春水」不但有異曲同工之妙，恐怕還更婉轉深刻，沈謙《塡詞雜說》將它和徐俯〈卜算子〉「柳外重重疊疊山，遮不斷、愁來路」相提並論，說：「古人語不相襲，又能各見所長」⑱，實在很有見地。

劉熙載《藝概》卷四說：「馮延巳詞，晏同叔得其俊，歐陽永叔得其深」，從上面所舉描寫離愁別恨的作品之中，可看出歐陽修在抒情的深度上不但有所繼承，而且更有所挖掘，這是值得我們重視的。除了在抒情的深度外，歐陽修在詞的內容方面，也有新的開拓。李清照〈詞論〉評他說：「學際天人，作爲小歌詞，直如酌蠡水於大海，然皆句讀不葺之詩爾」⑲，歐陽修既然導引詞往雅化的方向發展，自然地就逐漸向詩靠攏，而詩的許多題材也順勢流向詞體身上。

## 四、歐陽修在詞體內容的新開拓

歐陽修在當時文壇享有盛名，累官至參知政事（副宰相），在一般人心目中似乎是相當得意的，其實他一生當中，遭受不少挫折，在個人家境方面，他四歲喪父，二十七歲喪偶，與他結婚兩年的胥夫人去世，二十九歲，續絃一年的楊夫人又去世，三十二歲，與胥夫人所生子夭折。後歐陽修與再娶的薛夫人生有男八人，女三人，但四男及六、七、八男皆早卒，女三人亦早卒，可見歐陽修不斷慘遭人倫遽變之悲痛。在爲官仕途方面，他二十四歲即考上進士，當西京留守推官，但三十歲時爲范仲淹被貶事主持正義，貽書譴責司諫高若訥，而坐貶夷陵（湖北宜昌）令，初嘗貶謫滋味。後在宦海浮沈，由於北宋黨爭不斷，使他兩次受政敵誣以亂倫事作無情的打擊，一次是孤甥案，一次是長媳案，後經調查是子虛烏有，終還他的清白，但他也爲了孤甥案被貶在外達十年之久。⑳像這樣一連串的內外交迫，對歐陽修的詞作勢必產生許多影響，他將這些境遇感受反映在作品上，充實了詞的內涵，拓寬了詞所能表現的領域。

首先，是歐陽修對官場險惡的慨嘆。如〈聖無憂〉：

> 世路風波險，十年一別須臾。人生聚散長如此，相見且歡娛。　好酒能消光景，春風不染髭鬚。爲公一醉花前倒，紅袖莫來扶。

詞一開始便直截了當道出宦途的陰險，「十年」正是他刻骨銘心的數字，他從宋仁宗慶曆五年（一〇四五）貶滁州，到仁宗至和元年（一〇五五）返回汴京任史館修撰爲止，剛好遭逐十年。經過這場噩夢之後，他終於體會人生之無常，人應該及時行樂，他的一首〈浣溪沙〉也表現出同樣的情調：

十載相逢酒一卮。故人纔見便開眉。老來遊舊更同誰。　浮世歌歡眞易失，宦途離合信難期。尊前莫惜醉如泥。

他感嘆宦途離合難料，倒不如借酒使醉，以取得眼前的歡樂。一般人仕宦，都希望位居中樞，長留京華，對於流放在外，無不視爲畏途。但歐陽修〈漁家傲〉這樣寫著：「行人莫羨長安道，丹禁漏聲衢鼓報，催昏曉，長安城裏人先老。」要不是他在政治鬥爭中受害至深，如何能寫出這樣語重心長的話呢？

其次，是歐陽修對人生無常的感觸，尤其他對時光流逝特別敏感。如〈採桑子〉：

十年前是尊前客，月白風清。憂患凋零。老去光陰速可驚。　鬢華雖改心無改，試把金觥。舊曲重聽。猶似當年醉裏聲。

作者將十年前與十年後做強烈對比，十年前是「月白風清」，但經過十年之後，「憂患凋零」，將人生的種種挫折苦難，一語以蔽之，使他深深覺得光陰流速的可怕。所幸作者能看開一切，心胸曠達，讓自己陶醉在過去美好的回憶當中。歐陽修對時光消逝的感觸，也時常藉著春暮花殘等具體意象來表達，如〈玉樓春〉寫道：「把酒已嗟春色暮，當時枝上落殘花，今日水流何處去。」另一首〈玉樓春〉也是如此寫著：

東風本是開花信。及至花時風更緊。吹開吹謝苦忽忽，春意到頭無處問。　把酒臨風千萬恨。欲掃殘紅猶未忍。夜來風雨轉離披，滿眼淒涼愁不盡。

整首詞都是以春天與花爲意象，藉著花開花謝之匆匆，顯示出人生之無常，美好事物之容易消失，帶給他無限的淒涼與愁悵。

歐陽修遭遇人生如此頻繁與殘酷的風雨，他是如何面對？這也反映作者的處世態度、人生哲學。歐陽修在詞中經常透過對酒當歌來表現及時行樂的思想。如〈浪淘沙〉寫道：

今日北池遊。漾漾輕舟。波光瀲灩柳條柔。如此春來春又去。白了人頭。　好妓好歌喉。不醉難休。勸君滿滿酌金甌。縱使花時常病酒，也是風流。

人生既然如此短暫，及時把握生命中片刻的歡樂，也不失是困境中的一個出處。有人或許以爲這是頹廢，其實這是看透人生之後的一種悟境，他在詞中類似的句子很多，如：「白髮戴花君莫笑，六么催拍盞頻傳，人生何處似尊前。」（〈浣溪沙〉）、「千金莫惜買香醪，且陶陶」（〈賀聖朝影〉）、「當筵莫放酒杯遲，樂事良辰難入手」（〈玉樓春〉）等皆是。特別令人注意的，是他曾用〈定風波〉塡了四首勸人及時行樂的聯章體，四首的開頭分別是：「把酒花前欲問他」、「把酒花前欲問伊」、「把酒花前欲問公」、「把酒花前欲問君」，每句只差一個字，如此連環反覆形成一個組曲，來奉勸世人把握當下，莫錯過美好事物，頗能反映作者的人生觀。

歐陽修一生中固然遭遇到許多波折，但足跡所至也有幾個地方令他難忘的。如年輕初仕的所在洛陽，當時他剛考中進士，擔任西京留守推官，經常宴飲遊覽，生活極爲浪漫，所以留下許多與洛陽有關的作品。他曾一口氣用〈玉樓春〉寫了六首捨不得離開洛陽的詞，即：〈西亭飲散清歌闋〉、〈春山斂黛低歌扇）、（尊前擬把歸期說）、（洛陽正值芳菲節）、（殘春一夜狂風雨）、（常憶洛陽風景媚）等，其中最令人讚賞的就是這一首：

　尊前擬把歸期說。未語春容先慘咽。人生自是有情痴，此恨不關風與月。　離歌且莫翻新闋。一曲能教腸寸結。直須看盡洛城花，始共春風容易別。

作者在餞別離席上，與送行者難捨難分，愁腸寸斷，領悟人生是受主觀情感所左右，與外在景物無關的道理，最後以看盡洛城花──盡情擁抱眼前的美好，才能捨得離別，似乎很瀟灑，其實是一種無奈的深情表現，所以王國維《人間詞話》評論此詞上下片的結尾兩句說：「於豪放之中有沈著之致，所以尤高。」歐陽修透過說理方式，將他深厚的感情顯現出來，這種境界是前所未有的。另外像〈浪淘沙〉（把酒祝東風）與〈夜行船〉（憶昔西都歡縱），或寫洛陽的美好襯托離別的痛苦，或寫離開洛陽之後，回憶舊日的歡樂，都反映出他與洛陽難以割捨的情感。

　另外最重要的就是潁州。歐陽修被貶十年之中，在皇祐元年（一〇四九）從揚州移知潁州，他深深為潁州西湖的景色所吸引，便有在這裏定居的打算。次年他改知應天府（河南商丘），他還念念不忘西湖美景，曾約好友梅堯臣在潁州買田。到了晚年，他更是求退心切，在詩中一而再、再而三地提及潁州。如治平年間曾寫〈下直〉詩云：「終當自駕柴車去，獨結芳廬潁水西」、〈下直呈同行三公〉云：「買地淮山北，垂竿潁水東」、〈送道州張職方〉云：「三年解組來歸日，吾已先耕潁水東」等，熙寧年間所作的〈表海亭〉云：「潁田二頃春蕪沒，安得柴車自駕還」、〈青山書事〉云：「君恩天地不違物，歸去行歌潁水傍」，到了臨終的前一年，他如願以償，致仕歸潁。歐陽修思潁、歸潁的主要原因固然是希望避開世事的紛擾而安度晚年，但如此深情，如此頻繁地在詩作中提到潁州，亦足見此地風光之美到了令人朝思暮想、心馳神往的程度。㉑

因此歐陽修在詞裏，也用了〈採桑子〉調子，寫了一組十首詠讚潁州西湖美景的作品。這些作品所要表現的共同主題是「西湖好」，每一首起句都以這三字結尾；「輕舟短棹西湖好」、「春深雨過西湖好」、「畫船載酒西湖好」、「群芳過後西湖好」、「何人解賞西湖好」、「清明上巳西湖好」、「荷花開後西湖好」、「天容水色西湖好」、「殘霞夕照西湖好」、「平生爲愛西湖好」，作者從各種不同的角度來欣賞西湖，刻劃西湖的美好。而作者在景物背後的心境如何呢？第十首應該是全部作品的精神所在：

平生爲愛西湖好，來擁朱輪。富貴浮雲。俯仰流年二十春。　歸來恰似遼東鶴，城郭人民。觸目皆新。誰識當年舊主人。

歐陽修自皇祐二年（一〇五〇）秋離潁州知州任改知應天府，到熙寧四年（一〇七一）退休歸潁，剛好歷經二十個春天，但這二十年卻在俯仰之間過去了，人生是何等的短暫。作者透過二十年間人事的變遷，如今還有誰認識我這位二十年前的太守，更映襯富貴之不足恃。這首詞雖然含有很深的感慨，卻也未嘗不是作者看透人生，由絢爛歸於平淡的表現？所以我們綜觀前面的九首，作者所強調的「西湖好」，大部分都是繁華落盡的空靈景象，從作者的審美觀，也反映出作者歸隱之後的心境，如第四首：

群芳過後西湖好，狼籍殘紅。飛絮濛濛。垂柳闌干盡日風。　笙歌散盡遊人去，始覺春空。垂下簾櫳。雙燕歸來細雨中。

一般人欣賞風景，都是在百花爭艷、春光明媚之時，但作者卻與衆不同，在「笙歌散盡遊人去」之後，獨自觀覽「狼籍殘紅」、「飛絮濛濛」的景象。這種境界，要不是有恬適的胸懷，實在無法寫得出來。第五首則表現的更加清楚，正可當作第四首的注腳：

何人解賞西湖好，佳景無時。飛蓋相追。貪向花間醉玉卮。　誰知閒憑闌干處，芳草斜暉。水遠煙微。一點滄洲白鷺飛。

寫一般人只知追求熱鬧繁華，這何嘗眞正欣賞西湖？又有誰能夠像他一樣，用心體會西湖寂靜淡遠之美？像這樣把自己的胸懷理趣反映在作品中，在詩裏頭是很普遍的現象，但在晚唐五代的詞裏，卻極爲罕見，歐陽修這些作品，確實開了詞走向詩化的先聲，直接影響到後來的蘇軾。

歐陽修在遭受貶謫的歷程中，使他走入民間，接近群衆，如他在滁州所寫的〈醉翁亭記〉云：「人知從太守遊而樂，而不知太守之樂其樂也。」他能夠與民同樂，自然對各地的風土民情有所瞭解，而且將它們歌咏入詞。最爲特別的，就是以〈漁家傲〉調子，創作了兩組各十二首咏十二月節令的鼓子詞。鼓子詞爲流行於宋代的民間說唱藝術。它使用鼓樂伴奏，反複歌唱同一支曲調，來表演某一個故事。部分節目在歌唱中插有講說的形式，如趙令時《元微之崔鶯鶯商調蝶戀花》一組十二首，即以說唱相間的方式歌咏元稹《鶯鶯傳》中所記的故事。鼓子詞代表了宋詞的一種表演方式，這種方式的反複歌唱同一主題的特點，同唐代民間流行的聯章曲子辭是一脈相傳的。㉒歐陽修受到民間歌謠的影響，用這種通俗的形式，來反映十二個月的景物和民間習俗，每個月寫來都各具特色。如寫三月：

三月清明天婉娩。晴川祓禊歸來晚。況是踏青來處遠。猶不倦。秋千別閉深庭院。　更值牡丹開欲遍。酴醾壓架清香散。花底一尊誰解勸。增眷戀。東風回晚無情絆。

作者在上片中緊捉住三月最特別的節日及其活動，如清明踏青、上巳祓禊等都是最具代表性的。下片則從應景花卉著手，牡丹開遍、酴醾壓架，正是暮春最美的景象。最末三句則寫出對春天將去的感觸。

其他如寫正月的元宵：「十四新蟾圓尚未，樓前乍看紅燈試」、五月的端午：「五色新絲纏角糉，……菖蒲酒美清尊共」、七月的七夕：「人間綵樓爭祈巧」、八月的中秋：「皓月十分光正滿，清光畔，年年常厭瓊筵看」等等，都能夠捕捉每個月份的特殊節日、事物，運用高雅的文字，將它形之筆墨。綜觀這些作品，固然用的是民間通俗的鼓子詞形式，但作者無論是題材的選擇、藝術的構思、文辭的修飾等，都使它趨向典雅化，而不流於鄙俗，這是歐陽修填詞的一項特色。

除了兩組〈漁家傲〉鼓子詞之外，歐陽修還有不少吟咏節序的作品，如〈御帶花〉（青春何處風光好）咏元宵、〈越溪春〉（三月十三寒食日）咏寒食、〈漁家傲〉（九日歡遊何處好）、（青女霜前催得綻）、（露裛嬌黃風擺翠）等三首咏重陽、又有另外三首〈漁家傲〉（喜鵲填河仙浪淺）、（乞巧樓頭雲幔卷）、（別恨長長歡計短）及一首〈鵲橋仙〉（月波清霽）咏七夕。歐陽修是詞史上第一位大量以節序爲內容、從事創作的詞人，也反映出詞與民間習俗的結合，而這些節序詞的敘事成分也遠超過抒情成分，使詞體所能承載的對象逐漸增廣了。

宋代理學發達，他們經常從觀察自然景物之中獲得道的啓示，宋人有「民胞物與」的襟懷，因此喜歡親近萬物，也有「即物窮理」的精神，對於外物很細心觀察，這種學術文化反映在宋代文學上，可以發現宋代咏物詩極爲興盛。同樣地，宋代詞人也很熱中創作咏物詞。宋代開創咏物詞風氣之先的，首推晏殊，他共有二十八首咏物詞，是詞史上第一位大量製作咏物詞的作家。而歐陽修在咏物方面也有突出的表現。晏殊的咏物詞都集中在描寫植物，如荷花、紅梅、黃葵等，歐陽修咏荷花的作品也很多，如〈漁家傲〉（葉有清風花有露）、（荷葉田田青照水）、（葉重如將青玉亞）、（粉蕊丹青描不得）、（幽鷺謾來窺品格）、（楚國細腰元自瘦）、〈南鄉子〉（雨後斜陽）、〈蝶戀花〉（一掬天和金粉膩）等皆是，這一點和晏殊是相同的，巧合的是，兩者的詞集中都有〈漁家傲〉（粉蕊丹青描不得）這首，令人無法分辨到底該歸屬於誰。歐陽修另外還有〈涼州令〉（翠樹芳條颭）咏石榴，〈少年遊〉（肉紅圓樣淺心黃）咏牡丹等作品，但特別值得注意的，是他開始注意到動物的歌咏，如〈望江南〉（江南蝶）、〈玉樓春〉（南園粉蝶能無數）咏蝶，〈玉樓春〉（江南三月春光老）咏子規，都是很新鮮的作品。一般而言，咏植物大都傾向靜態的描繪，而動物則須注意到動態的刻劃，雖然困難度增加，但由此也可展現作家的藝術技巧。如歐陽修在描寫蝴蝶不停飛舞，這樣寫道：「纔伴遊蜂來小院，又隨飛絮過東牆，長是爲花忙」（〈望江南〉），寫蝴蝶飛舞的輕盈，則如此下筆：「度翠穿紅來復去，倡條治葉恣留連，飄蕩輕於花上絮」（〈玉樓春〉）寫得栩栩如生。

晏殊、歐陽修有那麼多的咏荷詞，其中也透露出一個訊息，就是宋人審美觀念的改變，唐人喜歡牡丹，牡丹艷麗香濃，正可代表大唐帝國奔放的富貴氣象。荷花「出淤泥而不染，濯清漣而不妖」（周敦頤〈愛蓮說〉），亭亭玉立於綠水之上，飄香弄影于清風之中，宋人喜歡它，也象徵著宋代內斂的高雅風度。歐陽修〈漁家傲〉（葉重如將青玉亞）云：「顏色清新香脫洒，堪長價，牡丹怎得稱王者」，他將牡丹「王者之花」的頭銜摘下來，認為只有荷花才配得上。所以歐陽修借荷花咏物托情時，所表現出來的情感是內斂的，但韻味卻如藕絲極爲悠長不盡，如「蓮子與人長廝類，無好意，年年苦在中心裏」、「天與多情絲一把，誰廝惹，千條萬縷縈心下」、「對面不言情脈脈，煙水隔，無人說似長相憶」（以上皆是〈漁家傲〉）、「意在蓮心無問處，難忘，淚裛紅腮不記行」（〈南鄉子〉）、「浪濺荷心圓又碎，無端欲伴相思淚」（〈蝶戀花〉）等，令人讀後玩味無窮。

除咏荷詞之外，伴隨荷花生活的采蓮女，歐陽修也有許多作品來歌咏她們。詞由於是花間尊前的產物，所以活動在詞中的女性，幾乎都是歌妓舞女。像歐陽修用〈漁家傲〉及〈蝶戀花〉詞調作了十首與采蓮女有關的作品㉓，大量描寫南方鄉間純樸秀麗的女性，則較爲罕見。江南水鄉澤國，適合荷花生長，「接天綠葉無窮碧」便是南方的特殊景觀，采蓮也是江南自古即有的工作習慣，采蓮不同於一般耕種勞動，因爲在綠荷粉蓮叢中進行而充滿詩情畫意。所以在江南民歌中便有許多以采蓮爲內容的作品，如漢樂府〈相和歌辭〉中有〈江南〉、〈江南可采蓮〉，〈清商曲辭〉中有〈采蓮曲〉、〈

采蓮女〉等都是。詞調有些是出自民歌，或受到民歌的影響，像唐皇甫松有〈採蓮子〉二首、溫庭筠有〈荷葉杯〉三首，也都是與采蓮女有關的作品。歐陽修在貶謫期間，追求「與民同樂」的境界，是充滿民間氣息的文人，他除了欣賞自然美景之外，對於各地的人文景觀也頗爲細心觀察，因此他在喜歡荷花之餘，也很細膩描繪在花叢中工作的采蓮女，不但充滿江南民間風味，而且具有高尚的境界，如這首〈蝶戀花〉：

越女採蓮秋水畔。窄袖輕羅，暗露雙金釧。照影摘花花似面。芳心只共絲爭亂。　鸂鶒灘頭風浪晚。霧重煙輕，不見來時伴。隱隱歌聲歸棹遠。離愁引著江南岸。

歐陽修寫這位采蓮女，從穿著、裝飾、外貌，寫到她的內心，再從煙霧迷茫、隱隱歌聲之中，寫到采蓮女的離愁。歐陽修筆下的采蓮女，使我們不僅看到她的清秀可愛模樣，更進一步讓我們瞭解到她的情思。作者最常用的筆法，是用荷花比擬采蓮女的容貌，用蓮絲形容采蓮女的情思，這當然與民歌的手法近似，但它整首詞所表現出來的境界，則非一般民歌所能企及，葉嘉瑩曾分析上述這首詞說：「它妙就妙在這『霧重煙輕，不見來時伴』的境界，與『群芳過後』、『狼籍殘紅』、『城郭人民，觸目皆新』的境遇同樣令人感傷悲慨，然而這正是一個想完成自己、實現自身價值的人所必須經過的一種孤獨、寂寞、失落、悵惘之境界。」㉔以歐陽修的人格、氣質、風範，反映在詞風上，自然不同凡響。

歐陽修在史學方面曾有偉大的貢獻，他修過《新唐書》、《新五代史》，廣受大家推崇。由於他的歷史知識豐富，在詩文中也經常流露出來，常借古事以抒今情，援史實以發議論，如〈和王介甫明妃曲二首〉及〈朋黨論〉、〈縱囚論〉皆是如此。詞雖受限於天生麗質，長於言情寫景，拙於敘事議論，但一些詞人也勇於嘗試，在唐五代即有竇弘餘、康駢的〈廣謫仙怨〉寫唐明皇與楊貴妃之事跡，花間詞人也有毛熙震〈臨江仙〉咏南齊君妃、孫光憲〈河傳〉寫隋煬帝開河南游事。歐陽修承繼前人餘緒，也寫了一首值得重視的咏史詞〈浪淘沙〉：

五嶺麥秋殘。荔子初丹。絳紗囊裏水晶丸。可惜天教生處遠，不近長安。　往事憶開元。妃子偏憐。一從魂散馬嵬關。只有紅塵無驛使，滿眼驪山。

這首詞寫唐玄宗荒淫，專寵楊貴妃的史事，作者選擇楊貴妃喜食荔枝，玄宗命人從嶺南飛馳以進一事加以特寫，並寄寓感慨。歐陽修對於玄宗、貴妃淫樂亂政之歷史教訓不直接明說，僅在詞末寫道：「只有紅塵無驛使，滿眼驪山」，用具體的景象隱隱帶出，令人尋味無窮。故林賓王云：「詩餘荔子之詠，作者既少，遂無擅長，獨歐陽公〈浪淘沙〉一首，稍存感慨悲涼耳。」㉕歐陽修這首咏史詞，避免對史事平鋪直敘及露骨評論，而透過情景描寫達到間接議論之目的，確實成功地指引詞體另一個可供發揮的舞臺。

從上述的探討分析，我們發現歐陽修詞的內容，無論在寫男女情愛，或人生感觸，乃至於各地的自然風光，都含有作者的生活片段、個人境遇在裏面，顯示出與他人不同的面貌，另外歐陽修在咏節序、咏物、咏史等方面所下的功夫，也爲詞開拓一片新天地，留待給後來的作家繼續發揚光大。

## 五、歐詞形式技巧的特色

歐陽修在形式技巧方面，也有許多值得我們特別重視的地方。首先他對民間歌謠形式的學習與發揚。如前面所舉歌咏潁州西湖的〈採桑子〉十首、兩組咏十二節令的〈漁家傲〉共二十四首，用的都是鼓子詞的形式，其他用同一詞調歌咏相同事物的聯章體作品也很多，如寫勸人及時行樂的〈定風波〉四首、寫捨不得離開洛陽的〈玉樓春〉六首等等，也都受到唐代民間聯章曲子辭的影響。由於歐陽修不恥向民間作品學習的創作態度，使他的詞充滿人間味，而不致成爲案頭高冊，乏人問津。潘君昭〈歐陽修詞的藝術特色〉一文曾指出：〈生查子〉（去年元夜時）一首，頗類民間小詞，〈南歌子〉（鳳髻金泥帶）一首，描繪女子神態，其筆法用語與民歌近似。㉖像這樣的作品在歐陽修的詞集中還很多，如〈長相思〉（花似伊）及〈深花枝〉兩首、〈阮郎歸〉（去年今日落花時）、〈減字木蘭花〉（去年殘臘）等，也都具有民歌風味，試看這首〈長相思〉：

> 深花枝。淺花枝。深淺花枝相並時。花枝難似伊。　玉如肌。柳如眉。愛著鵝黃金縷衣。啼妝更爲誰。

上片連用了四個「花枝」、兩個「深淺」字，如此故意重複的寫法正是民歌最常見的表現方式，金聖嘆在《唱經堂批歐陽永叔詞十二首》中，曾讚此爲「異樣絕調」。而陳廷焯卻持相反的看法，批評這首詞說：「可謂鄙俚極矣！而聖嘆以前半連用四花枝兩深淺字，歎爲絕技，眞鄉里小兒之見。」㉗陳廷焯論詞重沈鬱，故對這樣淺顯的作品不能欣賞，其實本詞用「深花淺花」襯托女子之美貌，又以玉比擬女子肌膚之白皙潤澤，以柳葉比擬女子蛾眉之細長，這些具體的形容雖不新奇，但也勾勒出女子的楚楚動人，尤其最末才點出女子的心情，使前面的形容成爲很好的襯托作用，讓人覺得這樣美的女子居然遭人抛棄，而感到不勝欷歔。諸如此類學習民歌的作品，亦有其自然可愛之處，不容以鄙俚爲辭而一筆抹煞。

其次，我們發現歐陽修在表達技巧方面，最喜歡用的是對比襯托的方法，也就是修辭學上的「映襯」。任何事物的大小、輕重、高低、美醜等價値觀念，都是經過比較之後的產物，人類感情的變化，更容易受到外在環境變化的影響，所謂「情隨境遷」，外在環境變化之後，往往就會受到比較，人的喜怒哀樂便由此產生。時間，是所有事物變化的基礎，逝者如斯，不舍晝夜，時間不斷流逝，不僅生老病死寓焉，是非成敗也在裏面翻騰。因此，歐陽修在作品中，緊緊捉住時間這一因素，透過歲月不居，導致人生無常，而引發許許多多的喟嘆。有的僅是朝夕今昨短暫時間之變化，即產生了許多不同情況，呈現出對比，如：

昨夜蕭蕭疏雨墜，……朝來又覺西風起。（〈漁家傲〉）

當時枝上落殘花，今日水流何處去。（〈玉樓春〉）

昨日紅芳今綠樹。（〈定風波〉）

昨日爲逢青傘蓋，……今朝斗覺凋零嚥。（〈漁家傲〉）

有的則是經過較長的時間，今年與去年的不同，產生極強烈的對比，如以元宵節爲背景而非常有名的〈生查子〉：

去年元夜時，花市燈如畫。月上柳梢頭，人約黃昏後。　今年元夜時，月與燈依舊。不見去年人，淚滿春衫袖。

全詞上下片的文義是並列對比的，作者主要透過時間的轉換，將上片首句的去年，改爲下片首句的今年，輕輕一點，即經過了一年，去年、今年兩相對照，雖然元宵節景物依舊，但人事已非，去年的幸福，只不過更襯托今年的惆悵罷了。整首詞所用的材料非常簡單，上下片的關鍵名詞：「元夜」、「月」、「燈」、「人」都重複，以相同的景物當媒介，而引發出來的情感卻極爲豐富，感人至深。其他用今年與去年對比的作品還很多，如：

去年綠鬢今年白。（〈採桑子〉）

去年秋晚此園中，……今年重對芳叢處。（〈少年遊〉）

去年今日落花時。……這回相見好相知。（〈阮郎歸〉）

今年花勝去年紅，可惜明年花更好，知與誰同。（〈浪淘沙〉）

而有的經過漫長的時間，十年、二十年之後，前後人事的變化自然更大，對比也就愈加強烈，但作者在長期煎熬之後，反而能逆來順受，表現出曠達的胸懷。如：

十年一別流光速，白首相逢，莫話衰翁，但鬥尊前語笑同。（〈採桑子〉）

十年前是尊前客，月白風清。憂患凋零。老去光陰速可驚。（〈採桑子〉）

世路風波險，十年一別須臾。人生聚散長如此，相見且歡娛。（〈聖無憂〉）

如今薄宦老天涯，十年歧路，空負曲江花。（〈臨江仙〉）

十載相逢酒一巵，故人纔見便開眉，老來遊舊更同誰。（〈浣溪沙〉）

來擁朱輪，富貴浮雲，俯仰流年二十春。歸來恰似遼東鶴……誰識當年舊主人。（〈採桑子〉）

除了時間因素外，空間的阻隔也是人類愁苦的來源，歐陽修亦善用空間的對比，以襯托內心的惆悵與苦悶，尤其許多寫相思離愁的情詞更是如此。如〈長相思〉（花似伊）下片云：「長江東，長江西，兩岸鴛鴦兩處飛，相逢知幾時」，用長江東西兩岸的對比，面對如此遼闊的江面，相逢無期，其離別痛苦自然顯現出來。又如〈踏莎行〉（候館梅殘）云：「平蕪盡處是春山，行人更在春山外」，兩句有三個地點：平蕪、春山、及行人所在之處，作者描寫女子登樓眺望，由近而遠，遼闊平蕪望盡之後是春山，可是行人所在之處卻在春山之外，非目力所能及。透過三個地點的對比，由近襯托遠，由遠襯托更遠，遠在視野之外，女子之離愁不言而喻。其他以空間對比的句子還有：

無心雲勝伊，行雲猶解傍山飛，郎行去不歸。（〈阮郎歸〉）

河鼓無言西北盼，香蛾有恨東南遠，脈脈橫波珠淚滿。（〈漁家傲〉）

一重水隔一重山，水闊山高人不見，有淚無言。（〈浪淘沙〉）

倚危樓極目，無情細草長天色。（〈感庭秋〉）

都是因爲相隔遙遠，而愁悵不已。

接著，我們再觀察歐陽修在遣詞用字方面的特色。前面我們說過，歐陽修是上層社會的文人，他的作品走向是往典雅路線發展，另外他又受民間歌謠的影響，能夠吸收民間優良的傳統，並不排斥口語入詞，因此歐陽修的作品有的固然典雅，卻不失自然，有的雖然通俗，但並不鄙俚。在追求典雅時，他善於融會前人的詩句而不流於雕琢晦澀，如〈採桑子〉（春深雨過西湖好）：「晴日催花暖欲然」，是化自杜甫〈絕句〉：「山青花欲然」；〈採桑子〉（畫船載酒西湖好）：「空水澄鮮」，用的是謝靈運〈登江中孤嶼〉詩：「空水共澄鮮」；〈採桑子〉（何人解賞西湖好）：「飛蓋相追」，出自曹植〈公讌〉詩：「清夜游西園，飛蓋相追隨」；〈朝中措〉（平山闌檻倚晴空）：「山色有無中」，本於王維〈漢江臨眺〉詩：「江流天地外，山色有無中」的成句；〈減字木蘭花〉（畫堂雅宴）：「慢撚輕攏」，及〈玉樓春〉（紅條約束瓊肌穩）：「葉下間關鶯語近」，皆用白居易〈琵琶行〉：「輕攏慢撚抹復挑」及「間關鶯語花底滑」之句子；〈玉樓春〉（南園粉蝶能無數）：「倡條冶葉恣留連」，出自李商隱〈燕臺〉詩：「冶葉倡條偏相識」；以上這些詩句，並不偏僻深奧，可見歐陽修塡製雅詞的原則。另外，歐陽修受民間歌謠的影響，某些詞也融入了地方口語。如〈漁家傲〉（妾本錢塘蘇小妹）：「今朝斗覺凋零[口煞]」的「[口煞]」（同「煞」，甚的意思）、「愁倚畫樓無計奈」的「無計奈」（即無奈何）；〈漁家傲〉（花底忽聞敲兩槳）：「逡巡女伴來尋訪」的「逡巡」（片刻）、「花氣酒香清厮釀」的「厮」（相互）；〈南歌子〉（鳳髻金泥帶）：「笑問雙鴛鴦字、怎生書」的「

怎生」（怎麼）、〈桃源憶故人〉（梅梢弄粉香猶嫩）：「別後寸腸縈損，說與伊爭穩」的「爭穩」（怎麼安心）等皆是，使詞句活潑，富有民間風味，而不覺鄙俚，可見歐陽修在雅俗之間自有分寸。

李清照曾作〈臨江仙〉（庭院深深深幾許）詞，有序云：「歐陽公作〈蝶戀花〉，有『深深深幾許』之語，予酷愛之，用其語作『庭院深深』數闋。其聲即舊〈臨江仙〉也。」李清照的詞最擅疊字，從這一段自白，可知她是受到歐陽修的影響。歐陽修詞集中疊字之多，是鮮有詞人能夠與之相比的。李栖曾統計歐陽修所用的疊字，有八十九種，一百五十二次㉘，這個數字確實令人驚訝。所以歐陽修用疊字的地方非常頻繁，有時一個句子用兩個疊字，如：「隱隱笙歌處處隨」（〈採桑子〉）、「細細風來細細香」（〈南鄉子〉）；也有用疊字對仗的；如：「煙霏霏，風淒淒」（〈長相思〉）、「寸寸柔腸，盈盈粉淚」（〈踏莎行〉）；在一首詞中也有運用三個疊字的，如〈漁家傲〉（荷葉田田青照水）用了「荷葉田田」、「蕭蕭疏雨」、「年年苦在中心裏」等三處；〈燕歸梁〉（風擺紅藤捲繡簾）用了「弄纖纖」、「瘦嵓嵓」、「病厭厭」三個疊字；一首詞中用兩個疊字則俯拾皆是，不勝枚舉了。歐陽修這樣大量運用疊字，使他的作品表現得更加生動，聲音也愈爲美聽。

歐陽修使用詞調的情形，經個人統計分析之後，也發現有幾項特色。一、新舊詞調並用，但新調已凌駕舊調。歐陽修的詞經過我們剔除僞作及存疑的之後，計有二百十二首及殘句三句，這些作品共用了五十二種詞調，其中唐五代舊有的調子有十九種，未見於唐五代詞人用過的調子有三十三種，新調超出舊調甚多。歐陽修最常用的十種調子，依次是：〈漁家傲〉（五十一首）、〈玉樓春〉（三十二首）、〈蝶戀花〉（二十一首）、〈採桑子〉（十三首）、〈浣溪沙〉（九首）、〈減字木蘭花〉（七首）、〈定風波〉（七首）、〈少年遊〉（五首）、〈浪淘沙〉（五首）、〈阮郎歸〉（五首），這些調子除了〈漁家傲〉、〈減字木蘭花〉、〈少年遊〉三種屬於新調之外，其他七種都是舊調。可見舊調在宋朝還有其影響力。但這七種舊調眞正屬於唐五代常用的只有〈浣溪沙〉一種，詞調在新時代的盛衰消長至爲明顯。二、大量使用某些喜愛的詞調。前面歐陽修最常用的十種調子，總共創作了一百五十五首，佔全部作品的四分之三，尤其〈漁家傲〉、〈玉樓春〉、〈蝶戀花〉三種調子的作品總和一百四首，即達到全部作品的一半。爲何會有這種現象，就是作者模倣民間文學創作鼓子詞，或以聯章體描寫某一事物所致。另外與當時調子的流行有關，如〈浣溪沙〉、〈蝶戀花〉、〈漁家傲〉、〈減字木蘭花〉、〈玉樓春〉等都是宋人喜歡塡的詞調，歐陽修也自然在這些詞調塡了較多的作品。三、努力嘗試新詞調的創作。歐陽修共用了三十三種新詞調，尤其對〈漁家傲〉特別喜愛，塡了五十一首。〈漁家傲〉這個詞調，根據《御製詞譜》卷十四云：「按此調始自晏殊，因詞有『神仙一曲漁家傲』句，取以爲名」。⑳晏殊創此調，並塡了十四首，歐陽修是繼晏殊之後，創作〈漁家傲〉最多的詞人。其它可能爲晏殊所創始的調子，如〈少年遊〉、〈燕歸梁〉、〈雨中花〉等，或晏殊爲《御製詞譜》列爲正體的調子，如〈清商怨〉、〈撼庭秋〉（歐詞作〈感庭秋〉）、〈踏莎行〉等，歐陽修都塡有作品，可見晏殊在塡詞方面對歐陽修是有影響的。而歐陽修本身也曾自製腔調，如〈越溪春〉，《御製詞譜》卷十七云：「調見六一居士詞，因詞中有『春色徧天涯，越溪閬苑繁華地』句，取以爲名，蓋賦越溪春色也。」㉚另外如〈朝中措〉、〈洞天春〉、〈鵲橋仙〉等，這些調子都始見於歐陽修詞，調名也與其內容相符，大概都屬歐陽修自創。四、開始塡製長調。長調是宋詞的一大特色，早於歐陽修的晏殊、張先都有長調的作品，歐陽修所用的長調有八種：〈驀山溪〉、〈醉蓬萊〉、〈御帶花〉、〈涼州令〉、〈摸魚兒〉、〈鼓笛慢〉、〈滿路花〉、〈踏莎行慢〉等，共塡了八首詞，這雖然只能算是嘗試性的創作，成就並不高，但以歐陽修的身分地位，對當時還處於民間流行階段的長調，能予以認同，這對詞體由小令邁向長調發展，具有很大的鼓舞作用，是値得我們重視的。

## 六、結論

綜上所述，歐陽修的詞曾大量寫作離愁別恨、戀愛相思的內容，這類的作品，脫離不了晚唐五代的影響，馮延巳的影響尤深，但他在表現手法及其內在蘊涵，已與前人的浮艷有別，顯現出沈著不露，雅馴不俗，極爲深婉的境界，故王國維《人間詞話》說：「詞之雅鄭，在神不在貌。永叔、少游雖作艷語，終有品格。」㉛至於他將個人遭遇反映在詞上，雖有不少慨嘆，但大致而言，他也都能從悲哀的氛圍中超脫出來，表現出曠達高遠的疏雋境界，就像亭亭玉立的荷花，底下的池水儘管污濁，並不影響它的清麗高潔，而事實上，歐陽修的確也很喜歡荷花，寫了許多咏荷的作品。所以就作品風格而言，歐陽修是疏雋、深婉兼而有之，清馮煦《蒿庵論詞》云：「宋至文忠，文始復古，天下翕然師尊之，風尙爲之一變。即以詞言，亦疏雋開子瞻，深婉開少游。本傳云『超然獨騖，衆莫能及，獨其文乎哉！獨其文乎哉！』」㉜可見歐陽修兩種詞風對後世皆產生影響。

但個人認爲，就詞史的發展地位而言，歐詞在「疏雋開子瞻」方面，遠遠超過「深婉開子游」來得重要。蘇軾是歐陽修得意的門生，他無論在現實政治上，或文學創作上，都與歐陽修站在同一路線，尤其詩文的創作上，成就非凡，大家都歸功於其恩師歐陽修的影響，自不在話下。然而蘇軾以不世出之才，高曠的性格，表現在詞的創作上，也開了詞史「豪放」一派，究其源頭所在，則鮮有人論及，使歐陽修在詞史上的重要性也大爲失色，其實蘇軾對歐陽修的詞非常喜歡，並且深受啓發。如歐陽修有一首〈朝中措〉，是「送劉仲原甫出守維揚」，被認爲歐詞中豪放詞的代表作：

平山闌檻倚晴空。山色有無中。手種堂前垂柳，別來幾度春風。文章太守，揮毫萬字，一飲千鍾。行樂直須年少，尊前看取衰翁。

全詞無論寫景或抒懷，皆直接爽快，不矯揉造作，尤其下片「揮毫萬字，一飲千鍾」的豪邁之氣，及「行樂直須年少，尊前看取衰翁」的超曠之語，如此大開大闔，大起大落，實在與後來蘇軾的豪放詞風相近，難怪蘇軾對此詞極爲愛賞，曾在兩首詞中提到它，〈水調歌頭〉（落日繡簾捲）云：「長記平山堂上，攲枕江南煙雨，渺渺沒孤鴻，認得醉翁語，山色有無中」，另一首〈西江月〉（三過平山堂下）云：「欲弔文章太守，仍歌楊柳春風」，想是這首詞的豪放風格及曠達思想深深打動蘇軾的心吧！歐陽修去世十九年後，蘇軾曾用歐陽修〈玉樓春〉（西湖南北煙波闊）韻，寫了一首〈木蘭花令〉（

霜餘已失長淮闊），詞中云：「佳人猶唱醉翁詞，四十三年如電抹。……與予同是識翁人，惟有西湖波底月。」雖然「大江東去，浪淘盡，千古風流人物」，但歐陽修有蘇軾這位知己晚生發揚光大其文學生命，他在詞史上的地位，也就足以與日月同光了。

【附註】

① 歐陽修的籍貫雖自署廬陵，其實是吉州永豐（江西永豐）人。歐陽修在熙寧二年（一〇六九）撰寫〈歐陽氏譜圖序〉曾云：「今譜雖著廬陵，而實爲吉州永豐人也。」（見《歐陽修全集・居士外集》，卷二十一）。歐陽修之所以自署廬陵，其原因約有兩種：一、廬陵縣是他的祖籍，故以祖籍爲籍貫。二、廬陵是郡名，並不特指廬陵縣。明李鶴鳴〈歐陽文忠系籍考〉說：「以後名賢或稱吉州，或稱廬陵，皆以郡名，而非以縣名也。歐公之稱廬陵者以此，若以爲廬陵縣人，則非矣！」（見《古今圖書集成》卷五九二，〈明倫匯編・氏族典〉引）

② 有關歐陽修傳記資料，除《宋史》本傳外，《歐陽修全集》〈附錄〉有：吳充〈歐陽公行狀〉、蘇轍〈歐陽文忠公神道碑〉、韓琦〈祭歐陽公文〉、〈歐陽公墓誌銘〉等皆可參閱。其年譜編者甚多，較重要者有：胡柯〈廬陵歐陽文忠公年譜〉（《歐陽修全集》本）、楊希閔〈歐陽文忠公年譜〉（《豫章先賢十五家年譜》本）、華孳亨〈增訂歐陽文忠公年譜〉（《昭代叢書》本）、林逸《宋歐陽文忠公修年譜》（臺北：臺灣商務印書館，一九八〇年六月）、嚴杰《歐陽修年譜》（南京出版社，一九九三年十一月）等。其生平研究專

著亦不少，如：江正誠《歐陽修的生平及其文學》（國立臺灣大學中文研究所博士論文，一九七八年五月）、蔡世明《歐陽修的生平與學術》（臺北：文史哲出版社，一九八六年九月）、洪本健《醉翁的世界—歐陽修評傳》（鄭州：中州古籍出版社，一九九〇年六月）等皆可參考。

③ 有關歐陽修詞的校本，有：林大椿校輯的《歐陽文忠公近體樂府》（上海：商務印書館，一九三一年）、冒廣生校《六一詞》（北京：文學古籍刊行社，一九五五年十一月）、李偉國校點《六一詞》（上海古籍出版社，一九八八年十二月）；校註本有：蔡茂雄《六一詞校註》（臺北：文津出版社，一九七八年十一月）、李栖《歐陽修詞研究及其校註》（臺北：文史哲出版社，一九八二年三月）、黃畬《歐陽修詞箋註》（北京：中華書局，一九八六年十二月）。

④ 見明刻《歐陽文忠公近體樂府》，引自黃畬《歐陽修詞箋注》，附錄五〈跋語〉，頁二一〇。

⑤ 刊於《詞學季刊》，二卷四號、三卷一、二、三號，一九三五年七月、一九三六年三、六、九月。後收入《宋詞四考》（南京：江蘇文藝出版社，一九五九年七月），頁一七〇—二三四。

⑥ 《全宋詞》將〈蝶戀花〉（庭院深深深幾許）定爲馮延巳的作品，因此詞又見《陽春集》。但李清照〈臨江仙〉詞序云：「歐陽公作〈蝶戀花〉，有『深深深幾許』之語，予酷愛之。用其語作『庭院深深』數闋。其聲即舊〈臨江仙〉也。」李清照去歐陽修年代未遠，其說當可信。至於〈玉樓春〉（池塘水綠春微暖）這首，唐圭璋有案語云：「劉攽《中山詩話》引『從頭歌韻』一句作晏殊詞。劉與歐同時，所言當可信。此首殆非歐作。」可是他並沒有將它刪除。

⑦見《詩話叢刊》（臺北：弘道文化事業公司，一九七一年三月），下冊，頁一三〇一—一三〇二。

⑧七首見唐圭璋編《全宋詞》歐陽修存目詞，即歐陽炯〈賀明朝〉（憶昔花間初識面）、李煜〈一斛珠〉（曉妝初過）、馮延巳〈南鄉子〉（細雨溼花）、張先〈浣溪沙〉（樓倚江邊百尺高）、歐陽炯〈浣溪沙〉（天碧羅衣拂地垂）、張泌〈江神子〉（碧闌干外小中亭）、謝絳〈夜行船〉（昨夕佳期初共）等。

⑨見謝桃坊《宋詞概論》（成都：四川文藝出版社，一九九二年八月），頁一七二—一八〇。謝氏在考辨《醉翁琴趣外篇》僞作問題，用力甚勤，他另有〈歐陽修詞集考〉，刊登在《文獻》二十八輯（北京：書目文獻出版社，一九八六年四月），頁九—二三，亦可參考。鄭振鐸《插圖本中國文學史》（北京：人民文學出版社，一九五七年十二月），也曾提出質疑：「在《醉翁琴趣外編》裏，有許多爲《六一詞》所不收的詞，很可怪，……這似和《六一詞》的作風，太不相同了，顯得不是出於同一詞人的手筆。」（見頁四八一—四八二）。

⑩肯定這些作品是歐陽修作的人很多，如：胡適《詞選》（臺北：臺灣商務印書館，一九七五年五月）說：「其實北宋不是一個道學的時代，作豔詞並不犯禁，正人君子並不以此爲諱。」（頁六〇），陸侃如、馮沅君合撰《中國詩史》（北京：作家出版社，一九五六年九月）認爲這些豔詞出於歐陽修手有幾種可能：「一、歐陽修本爲過男女間事，引起過糾紛，據說，他曾戀愛過女孩子。……二、在十一世紀時，詞壇上本有種以俗語寫豔詞的趨勢。」（頁六二二—六二三）。另外如：田中謙二〈歐陽修の詞について〉（《東方學》，七輯，頁五〇—六二，一九五三年十月）、鄧魁英〈歐陽修在詞史上的地位〉（華東師範大學中文系古典文

學研究室編《詞學研究論文集》，頁二六六—二七五，上海古籍出版社，一九八二年三月）等，也都有類似的看法。

⑪ 鄭師因百《景午叢編》（臺北：臺灣中華書局，一九七二年一月），上編，頁二五一。

⑫ 李栖《歐陽修詞研究及其校註》（臺北：文史哲出版社，一九八二年三月），頁六八。

⑬ 羅大經《鶴林玉露》丙編、卷二云：「歐陽公雖遊戲作小詞，亦無愧唐人《花間集》。」羅泌〈歐陽修《近體樂府》跋〉云：「公嘗致意於《詩》，爲之本義，溫柔寬厚，所得深矣。吟詠之餘，溢爲詞章，有《平山集》，盛稱於世。」

⑭ 王闢之《澠水燕談錄》（臺北：木鐸出版社，一九八二年二月），卷四，頁四〇。

⑮ 朱東潤編註《梅堯臣集編年校註》（臺北：源流出版社，一九八三年四月），卷十八，頁四六七，〈觀舞〉。

⑯ 同註⑮，卷二十九，頁一〇七六。

⑰ 華東師範大學中文系古典文學研究室編《詞學研究論文集》（上海古籍出版社，一九八二年三月），頁二七四。

⑱ 唐圭璋編《詞話叢編》（臺北：新文豐出版公司，一九八八年二月），冊一，頁六三二。

⑲ 胡仔《苕溪漁隱叢話》（臺北：長安出版社，一九七八年十二月），後集，卷三十三，頁二五四。

⑳ 上述事蹟編年參考蔡世明編的〈歐陽修年表〉，在《歐陽修的生平與學術》（臺北：文史哲出版社，一九八六年九月），附錄一，頁二三九—二六一。

㉑洪本健《醉翁的世界—歐陽修評傳》（鄭州：中州古籍出版社，一九九〇年六月），頁一一三。

㉒參考王洪主編《唐宋詞百科大辭典》（北京：學苑出版社，一九九〇年九月），頁一〇〇八，鼓子詞條。

㉓十首描寫采蓮女的作品，用〈漁家傲〉的有：〈妾本錢塘蘇小妹〉、〈花底忽聞敲兩槳〉、〈爲愛蓮房都一柄〉、〈昨日採花花欲盡〉、〈一夜越溪秋水滿〉、〈近日門前溪水漲〉、〈妾解清歌并巧笑〉；用〈蝶戀花〉的有：〈永日環堤乘綵舫〉、〈越女採蓮秋水畔〉、〈水浸秋天風皺浪〉。

㉔葉嘉瑩《詩馨篇（下）》（北京：中國青年出版社，一九九一年十月），頁七一—七二。

㉕馮金伯《詞苑萃編》卷二十三引。見唐圭璋《詞話叢編》，冊三，頁二二四〇。

㉖《詞學．三輯》（上海：華東師範大學出版社，一九八五年二月），頁八。

㉗陳廷焯《白雨齋詞話》卷五。見同註⑱，冊四，頁三八九九。

㉘同註⑫，頁八九。

㉙清聖祖勅撰《御製詞譜》（臺北：聞汝賢據殿本縮印，一九七六年元月），頁二四七。

㉚同註㉙，頁二九八。

㉛同註⑱，冊五，頁四二四六。

㉜同註⑱，冊四，頁三五八五。

# 直逼花間的回流嗣響——晏幾道

## 一、晏幾道的生平與詞集

晏幾道，字叔原，號小山，殊第七子。[1]約生於宋仁宗慶曆八年（一〇四八），卒於徽宗政和八年（一一一八），年七十左右。[2]曾官太常寺太祝。[3]神宗熙寧七年（一〇七四），鄭俠上書被罪，幾道亦受牽連，俠家搜得叔原與俠詩，帝稱賞之，即令釋出。[4]元豐五年（一〇八二），監潁昌府許田鎮（河南許昌東北），手寫自作長短句，上府帥韓少師（維），少師報書：「願郎君捐有餘之才，補不足之德，不勝門下老吏之望云」。[5]徽宗崇寧二年（一一〇三）至三年初左右，由通判乾寧軍（河北青縣）改任開封府（河南開封）推官[6]，四年，以兩經獄空，轉一官，並賜章服。[7]年末至乞身，退居京城賜第，不踐諸貴之門。蔡京重九、冬至日遣客求長短句，欣然兩爲作〈鷓鴣天〉，竟無一語及蔡[8]，此當是大觀元年（一一〇七）五月至三年六月間蔡京當權時事。[9]《宋史》無傳，生平可考者不多。[10]

晏幾道的詞集初號《樂府補亡》，自序曰：「竊謂篇中之意，昔人定已不遺，第今無傳耳。故今所製，通以《補亡》名之。」其後目爲《小山集》，有黃庭堅序。⑪其詞之結集，至少有三次：第一次爲元豐五年手寫投贈韓維，第二次爲元祐初爲高平公綴輯成編，第三次則爲今日通行之本。⑫今傳之本悉題《小山詞》，有：吳訥《唐宋名賢百家詞》本、汲古閣《宋六十名家詞》本、朱祖謀刻《彊村叢書》本。《全宋詞》收《彊村叢書》本《小山詞》，又據《唐宋名賢百家詞》本補錄出一首，共二百五十六首，又從《景宋本梅苑》卷九、《陽春白雪》卷三、《永樂大典》卷三〇〇六人字韻引《小山琴趣外篇》、《花草粹編》卷三輯出〈胡搗練〉、〈撲胡蝶〉、〈醜奴兒〉、〈謁金門〉等四首。堪稱完善。⑬

## 二、《小山詞》的主要內容——相思

晏幾道生長在歌妓繁盛的太平時代，加上是權貴子弟，他個人雖不求仕進，沈淪下僚，但大時代及家世背景提供他一個享樂的環境，他在〈小山詞自序〉說：「始時，沈十二廉叔，陳十君龍，家有蓮、鴻、蘋、雲，品請謳娛客，每得一解，即以草授諸兒。吾三人持酒聽之，爲一笑樂而已。而君龍疾廢臥家，廉叔下世，昔之狂篇醉句，遂與兩家歌兒酒使具流傳於人間。」（《彊村叢書》本）詞自晚唐五代以來，是供歌妓演唱的，北宋由於政治安定、社會繁榮，舞榭歌臺林立，家宴簫管達旦，爲了配合歌妓演唱的需要，文人無不施展才華，塡詞以付鶯舌檀口，詞人與歌妓之關係極爲密切。宋代歌妓大致可分爲三類：㈠官妓，包括教坊的歌妓，中央及各地方官署的歌妓。地方上的官妓一般居於樂營，由樂營將管束，也稱爲「營妓」。㈡家妓。是貴族及士大夫之家所蓄養擅長歌舞的美女，她們既非妾而又不同於一般的奴婢。㈢私妓，指市井妓女，私妓中有以賣淫爲主的，而其中之歌妓則以賣藝爲主也兼賣淫。宋代的重要都市中凡歌樓、酒館、平康諸坊和瓦市等處，都是私妓們積聚與活動的地方。⑭晏幾道〈自序〉所謂蓮、鴻、蘋、雲，都是家妓，其作品所寫的對象亦以家妓爲主，晏殊也樂於將她們的名字嵌入詞中，這固然是當時的一種風氣，許多詞人都有這種作法，但像晏幾道如此頻繁並不多見，其中以小蓮出現最多，有：〈鷓鴣天〉：「小蓮風韻出瑤池」、同調：「手撚香牋憶小蓮」、〈木蘭花〉：「小蓮未解論心素」、〈破陣子〉：「憑誰寄小蓮」等，〈自序〉所提到的另三位也曾在詞中出現，如：〈虞美人〉：「賺得小鴻眉黛、也低顰」，寫小鴻；〈臨江仙〉：「記得小蘋初見」，寫小蘋；〈浣溪沙〉：「小雲雙枕恨春閒」、及〈少年遊〉：「說與小雲新恨、也低眉」，寫小雲；其他還可看到許多歌妓的名字，如：小玉（〈鷓鴣天〉：「小玉樓中月上時」）、小瓊（〈清平樂〉：「小瓊閒抱琵琶」）、小顰（〈木蘭花〉：「小顰若解愁春暮」、〈玉樓春〉：「小顰微笑盡妖嬈」）、阿茸（〈木蘭花〉：「阿茸十五腰肢好」）、小杏（〈浣溪沙〉：「小杏春聲學浪仙」）、珍珍（〈采桑子〉：「晚見珍珍，疑是朝雲」）等，其他還有一些用來借指歌妓的名字，如：師師（〈生查子〉：「不似師師好」、同調：「借取師師宿」）、念奴（〈木蘭花〉：「念奴初唱離亭宴」）、莫愁（〈清平樂〉：「莫愁家住溪邊」）、玉簫（〈鷓鴣天〉：「小令尊前見玉簫」）、玉眞（〈木蘭花〉：「玉眞能唱朱簾靜」）等，詞中這麼多歌妓的名字，使晏幾道的詞集宛如一部花名冊，他生活在這群粉黛裙釵之間，詞的內容當然脫離不了男女相思別恨，這是《小山詞》的主體，我們姑且不要讀其內容，只看到「相思」兩字充斥在許多詞篇中，即可知其梗概，共有二十五首詞都用了「相思」一詞，如〈臨江仙〉：「琵琶絃上說相思」、〈蝶戀花〉：「相思一夜天涯遠」、〈鷓鴣天〉：「相思本是無憑語」、〈生查子〉：「無處說相思」、〈南鄉子〉：「今日最相思」、〈踏莎行〉：「無端不寄相思字」等，俯拾皆是，而有的詞更由許多「相思」堆砌而成，如〈長相思〉：

> 長相思。長相思。若問相思甚了期。除非相見時。　長相思。長相思。欲把相思說似誰。淺情人不知。

總共用了六次「相思」，反覆訴說，極其質樸自然，情味深遠，令人並不覺得重複拖沓，頗有民歌味道，陳廷焯《白雨齋詞話》卷七認爲它是「小山集中別調」。另外如〈醉落魄〉（鸞孤月缺）、〈洞仙歌〉（相逢欲話相思苦），也都各用了三次「相思」，顯現他的痴心與多情。

晏幾道除了直接寫明歌妓的名字、相思的事情外，對於歡會的地點──「西樓」，也經常在詞中出現：〈蝶戀花〉：「醉別西樓醒不記」、〈鷓鴣天〉：「同過西樓此夜寒」，同調：「西樓酒面垂垂雪」、〈清平樂〉：「鈿箏曾醉西樓」、〈木蘭花〉：「當時垂淚憶西樓」、〈少年遊〉：「西樓別後」、同調：「有人凝澹倚西樓」、〈采桑子〉：「猶憶西樓著意深」、同調：「西樓月下當時見」、〈滿庭芳〉：「西樓題葉」、〈西江月〉：「西樓把袂人稀」等十二處之多，根據〈滿庭芳〉寫道：「南苑吹花，西樓題葉，故園歡事重重」，「西樓」應在晏幾道的「故園」，王灼《碧鷄漫志》卷二云：「年未至乞身，退居京城賜第」，可見其「故園」「西樓」即是汴京賜第。

## 三、《小山詞》是否寓有其他內涵

晏幾道這樣大量創作相思別恨的作品，並勇於將自己融入詞中，是否純粹出自對歌妓之眷戀？或者另有其他含意？關於這個問題在晏幾道當時即有不同的看法。根據邵博《邵氏聞見後錄》卷十九載：

晏叔原臨淄公晚子，監潁昌府許田鎮，手寫自作長短句，上府帥韓少師。少師報書：「得新詞盈卷，蓋才有餘，而德不足者。願郎君捐有餘之才，補不足之德，不勝門下老吏之望云。」一監鎮官敢以杯酒自作長短句示本道大帥，以大帥之嚴，猶盡門生忠於郎君之意。在叔原爲甚豪，在韓公爲甚德也。

晏幾道將杯酒間自作的長短句，送給府帥韓少師，卻遭到韓少師的教訓，說這些作品是「才有餘而德不足」，可見韓少師對這些作品的理解只是純粹寫歌妓之情愛而已，並無深意。但黃庭堅〈小山詞序〉則云：

平生潛心六藝，玩思百家，持論甚高，未嘗以沽世。余嘗怪而問焉，曰：「我槃跚勃窣，猶獲罪於諸公。憤而吐之，是唾人面也。」乃獨嬉弄於樂府之餘，而寓以詩人之句法，清壯頓挫，能動搖人心，士大夫傳之，以爲有臨淄之風耳。罕能味其言也。……雖若此，至其樂府，可謂狎邪之大雅，豪士之鼓吹。其合者，高唐、洛神之流；其下者，豈減桃葉、團扇哉！余少時間作樂府，以使酒玩世。道人法秀獨罪余以筆墨勸淫，於我法中，當下犁舌之獄，特未見叔原之作耶。雖然，彼富貴得意，室有倩盼慧女，而主人好文，必當市致千金，家求善本。曰：「獨不得與叔原同時耶！」若乃妙年美士，近知酒色之虞；苦節臞儒，晚悟裙裾之樂；鼓之舞之，使宴安酖毒而不悔，是則叔原之罪也哉？（《彊村叢書》本）

這一大段文字，對理解小山詞有幾個值得注意的地方。一、晏幾道創作詞的動機，是一種逃避的心理造成。晏幾道自謂「我槃跚勃窣，猶獲罪於諸公。憤而吐之，是唾人面也。」「槃跚勃窣」，出自司馬相如〈子虛賦〉：「媻姍勃窣，上乎金隄」，「媻姍」本義是膝著地匍匐而行，「勃窣」是傴身搖擺而跛行。晏幾道將它們引申爲委屈求曲，姿態很低。他覺得雖然如此，還常得罪人，如果憤而吐之，豈不是唾人面？黃庭堅用晏幾道的話，來說明他創作詞的動機，基本上是不願直接得罪權貴的逃避行爲。二、黃庭堅認爲小山詞有他的深意與眞情。黃庭堅稱讚小山詞：「狎邪之大雅，豪士之鼓吹。其合者，高唐、洛神之流；其下者，豈減桃葉、團扇哉！」黃庭堅將小山詞分爲兩類，一類是可和宋玉〈高唐賦〉、曹植〈洛神賦〉相提並論的，表面是寫男女情事，其實有它的寄託深意，正如《文選》卷十九李善注說〈高唐賦〉是「假設其事，風諫婬惑也」，何焯《義門讀書記》說〈洛神賦〉是「植既不得于君，因濟洛川，作爲此賦，托辭宓妃，以寄心于文帝，其亦屈子之志也。」這一類寓有寄託的作品是「豪士之鼓吹」。另一類可和樂府吳聲歌曲〈桃葉歌〉、〈團扇歌〉相比擬，《樂府詩集》卷四十五〈清商曲辭二．吳聲曲辭．桃葉歌〉引《古今樂錄》云：「〈桃葉歌〉者，晉王子敬之所作也。桃葉，子敬妾名，緣於篤愛，所以歌之。」《宋書·樂志一》云：「〈團扇歌〉者，中書令王珉與嫂婢有情，愛好甚篤。嫂捶撻婢過苦，婢素善歌，而珉好捉白團扇，故製此歌。」這一類篤於眞情的作品是「狎邪之大雅」。三、一般人欣賞小山詞僅止於表象，不能深入其內蘊。黃庭堅認爲小山詞「清壯頓挫，能動搖人心」，士大夫雖然流傳，並以爲有乃父之風，但很少能眞正體會其用意。一般人讀詞只看表面內容，黃庭堅舉僧徒法秀曾責備自己塡詞以筆墨勸淫，會下地獄的，但如果就表象而言，小山詞對男女情意的描寫比自己有過之而無不及，只是法秀沒看到，否則不知道要怎麼批評了？至於那些富貴得意者、妙年美士、苦節臞儒等受小山詞的影響，以至於「宴安酖毒而不悔」，難道是晏幾道的罪過嗎？其實不是，只是他們不善於讀晏幾道的詞，受其表象所迷惑而已。

韓少師訓晏幾道的詞作爲「才有餘而德不足」，黃庭堅則稱賞爲「狎邪之大雅，豪士之鼓吹」，兩者似乎相去甚遠，而晏幾道如何看待自己的作品呢？首先我們要瞭解的，是他非常珍貴自己的作品，曾先後兩次將作品編輯，一次投贈給韓少師（維），一次投贈給高平公（范純仁）。⑮他既然如此珍貴自己的作品，難道這些作品只是純寫對歌妓之情愛而已嗎？我們觀察他自己寫的〈小山詞自序〉：

> 《補亡》一編，補樂府之亡也。叔原往者浮沈酒中，病世之歌詞，不足以析酲解慍，試續南部諸賢緒餘，作五七字語，期以自娛，不獨敘其所懷，兼寫一時杯酒間聞見，所同游者意中事。嘗思感物之情，古今不易，竊以謂篇中之意，昔人所不遺，第於今無傳爾。故今所製，通以《補亡》名之。（《彊村叢書》本）

從這段文字，晏幾道稱自己的詞集爲《樂府補亡》，提昇自己作品與樂府詩相同之地位，又可證明其珍貴自己作品之一斑。另外他自白塡詞的動機是「析醒解慍」、「自娛」，可見其內心是蓄「慍」待發，不是無所爲而爲。而他自稱作品內容有三方面：一是「敘其所懷」，二是「一時杯酒間聞見」，三是「所同游者意中事」。「一時杯酒間聞見」是指那些專寫酒宴歌筵情事的作品，這是比較普遍易解的，至於另外兩種則比較麻煩，「敘其所懷」，是指抒發自己的懷抱；「所同游者意中事」，晏幾道所同游者大都屬於沈淪下僚、狂放不羈之士，如〈自序〉所指的「陳君龍」、「沈廉叔」皆是，這些「同是天涯淪落人」的「意中事」可想而知。而晏幾道覺得這些「篇中之意」，雖「昔人所不遺」，但「於今無傳」，是他勝過前人之處，名曰「補亡」，其實頗有自豪之意。

從晏幾道〈自序〉及黃庭堅〈小山詞序〉，可看出小山詞的內容並不能全部以描寫歌妓之情愛視之，某部分應含有作者深意的。如果作者能直抒懷抱，將自己或同游者之「慍」不要太過遮掩，則比較容易理解，但問題是，晏幾道一方面不願得罪權貴，一方面又善於運用比興手法，將內心鬱悶與歌妓情愛糾結在一起，如此就很難區分其內容之眞正意涵，難怪韓少師會責備他「才有餘而德不足」。

近代許多學者都嘗試解開小山詞中寓有寄托的謎底，但往往流於穿鑿附會，王煥猷《小山詞箋》（上海：商務印書館，一九四七年十一月），便是很典型的例子，鄭師因百〈評王箋小山詞〉一文中，即指出他將一首尋常傷春怨別的〈點絳脣〉（花信來時），拉扯出一篇大道理，羅織范仲淹、富弼兩人寡情冷淡。⑯而比較謹愼的學者，則大多承認小山詞頗有深意，而不明指那一首詞有怎樣的寄托，如葉嘉瑩在〈論晏幾道詞在詞史中之地位〉一文中，從《宋詩紀事》所載晏幾道僅存的六首詩，皆含有隱諷，可窺見他的心志，以證明「晏幾道之艷詞頗有藉詩酒風流自遣的有託而逃的意味」。⑰繆鉞在〈論晏幾道詞〉及〈詞品與人品—再論晏幾道〉兩篇文章中，一再分析其爲人、性情、身世背景，歸結他：「只能與一二知交盤桓，與幾個天眞純樸的歌女相處，寫作歌詞以寄託懷抱。他的詞內容是狹窄的，但結合他的性情行跡來考查，這些詞表達了他遠避仕途而自樂其樂的純眞感情」、「晏幾道不是作詞，是寫胸中的眞情」、「而晏作詞描繪這些歌女時，也有融入自己的襟懷而加以理想化之處。這是讀《小山詞》時應當注意的。」⑱但他們皆不明指其寄託之處。

## 四、《小山詞》寓有的內涵解析

個人認爲，除非有較多的理由或證據，還是不要隨便明指，雖然我們從前面的分析知道，《小山詞》確含有作者之深意。但我們也不應輕易放棄，《小山詞》在內容上所隱含較深的意涵，那麼要如何理解呢？個人覺得可從兩方面著手，一是以大見小，從宏觀的角度將作品提煉出其抽象意涵，透過抽象意涵可涵蓋作者其他方面的意義。二是以小見大，從微觀的角度，撿拾作品中某些材料，加以透視放大，或許有助於瞭解可能含有的意義。

首先我們從宏觀的角度，來提煉《小山詞》的抽象意涵。前面我們已經指出，《小山詞》的主要內容是寫與歌妓的相思之情。如〈臨江仙〉：

夢後樓臺高鎖，酒醒簾幕低垂。去年春恨卻來時。落花人獨立，微雨燕雙飛。　記得小蘋初見，兩重心字羅衣。琵琶絃上說相思。當時明月在，曾照彩雲歸。

又如〈木蘭花〉：

初心已恨花期晚。別後相思長在眼。蘭衾猶有舊時香，每到夢回珠淚滿。　多應不信人腸斷。幾夜夜寒誰共暖。欲將恩愛結來生，只恐來生緣又短。

從這兩首描寫相思的作品，當然也包合《小山詞》絕大部分作品，可提煉出一個抽象意涵，即是「痴」字。這個「痴」字正是作者人格的顯現，黃庭堅〈小山詞序〉云：

余嘗論叔原，固人英也，其痴亦自絕人。愛叔原者，皆慍而問其目，曰：仕宦連蹇，而不能一傍貴人之門，是一痴也；論文自有體，不肯一作新進士語，此又一痴也；費資千百萬，家人寒飢而面有孺子之色，此又一痴也；人百負之而不恨，己信人終不疑其欺己，此又一痴也。乃共以爲然。（《彊村叢書》本）

黃庭堅用一個「痴」字形容晏幾道的人格，正好與其作品的抽象意涵相互呼應。晏幾道的「痴」，大而言之，是一種「擇善固執」，對理想的堅持，他不願與世俗妥協，他有自己的格調，不爲私利犧牲原則，以晏幾道的家世背景，如果他肯依傍權貴，唯唯小謹，相信絕對不會陸沈下位。但他既不依附新黨，從前面生平傳略，鄭俠上書反對新政，他亦牽連入獄，及爲蔡京兩作〈鷓鴣天〉詞，「竟無一語及蔡」二事可知；同時他也不交結舊黨權貴，據陸友《研北雜志》卷上引邵澤民云：

> 元祐中，叔原以長短句行，蘇子瞻因魯直欲見之。則謝曰：「今日政事堂中半吾家舊客，亦未暇見也。」

元祐時，蘇軾爲翰林學士，名滿天下，晏幾道卻不願見他，其固執可見一斑。小而言之，他對朋友以至於歌妓，都是眞心相待，也是「痴」的表現。晏幾道詞中「痴」的抽象意涵，雖是透過對歌妓的深情顯現出來，但它所涵蓋的範圍應包含他對理想的堅持，正如梁啓超評辛棄疾〈青玉案〉（東風夜放花千樹）這首詞所云：「自憐幽獨，傷心人別有懷抱」⑲，辛棄疾寫的是元宵節驚鴻一瞥的女子，而晏幾道則是落實在他身邊的歌妓，但這些歌妓都有被晏幾道理想化的傾向，如〈采桑子〉寫珍珍：「蘆鞭墜偏楊花陌，晚見珍珍。疑是朝雲，來作高唐夢裏人」，〈鷓鴣天〉寫小蓮：「梅蕊新妝桂葉眉，小蓮風韻出瑤池」，在晏幾道筆下的珍珍、小蓮等歌妓，幾乎都是仙女下凡，其理想之化身。他爲了這些歌妓輾轉不眠，寤寐相思，在傷心哀痛之中，顯現出作者對理想之執著。如這首〈采桑子〉：

> 西樓月下當時見，淚粉偷勻。歌罷還顰。恨隔爐煙看未眞。　別來樓外垂楊縷，幾換青春。倦客紅塵。長記樓中粉淚人。

詞裏描寫離別時歌妓之痛苦，及自己在別後的歲月中，年復一年，永遠記住這位紅粉佳人，表面上作者大力刻劃粉淚人，實際上是用來襯托自己紅塵倦客蹉跎歲月的悲哀。方曉明在〈倦客紅塵，長記樓中粉淚人—試論《小山詞》對意義的追尋〉一文說：「《小山詞》著意描寫的就是這具體場景中的情，小晏執著于這種情。但是他在這首詞中安置這個情的地位時又相當富有形而上的意味。正因『倦客紅塵』，才會才需要『長記樓中粉淚人』。粉淚人顯示的就是小晏特別看重的情，她被明確置于紅塵的對立面上。……他所走的瑤臺路不再單純是冶遊之路，已成爲一種賦予了理想色彩的境界。」⑳晏幾道許多思念歌妓的情詞確實都予人這種感覺。

晏殊有一首〈山亭柳〉（家住西秦），寫一位曾盛極一時的歌妓，因年老色衰而被遺棄的不幸遭遇。鄭師因百指此詞是「借他人酒杯澆胸中塊壘者也」㉑，晏幾道一些描寫歌妓痛苦的作品，似乎也有晏幾道的身影，如〈浣溪沙〉：

日日雙眉鬥畫長。行雲飛絮共輕狂。不將心嫁冶遊郎。　濺酒滴殘歌扇字，弄花熏得舞衣香。一春彈淚說淒涼。

此詞寫一妝飾美麗、舉止狂放的歌妓，她不輕易許人，以致處境淒涼。這不是「磊隗權奇」卻「陸沈下位」的晏幾道最好寫照嗎？劉永濟分析說：「作者將此一舞女之生活和內心寫得如此酣暢，其自身幾已化爲此女。蓋由作者自身亦具有此種矛盾之痛苦，亦同有此舞女之個性，故能體認眞切。此舞女，直可認爲作者己身之寫照。此種寫法，又較託閨情以抒己情者更加親切，因之更加動人。論者稱其詞頓挫，即從此等處看出也。」㉒其他如〈生查子〉（金鞭美少年）、同調（長恨涉江遙）、〈菩薩蠻〉（哀箏一弄湘江曲）、〈浣溪沙〉（閒弄箏絃懶繫裙）、〈河滿子〉（綠綺琴中心事）等，詞中寫歌妓的悲哀苦悶、不幸身世，除了流露晏幾道對彼等之憐憫同情外，恐怕隱含「哀人亦自哀」的成分亦佔有很大的比重。

其次，我們從微觀的角度，省察晏幾道詞中的某些材料，亦可找尋其作品寓有深意的蛛絲馬迹。黃庭堅〈小山詞序〉云：「其合者，〈高唐〉、〈洛神〉之流。」（《彊村叢書》本）稱讚《小山詞》像〈高唐賦〉、〈洛神賦〉寓有深意。我們從《小山詞》所運用的材料，確實有許多出自〈高唐賦〉，最常用的是「行雲」、「朝雲」、「雲雨」、「夢雲」等，〈高唐賦〉的巫山神女云：「妾在巫山之陽，高丘之阻，旦爲朝雲，暮爲行雨，朝朝暮暮，陽臺之下。」於是「行雲」、「朝雲」、「雲雨」等都用來代指妓女，或象徵男女間的關係。晏幾道描寫與歌妓之感情，大量寫道：「行雲終與誰同」（〈臨江仙〉）、「曉鶯聲斷朝雲去」（〈蝶戀花〉）、「畫樓雲雨無憑」（〈清平樂〉）、「夢雲歸去難尋」（〈清平樂〉）、「朝雲信斷知何處」（〈木蘭花〉）、「旗亭西畔朝雲住」（〈玉樓春〉）、「行雲飛絮共輕狂」（〈浣溪沙〉）、「夢中雲雨空休」（〈河滿子〉）、「攲枕片時雲雨事」（〈愁倚蘭令〉）、「試寫殘花，寄與朝雲」（〈訴衷情〉）、「解向尊前，誰伴朝雲」（〈訴衷情〉）、「應是行雲歸路」（〈好女兒〉）、「行雲無定，猶到夢魂中」（〈少年游〉）、「晚見珍珍，疑是朝雲」（〈采桑子〉）、「幾處歌雲夢雨」（〈滿庭芳〉）、「是情事，輕如雲雨」（〈解佩令〉）、「事與行雲漸遠」（〈撲蝴蝶〉）等，另外也有用「高唐」、「巫山」、「楚宮」、「襄王」、「陽臺」等辭彙，如：「從前虛夢高唐」（〈臨江仙〉）、「曉枕夢高唐」（〈浪淘沙〉）、「今在巫山第幾峯」（〈鷓鴣天〉）、「碧雲天共楚宮遙」（〈鷓鴣天〉）、「應作襄王春夢去」（〈木蘭花〉）、「曾笑陽臺夢短」（〈六么令〉）等。以上這些辭彙，作者固然是用來代表歌妓的身分，但作者似乎有意將歌妓理想化，把她們比擬作巫山神女，飄忽無定，似眞似幻，而增加了詞的朦朧美、淒涼美，表現自己執著於理想，追尋美好事物的悲哀。

黃庭堅〈小山詞序〉說晏幾道的個性：「磊隗權奇，疏於顧忌」（《彊村叢書》本），《小山詞》中也多處以「狂」字自我顯示這種個性：「天將離恨惱疏狂」（〈鷓鴣天〉）、「殷勤理舊狂」（〈阮郎歸〉）、「盡有狂情鬥春早」（〈泛清波摘遍〉），由於內心許多的熱情和鬱悶需要抒發，「狂」字或許是最好的表達，他的舉止行爲確實頗爲「狂放」：「彩袖殷勤捧玉鐘，當年拚卻醉顏紅」（〈鷓鴣天〉）、「莫問逢春能幾回，能歌能笑是多才」（〈浣溪沙〉）等都是；他所欣賞的人或物也都帶有一種狂放的味道，如寫小蓮；「狂似鈿箏絃底柱」（〈清平樂〉），透過強烈奔放的樂聲，將小蓮的「狂」態表現出來，這毋寧是晏幾道的化身。其他如：「狂花頃刻香」（〈生查子〉）、「行雲飛絮共輕狂」（〈浣溪沙〉）等也都有作者主觀的情感映照在上面。

晏幾道是頗具才華的，黃庭堅〈小山詞序〉說他：「文章翰墨，自立規摹」、「平生潛心六藝，玩思百家，持論甚高，未嘗以沽世」等，在《小山詞》中也可看到他以文才自負的身影，如〈臨江仙〉寫道：「少陵詩思舊才名」，以唐代大詩人杜甫自喻，其抱負可以想見。另一首〈臨江仙〉則寫道：「白頭王建在，猶見咏詩人」，王建爲中唐著名詩人，擅長樂府詩，反映現實，但他仕途不順，位卑祿薄，晚年落魄潦倒，身世與晏幾道相近，晏幾道以王建自況，亦流露內心深沈的悲哀。尤其〈鷓鴣天〉云：「故園三度羣花謝，曼倩天涯猶未歸」，東方朔是漢代辭賦家，被當時目爲「狂人」，曾自謂「避世於朝廷間」（註《史記・滑稽列傳》卷一二六），晏幾道以東方朔自喻，亦隱含有失意不爲世所用的慨嘆。

從上面的分析，可以理解到晏幾道的作品，表面是男女情愛的作品，卻隱含有作者追求理想的固執，流露作者之人格及抱負，並有懷才不遇之感傷。如果以整首詞而論，某些以羈旅思歸與及時行樂爲主題的作品，是比較清晰呈現作者內心的憤慨與不平，如〈泛清波摘徧〉：

催花雨小，都似去年時候好。露紅煙綠，儘有狂情鬥春早。長安道。鞦韆影裏，絲管聲中，誰放艷陽輕過了。倦客登臨，暗惜光陰恨多少。　楚天渺。歸思正如亂雲，短夢未成芳草。空把吳霜鬢華，自悲清曉。帝城杳。雙鳳舊約漸虛，孤鴻後期難到。且趁朝花夜月，翠尊頻倒。

這是《小山詞》中少有的長調之一，作者透過春日美好風光，引起長久宦遊在外的哀傷，其中的「長安」、「帝城」，都指北宋都城汴京，除表現對汴京故園的眷戀之外，也顯示他心向朝廷，希望能舒展抱負，但這種夢想是很難實現的，只好借酒澆愁，自我寬解。其他如〈鷓鴣天〉（十里樓臺倚翠微）、同調（陌上濛濛殘絮飛）、〈阮郎歸〉（天邊金掌露成霜）、〈碧牡丹〉（翠袖疏紈扇）等，也都是登高懷遠，思念故鄉的作品，充滿著年華老去，流落不偶之苦悶，而那些表現勘破名利、及時行樂的少數作品，並不代表晏幾道的曠達，恐怕更凸顯他的無奈與抑鬱，如〈玉樓春〉：

雕鞍好爲鶯花住。占取東城南陌路。儘教春思亂如雲，莫管世情輕似絮。　古來多被虛名誤。寧負虛名身莫負。勸君頻入醉鄉來，此是無愁無恨處。

他在宦途失意，以致失望，因此寫出虛名誤身，逃避醉鄉的內容來，另外像「學道深山空自老，留名千載不干身，酒筵歌席莫辭頻」（〈臨江仙〉）、「官身幾日閒，世事何時足。……且盡眼中歡，莫歎時光促」（〈生查子〉）等句子，也都是以及時行樂來解脫自己的困境，其用意是很明顯的。

## 五、晏幾道的寫作技巧

晏幾道的作品主要是寫男女相思之情，這種內容前人已經寫過太多了，晏幾道如何來營造自己作品的特色呢？鄭師因百在〈小山詞中的紅與綠〉一文，曾統計《小山詞》裏紅綠並舉的句子有六十餘條，並分析說：「小山用紅綠諸字，多半是形容秋天冬天或者早春，眞正的陽春三月，在《小山詞》裏倒不曾怎樣描寫。小山是要用紅綠來渲染調劑秋冬早春的蕭瑟清寒的。另一方面，又可看出小山越用紅綠諸字，他所寫的情調越悲涼。」㉓陶爾夫、劉敬圻在〈晏幾道夢詞的理性思考〉一文，亦統計《小山詞》中的夢字約有六十多處，並說：「晏幾道之所以如此熱衷于夢境的描寫，在於他執著於創造一個與現實社會相對立的另一個審美藝術新天地。他把戀情雙方的外在審視，轉化為正面的、對象化的內在審視。詞人的審美視野已由體態、服飾、環境與自然景物的描寫，轉向戀情心態的深層開掘。他把潛在的美的必然性，自然而巧妙地轉化為物質的現實性。」㉔林明德在探討小山詞時，亦歸納晏幾道潛意識所投射的一些意象，約有四種比較特殊的型態：㈠「紅」與「綠」；㈡「愁」與「恨」；㈢「月」、「夜」與「夢」；㈣酒。認為「這些意象構成小山詞的色澤，氣氛與情調，並且映現了他的悲劇樣態的原姿來。」㉕從這些統計及分析，我們可以瞭解到晏幾道喜歡將相同的意象重複使用，但經過他巧妙的組合安排，並不令人感到呆板單調，反而有助於呈現作品的整體風格與特色。除了以上所舉的意象外，晏幾道比較喜歡用的意象還有兩種：

㈠**樂聲**。詞是配合音樂歌唱的文字，描寫歌妓彈琴唱詞本是很平常的事。像晏幾道爲了寫相思之情，大量透過樂聲來表達則不多見。其中彈奏的樂器最常出現的是箏，共有八次之多，如〈鷓鴣天〉：「秦箏算有心情在，試寫離聲之舊絃」、〈木蘭花〉：「小蓮未解論心素，狂似鈿箏絃底柱」等，大概是小蓮善於彈箏，特別得到晏幾道欣賞，因此小蓮和箏經常出現。另外絃樂器還有琵琶：「琵琶絃上說相思」（〈臨江仙〉）、琴：「綠綺琴中心事」（〈河滿子〉），管樂器有簫：「短簫吹落殘梅」（〈清平樂〉）、笛：「還有當年聞笛淚，灑東風」（〈愁倚闌令〉）等，從樂器的多樣可想見當時絲竹並奏熱鬧景象。晏幾道詞中描寫樂聲的作品約有五十首，除少數是歡樂的內容外，如：「舞低楊柳樓心月，歌盡桃花扇底風」（〈鷓鴣天〉）、「吳姬十五語如絃，能唱當時樓下水」（〈玉樓春〉）等，大都是悲傷的，如：「綠柱頻移絃易斷。細看秦箏，正似人情短。一曲啼烏心緒亂。紅顏暗與流年換。」（〈蝶戀花〉）、「忍淚不能歌，試託哀絃語。絃語願相逢，知有相逢否」（〈生查子〉）等，都把內心的相思別恨，透過樂聲表達出來，極爲生動。有的甚至整首詞都以樂聲貫串全篇，抒發情感，如〈虞美人〉：

一絃彈盡仙韶樂。曾破千金學。玉樓銀燭夜深深。愁見曲中雙淚、落香襟。　從來不奈離聲怨。幾度朱絃斷。未知誰解賞新音。長是好風明月、暗知心。

詞中敘述一位擁有高明琴藝的歌妓，卻被人遺棄，無人見賞，只有對著好風明月，把它們當作知音來彈奏，極爲淒涼。古詩十九首〈西北有高樓〉云：「不惜歌者苦，但傷知音稀」，晏殊〈山亭柳〉亦云：「若有知音見採，不辭徧唱〈陽春〉」，許多才志之士在落魄失意時，難免都和音樂上的「曲高和寡」、「知音難遇」結合在一起，晏幾道一再透過樂聲來抒發男女相思之情，似乎也就在表現其個人沈淪下僚之不平之鳴吧！

㈡**書信**。在《小山詞》中，晏幾道巧妙運用書信來表達無限情思，共五十首左右。有的直接寫道要以書信寄給對方，表白深意，如〈南鄉子〉：「深意託雙魚，小翦蠻牋細字書」、〈愁倚闌令〉：「枕上懷遠詩成。紅牋紙、小研吳綾。寄與征人教念遠，莫無情」等；有的表示情感太深，書信無法完全表達，如〈蝶戀花〉：「欲寄彩牋書別怨，淚痕早已先書滿」、〈鷓鴣天〉：「相思本是無憑語，莫向花箋費淚行」；有的表示要寄信託情，但怕無由寄達或石沈大海，如〈蝶戀花〉：「欲盡此情書尺素，浮雁沈魚，終了無憑據」、〈鷓鴣天〉：「冶遊音信隔章臺，花間錦字空頻寄」；而最多的是盼望音信，或音信斷絕，以表達內心之痛苦，如〈蝶戀花〉：「隔水高樓，望斷雙魚信」、〈阮郎歸〉：「一春猶有數行書，秋來書更疏」、〈訴衷情〉：「詩成自寫紅葉，和恨寄東流，人脈脈，水悠悠，幾多愁。雁書不到，蝶夢無憑，漫倚高樓」等，可說極盡變化。晏幾道用了這麼多的「書信」，除表達其深厚情意外，也說明了他談情說愛的對象，那些家妓們頗具文學素養，能夠和他魚雁往來，使他對

「書信」如此看重。

晏幾道不僅喜歡用相同的意象，在一首詞中也常故意重複字詞，如〈歸田樂〉：

試把花期數。便早有、感春情緒。看即梅花吐。願花更不謝，春且長住。只恐花飛又春去。花開還不語。問此意、年年春還會否。絳脣青鬢，漸少花前語。對花又記得、舊曾游處。門外垂楊未飄絮。

詞中「花」字共出現了七次，「春」字也出現了三次，透過這麼多的「花」字，像一條線索將全詞各句貫穿起來，使傷春懷人的情緒凸顯出來。其他如〈鷓鴣天〉：「聲聲只道不如歸，天涯豈是無歸意，爭奈歸期未可期」，亦一再重複「歸」字，表現其思歸心理。〈蝶戀花〉：「夢入江南煙水路，行盡江南，不與離人遇。睡裏消魂無說處，覺來惆悵消魂誤」，重複「江南」、「消魂」，亦強化了為「江南離人消魂」的題旨。一般作詩塡詞皆要避免重複，晏幾道不但不避重複，反而利用重複所能產生的優點，或使詞意增強，或使結構緊密，確有其特出之處。

另外，晏幾道也經常透過追憶手法，產生今昔對比，在結構上顯得層次分明。如〈鷓鴣天〉：

彩袖殷勤捧玉鍾。當年拚卻醉顏紅。舞低楊柳樓心月，歌盡桃花扇底風。從別後，憶相逢。幾回魂夢與君同。今宵賸把銀釭照，猶恐相逢是夢中。

這首詞的基點是現在重逢的時刻，本應該相當高興的，但作者不直接明說，透過層層追憶：第一層是上片四句，初見歡樂的景象。第二層是下片前兩句，別後的相思。第三層是下片第三句，夢中重逢。

最末兩句才寫到現在。如此一層緊接著一層，過去的畫面不斷地浮現，表面是寫久別重逢的快樂，其實也未嘗不是在表現分別的痛苦。楊海明論小晏詞多用「追憶」的寫法時，曾指出它有兩方面的妙用：「其一是增加詞情的悲感，其二是增加詞境的美感。關于第一點，是極易明白的：『追憶』所展示的今昔對比，自會引起『華屋山邱』的盛衰之感，這是人之常情。……『昔日』越是被寫得繁華、多情，『今日』就越是顯得冷清、淒涼，這就是因『追憶』而引起的深度悲感。關于第二點妙用，又主要是通過人類某種微妙的心理作用來達到的，關于這點，就牽涉到審美活動中的所謂『距離』問題，我們知道，有許多事物，在人們實在觀察它們時並不覺得怎樣美，而如果間隔了一個適當的『距離』之後，它們卻會『神妙』地增添出許多美感。……故而小晏詞常以『追憶』手法來寫昔日的情人和情事，其美感之倍增，就不難理解。」㉖晏幾道詞中寫了那麼多的夢境，是和追憶手法息息相關的，如〈臨江仙〉：「相尋夢裏路」、同調：「從前虛夢高唐，覺來何處放思量」、〈南鄉子〉：「夢魂隨月到蘭房，殘睡覺來人又遠，難忘，便是無情也斷腸」、〈清平樂〉：「一夜夢魂何處，那回楊葉樓中」等，作者透過夢境，追想過去的美好，以襯托現在的悲哀，確實增加了詞情的悲感，又由於夢境與現實的距離，則又增加了詞境的美感，這是晏幾道詞受人喜愛的一個重要原因。

晏幾道的遣詞用字和他父親晏殊一樣，走的是「雅」的路線，不同於柳永偏向「俚俗」。其主要原因約有三方面：㈠晏幾道吟咏、贈與的對象主要是家妓，與柳永的對象是私妓不同。張惠民在〈宋代士大夫歌妓詞的文化意蘊〉一文說，吟咏、贈與家妓的詞「必須合于儒家的家庭倫理規範，可以歌于閨門之內，發乎情止乎禮義，雖涉風月但清新雅正，不容有淫蕩放縱的色彩」，並說晏幾道詠贈家妓之作「合于儒家的倫理規範，寫情而淡化色欲，寄寓更多的人生況味，其詞也就自高雅。」㉗從這樣的角度來看晏幾道的「雅」詞，是頗有道理的。而且家妓的文化素養較高，有的頗懂詩書，有的亦擅文墨，我們從前面晏幾道喜歡用「書信」來表達情思亦可見一斑，因此晏幾道爲她們塡詞，自然就不敢隨便、鄙俗，以免爲家妓所笑。㈡晏幾道的生活環境也有密切關係。晏幾道雖是一位仕宦未嘗顯達的沒落王孫，但父親相府的富貴氣象是應該領略過的，尤其晏殊的作品善於表現這種氣象，吳處厚《青箱雜記》卷五載：「晏元獻公雖起田里，而文章富貴，出于天然。嘗覽李慶孫〈富貴曲〉云：『軸裝曲譜金書字，樹記花名玉篆牌。』公曰：『此乃乞兒相，未嘗諳富貴者。』故公每吟咏富貴，不言金玉錦繡，而唯說氣象。若『樓臺側畔楊花過，簾幕中間燕子飛』、『梨花院落溶溶月，楊柳池塘淡淡風』之類是也。故公自以此句語人曰：『窮兒家有這景致也無？』」晏幾道受其影響，作品中也延綿這種富貴氣象，晁無咎曾評道：「晏元獻不蹈襲人語，而風調閑雅，如『舞低楊柳樓心月，歌盡桃花扇影風』，知此人不住三家村也。」㉘用晏殊的標準，「舞低楊柳樓心月，歌盡桃花扇底風」，正是富貴氣象，窮兒家那有如此景致？諸如此類的作品俯拾皆是，如：「鞦韆院落重簾幕，彩筆閒來題繡戶」（〈木蘭花〉）、「西樓酒面垂垂雪，南苑春衫細細風」（〈鷓鴣天〉）、「斜月半窗還少睡，畫屛閒展吳山翠」（〈蝶戀花〉）等，只不過晏幾道都是透過追憶的手法寫出來，這些富貴氣象都已經成爲過眼雲煙，用〈臨江仙〉開頭兩句：「夢後樓臺高鎖，酒醒簾幕低垂」來形容這種消失的富貴最恰當不過了。難怪夏敬觀評其詞云：「叔原以貴人暮子，落拓一生，華屋山邱，身親經歷，哀絲豪竹，寓其微痛纖悲，宜其造詣又過于父。」㉙說明了晏幾道的生活環境對其作品的影響不止於「雅」，而且是「深」了。㈢和喜歡融化前人詩句有關。黃庭堅〈小山詞序〉云：「嬉弄於樂府之餘，而寓以詩人之句法，清壯頓挫，能動搖人心。」這裏所謂「寓以詩人之句法」，最明顯的是融化前人詩句入詞，有的是一字不改的襲用，如〈臨江仙〉：「落花人獨立，微雨燕雙飛」，是取自五代詩人翁宏〈春殘〉：「又是春殘也，如何出翠幃。落花人獨立，微雨燕雙飛。……」；〈虞美人〉：「采蓮時節定來無，醉後滿身花影倩人扶」，取自陸龜蒙〈春日酒醒〉詩：「覺後不知新月上，滿身花影倩人扶」；〈生查子〉：「無處說相思，背面秋千下」，取自李商隱〈無題〉詩：「十五泣春風，背面秋千下」等；有的是稍易數字，句法還是相同，如〈玉樓春〉：「織成雲外雁行斜，染作江南春水殘」，是用自白居易〈繚綾〉詩：「織為雲外秘雁行，染作池中春水色」；〈浣溪沙〉：「戶外綠楊春繫馬，床頭紅燭夜呼盧」，用自韓翃〈贈李冀〉詩：「門外碧潭春洗馬，樓頭紅燭夜迎人」；有的是規模前人詩意，句法已經改變，如〈蝶戀花〉：「紅燭自憐無好計，夜寒空替人垂淚」，是化自杜牧〈贈別〉詩：「蠟燭有心還惜別，替人垂淚到天明」；〈鷓鴣天〉：「今宵剩把銀釭照，猶恐相逢是夢中」，化自杜甫〈羌村〉：「夜闌更秉燭，相對如夢寐」等㉚，從以上這些例子，可以瞭解晏幾道擅於將前人詩句推陳出新、脫胎換骨，這也是他作品高雅的一個因素。

## 六、晏幾道使用詞調特色

根據《全宋詞》所載，晏幾道的詞共二百六十首，這些作品使用詞調的情形，經個人統計之後約可看出幾點特色：

### ㈠使用的詞調幾乎全部是小令，長調屈指可數。

晏幾道所用的長調僅有四種：〈滿庭芳〉、〈洞仙歌〉、〈六么令〉、〈泛清波摘徧〉，除〈六么令〉塡了三首外，其餘皆一首，共只塡有六首長調作品。而小令則用了五十種調子，塡了二百五十四首。這種情況是很特殊的，在北宋前期的詞人，晏殊、歐陽修是以小令爲主的作家，長調只是嘗試而已，晏殊只有三首，歐陽修也只有八首。而柳永、張先則是大量製作長調的作家，柳永的長調多達一百二十三首，超過小令八十九首甚多，張先的長調也有二十首。按照詞體的發展到了北宋後期塡製長調應該是時勢所趨，所以像蘇軾、黃庭堅、秦觀、賀鑄、周邦彥等大家，也都喜歡創作長調，並且有許多優秀作品產生，只有晏幾道是個例外，鄭師因百《詞選》將晏幾道列於北宋前期作家之中，他曾在課堂上爲同學說明，晏幾道之所以列於前期，不是年齡的關係，而是作風的關係，因晏幾道只創小令，與晏、歐作風相近，故列於兩者之後。陳匪石《宋詞舉》論北宋六家說：「至於北宋小令，近承五季，慢詞蕃衍，其風始微，晏殊、歐陽修、張先，固雅負盛名，而砥柱中流，斷非幾道莫屬。」㉛在北宋許多大家都傾其力創作長調時，晏幾道承繼晏、歐餘緒，專心致志於小令之寫作，並且以此名家，稱他爲小令的中流砥柱確不爲過。

㈡以常用的調子大量填詞，亦曾創製新調。晏幾道所使用的詞調雖多達五十四種，但主要集中在十七種調子，即：〈採桑子〉（二十五首）、〈浣溪沙〉（二十一首）、〈鷓鴣天〉（十九首）、〈清平樂〉（十八首）、〈蝶戀花〉（十五首）、〈玉樓春〉（十三首）、〈生查子〉（十三首）、〈虞美人〉（九首）、〈菩薩蠻〉（九首）、〈臨江仙〉（八首）、〈訴衷情〉（八首）、〈木蘭花〉（八首）、〈南鄉子〉（七首）、〈更漏子〉（六首）、〈少年遊〉（五首）、〈點絳脣〉（五首）、〈阮郎歸〉（五首）等，共創作了一百九十四首詞，佔全部作品的四分之三。這些調子都是屬於北宋詞人最常用者，其中〈浣溪沙〉、〈清平樂〉、〈生查子〉、〈虞美人〉、〈菩薩蠻〉、〈臨江仙〉、〈南鄉子〉、〈更漏子〉等八個調子也是唐五代詞人常用的，另外晏幾道也大致承繼晏、歐常用的調子，唯一較特殊的，晏、歐曾大量創作〈漁家傲〉這個調子，晏幾道竟然一首都沒有，大概因為〈漁家傲〉是「唱道之辭」（吳曾《能改齋漫錄》），其聲情與晏幾道作風不合使然。從常用的詞調亦可看出，晏幾道是唐五代北宋詞人中小令的集大成。另外，晏幾道也創製一些新調，如：〈泛清波摘徧〉、〈留春令〉、〈風入松〉、〈思遠人〉、〈望仙樓〉、〈鳳孤飛〉、〈解佩令〉、〈慶春時〉、〈喜團圓〉、〈憶悶令〉等十種，都是目前以晏幾道的作品為最早見的調子，這些調子皆有可能是他所創。

## 七、結　論

晏幾道處在長調興盛的北宋後期，但他對小令情有獨鍾，「痴」心地創作小令，絕少長調，李清照〈詞論〉曾批評他「苦無鋪敘」㉜，即是針對此而言。詞是否一定要鋪敘，這固然是仁智互見的看法，而不容否認的，詞從晚唐五代興盛之後，其發展明顯受到兩種限制：一是篇幅短小，一是題材狹窄；宋人承繼前代這種新興詩體，爲了求發展，使詞體的生命能夠在宋代土壤上成長茁壯，於是柳永首先大量創製長調，促進詞體形式的發展，蘇軾接著以尋常事物入詞，促進詞體內容的發展，如此之後，詞體在宋代才產生新的生命力，也產生了許多令人耳目一新的優秀作品。以晏幾道生長的時代，按照道理他是可在新形式，新內容放手一搏，創造出更好的成績，但他卻甘願自我限制，在篇幅短小、題材狹窄中打轉，人家是往橫的地方拓廣，他卻往縱的方面加深。在內容方面，表面看來，他主要是寫相思別恨，和花間詞人並沒兩樣，但仔細分析，卻隱含有作者追求理想的固執，流露作者之人格及抱負，並有懷才不遇之感傷。在寫作技巧方面，無論意象的運用、篇章結構、遣詞用字也都有其特殊之處。故陳振孫《直齋書錄解題》卷廿一說：「其詞在諸名勝中，獨可追逼花間，高處或過之。」「追逼花間」是指他在承繼晚唐五代小令艷詞的事實，「高處或過之」則是讚揚他在往縱深方面發展的貢獻。葉嘉瑩在〈論晏幾道詞〉一文，也將《小山詞》定位在「《花間》的回流嗣響」，並說：「在歷史的發展中，雖可以有嗣響的回流，卻絕不會有一成不變的重複，晏幾道的《小山詞》便也不曾完全重複《花間》詞的意境，而卻是在回流的嗣響中，爲歌筵酒席的艷詞另開闢出了一片綠波容與花草繽紛的美麗天地。」㉝這些評語是符合客觀事實的。

## 【附註】

① 夏承燾〈二晏年譜〉，見《唐宋詞人年譜》（上海古籍出版社，一九七九年五月），頁一九九、二〇〇。

② 有關晏幾道的生卒年，史無明載。此根據鄭師因百〈晏叔原繫年新考〉的說法，見《景午叢編》（臺北：臺灣中華書局，一九七二年三月），下編，頁二〇〇—二〇四。另有宛敏灝〈二晏年譜〉，推定其生卒約爲仁宗慶曆元年（一〇四一），至哲宗元符末或徽宗大觀年間，見《二晏及其詞》（上海：商務印書館，一九三五年六月）。夏承燾〈二晏年譜〉，推定其或生於仁宗天聖八年（一〇三〇），卒於徽宗崇寧五年（一一〇六）；此兩說均難成立，可參閱鄭師因百〈晏叔原繫年新考〉之考辨。又鍾陵〈晏幾道生卒年小考〉（《南京師大學報》，一九八七年四期，頁六三—六六、轉頁九九），考定晏幾道約生於仁宗慶曆八年（一〇四八），卒於徽宗政和三年（一一一三）以後，其根據材料及推論大抵與鄭師相同。

③ 歐陽修《歐陽修全集》卷二〈居士集〉。

④ 趙令畤《侯鯖錄》卷四。

⑤ 邵博《聞見後錄》卷十九。夏承燾〈二晏年譜〉考定韓少師即韓維，並繫年於元豐五年。見同註①，頁二五八。

⑥ 陳尚君〈晏幾道生平零考〉根據慕容彥逢《摛文堂集》卷五有〈通判乾寧軍晏幾道可開封府推官制〉，考定其曾任乾寧軍通判及開封府推官二職。並考辨任職時間應爲崇寧二年至三年初，或五年末至大觀元年初前後。見《中華文史論叢》，一九八八年一期，頁二三八。鄭師因百〈晏叔原繫年新考〉於崇寧四年云：「叔原在

開封府推官任」，故改任開封府推官應在崇寧二年至三年初左右。

⑦ 鄭師因百〈晏叔原繫年新考〉，見同註②，頁二〇九。

⑧ 王灼《碧鷄漫志》卷二，見唐圭璋《詞話叢編》（臺北：新文豐出版公司，一九八八年二月），冊一，頁八六。

⑨ 同註⑦，頁二〇四。

⑩ 有關晏幾道之生平，可參考宛敏灝〈二晏年譜〉、夏承燾〈二晏年譜〉、鄭師因百〈晏叔原繫年新考〉，見同註②。

⑪ 同註⑧，頁八五、八六。

⑫ 同註⑦。

⑬ 有關小山詞的校本或註本，計有：鄭文焯校正、賀揚靈校《小山詞》（上海：光華書局，一九二九年）、林大椿校《小山詞》（上海：商務印書館，一九三〇年）、王煥猷《小山詞箋》（上海：商務印書館，一九四七年十一月）、詹俊喜《小山詞箋註》（國立政治大學中文研究所碩士論文，一九六七年六月）、楊繼修《小山詞研究》（臺北：黎明文化事業公司，一九八〇年三月），李明娜《小山詞校箋註》（臺北：文津出版社，一九八一年六月）等。

⑭ 參考謝桃坊《宋詞概論》（成都：四川文藝出版社，一九九二年八月），頁四八—五六。

⑮ 晏幾道〈小山詞自序〉云：「七月己巳，爲高平公綴輯成編。」（《彊村叢書》本），夏承燾〈二晏年譜〉

考定高平公即范純仁，見同註①，頁二六一。

⑯ 鄭師因百《景午叢編》（臺北：臺灣中華書局，一九七二年一月），上編，頁五四〇—五四一。

⑰ 葉嘉瑩《唐宋詞名家論集》（臺北：國文天地雜誌社，一九八七年十一月），頁一九四—一九六。

⑱ 繆鉞、葉嘉瑩合撰《靈谿詞說》（臺北：國文天地雜誌社，一九八九年十二月），頁一六五；及《詞學古今談》（臺北：萬卷樓圖書公司，一九九二年十月），頁五。

⑲ 梁令嫻《藝蘅館詞選》（臺北：臺灣中華書局，一九七〇年十月），頁八八。

⑳ 《山東師大學報》，一九九一年五期，頁七一。亦見《中國古代．近代文學研究》（複印報刊資料），一九九二年二期，頁一六七。

㉑ 鄭師因百《詞選》（臺北：中國文化大學出版部，一九八二年二月），頁二九。

㉒ 劉永濟《唐五代兩宋詞簡析》（臺北：龍田出版社，一九八二年一月），頁四二。

㉓ 鄭師因百《從詩到曲》（臺北：中國文化雜誌社，一九七一年三月），頁一一六—一一七。又見《景午叢編．上編》，頁一一七。

㉔ 《文學評論》，一九九〇年二期，頁七七。又見《中國古代．近代文學研究》（複印報刊資料），一九九〇年七期，頁九八。

㉕ 林明德《晏幾道及其詞》（臺北：文馨出版社，一九七五年五月），頁二九。

㉖ 楊海明《唐宋詞史》（南京：江蘇古籍出版社，一九八七年十二月），頁二一五。

㉗《海南師院學報》，一九九三年三期，頁二三。

㉘胡仔《苕溪漁隱叢話》（臺北：長安出版社，一九七八年十二月），後集，卷三三引《復齋漫錄》，頁二五三。

㉙夏敬觀〈吷庵詞評〉，見《詞學．五輯》（上海：華東師範大學出版社，一九八六年十月），頁二〇一。

㉚參見吳世昌〈小山詞用成句及其他〉，在《羅音室學術論著．第二卷．詞學論叢》（北京：中國文聯出版公司，一九九一年十一月），頁二〇九—二一六。蕭滌非〈讀詞星語．晏幾道〉，在《樂府詩詞論藪》（濟南：齊魯書社，一九八五年五月），頁三二〇—三二一。羅忼烈〈晏幾道、聶勝瓊剿襲前人詩〉，在《詞學雜俎》（成都：巴蜀書社，一九九〇年六月），頁一二七—一二八。

㉛陳匪石《宋詞舉》（臺北：正中書局，一九七〇年九月），頁六三。

㉜同註㉘，頁二五四。

㉝同註⑰，頁一九三—一九四。

# 古今一大轉移——張先

## 一、張先的生平與詞集

張先，字子野，烏程（浙江吳興）人。生於宋太宗淳化元年（九九〇），父維，贈尚書刑部侍郎。先於天聖八年（一〇三〇）及進士第，爲宿州（安徽宿縣）椽，以祕書丞知吳興縣（浙江吳興），嘉禾（浙江嘉興）判官，永興軍（陝西西安）通判，以屯田員外郎知渝州（四川重慶）、虢州（河南靈寶），以都官郎中致仕。晚歲退居鄉里，常泛扁舟，垂釣爲樂，《吳興志》稱：「子野晚年漁釣自適，至今號張公釣魚灣。」彼善戲謔，有風味，至老不衰，八十視聽尚精健，猶有聲妓，《韻語陽秋》卷十九云：「張子野八十五猶聘妾，東坡作詩所謂『詩人老去鶯鶯在，公子歸來燕燕忙』是也。荊公亦有詩云：『篝火尚能書細字，郵筩還肯寄新詩』，其精力如此，宜其未能息心於粉白黛綠之間也。」卒於神宗元豐元年（一〇七八），年八十九，其墓在弁山多寶寺。①

張先工詩，原有全集一百卷、詩二十卷，可惜皆已亡佚②，僅以詞聞名。詞集名《子野詞》，《直齋書錄解題》載《張子野詞》一卷，毛晉刻汲古閣《宋六十名家詞》遺之，《四庫全書》收安邑葛鳴陽輯本，共六十八首；乾隆間，鮑廷博得綠斐軒鈔本二卷刻之，凡百有六闋，區分宮調，猶屬宋時編次。鮑氏後又得侯文燦亦園刻《十名家詞集》，有《子野詞》凡百二十九闋，去其與綠斐軒本複出者，得十三闋，爲補遺上；又雜輯他書得十六闋，爲補遺下；共百八十四闋。雖其間有已見於《珠玉詞》、《六一詞》、《陽春集》，然張詞以此爲詳備。朱祖謀《彊村叢書》本即從鮑出，而校訂加詳。《全宋詞》本用《彊村叢書》本《張子野詞》二卷，及侯文燦《十名家詞集》本《子野詞》，並作增刪，共收詞一百六十五首。③吳熊和校點《張子野詞》（上海古籍出版社，一九八八年十二月），亦稱精審，頗便讀者。

## 二、《子野詞》風流多情

《文心雕龍．時序篇》說：「時運交移，質文代變」，文學的演變歷程，固然不能隨著政權的改朝換代而截然劃分，但不容否認的，任何文學作品都具有它的時代性，時代不同，反映在文學的現象自然有所差異。詞體自唐、五代萌芽興起之後，面對趙宋這個新王朝，是如何轉變、發展，以至成爲宋代文學的代表，在這新舊傳承的過程中，張先是很值得我們注意的詞人。

張先一生歷經北宋半個朝代，活了八十九歲，在近一個世紀的生命旅程中，橫跨太宗、眞宗、仁宗、英宗、神宗等五位皇帝，這是趙家王朝建立之後的一段太平盛世，以他的長壽、健康，是最有資格成爲太平盛世的見證人。一種風月兩樣情，同是聽歌看舞、飲酒賞花，在混亂的時代裏，往往成爲頹廢、逃避的心理表現，如南唐詞人馮延巳，雖然官至宰相，由於所處環境的黑暗與恐怖，使他總是抱著滿腔空虛苦悶，去過看花飲酒的奢佚生活，所以在作品中，表現出來的是「高華濃麗的底面蘊藏著無限悲涼」④，亦即王國維《人間詞話》所說「和淚試嚴妝」。但在太平時代裏則不然，飲酒聽歌常常是富庶、歡樂生活的反映，如同樣官至宰相的北宋詞人晏殊，他的作品便充滿富貴氣象。⑤比晏殊大一歲的張先，處在歌舞昇平的大環境裏，加上生性多情，所以許多作品都含有風流韻事。

《謝池春慢》（繚牆重院）是張先的一首慢詞，敘述往玉仙觀道中逢謝媚卿的事情，根據楊湜《古今詞話》載：

> 張子野往玉仙觀，中路逢謝媚卿，初未相識，但兩相聞名。子野才韻既高，謝亦秀色出世，一見慕悅，目色相授。張領其意，緩轡久之而去，因作《謝池春慢》，以敘一時之遇。⑥

《雨中花令》（近鬢綵鈿雨雁細）、《望江南》（青樓宴）二詞是分別贈給富有詩名的杭妓胡楚及龍靚，根據陳師道《後山詩話》載：

> 杭妓胡楚、龍靚，皆有詩名。胡云：「不見當時丁令威，年來處處是相思；若將此恨同芳草，卻恐青青有盡時。」張子野老于杭，多爲官妓作詞，與胡而不及靚。靚獻詩云：「天與群芳十樣葩，獨分顏色不堪誇。牡丹芍藥人題徧，自分身如鼓子花。」子野于是爲作詞也。⑦

最令人不可思議的是《一叢花令》（傷高懷遠幾時窮），此詞以「不如桃杏，猶解嫁東風」聞名，張先因此被歐陽修稱爲「桃杏嫁東風」郎中。⑧根據楊湜《古今詞話》載：

張先字子野，嘗與一尼私約。其老尼性嚴。每臥於池島中一小閣上，俟夜深人靜，其尼潛下梯，俾子野登閣相遇。臨別，子野不勝惓惓，作《一叢花》詞以道其懷云云。⑨

如果以現代人的道德觀、宗教觀來看這件事，對《古今詞話》的記載是難以置信的，但讀了蕭滌非〈張先一叢花的本事辯證〉一文⑩，論證相當可靠，讓我們不得不相信這個事實。

從以上作品本事，提供我們一個深刻印象，張先是如何的風流多情，難怪其詞集有那麼多的贈妓之作。除上述之外，根據詞題所記，尚有：〈醉垂鞭〉（朱粉不須施），贈年十二琵琶娘；〈南鄉子〉（相並細腰身），聽天隱二玉鼓胡琴；〈木蘭花〉（輕牙低掌隨身聽），贈同邵二生；〈定西番〉（銲撥紫槽金襯），聽九人鼓胡琴；〈剪牡丹〉（野綠連空），舟中聞雙琵琶；其他如咏笛、觀舞、贈善歌者的作品，不勝枚舉。因此李之儀〈跋吳思道小詞〉說張先「才不足而情有餘」。⑪

張先的作品感情豐富，是不容置疑的，從內容而言，張先似乎是承繼花間詞人，大量以女性爲寫作題材，但他在描寫這些女性時，並沒有淺滑的毛病，他筆下的女子，往往色藝雙絕，尤其對其才藝，嘆賞有加，描繪傳神，如寫歌女彈琵琶、胡琴的美妙樂音，他創造了許多形象化的語言：「啄木細聲遲，黃蜂花上飛」（〈醉重鞭〉）、「嬌春鶯舌巧如簧，飛在四條絃上」（〈西江月〉）、「迴盡撥，抹幺絃，一聲飛露蟬」（〈更漏子〉）、「金鳳響雙槽，彈出今古幽思誰省，玉盤大小亂珠迸」（〈翦牡丹〉）、「三十六絃蟬鬧，小絃蜂作團」（〈定西番〉）；寫歌女的優美歌喉，也有極吸引人之處：「不須回扇障清歌，脣一點，小於珠子，正是殘英和月墜，寄此情千里」（〈師師令〉）、「聲宛轉，疑隨煙香悠颺，對暮林靜，寥寥振清響」（〈慶春澤〉）；而最精彩的，莫過於他對舞者的描寫，如〈減字木蘭花〉：

> 垂螺近額。走上紅裀初趁拍。只恐輕飛。擬倩游絲惹住伊。　文鴛繡履。去似楊花塵不起。舞徹伊州。頭上宮花顫未休。

將舞女身輕如燕的舞姿，用三種意象表現出來：上片說怕她飛走，要請游絲將她繫住；下片則以楊花作喻，形容舞步輕盈連一點灰塵都不被揚起；最後跳舞結束，特寫舞女頭上宮花顫動不停的鏡頭，使我們感覺意猶未盡，及她是如何賣力演出。像這一類的作品，張先不但發揮詞體曲盡形容的特性，更使詞的境界提昇了。

至於張先與歌妓間的相思別緒，正是他詞中的大宗，他在〈慶佳節〉詞自白：「莫風流。莫風流。風流後、有閒愁。花滿南園月滿樓。偏使我、憶歡游。　我憶歡游無計奈，除卻且醉金甌。醉了醒來春復秋。我心事、幾時休。」難怪人家要以〈行香子〉的句子：「心中事，眼中淚，意中人」，稱呼他爲「張三中」[12]。若純粹就內容而言，這種稱法是正確的，張先的詞寫不盡的相思與流不盡的眼淚，如：「相思魂欲絕，莫話新秋別」（〈菩薩蠻〉）、「若比相思如亂絮，何異，兩心俱被暗絲牽」（〈定風波〉）、「多情無奈苦相思，醉眼開時猶似見」（〈木蘭花〉）、「無計少留君住，淚雙重」（〈南歌子〉）、「有箇離人凝淚眼，淡煙芳草連雲遠」（〈蝶戀花〉）、「歌時淚，和別怨，作秋悲」（〈芳草渡〉）等等，俯拾皆是，他的詞大都圍繞在「三中」之中。

張先抒寫相思別緒時，最常用來搭配的景物，莫過於「影」及與「影」相伴的「月」。張先不贊同人家稱他「張三中」，而自認爲是「張三影」——他對人家說：「『雲破月來花弄影』、『嬌柔懶起，簾壓捲花影』、『柳徑無人，墜風絮無影』，此余平生所得意也。」⑬若就詞的創作技巧而言，他自稱「張三影」是頗爲貼切的。所謂的「三影」，陳師道《後山詩話》與上述《古今詩話》所載相同，但曾慥《高齋詩話》則以詩句「浮萍斷處見山影」和詞句「雲破月來花弄影」、「隔墻送過秋韆影」並稱「三影」。⑭

除上述之「三影」句子外，清人朱彝尊《靜志居詩話》另欣賞張先〈木蘭花〉詞「中庭月色正清明，無數楊花過無影」，認爲在「三影」之上。李調元《雨村詞話》則將之合爲「四影」。⑮爲了瞭解張先到底用了多少次「影」字，我們根據《全宋詞》所收錄的作品統計，共達二十九處之多。這些「影」字可分爲三類，其中以花影最多，共有十一處。其次人影，亦有五處，剩下的就是其他，含有月影、燈影、風影、水影、天影、旗影、鳥影、火影、秋千影等。從張先自稱「張三影」，且用了這麼多處「影」字，可知道這絕不是偶然現象，而是作者一種自覺，有意識的作法，他已捕捉到「影」的美學特徵而善用成癖，就以最多的花影爲例，應具有下列之意義：

㈠將花的自然美，提昇到花影之藝術美，使讀者產生心理距離，而有更高的美感。

㈡透過花與花影之相映照，使原本五彩繽紛之景象更爲絢爛，由花影映襯花之嬌媚。

㈢花是實體，影爲虛物，將實體的花改換成虛物的影，則產生一種朦朧、空靈的境界。

㈣由影襯托花的動感。王國維《人間詞話》說：「雲破月來花弄影，著一『弄』字，而境界全出矣！」要不是有「影」的動，則無法襯托「花」的「弄」，為了表現花的動態美，作者往往借助影的襯托。

㈤影固然依附形體而生，但需要靠光源的照射，影之移動、位置、大小、濃淡，與光源息息相關，在張先作品中的光源，大都選擇「月亮」，在柔和的月光下，花搖影動，氣氛愈加浪漫，正符合張先詞中的情調。

由張先詞中用「影」的分析，及他自覺性地使用和創造了許多警句的事實，可見他對作品用心錘鍊的功夫。關於這點，前人都已論及，如李清照《詞論》就說他「時時有妙語」⑯，李漁《窺詞管見》也說：「琢句鍊字，雖貴新奇，亦須新而妥，奇而確。……古人多工於此技，有最服予心者，『雲破月來花弄影』郎中是也。……雲破月來句，詞極尖新，而實為理之所有。」⑰張先這樣用心錘鍊字句，與唐五代的作品大都率意而寫，脫口而出是有所不同的。

## 三、張先開拓詞體的實用性

張先除了用詞寫相思別緒，或以詞贈妓外，他在詞體的實用性方面，也有許多突破性的作法。張先為人「善戲謔，有風味」，交游廣闊，與晏殊、歐陽修、王安石、宋祁、趙抃、蘇軾諸人都有來往。⑱我們從他的一首〈定風波令〉更可看出他與朋友歡會情形：

西閣名臣奉詔行。南牀吏部錦衣榮。中有瀛仙賓與主。相遇。平津選首更神清。溪上玉樓同宴喜。歡醉。對堤杯葉惜秋英。盡道賢人聚吳分。試問。也應旁有老人星。

此詞是張先在霅溪席上所作，當時有楊繪（元素）、劉述（孝叔）、蘇軾（子瞻）、李常（公擇）、陳舜俞（令舉）等人與會。詞的上片將每位與會者的身分點出來，首句指楊侍讀元素，次句指劉吏部孝叔，三句指蘇子瞻、李公擇二學士，末句指陳賢良令舉。下片則寫歡聚景象，結語寫到自己，頗有風趣。《苕溪漁隱叢話》後集卷三十九曾引東坡敍述聚會經過：

吾昔自杭移高密，與楊元素同舟。而陳令舉、張子野皆從余過李公擇於湖。遂與劉孝叔俱至松江。夜半月出，置酒垂虹亭上。子野年八十五，以歌詞聞于天下，作〈定風波令〉。……坐客懽甚，有醉倒者，此樂未嘗忘也。

一位八十五歲高齡的老人，在宴席上如此受歡迎，可見他是一個和煦可親、具有幽默感的長者。由於張先喜歡塡詞，善交游，常與朋友宴飲酬酢，在觥籌交錯、酒酣耳熱之際，倚聲塡詞、引吭高歌是免不了的事。加上張先也是一位詩人，因此，詩體常見的酬贈唱和便被轉移到詞體上。於是詞體的實用性增多了，我們在張先的詞集中發現許多這方面的作品，對宋詞的發展產生極深遠的影響。

首先要說明的是，他把詞體大量地運用在朋友的酬贈上。張先酬贈的作品多達二十餘首，其中大部分用來送行，如〈轉聲虞美人〉（使君欲醉離亭酒）、〈山亭宴慢〉（宴亭永晝喧簫鼓），都是送唐詢（彥猷）的作品，一是送唐罷湖州守，一是送唐離杭州。送行李常（公擇）離湖州時，張先也寫了〈天仙子〉（坐治吳州成樂土）、及〈離亭宴〉（捧黃封詔卷）。贈別陳襄（述古）移南郡也作了〈虞美人〉（恩如明月家家到）、〈熙州慢〉（武林鄉）等二首。其他根據詞題所記還有：送蜀客、送臨淄相公（晏殊）、送鄭毅夫（獬）移青社、送張中行等等。除了送行之外，也有贈賀人家登第的，如〈感皇恩〉（延壽芸香七世孫）是賀徐鐸考上狀元，而最有趣的是〈碧牡丹〉（步帳搖紅綺）這首，王暐《道山清話》記其本事說：

晏元獻公為京兆，辟張先為通判。新納侍兒，公甚屬意。先字子野，能為詩詞，公雅重之。每張來，即令侍兒出侑觴，往往歌子野之詞。其後王夫人寢不容，公即出之。一日，子野至，公與之飲。子野作〈碧牡丹〉詞，令營妓歌之，有云「望極藍橋，但暮雲千里，幾重山、幾重水」之句。公聞之，憮然曰：「人生行樂耳，何自苦如此。」亟命於宅庫支錢若干，復取前所出侍兒。既來，夫人亦不復誰何也。

楊湜《古今詞話》亦有類似之記載，只不過將晏元獻（殊）誤作其子晏幾道。張先有感於晏殊出姬，於是即席揮灑此詞當筵而歌，以贈給晏殊，由於詞境淒涼，道盡離別愁苦，而使晏殊感悟，命人將此姬取回。這不但是一則文人風流美談，從此也可瞭解詞已與文人的日常生活相結合，詞在酬贈之中也寓有諷勸功能。

其次值得我們注意的是，張先留下來的唱和之作。這方面的作品共有八首，其中除了〈勸金船〉（流杯堂唱和翰林主人元素自撰腔）是和曲拍、〈好事近〉（燈燭上山堂）是依韻（用原唱者相同韻部的字)、〈木蘭花〉(和孫公素別安陸)不能確定是否次韻(用原唱者相同韻部的字)外⑲,其餘五首:〈漁家傲〉(和程公闢贈別)、〈少年游〉(渝州席上和韻)、〈好事近〉(和毅夫內翰梅花)、〈定風波令〉(次子瞻韻送元素內翰)、同調(再次韻送子瞻)等都是次韻之作。

這些次韻的作品爲何值得注意呢?其實唱和是人類的本能,自從塡詞開始,就是一種「和」的行爲,早期的文人,聽到某支曲子很優美,但沒有歌詞,或有歌詞,並不滿意,於是按照曲拍塡上文字,這就是塡詞,也是「和曲拍」。當某個文人塡一首詞之後,其他文人受其感染,亦興起「和」的念頭,便依同樣曲拍塡上文字,於是一種詞調有許多人塡它。如白居易、劉禹錫的唱和作品、及當時人和張志和〈漁父〉詞之作,都是很好的例子。早期的和詞,只是依照曲拍塡詞的「和曲拍」,或根據調名意思塡詞的「和題」而已,在唐五代的作品中,我們沒有發現有「依韻」或「次韻」的作品。直到張先,他是第一位留下「依韻」和「次韻」的作品,而且一口氣有五首「次韻」之作。這意味著詞已經由自然的音樂唱和,轉變爲一種新詩體的唱和,文人在詩體上的「依韻」、「次韻」的唱和方式,也可應用到詞體上,詞體在文人心目中的地位提昇了。從此詞人不斷地往來唱和,造成塡詞風氣的興盛,許多偉大的詞人及詞作因而產生了。如與張先忘年之交的蘇軾,他雖小張先四十六歲,但張先有二首〈定風波令〉爲次韻蘇軾的作品,而《東坡樂府》中的次韻之作則達三十首之多,從唱和之作似乎隱約看到塡詞的傳承關係。

詞原本只是花間尊前的產物,難登大雅之堂。但經張先的努力嘗試,用詞來送行、祝賀、諷勸等等酬贈，及依韻、次韻等唱和上，將詩體之實用功能移之於詞，使詞體與文人的生活緊密結合在一起，而深受文人的喜愛，大量從事詞的創作，這是張先對詞體發展的一大貢獻。

另外，張先也有一些咏物節序的作品，如〈少年游〉（碎霞浮動曉朦朧）咏井桃，〈玉聯環〉（南園已恨歸來晚）及〈木蘭花〉（去年春入芳菲國）咏南園花開，〈漢宮春〉（紅粉苔牆）咏蠟梅等，都是咏物之作，張先對物的摹寫刻劃，都能曲盡形容，用典使事，也能符合題意，如〈少年游〉：「花枝人面難常見，青子小叢叢。韶華長在，明年依舊，相與笑春風。」因爲是咏井桃，所以用唐人崔護〈遊城南〉詩的典故。另外楊慎也特別對〈滿江紅〉中的兩句咏物：「晴鴿試鈴風力軟，雛鶯弄舌春寒薄」，特別欣賞，認爲是「清新自來無人道」。⑳咏節序的作品有：〈玉樹後庭花〉（華燈火樹紅相鬥）及〈鵲橋仙〉（星橋火樹）咏上元，〈菩薩蠻〉兩首（牛星織女年年別）及（雙針競引雙絲縷）咏七夕，〈南鄉子〉（潮上水清渾）咏中秋，其中最成功莫過於咏寒食的〈木蘭花〉：

> 龍頭舴艋吳兒競。筍柱秋千游女並。芳洲拾翠暮忘歸，秀野踏青來不定。　行雲去後遙山暝。已放笙歌池院靜。中庭月色正清明，無數楊花過無影。

這首詞題注云：「乙卯吳興寒食」，乙卯是宋神宗熙寧八年（一〇七五），當時張先已八十六歲，詞中所寫正是其故鄉吳興的寒食節景象。內容有龍舟競渡、盪秋千、拾翠羽、踏青等活動，在短短的上片中，涵蓋寒食節的內容居然如此豐富，尤其下片透過夜色的描寫，別有一番靜美的情趣。

詞的咏物節序之作，在唐五代雖亦有所見，但大部分只是藉以抒情而已，到了北宋初期才開始以物象、風土民情作較客觀的描寫，從北宋中期蘇軾更加開拓詞體的內容之後，咏物節序逐漸成為詞體吟咏的大宗，南宋則達到頂峯。我們由張先這些作品，似乎已經可以察覺詞體內容的蛻化之跡。宋祝穆《方輿勝覽》卷十引范鎮的話說：「仁宗四十二年太平，鎮在翰苑十餘載，不能出一語咏歌，乃于耆卿詞見之。」這是稱讚柳永的詞，能夠把當時的社會繁榮景象表現出來，如他歌詠錢塘富麗風貌的〈望海潮〉（東南形勝）便是最有名的代表作。張先在當時與柳永齊名，因此對都會繁華的描繪亦不遑多讓。如〈宴春臺慢〉（麗日千門）寫東都、〈傾杯〉（橫塘水靜）及〈汎清苕〉（綠淨無痕）寫吳興，都能看到這些地方歌舞昇平富庶的一面，而很湊巧的是，張先描繪都會最成功之作〈破陣樂〉，寫的對象剛好與柳永的〈望海潮〉一樣，都是錢塘，茲將全詞錄之如下：

四堂互映，雙門並麗，龍閣開府。郡美東南第一，望故苑、樓臺霏霧。垂柳池塘，流泉巷陌，吳歌處處。近黃昏，漸更宜良夜，簇簇繁星燈燭，長衢如晝，暝色韶光，幾許粉面，飛甍朱戶。和煦。雁齒橋紅，裙腰草綠，雲際寺、林下路。酒熟梨花賓客醉，但覺滿山簫鼓。盡朋游、同民樂，芳菲有主。自此歸從泥詔，去指沙堤，南屏水石，西湖風月，好作千騎行春，畫圖寫取。

整首詞極盡鋪寫錢塘之繁榮，上片從建築宏偉下筆，「郡美東南第一」用強有力的概括性語言凸顯錢塘的地位，並不亞柳永〈望海潮〉開頭三句：「東南形勝，三吳都會，錢塘自古繁華」。接著寫錢塘夜景，燦如繁星的燈燭，將街道照得有如白晝，這裏簡直是一座不夜城。下片特寫錢塘風景名勝，及官民同樂情形，顯示出雍熙祥和的太平景象。最後以歸去朝廷，先將千騎西湖行春圖畫好作結，使錢塘的優美達到藝術境界，耐人尋味。這首詞許多用語與柳永〈望海潮〉相同，如柳詞結尾：「千騎擁高牙，乘醉聽簫鼓，吟賞煙霞，異日圖將好景，歸去鳳池誇。」與張先結尾頗爲相似，可見兩詞一定有相當密切的關係。像張先與柳永用長調鋪排城市的繁華，這是晚唐五代時所罕見的；由此可知，北宋長期以來的安定繁榮，勢必要有像這樣的長歌慢曲，鋪張排比，才能完全將當時城市的繁華反映出來。這也象徵著詞由以抒情小令爲主，擴充到亦可敘事鋪排的長調，這種轉變是值得注意的。

## 四、《子野詞》的用調特色

我們觀察張先詞中所用的長調（八十字以上），共有十七種，二十首，即〈滿江紅〉、〈卜算子〉、〈傾杯〉、〈山亭宴慢〉、〈謝池春慢〉、〈宴春臺慢〉、〈歸朝歡〉、〈喜朝天〉、〈破陣樂〉、〈沁園春〉、〈少年游慢〉、〈翦牡丹〉、〈熙州慢〉、〈汎清苕〉、〈勸金船〉、〈漢宮春〉、〈塞垣春〉等，雖然數量比不上柳永，但和北宋初期的詞人晏殊（一調三首）、歐陽修（十調十二首）相比較，他算是開始大量製作長調的詞人。長調在唐五代時已經產生，可是爲數甚少，僅有〈鳳歸雲〉、〈拜新月〉、〈八六子〉、〈卜算子慢〉等十一種調子，而且許多屬於敦煌曲子詞不知名的民間作品，所以唐五代的長調只是醞釀嘗試的階段，到了張先才算是成功，加上柳永的大量製作，使長調變成宋詞的新體製，讓詞人有更寬廣的揮灑空間，可包容更多的內容，或作鋪敘誇張描寫，或作委婉細膩刻劃，詞也由抒情傳統轉爲可敘事說理，使詞的內涵擴大了，境界提昇了，張先處在小令邁向長調的關鍵，其開創之功不可沒。

除了長調之外，張先的小令也有繼往開來的特色。在他所使用的小令詞調七十八種之中，有二十六種是承繼唐五代的調子，如〈木蘭花〉、〈菩薩蠻〉、〈天仙子〉、〈蝶戀花〉（即〈鵲踏枝〉）等，另有五十二種爲唐五代所無。如〈少年游〉、〈醉垂鞭〉、〈玉聯環〉等。由此可知新時代有許多新的樂調產生，張先勇於嘗試用新調塡詞。但張先對舊調還是情有獨鍾，如他常塡的詞調三首以上的有十六種，其中除〈少年游〉、〈醉垂鞭〉、〈玉聯環〉爲唐五代所無之外，其他十三種，如〈木蘭花〉（十首）、〈菩薩蠻〉（九首）、〈蝶戀花〉、〈定風波〉、〈天仙子〉（以上五首）、〈西江月〉、〈清平樂〉、〈南鄉子〉、〈感皇恩〉、〈醉桃源〉（即〈阮郎歸〉）、〈更漏子〉、〈定西番〉、〈偷聲木蘭花〉（即〈上行杯〉）（以上三首）等，都是承繼唐五代而來。唐五代詞人喜歡用的調子，如〈菩薩蠻〉、〈浣溪沙〉、〈更漏子〉、〈南鄉子〉、〈清平樂〉、〈虞美人〉、〈南歌子〉、〈女冠子〉等，張先都有作品。所以張先使用二十六種舊調即塡了七十三首，佔一百四十五首小令的一半，這說明了張先的小令，在音樂上，還是頗富古意的。

## 五、結論

張先在詞史的定位如何呢？自古以來都將他和柳永相提並論。如宋晁無咎所評：「張子野與柳耆卿齊名，而時以子野不及耆卿。然子野韻高，是耆卿所乏處。」㉑若以整體創作的成績來看，柳永大量製作長調，透過鋪敘、寫景的手法，將情感表現得淋漓盡致，這實非張先所能及。加上柳永走的是大衆通俗路線，比較能贏得廣大群衆的喜愛，因此柳永的名聲超越張先是很自然的事。但譽之所至，謗亦隨之，柳永雖獲得市井小民的掌聲，卻無法完全得到知識分子的肯定，往往受到「詞語塵下」、「格調不高」、「俚俗」等譏評。㉒而張先就沒有這方面的困擾，因爲張先的詞是往文人路線發展，根據前面所述，張先在遣詞用字比較講究，表現手法也比較富有格調，所以他和柳永一樣寫了很多風花雪月、兒女私情的作品，可是並沒有流於鄙俗淫靡，加上他在內容方面，也逐漸與文人生活相結合，他的行蹤與文人的應酬往來，在其作品斑斑可考。張先在一百六十五首詞中，有五分之二（六十五首）都有題目，注明創作的時間、動機、題意、或酬贈的對象等等，這除了提供我們對其作品繫年的絕好資料外，也反映出詞的題材、內容、功能擴大之後，它已經接近詩了，僅有代表樂調的詞牌不能滿足詞人的需要，必須另加題目，就像詩題一樣，這種作法，是前人所鮮有的，到了蘇軾則愈加普遍。

張先的創作表現，或許受到才華的限制，沒有取得較高的成就，正如周濟《宋四家詞選・目錄序論》所說：「只是偏才，無大起落。」但他處於新舊交替的時代，製作長調、雅詞，提高詞的境界，擴充詞的內容與功能，將詞引往一個新的發展方向，陳廷焯《白雨齋詞話》卷一說：

張子野詞，古今一大轉移也。前此則爲晏、歐，爲溫、韋，體段雖具，聲色未開；後此則爲秦、柳，爲蘇、辛，爲美成、白石，發揚蹈厲，氣局一新，而古意漸失。子野適得其中，有含蓄處，亦有發越處，但含蓄不似溫、韋，發越不似豪蘇膩柳，規模雖隘，氣格卻近古。自子野後一千年來，溫、韋之風不作矣，益令我思子野不置。

這一段話頗有見地指出張先爲唐五代詞到宋詞的重要橋樑，所以張先在詞史上繼往開來的貢獻，是不容忽視的。

【附註】：

① 有關張先的生平，以夏承燾〈張子野年譜〉最爲詳備，發表于《詞學季刊》第一卷創刊號，頁五五—七八。後收入《唐宋詞人年譜》（上海古籍出版社，一九七九年五月），頁一六九—一九六。另外姜書閣撰〈張子野年譜辨誤〉（《湘潭大學學報》，一九九一年一期，頁一—五），補夏氏之誤處，亦可參考。

② 《嘉泰吳興志》謂子野「有集一百卷，唯樂府傳于世」，《宋史·藝文志》謂「張先詩二十卷」，可惜後世無傳。羅忼烈有〈張子野佚詩輯存〉，見《詞學雜俎》（成都：巴蜀書社，一九九〇年六月），頁三六—五三，計輯其詩二十三首，斷句八，佚文一（不全）；北京大學古文獻研究所編《全宋詩》（北京大學出版社，一九九一年八月）卷一七〇則輯有詩二十五首，斷句八：吉光片羽，亦足珍貴。

③ 張先詞集板本源流，參閱饒宗頤《詞集考》（北京：中華書局，一九九二年十月），頁四七—四八。

④ 鄭師因百〈論馮延巳詞〉，見《從詩到曲》（臺北：中國文化雜誌社，一九七一年三月），頁一一一。

⑤ 吳處厚《青箱雜記》卷五載：「晏元獻公雖起田里，而文章富貴，出于天然。……故公每吟咏富貴，不言金

玉錦繡，而唯說其氣象。」

⑥ 唐圭璋《詞話叢編》（臺北：新文豐出版公司，一九八八年二月），冊一，頁二四。

⑦ 何文煥《歷代詩話》（臺北：木鐸出版社，一九八二年二月），頁三一四。

⑧ 范公偁《過庭錄》（臺北：臺灣商務印書館影印《文淵閣四庫全書》本，一九八五年六月）。

⑨ 同註⑥，冊一，頁二四。

⑩ 蕭滌非《樂府詩詞論叢》（濟南：齊魯書社，一九八五年五月），頁二九七—三〇三。

⑪ 李之儀《姑溪居士文集》，卷四十。

⑫ 胡仔《苕溪漁隱叢話》（臺北：長安出版社，一九七八年十二月），前集，卷三十七引李頎《古今詩話》，頁二五三。

⑬ 同註⑫。

⑭ 同註⑫，前集，卷三十七，頁二五二。

⑮ 同註⑥，冊二，頁一三九一。

⑯ 同註⑫，後集，卷三十三，頁二五四。

⑰ 同註⑥，冊一，頁五五三。

⑱ 夏承燾〈張子野年譜〉，見《唐宋詞人年譜》，頁一六九。

⑲ 張先〈勸金船〉（流杯堂唱和翰林主人元素自撰腔）是否次韻，由於楊繪（元素）原唱已失傳，無從比對，

但蘇軾有一首〈勸金船〉（和元素韻，自撰腔命名），蘇軾既自註「和韻」，張先的〈勸金船〉與蘇軾所用韻腳及韻部皆不同，故應是和曲拍而已。張先〈好事近〉（燈燭上山堂）並無題注，前一首同調則注：「和毅夫內翰梅花」，日人村上哲見根據鄭獬〈好事近〉（江上探春回）、蔡襄〈好事近〉（瑞雪滿京都），所用韻字都屬入聲十八部，因此斷定爲「依韻」。（見《宋詞研究—唐五代北宋篇》，東京：創文社，一九七六年三月，頁二〇二）。〈木蘭花〉（和孫公素別安陸），孫賁（公素）作品未見，故無法確知是否次韻。

⑳ 楊愼《詞品》卷七。見同註⑥，冊一，頁四七七。

㉑ 吳曾《能改齋漫錄》（臺北：木鐸出版社，一九八二年五月），卷十六，頁四六九引。

㉒ 李清照〈詞論〉云：「始有柳屯田永者，……雖協音律，而詞語塵下。」陳振孫《直齋書錄解題》卷二一：「柳詞格固不高。」黃昇《花庵詞選》：「耆卿長于纖艷之詞，然多近俚俗。」

# 發展詞體形式——柳永

## 一、柳永的生平與詞集

柳永，原名三變①，字景莊②，後因病改名永，字耆卿。③崇安（福建崇安）人。④生卒年史無明載，約生於宋太宗雍熙二年（九八五）。⑤祖父柳崇，以儒學著名，終生布衣，是有名的處士，有子宣、宜、寘、宏、寀、密、察等七人，俱爲顯官。⑥王禹偁曾贊揚他「以行義著于州里，以兢嚴治于閨門」。⑦父柳宜，生於後晉天福四年（九三九）。⑧南唐時，曾爲監察御史，因其「多所彈射，不避權貴，故秉政者尤忌之」。⑨入宋後，官至工部侍郎，以孝行聞名。⑩柳永有兄二人，名三復、三接，兄弟三人「皆爲郎，工文藝，時號『柳氏三絕』」。⑪在家族中排行第七，故又稱「柳七」。⑫

柳永於仁宗景祐元年（一〇三四）進士⑬，初任睦州（浙江建德）推官⑭，後任餘杭（浙江餘杭）縣令，撫民清靜，安於無事，建翫江樓於溪南，公餘嘯咏。⑮又任定海縣（浙江鎮海）曉峯鹽場鹽監⑯、泗州（安徽宿縣）判官、著作郎、西京靈臺令和太常博士。⑰皇祐中，官屯田員外郎。⑱故世稱

「柳屯田」。約卒於仁宗皇祐五年（一〇五三）⑲，葬於潤州（江蘇鎮江）。⑳有子柳涚，仁宗慶曆六年（一〇四六）進士。㉑柳永詞名雖高，但沉淪下僚，《宋史》未爲之立傳，殊爲可惜。㉒

柳永詞集名《樂章集》，今展轉傳錄之宋本有二，並依宮調分類。一爲毛斧季據含經堂宋本及周氏、孫氏兩鈔本校正《樂章集》三卷，由勞巽卿傳鈔。一爲皕宋樓舊藏宋本，由繆荃孫引入校記，附刻《山左人詞．樂章集》後，兩宋本篇次悉同，而字句頗有乖違㉓。明毛晉刻《宋六十名家詞》本《樂章集》一卷，其中錯字甚多。朱祖謀刻《彊村叢書》本《樂章集》分上中下三卷，又有《續添曲子》一卷，詞共二百零六首，是據勞鈔毛斧季校本，朱祖謀又以他本參校諟正，是最爲精審的本子。《全宋詞》柳永詞即用《彊村叢書》本，又從《類編草堂詩餘》、羅燁《醉翁談錄》、《花草粹編》等書輯補六首，共二百十二首及殘句一則，最爲完整。㉔

## 二、《樂章集》以寫歌妓為主體

柳永，一生中的傳聞很多，其中最令人津津樂道者，莫過於他與歌妓間的故事，連他死後也有「弔柳七」的傳說，在宋人著作中可見多處記載，如楊湜《古今詞話》：

（柳永）由是淪落貧窘，終老無子，掩骸僧舍。京西妓者，鳩錢葬於棗陽縣花山。既出郊原，有浪人數人戲曰：「這大伯做鬼也愛打鬨。」其後遇清明日，游人多狎飲墳墓之側，謂之「弔柳七」。㉕

曾敏行《獨醒雜志》卷四也有類似的說法，只不過將「弔柳七」稱作「弔柳會」，另外祝穆《方輿勝覽》卷十一〈人物〉的記載則是這樣：

（永）遂流落不偶，卒于襄陽。死之日，家無餘財，羣妓合金葬于南門外。每春上冢，謂之「弔柳七」。

以上這些傳聞說柳永「終老無子」、「葬於棗陽」或「襄陽」，皆與事實不合，羣妓鳩錢葬柳永也不可信。㉖那麼爲什麼會產生這樣的傳聞呢？其實這些傳聞也反映出一些眞實，如柳永淪落貧困，兒子不知去向，死後無人替他埋葬等皆是事實，而最感人之處，就是他已贏得歌妓的敬重，這才是傳聞產生的主要背景。

宋代經過長期休養生息之後，到了仁宗朝，天下太平，經濟繁榮，都市發達，配合社會大衆享樂的需要，歌妓這一行業也蓬勃興隆起來，柳永躬逢其盛，投身於青樓畫閣之中，以他特出的文學才華，爲歌妓塡詞，葉夢得《避暑錄話》卷下云：「（永）爲舉子時，多游狹邪。善爲歌辭，教坊樂工每得新腔，必求永爲辭，始行于世，于是聲傳一時。」在這種情況之下，他留下許多與歌妓有關的作品，這些作品都是柳永實際生活的記錄，他筆下的歌妓，有血有淚，是現實人生中活生生的人物，而不是文人借助於「空中傳恨」（朱彝尊〈解珮令〉）的想像人物而已。加上柳永大膽、多情的性格，他直接抒發對歌妓的愛情，或描寫雲雨相歡的場面，在詩歌史上是很大的突破。尤其他能深入歌妓的內心底層，瞭解她們的苦悶與願望，爲她們吐露心聲，更難能可貴。以下我們就來分析柳永與歌妓相關的這類作品。

**㈠描寫歌妓的容貌、姿態及才藝**。羅燁《醉翁談錄》丙集卷二載：「耆卿居京華，暇日遍遊妓館。所至，妓者愛其有詞名，能移宮換羽，一經品題，聲價十倍，妓者多以金物資給之。」除了羅燁《醉翁談錄》丙集卷二所述爲師師、香香、安安三位歌妓題詠的〈西江月〉（師師生得艷冶）外，在《樂章集》中，我們也可發現不少題詠歌妓的作品，如〈晝夜樂〉詠秀香、〈柳腰輕〉詠英英、〈鳳銜杯〉詠瑤卿、〈木蘭花〉四首分詠心娘、佳娘、蟲娘、酥娘，〈西施〉詠瓊娥等，在作品中，柳永不僅寫其美貌：「層波細翦明眸，膩玉圓搓素頸」（〈晝夜樂〉），最主要都集中在歌舞才藝的讚賞，如寫心娘：「解教天上念奴羞，不怕掌中飛燕妒」、寫佳娘：「佳娘捧板花鈿簇，唱出新聲羣艷伏」、寫蟲娘：「香檀敲緩玉纖遲，畫鼓聲催蓮步緊」、寫酥娘：「幾多狎客看無厭，一輩舞童功不到」等等，都是極盡刻劃之能事，經柳永如此形容題詠，其知名度與聲價自然提昇了。其他歌詠歌妓沒有鑲嵌姓名的也很多，如〈鳳棲梧〉（簾下清歌簾外宴）寫歌妓唱幽怨的歌聲、〈浪淘沙令〉（有箇人人）寫歌妓賣力表演妙舞、〈合歡帶〉（身材兒）寫歌妓妖嬈身材、似玉肌膚及妍歌艷舞等皆是。

**㈡描寫與歌妓的愛情**。柳永對歌妓的欣賞，不只是停留在她們的外貌才藝而已，他更深入到她們的個性，如〈少年遊〉寫道：

世間尤物意中人。輕細好腰身。香幃睡起，發妝酒釅，紅臉杏花春。　嬌多愛把齊紈扇，和笑掩朱脣。心性溫柔，品流詳雅，不稱在風塵。

歌妓在當時的社會地位卑微，柳永卻能用與衆不同的眼光歌頌她們，誇讚歌妓有溫柔的心性、詳雅的品格，進而將歌妓當作「世間尤物意中人」，像這樣提昇歌妓的地位，是前所未有的。因此他和歌妓發生了許多愛情故事，而這種愛情也打破了傳統門戶相對的婚姻觀，他高唱「才子佳人」的「雙美」：「自古及今，佳人才子，少得當年雙美」（〈玉女搖仙佩〉）、「風流事、難逢雙美」（〈尉遲杯〉）、「美人才子，合是相知」（〈玉蝴蝶〉），他勇於解脫社會世俗價值觀的束縛，以平等的態度對待歌妓，追求彼此相悅的自由愛情，而他敢大膽向歌妓說愛並且寫在詞中，也是一項創舉，如：「未消得、憐我多才多藝，願嬭嬭、蘭心蕙性，枕前言下，表余深意。爲盟誓。今生斷不孤鴛被。」（〈玉女搖仙佩〉）、「待這回、好好憐伊，更不輕離拆」（〈征部樂〉）、「斷不等閒輕捨，鴛衾下，願常恁、好天良夜」（〈洞仙歌〉）等，感情非常強烈、直接，絕不矯揉造作，所以能贏得芳心。

柳永除了大膽表達自己對歌妓的感情之外，他還更進一步肆無忌憚地描寫歌妓床笫之事，如〈鬥百花〉（滿搦宮腰纖細）、〈鳳棲梧〉（蜀錦地衣絲步障）、〈殢人嬌〉（當日相逢）、〈菊花新〉（欲掩香幃論繾綣）等都有露骨的描述，李調元《雨村詞話》卷一云：「柳永淫詞莫逾于〈菊花新〉一闋。」這首詞是如此寫著：

> 欲掩香幃論繾綣。先斂雙蛾愁夜短。催促少年郎，先去睡、鴛衾圖暖。　須臾放了殘鍼線。脫羅裳、恣情無限。留取帳前燈，時時待、看伊嬌面。

以現代人的眼光或許不覺得怎樣，但在傳統性保守的時代，敢作這樣的描繪，叛逆性也夠強了，難怪陳銳《褒碧齋詞話》要將柳永的詞比作「小說中的金瓶梅」，可謂其來有自。雖然這類「閨門淫媟」之詞受到不少非議，但也未嘗不是象徵著柳永擺脫傳統道德的束縛，進一步發展創作自由的空間。

### ㈢描寫歌妓的痛苦與願望。

柳永拋棄了士大夫的身段，進入歌妓的生活圈，對歌妓的不幸遭遇也能寄予同情，如〈少年遊〉便寫出歌妓的辛酸：

> 一生贏得是淒涼。追前事、暗心傷。好天良夜，深屏香被，爭忍便相忘。　王孫動是經年去，貪迷戀、有何長。萬種千般，把伊情分，顛倒儘猜量。

歌妓只是王孫玩弄的對象，並不是眞情相待，到頭來總是淒涼孑然一生，這似乎是她們難以擺脫的夢魘。她們對薄情郎的懲處，也很可憐，只能以性作武器，〈錦堂春〉下片寫道：

> 依前過了舊約，甚當初賺我，偷剪雲鬟。幾時得歸來，香閣深關。待伊要、尤雲殢雨，纏繡衾、不與同歡。儘更深、款款問伊，今後敢更無端。

看起來雖然很無奈，但或許也是對欺騙感情的好色之徒一種有效制裁方法吧！歌妓淪落風塵往往不是出於自願，因此從良過正常夫妻生活便是她們熱烈的期盼，柳永在詞中也爲她們表達這種心聲：「縱然偷期晴會，長是匆匆。爭似和鳴偕老，免教斂翠啼紅」（〈集賢賓〉）、「萬里丹霄，何妨攜手同歸去。永棄卻、煙花伴侶。免教人見妾，朝雲暮雨」（〈迷仙引〉），爲歌妓代言，敘述她們的願望，這是在唐五代詞中所未見的。

而柳永對歌妓的情懷最令人感動的，是他爲不幸身故的歌妓寫下哀悼詞，有〈秋蕊香引〉〈留不得）及〈離別難〉（花謝水流倏忽）二首，尤其〈離別難〉用長調鋪敘，透過敘事再以抒情作結，更顯哀痛：

花謝水流倏忽，嗟年少光陰。有天然、蕙質蘭心。美韶容、何啻值千金。便因甚、翠弱紅衰，纏緜香體，都不勝任。算神仙、五色靈丹無驗，中路委瓶簪。　人悄悄，夜沈沈。閉香閨、永棄鴛衾。想嬌魂媚魄非遠，縱洪都方士也難尋。最苦是、好景良天，尊前歌笑，空想遺音。望斷處，杳杳巫峯十二，千古暮雲深。

歷來論詞者均只專注批評柳永的淫艷作品，而這兩首悼亡詞都被忽略了，它不僅凸顯柳永對歌妓的情義之外，在詞的發展過程中，也別具意義。從詩經〈葛生〉、漢樂府民歌〈薤露〉、〈蒿里〉以來，悼亡詩綿延不絕，如潘岳的〈悼亡詩〉三首、沈約〈傷謝朓〉、王維〈哭孟浩然〉、李白〈哭晁卿衡〉、梅堯臣〈悼亡〉三首等皆爲有名，而詞有悼亡作品，自柳永始，之後詞人也常用詞來哀悼死者，如蘇軾〈江城子〉悼夫人王氏、趙佶〈醉落魄〉悼明節皇后、李清照〈孤雁兒〉悼丈夫趙明誠、高觀國〈喜遷鶯〉弔西湖歌者等，使本來僅適用花間尊前的詞體，也拓展到可哀悼死者，這不能說不是一項重大突破。柳永身前哀悼歌妓，身後歌妓相聚「弔柳七」，或許是羣妓鳩錢葬柳永此一傳聞的重要基礎吧！

## 三、柳永工於羈旅行役之詞

柳永還有一件流傳甚廣的傳聞，就是「奉旨塡詞」的故事，胡仔《苕溪漁隱叢話》後集卷三十九引藝苑雌黃云：

柳三變，字景莊，一名永，字耆卿，喜作小詞，然薄於操行，當時有薦其才者，上曰：「得非塡詞柳三變乎？」曰：「然。」上曰：「且去塡詞。」由是不得志，日與猥子縱游娼館酒樓間，無復檢約，自稱云：「奉聖旨塡詞柳三變」。

吳曾《能改齋漫錄》卷十六也有類似的記載：

仁宗留意儒雅，務本理道，深斥浮艷虛薄之文。初，進士柳三變好爲淫冶謳歌之曲，傳播四方，嘗有〈鶴沖天〉詞云：「忍把浮名，換了淺斟低唱。」及臨軒放榜，特落之，曰：「且去淺斟低唱，何要浮名！」

柳永本是出身於書香門第、仕宦家庭，讀書參加科考以獲得晉身是他必經之路，孰料汴京的燈紅酒綠卻激發他創作靈感，讓他塡詞的才華得以發揮，他在民間的知名度也隨著歌聲傳播而不斷攀升，可是科場並不如意，曾因落榜寫下〈鶴沖天〉詞：

黃金榜上。偶失龍頭望。明代暫遺賢，如何向。未遂風雲便，爭不恣狂蕩。何須論得喪。才子詞人，自是白衣卿相。　煙花巷陌，依約丹青屏障。幸有意中人，堪尋訪。且恁偎紅翠，風流事、平生暢。青春都一餉。忍把浮名，換了淺斟低唱。

這首詞充滿年輕人受挫之後的激情，表面上似乎很放浪灑脫，其實抑鬱不平之氣溢於言表。由於落榜，使他更有理由流連秦樓楚館，倚紅偎翠，詞中的「才子詞人，自是白衣卿相」，一方面是對自己才華的自信，另一方面也是對自己擁有的詞名自豪，如此自我肯定，如此推尊詞人的民間地位，也大概只有深入社會底層的柳永才能體會出來。但他在發出豪語之後，並沒眞的放得下浮名，還是照常去參加科考，才有受仁宗皇帝罷斥的傳聞。姑不論這項傳聞是否眞實，它反映出柳永科考的一再失落則是不爭之事實。即使後來好不容易考上進士，在仕途上還是波折再三，雖然也有知音賞識幫助，但最後反而弄巧成拙，如葉夢得《石林燕語》卷六載：

> 祖宗時，選人初任薦舉，本不限以考成。景祐中，柳三變爲睦州推官，以歌辭爲人所稱。到官才月餘，呂蔚知州事，即荐之。郭勸爲侍御史，因言三變釋褐到官始逾月，善狀安在？而遽薦論！因詔州縣官初任未成考不得舉，後遂爲法。

李燾《續資治通鑑長編》卷一一六也有記載，可知柳永初授睦州推官到任才月餘，即遇知音呂蔚薦舉，但由於操之過急，並沒有成功，後來又有人同情他，想替他製造機會以獲得皇上賞識，但事情結局更糟糕，王闢之《澠水燕談錄》卷八載：

> 皇祐中，久困選調，入內都知史某愛其才而憐其潦倒，會教坊進新曲〈醉蓬萊〉，時司天臺奏老人星見。史乘仁宗之悅，以耆卿應制。耆卿方冀進用，欣然走筆，甚自得意，詞名〈醉蓬萊慢〉。比進呈，上見首有「漸」字，色若不悅。讀至「宸游鳳輦何處」，乃與御制眞宗挽詞暗合，上慘然。又讀至「太液波翻」，曰：「何不言波澄？」乃擲之于地。永自此不復進用。

此事又見載於黃升《花庵詞選》附記、葉夢得《避暑錄話》卷下、陳元靚《歲時廣記》卷十七引《古今詞話》、陳師道《後山詩話》等，內容雖有詳略不同，但柳永作詞應制忤仁宗不被進用則大抵相近，這本是一樁美事，卻造成反效果，實在始料未及。

由於仕途失意，使他能深入鄉間，擴大其視野，他的詞雖然缺少像當定海鹽監所寫的〈煮海歌〉[27]那樣反映民生疾苦，但他一生羈宦漂泊，行蹤遍布大江南北，使他的詞走出了庭園閨閣，充滿了城市的舞榭歌臺或鄉間的山川景物，他描寫羈旅行役的作品在《樂章集》中佔有很重的分量，陳振孫《直齋書錄解題》卷二十一云：「柳詞格固不高，而音律諧婉，語意妥貼，承平氣象，形容曲盡，尤工于羈旅行役。」這也未嘗不是創作上的一大收穫。

柳永寫那麼多的羈旅行役作品，大部分都在表達濃厚的相思離愁，如果只看表面，難免有如錢裴仲《雨華盦詞話》所云：「柳七詞中，美景良辰、風流憐惜等字，十調九見。」及周曾錦《臥廬詞話》所云：「柳耆卿詞，大率前遍鋪敘景物，或寫羈旅行役，後遍則追憶舊歡，傷離惜別，幾於千篇一律，絕少變換，不能自脫窠臼。」其實仔細分析這些作品，將可發現如下之特色：

㈠**宋玉悲秋式的情調，隱含作者身世之感。**柳永在羈旅行役的作品中，大都置身在「冷楓敗葉，疏紅零亂」（〈陽臺路〉）、「檻菊蕭疏，井梧零亂惹殘煙」（〈戚氏〉）、「敗荷零落，衰楊掩映」（〈夜半樂〉）、「風砧韻響，霜樹紅疏」（〈木蘭花慢〉）的蕭瑟秋景之中，藉著景物感染一片憂傷氣氛。作者雖然沒有明說「懷才不遇」、「有志未伸」等類似的話，但他在詞中不僅一次提及宋玉悲秋：「動悲秋情緒，當時宋玉應同」（〈雪梅香〉）、「當時宋玉悲感。向此臨水與登山」（〈戚氏〉）、「見說蘭臺宋玉，多才多藝善詞賦」（〈擊梧桐〉）、「晚景蕭疏，堪動宋玉悲涼」（〈玉蝴蝶〉）、「宋玉多悲，石人、也須下淚」（〈爪茉莉〉），讓人不禁聯想宋玉〈九辯〉之文章：「悲哉秋之爲氣也，草木零落而變衰。……坎廩兮貧士失職而志不平，廓落兮羈旅而無友生；……時亹亹而過中兮，蹇淹留而無成。」柳永固然缺少像宋玉「君之門以九重，猛犬狺狺而迎吠」的憤慨不平，但多少也流露出「貧士失職」、「淹留無成」的怨嘆感傷。葉嘉瑩在論柳永詞說：「如果就詞之演進發展來看，早期的文士們所寫的，可以說大多只不過是閨閣園亭傷離怨別的一種『春女善懷』的情意而已；而柳永詞中一些自抒情意的佳作，則寫出了一種關河寥闊羈旅落拓的『秋士易感』的哀傷。……而柳永所寫的『秋士易感』的作品，則是眞正以男子爲主角而寫的『功業未及建，夕陽忽西流』的才人志士恐懼於暮年失志的悲慨。」㉘這是一般人讀柳永詞時，僅注意其兒女私情而容易忽略的。王灼《碧雞漫志》卷二曾引前輩的話：「〈離騷〉寂寞千載後，〈戚氏〉淒涼一曲終。」〈戚氏〉是柳永一首羈旅行役的作品，富有宋玉悲秋式的情調，就隱含作者身世之感而言極具代表性：

晚秋天，一霎微雨灑庭軒。檻菊蕭疏，井梧零亂惹殘煙。淒然。望江關。飛雲黯淡夕陽間。當時宋玉悲感，向此臨水與登山。遠道迢遞，行人淒楚，倦聽隴水潺湲。正蟬吟敗葉，蛩響衰草，相應喧喧。　孤館度日如年。風露漸變，悄悄至更闌。長天淨，絳河清淺，皓月嬋娟。思緜緜。夜永對景，那堪屈指，暗想從前。未名未祿，綺陌紅樓，往往經歲遷延。　帝里風光好，當年少日，暮宴朝歡。況有狂朋怪侶，遇當歌、對酒競留連。別來迅景如梭，舊遊似夢，煙水程何限。念利名、憔悴長縈絆。追往事、空慘愁顏。漏箭移、稍覺輕寒。漸嗚咽、畫角數聲殘。對閒窗畔，停燈向曉，抱影無眠。

全詞大量鋪敘秋天蕭瑟景物，從黃昏寫到夜晚，烘托淒涼的氣氛，後以追念舊遊往事，感慨羈旅孤獨作結。詞意似乎勘破名利，其實是隱含有暮年失志的悲慨在裏面。沈際飛《草堂詩餘正集》評此詞道：「插字之妥，撰句之雋，耆卿所長。『未名未祿』一段，寫我輩落魄時悵悵靡托，借一個紅粉佳人作知己，將白日消磨，哭不得，笑不得，如是如是。」亦能看到柳永內心悲哀痛苦的一面，前人將此詞和〈離騷〉相提並論，可以說是柳永眞正的知音，但王灼並不認爲如此，接續前輩的話批評說：「柳何敢知世間有〈離騷〉？惟賀方回、周美成時時得之。」也未免太小看柳永了。

**㈡帝里楚鄉場景變換，遼闊空間交雜南北城鄉色彩。**詞興起之後，在晚唐五代有長足的發展，當時詞壇的兩大重心，一在西蜀，一在南唐，文學作品不能離開泥土，離開泥土則很難開花結果，所以我們看當時詞人的作品，都帶有南方鄉土氣息。自從宋統一了全國，文學重心也隨著北移，汴京變成人文薈萃之所，詞人歌妓通力合作爲新時代謳歌，柳永正是一個具有代表性的人物。他的籍貫隸屬南方，但他從事詞體創作而成名卻在北方，他科場失意，浪蕩煙花巷陌，交結狂朋怪侶，大都不出汴京，等到好不容易進士及第，走上仕途後，則離開幾乎已經成爲他的故鄉——汴京，大部分時間都在吳山越水宦遊，他那些語盡宦遊滋味的作品，一方面脫離不了楚鄉風物情調，而他追念帝里舊歡時，則又出現汴城繁華景象，柳永可以說是將詞體從南方帶到北方，開始將極富南國情味的詞體融入北地的風韻，其實那些對歌妓大膽的描寫，也不無反映出北方豪放作風。以下我們僅就羈旅行役作品中的南北色彩加以討論。如柳永要離開京城時所寫的這首〈引駕行〉：

> 虹收殘雨。蟬嘶敗柳長堤暮。背都門、動消黯，西風片帆輕舉。愁覩。泛畫鷁翩翩，靈鼉隱隱下前浦。忍回首、佳人漸遠，想高城、隔煙樹。　幾許。秦樓永晝，謝閣連宵奇遇。算贈笑千金，酬歌百琲，盡成輕負。南顧。念吳邦越國，風煙蕭索在何處。獨自箇、千山萬水，指天涯去。

詞從都門外離別的景象寫起，因捨不得離開所歡之歌妓，表達之中，將京城秦樓謝閣、贈笑酬歌的繁華場面描繪出來，最後再想到所往之地，以吳邦越國、千山萬水作結，全篇的背景空間遼闊，已交雜著南北城鄉之色彩。

事實上，柳永在羈旅作品中，經常流露出對京城的想念，像「帝城」、「帝里」、「神京」、「皇都」、「京國」等字眼，頻頻出現，如：「帝城當日，蘭堂夜燭，百萬呼盧，畫閣春風，十千沽酒」（〈笛家弄〉）、「帝里風光爛漫，偏愛春杪」（〈滿朝歡〉）、「杳杳神京，盈盈仙子，別來錦字終難偶」（〈曲玉管〉）等等，實不勝枚舉，這些作品中，很多對京城繁華富麗的景況，都有精彩的描述。但柳永對京城的眷戀，大都僅停留在想念舊歡、追憶舊遊、難忘過去繁華生活，這與前人的「懷京」之作充滿政治關懷有很大差異，村上哲見〈柳耆卿詞綜論〉說：「一般在地方任職的人懷念帝京，大多是期待恢復中央官職，或是擔憂聖主遭受蒙蔽。總之其內容離不了關心政治這一焦點，離不開前面說過的對自己境遇的不滿相聯繫的基調。但從以上幾例看耆卿詞，則並非如此，其多數之詞與回顧華麗的青春，惋惜一去不返的昔日的無限情意相連結。」㉙這也是柳永詞爲一般文人瞧不起，認爲「格調不高」的一個重要原因，但話說回來，與其造作關懷政治，倒不如像柳永直接眷戀京城過去美好生活，來得自然眞切，尤其如前所述，中間隱含作者身世之感亦不容忽視。

除了京城繁華景況之描述外，柳永詞中更大量描寫羈旅所在南方的風光景物，一些和南方相關的地理名詞：「楚天」、「楚鄉」、「楚客」、「淮楚」、「南國」、「吳邦越國」、「越水吳山」、「越溪」、「三吳」等，亦不斷出現，即使沒有這些他名，當柳永筆下展開如此之鏡頭時：

凍雲黯淡天氣，扁舟一葉，乘興離江渚。渡萬壑千巖，越溪深處。怒濤漸息，樵風乍起，更聞商旅相呼。片帆高舉。冷畫鷁、翩翩過南浦。　望中酒旆閃閃，一簇煙村，數行霜樹。殘日下，漁人鳴榔歸去。敗荷零落，衰楊掩映，岸邊兩兩三三，浣沙遊女。避行客、含羞笑相語。

（〈夜半樂〉）

由其中的風光、人物，讓我們強烈感受到南國鄉村情調；又如出現這樣的氣候時：

淮楚。曠望極，千里火雲燒空，盡日西郊無雨。厭行旅。數幅輕帆旋落，艤棹蒹葭浦。避畏景，兩兩舟人夜深語。（〈過澗歇近〉）

大地一片暑熱，即使夜深舟人還在乘涼聊天，這也充滿南方夏天的景況。讀柳永這些羈旅行役作品，除了體會其豐富情懷及拓落悲感之外，亦可隨著其廣闊行跡欣賞南北城鄉景物，這樣大幅的南方山水，及北方京城的圖畫，是前所未見的。

## 四、《樂章集》的太平氣象

柳永還有一則傳聞，是史無前例的，羅大經《鶴林玉露》卷一載：

> 孫何帥錢塘，柳耆卿作〈望海潮〉詞贈之。此詞流播，金主亮聞歌，欣然有慕于三秋桂子，十里荷花，遂起投鞭渡江之志。

由文學作品勾起外患的侵略，實在令人不可思議。姑不論傳聞是否屬實，它透露出柳永〈望海潮〉詞描繪杭州之成功，膾炙人口，則無庸置疑。北宋經濟繁榮，促成大城市興起，柳永除了許多作品描述京城繁華外，他足蹤所至的南方大城，都有很生動的刻劃，〈望海潮〉是頗具代表性的：

> 東南形勝，三吳都會，錢塘自古繁華。煙柳畫橋，風簾翠幕，參差十萬人家。雲樹繞堤沙。怒濤卷霜雪，天塹無涯。市列珠璣，户盈羅綺競豪奢。　重湖疊巘清嘉。有三秋桂子，十里荷花。羌管弄晴，菱歌泛夜，嬉嬉釣叟蓮娃。千騎擁高牙。乘醉聽簫鼓，吟賞煙霞。異日圖將好景，歸去鳳池誇。

全詞無論對杭州的特殊明媚風光，或城市的富庶景象，皆很具體直接的顯現出來。其他如寫蘇州的〈木蘭花慢〉：「古繁華茂苑，是當日、帝王州。……晴景吳波練靜，萬家綠水朱樓」、及〈瑞鷓鴣〉：「

萬井千閭富庶，雄壓十三州。觸處青蛾畫舸，紅粉朱樓。」寫益州的〈一寸金〉：「井絡天開，劍嶺雲橫控西夏。地勝異、錦里風流，蠶市繁華，簇簇歌臺舞榭」等等，無一不令人讚嘆。尤其柳永寫人們生活其中的雍熙景象，更有其巧妙筆法，如〈拋毬樂〉：「是處麗質盈盈，巧笑嬉嬉，手簇鞦韆架。戲綵毬羅綬，金雞芥羽，少年馳騁，芳郊綠野。占斷五陵遊，奏脆管、繁絃聲和雅」、〈玉蝴蝶〉：「隼旟前後，三千珠履，十二金釵。雅俗熙熙，下車成宴盡春臺」、〈一寸金〉：「雅俗多遊賞，輕裘俊、靚妝豔冶」等，都不亞於歐陽修〈醉翁亭記〉、〈豐樂亭記〉文中所述之承平景象，難怪乎范鎮曾感嘆說：「仁宗四十二年太平，鎮在翰苑十餘載，不能出一語咏歌，乃于耆卿詞見之。」（祝穆《方輿勝覽》卷十），這絕不是虛美過誇之詞。如果說杜甫的詩反映唐代安史之亂殘破景象，而有「詩史」之稱，那麼柳永的詞反映仁宗物阜民康承平景象，則又如何呢？黃裳〈書樂章集後〉云：「予觀柳氏樂章，喜其能道嘉祐中太平氣象，如觀杜甫詩。曲雅文華，無所不有。……太平氣象，柳能一寫于樂章，所謂詞人盛世之黼藻，豈可廢耶？」（《演山集》卷三十五），張端義《貴耳集》卷上載：

> 項平齋（項安世）自號江陵病叟。余侍先君往荊南，所訓：學詩當學杜詩，學詞當學柳詞。叩其所以，云：「杜詩、柳詞皆無表德，只是實說。」

杜甫、柳永反映時代治亂固然有所不同，但兩者「皆無表德」（不是有意為政治宣傳），只是據實說出來，其價值是值得肯定的，黃裳、項安世將柳永與杜甫並稱，可謂獨具慧眼。

柳永由於具有豐富的都市生活經驗，而且又深入鄉間，在寫都市繁華、人民歡樂的同時，他對風土民情也有敏銳的觀察力，尤其各地的歲時佳節，他都有很詳實的描繪，道出人民官府歡渡節慶的情況，將太平景象推到最高點。如寫元宵節：「龍鳳燭、交光星漢。對咫尺鼇山開羽扇。會樂府兩籍神仙，梨園四部絃管。向曉色、都人未散。盈萬井、山呼鼇抃。」（〈傾杯樂〉）、「列華燈、千門萬戶。徧九陌、羅綺香風微度。十里然絳樹。鼇山聳、喧天簫鼓」（〈迎新春〉），這是汴京城朝野歡慶元宵的熱鬧場面。也有寫上巳清明：「水嬉舟動，禊飲筵開，銀塘似染，金堤如繡。是處王孫，幾多遊妓，往往攜纖手。」（〈笛家弄〉）、「鳳輦宸遊，鸞觴禊飲，臨翠水、開鎬宴。兩兩輕舠飛畫檝，競奪錦標霞爛。罄歡娛，歌魚藻，徘徊宛轉。別有盈盈遊女，各委明珠，爭收翠羽，相將歸遠。」（〈破陣樂〉）、「歌祓禊，聲聲諧楚調。路繚繞。野橋新市裏，花穠妓好。引遊人、競來喧笑。」（〈小鎮西犯〉）、「盈盈，鬥草踏青。人艷冶、遞逢迎。向路傍往往，遺簪墮珥，珠翠縱橫。」（〈木蘭花慢〉），涵蓋京城鄉間的慶祝活動，有鬥草踏青、祓禊觴飲、龍舟競渡、水邊拾翠等各種項目，內容豐富，多彩多姿，另外如〈二郎神〉（炎光謝）寫七夕乞巧，〈應天長〉（殘蟬漸絕）及〈玉蝴蝶〉（淡蕩素商行暮）寫重陽登高、聚宴落帽等，皆反映社會習俗及歡樂景象。柳永這些歌咏節序的作品，對後來詞人大量製作節序詞，具有一定的啓導作用。

前面所舉引起外患的〈望海潮〉詞，它的創作過程還有一項傳聞，楊湜〈古今詞話〉載：

> 柳耆卿與孫相何爲布衣交。孫知杭州，門禁甚嚴，耆卿欲見之不得，作〈望海潮〉詞，往謁名妓楚楚曰：「欲見孫相，恨無門路。若因府會，原借朱唇歌於孫相公之前。若問誰爲此詞，但

說柳七。」中秋府會，楚楚宛轉歌之，孫即日迎耆卿預坐。㉚

姑不論柳永是否借助歌妓楚楚以達到結交孫何之目的，這首詞末尾云：「千騎擁高牙。乘醉聽簫鼓，吟賞煙霞。異日圖將好景，歸去鳳池誇。」很明顯的，它是贈給一位「千騎擁高牙」身分的人，但是否即孫何？羅大經《鶴林玉露》卷一云：「孫何帥錢塘，柳耆卿作《望海潮》詞贈之。」說法與楊湜《古今詞話》相同，而羅忼烈考證則認爲不是，可能是贈俞獻卿知杭州的時候。㉛另外酬贈的作品還有〈早梅芳〉（海霞紅）、〈木蘭花慢〉（古繁華茂苑）、〈永遇樂〉（天閣英遊）、〈瑞鷓鴣〉（吳會風流）等四首，其內容皆與蘇州有關，歌頌當時蘇州太守應無疑問，但究屬何人，還待進一步考證。㉜另有〈一寸金〉（井絡天開），描寫益州，應是贈此地太守。由這些作品，可瞭解柳永每到大都會，都寫詞致贈太守。其作品內容，皆先鋪敘此地之風光景物、繁華盛況，故能反映當時都會富庶現象，詞末再對受贈者讚美一番，如〈一寸金〉下片寫道：「中和政多暇。仗漢節、攬轡澄清，高掩武侯勳業，文翁風化，臺鼎須賢久，方鎮靜、又思命駕。空遺愛，兩蜀三川，異日成嘉話。」用諸葛武侯當三國蜀丞相之勳業，及文翁於漢景帝末任蜀守設官學等事蹟，來歌頌益州太守治蜀之成就，最後又祝福即將榮升朝廷臺閣，誠是善頌善禱之應酬佳作。此外，柳永還有許多應制之作，如前面所述想借機表現卻弄巧成拙的〈醉蓬萊〉，祝賀皇上壽誕的〈送征衣〉（過韶陽）、〈御街行〉（燔柴煙斷星河曙）、〈永遇樂〉（薰風解慍），及記眞宗設道場祀聖祖的〈玉樓春〉（昭華夜醮連清曙）、（鳳樓郁郁呈嘉瑞）、（皇都今夕知何夕）三首、歌頌朝廷的〈玉樓春〉（星闈上笏金章貴）等，這些作品因缺乏作者之情感，其文學價值較低。但從柳永酬贈應制之作，詞的實用功能正開始在拓展之中，也證明柳永不僅擅長寫通俗的詞供歌妓演唱外，亦能夠創作雅正的作品供高層人士欣賞。而柳永如此認眞對國君及各地太守歌功頌德，可見他落拓失意中還不斷在爭取一線曙光，或許正如王國維《人間詞話》所說要成就大事業、大學問必須經過「衣帶漸寬終不悔，為伊消得人憔悴」（柳永〈鳳棲梧〉語）這一境，只可惜幾次機會都失之交臂，或許他並不適合眞的「奉聖旨」塡詞吧？

一般皆以爲柳永的詞內容範圍不廣，其實並不盡然，他的詞固然以描寫歌妓及羈旅行役爲大宗外，如前所言歌詠城市繁榮、描繪時序佳節，或酬贈應制等，皆有涉及。另外還有咏物之作，如〈黃鶯兒〉（園林晴晝春誰主）咏黃鶯、〈受恩深〉（雅致裝庭宇）咏菊、〈瑞鷓鴣〉（天將奇艷與寒梅）咏梅、〈木蘭花〉（翦裁用盡春工意）、（東風催露千嬌面）、（黃金萬縷風牽細）三首分別咏杏花、海棠、柳枝，也都能夠針對物象特徵，刻劃詳盡貼切。在詩歌中常見的懷古之作，我們發現柳永也有〈雙聲子〉（晚天蕭索）、〈西施〉（苧蘿妖艷世難偕）、〈瑞鷓鴣〉（全古嘉會古風流）等，皆是作者面臨三吳風景，引起對夫差、范蠡、西施等人事蹟之歌咏，並寄有往日霸主、豪傑、美人而今安在哉的無限感慨。還有歌咏道教神仙的〈巫山一段雲〉共五首，李調元《雨村詞話》卷一云：「詩有游仙，詞亦有遊仙，人皆謂柳三變《樂章集》工于闈帳淫媟之語、羈旅悲怨之辭。然集中〈巫山一段雲〉詞，工于遊仙，又飄飄有淩雲之意，人所未知。」宋代道教盛行，詞中不乏游仙之作，如蘇軾、秦觀、朱敦儒、辛棄疾等皆有游仙詞，柳永處在時代開端，這些游仙詞已透露詞受宗教思想影響之必然關係。從這麼多不同內容的作品，我們可以發現柳永為宋代詞壇帶來的新氣象。

## 五、柳詞形式技巧的特色

柳永除了在內容方面有一些新的發展之外，他在形式技巧上對宋代詞壇的影響尤其深遠。以下我們從四方面來探討柳詞在形式技巧上的特色。

### (一)在詞調方面，創製新調及大量使用長調。

柳永在二百一十二首作品中，共使用了一百三十五種詞調，比宋初其他詞人如：張先（一百六十五首，九十五種詞調）、晏殊（一百三十九首，三十八種詞調）、歐陽修（二百一十二首，五十二種詞調）等所使用的詞調多出許多。如果再仔細分析的話，可看出柳永使用的詞調有下列特殊之處：

1.不喜歡重複使用詞調，幾乎每一種詞調都僅塡一首詞。在《樂章集》所用的一百三十五種詞調中，有九十種皆只使用一次而已，重複使用兩次以上者僅有四十種，而使用三次以上者則更少了，僅有十三種，其中長調六種：〈玉蝴蝶〉（五次）、〈傾杯〉（四次）、〈鬥百花〉、〈傾杯樂〉、〈女冠子〉、〈木蘭花慢〉（以上皆三次）；小令七種：〈少年遊〉（十次）、〈木蘭花令〉（八次）、〈玉樓春〉、〈巫山一段雲〉（以上五次）、〈蝶戀花〉、〈西施〉、〈臨江仙引〉（以上皆三次）等，這些詞調除了〈蝶戀花〉、〈木蘭花令〉、〈玉樓春〉在宋代詞壇較常使用外，其他都很罕見，而宋代詞人最喜歡用的調子，如〈浣溪沙〉、〈菩薩蠻〉、〈漁家傲〉、〈滿庭芳〉等，柳永則一首都沒有，從柳永使用詞調的習慣，可看出他特立獨行的個性，及其對音樂的造詣，要不是他精於音律，如何去運用這麼多不同的詞調，而且大部分都是一般文人較爲罕用的調子，柳永能如此掌握得宜，樂於爲之塡詞，其音樂素養可想而知。另外柳永是爲歌妓塡詞，基於瓦舍勾欄商業上之競爭，不得不求新求變，這也是柳永不喜歡重複詞調，而且運用與衆不同詞調之緣故。

2.創製許多新的詞調。宋代在歷經晚唐五代變動之後，偃武修文，予民休息，到了仁宗朝，是一個太平盛世，舞榭歌臺、青樓畫閣林立，大衆極力追求耳目之娛，舊調逐漸不能滿足社會需要，於是市井新聲競起，柳永詞中有多處描述當時盛況，如〈木蘭花慢〉：「風暖繁絃脆管，萬家競奏新聲」、〈長壽樂〉：「是處樓臺，朱門院落，絃管新聲騰沸」，在這種風氣之下，歌妓也以唱新聲爲榮，柳永〈木蘭花〉寫道：「佳娘捧板花鈿簇，唱出新聲群艷伏」，因此歌妓往往變成新聲的催生者，柳永〈玉蝴蝶〉道：「要索新詞，殢人含笑立尊前。按新聲、珠喉漸穩，想舊意、波臉增妍」，而事實上，柳永由於經常流連煙花巷陌，偎紅倚翠，與歌妓交往甚密，所以大量爲她們創製新調，塡作新詞，李清照〈詞論〉說：

> 逮至本朝，禮樂文武大備，又涵養百餘年，始有柳屯田永者，變舊聲，作新聲，出《樂章集》，大得聲稱於世。㉝

柳永「變舊聲，作新聲」的情形如何呢？施議對曾統計說：「柳永所用一百三十個詞調，除了〈清平樂〉、〈西江月〉、〈玉樓春〉等十餘調是沿用唐、五代舊調外，其餘有的直接採自市井俗樂或依式創製新曲，有的將唐、五代小令衍爲長調，創製出長篇巨製的慢詞來。」㉞他並舉例，如〈過澗歇〉、〈柳腰輕〉、〈爪茉莉〉、〈期夜月〉、〈送征衣〉、〈竹馬兒〉、〈采蓮令〉、〈如魚水〉等，很可能就直接取自市井俗樂新聲或依式創製新曲；又如〈秋蕊香引〉是柳永的自度腔，〈歸去來〉、〈惜春郎〉、〈還京樂〉、〈佳人醉〉、〈雪梅香〉等，可能是柳永採摘社會上流行新聲入詞，也可能是柳永自創調。㉟梁麗芳則從《詞譜》所指出柳永創製的十八個詞牌，再加上柳詞中內容與詞牌名稱相應者，保守估計柳永共創製了二十六個慢詞詞牌。㊱從這些統計，我們可以瞭解到柳永爲宋代歌壇所作的貢獻。

3.大量製作長調慢詞。在柳永全部二百一十二首作品中，共用了八十七種長調創作了一百二十三首詞，比起小令只用四十八種詞調作了八十九首詞，高出許多，這種現象在唐宋詞發展上具有重大意義。唐五代的詞調以小令爲主，雖然也有些長調，如鍾輻〈卜算子慢〉、杜牧〈八六子〉及敦煌曲中的〈拜新月〉、〈傾杯樂〉等約十首左右，但爲數不多。入宋以後，柳永在前人的基礎上，配合時代的需要，成爲詞史上第一位大量製作長調，而且有極佳成績的詞人，他的許多成名之作，如〈雨霖鈴〉、〈八聲甘州〉、〈望海潮〉、〈夜半樂〉、〈木蘭花慢〉、〈鶴沖天〉、〈雪梅香〉等，都是用長調完成的。經過柳永的努力創作，歌妓以美妙的歌喉將之傳播，影響所及，長調變成宋代詞人表現其才華之新領域，以後許多詞人膾炙人口的作品，如蘇軾〈念奴嬌〉（大江東去）、〈水調歌頭〉（明月幾時有），秦觀的〈滿庭芳〉（山抹微雲）、〈八六子〉（倚危亭），周邦彥〈蘭陵王〉（柳陰直）、〈

六醜〉（正單衣試酒）、李清照〈聲聲慢〉（尋尋覓覓）、〈鳳凰臺上憶吹簫〉（香冷金猊）等，都是以長調寫成，如果將這些長調作品去除的話，宋代詞壇將黯然失色。鄭師因百在〈柳永蘇軾與詞的發展〉一文中說：「有了長調，詞這種文體纔得到發展的基礎；若是長久因襲唐五代的小令形式，恐怕詞的歷史在北宋就要終了。那樣形式簡短，內容狹窄的小玩藝，如何能卓然樹立，發揚光大。只有長調興起，這纔挽救了詞的危運。詞的波瀾壯闊，氣象弘偉，是長調興起以後的事；而柳永則是第一個寫長調又多又好的人，所以我說：柳永在詞史上的地位，奠定在他所作長調的量與質上。」㊲很精確的點出柳永大量創作長調在詞史上的重要性。

㈡**在審音協律方面，合樂可歌，諧婉優美。**雖然柳永在宋人的評價中常有兩極化的看法，但唯一爲大家所共同肯定的，就是他的作品音律諧婉優美，即使批評他的人都免不了要在這方面稱讚他幾句。李清照〈詞論〉很重視詞的音樂性，北宋許多名家如晏殊、歐陽修、、蘇軾等，都被批評作詞往往不合音律，只有評柳永時說：「雖協音律，而詞語塵下」㊳，對柳詞的音樂性不敢稍作懷疑。其他如陳振孫〈直齋書錄解題〉卷二十一云：「柳詞格固不高，而音樂諧婉。」王灼《碧鷄漫志》卷二云：「柳耆卿《樂章集》，……亦間出佳語，又能擇聲律諧美者用之。」沈義父《樂府指迷》云：「康伯可、柳耆卿音律甚協，句法亦多有好處，然未免有鄙俗語。」都一致肯定其音律之諧美。柳永的詞是提供給歌妓演唱的，所以特別講究符合檀口鶯舌的標準，蘇東坡的善謳幕士曾形容道：「柳郎中詞，只合十七八女郎，執紅牙板，唱『楊柳岸，曉風殘月』。」（俞文豹《吹劍錄》）這是多麼美的場面，可惜樂譜散失，我們已經無法享受了。現在只能從其字聲之巧妙運用去體會，似乎還覺得餘音裊裊，韻味無窮。唐圭璋在論柳詞的藝術時特別指出：「我們今天不知柳詞的唱法，但從他詞中運用四聲陰陽、去聲字、入聲字、去上連用、句中用韻以及雙聲、疊韻，還可以感到音節極其響亮。」㊴夏承燾在〈唐宋詞字聲之演變〉一文也指出：「柳三變分上去，尤謹於入聲」，並說：「蓋三變閩人，閩音明辨四聲，非如北產溫、韋，僅分平仄。北宋初年小令勢盡，三變演爲長調，不但變體，抑且闡音，故能傳唱一時。」㊵經過他們仔細的分析，並舉許多例證，更可瞭解到柳永的詞爲了合歌能唱，在審音協律所下的功夫。

㈢**在寫作技巧方面，運用鋪敘手法，融情入景。**詞在晚唐五代時期，以小令爲主，形式短小，作家多用比興寫法，到了柳永，大量製作長調，由於形式擴大，篇幅加長，比較可以暢所欲言、容納更多的題材內容，於是將鋪敘手法運用到詞的創作領域上，這是一個很大的改變。李之儀〈跋吳思道小詞〉云：「至唐末，遂因其聲之長短句，而以意塡之，始一變以成音律。大抵以《花間集》中所載爲宗，然多小闋。至柳耆卿，始鋪敘展衍，備足無餘，形容盛明，千載如逢當日。」（《姑溪居士文集》卷四十）確實掌握了柳永寫作的特點及其在詞史上的重要意義。柳永最常見的鋪敘手法，是利用大量寫景，烘托整個氣氛，以表達其深厚纏綿的情感。如〈雨霖鈴〉這首著名的作品：

寒蟬淒切。對長亭晚，驟雨初歇。都門帳飲無緒，留戀處、蘭舟催發。執手相看淚眼，竟無語凝噎。念去去、千里煙波，暮靄沈沈楚天闊。　多情自古傷離別。更那堪、冷落清秋節。今宵酒醒何處，楊柳岸、曉風殘月。此去經年，應是良辰、好景虛設。便縱有、千種風情，更與何人說。

此詞寫離別的痛若，柳永除了敘述臨行依依不捨的場面：「都門帳飲無緒，……竟無語凝咽」，及直接抒情：「多情自古傷離別」、「便縱有千種風情，更與何人說」外，其它則配合多處寫景，首先是離別周遭之景：「寒蟬淒切。對長亭晚，驟雨初歇」，營造淒涼冷落的氣氛；其次是遠眺前程之景：「千里煙波，暮靄沈沈楚天闊」，亦有一股孤寂茫然的感受。接著設想別後酒醒之景：「楊柳岸、曉風殘月」，另從美景中傳達哀愁的訊息，所以最末總括：「此去經年，應是良辰、好景虛設」，離別之後，即使面臨如何的良辰好景，對自己而言，已經不具意義，只是徒增苦痛而已。王國維《人間詞話刪稿》云：「昔人論詩詞，有景語、情語之別。不知一切景語皆情語也。」㊶柳永這些寫景的詞句，其實都已融入了作者的感情，不能再以純粹客觀的景物視之。

柳永以鋪敘的寫法，曲盡形容，將纏綿悱惻的情感表現得淋漓盡致，也將仁宗一朝太平景象讓人一覽無遺，馮煦《蒿庵論詞》云：「耆卿詞，曲處能直，密處能疏，奡處能平，狀難狀之景，達難達之情，而出之以自然，自是北宋巨手。」㊷周濟《介存齋論詞雜著》也說：「其鋪敘委宛，言近意遠，森秀幽淡之趣在骨」，這些都是針對柳永鋪敘的好處而言。至於其鋪敘太過也難免有些流弊，其一就是缺少韻味。我國傳統的詩歌較重比興，言情之作，尤貴含蓄，以達悠遠不盡之境界。而柳永用鋪敘的手法，常常極力揮灑，以竭盡顯露爲能事，因此前人多針對這點給予不好的批評，如李之儀〈跋吳思道小詞〉在稱讚柳永鋪敘好處之後，也免不了要附加一句：「較之《花間》所集，韻終不勝。」（《姑溪居士文集》卷四十），晁無咎將他和張先比較時說：「張子野與柳耆卿齊名，而時以子野不及耆卿。然子野韻高，是耆卿所乏處。」（吳曾《能改齋漫錄》卷十六引）、王灼《碧鷄漫志》卷二也說：「然六人者（指沈公述、晁次膺、万俟雅言等），源流從柳氏來，病于無韻」，這些評語並非無據。其二就是拼湊蕪雜。柳永在製作長調慢詞鋪敘展衍過程中，有時也難免有拼湊成篇、蕪詞累句之病，胡仔《苕溪漁隱叢話》後集卷三十九引《藝苑雌黃》載：

> 世傳永嘗作〈輪臺子〉早行詞，頗自以爲得意。其後張子野見之，云：「既言匆匆策馬登途，滿目淡煙衰草，則已辨色矣；而後又言楚天闊，望中未曉，何也？柳何語意顛倒如是？」

柳永爲了拼湊成篇，造成語意顛倒，而受到張先的指摘。另外柳永也有爲了鋪敘而蹈襲前人文字太多之處，如〈望遠行〉（長空降瑞）這首，是詞中難得一見描寫雪景的作品，但詞中蹈襲鄭谷〈雪中偶題〉詩：「亂飄僧舍茶煙濕，密灑歌樓酒力微。江上晚來堪畫處，漁人披得一蓑歸」、及謝惠連《雪賦》：「皓鶴奪鮮，白鷴失素」等成句，而顯得缺少獨創性，故黃氏《蓼園詞評》云：「通首清雅不俗。第以用前人意思多，總覺少獨得之妙句耳。」[43]其他因爲鋪敘而顯得辭窮，不得不重複使用辭彙，如「好天良夜（良辰好景）」、「雲愁雨恨（恨雨愁雲、朝雲暮雨）」、「鴛被（鴛衾）」、「厭厭」、「盈盈」等，諸如此類都是柳永在鋪敘時產生的缺失。

㈣**在造語用字方面，雅俗並陳**。柳永的作品爲了配合歌妓演唱，使唱者順口，聽者易懂，因此造語用字走的是口語化、通俗化的路線，避免太過艱澀的文字、或太偏僻的典故。他的詞能廣爲流傳，爲社會大衆所喜愛，甚至達到「凡有井水飲處，即能歌柳詞」（葉夢得《避暑錄話》卷下）的境地，其原因在此，但他最受宋代士大夫詬病的地方也在此。如陳師道《後山詩話》云：「柳三變游東都南、北二巷，作新樂府，骫骳從俗，天下咏之。」胡仔《苕溪漁隱叢話》後集卷三十九引《藝苑雌黃》云：「柳之樂章，人多稱之。……彼其所以傳名者，直以言多近俗，俗子易悅故也。」其他如李清照《詞論》、徐度《卻掃編》卷五、黃升《唐宋諸賢絕妙詞選》卷五等也都有類似的批評。其實俗並不見得不好，它有淺顯、易懂、活潑等相近的好處，雅也不見得完全是好，它也有艱深、晦澀、板滯等類似的缺點，只要俗而不鄙，總比雅得令人厭煩來得可以接受，何況柳永的俗，確實有淺顯、易懂、活潑等優點，如他將許許多多的口語融入詞中，使詞的語言產生了變化，顯得自然生動。蕭滌非在〈柳永詞中的口頭語〉一文中，曾舉出「惡發」、「恁地」、「恁」、「恁麼」、「風措」、「看承」、「都來」等十八個口語加以詮釋㊹，劉若愚論柳永詞也曾統計，指出「他的詞裏有上百種的口語詞彙，有些出現的次數相當多。例如，代名詞『你』出現八次，『伊』，二十八次。另外常用的字有副詞『恁』（五十次），『爭』（十八次），『怎生』（六次），『著』（六次），『兒』（七次），『得』（三十六次）等」，並說：「像這些口語的字，和傳統的較爲典麗的詩句交織在一起，增加了詞的生動而不拘泥的風格，如果一首詞以這些口語的字彙爲主，又會使得全首都帶有談話的意味。」㊺這說明了柳永大量採用口語及其好處，值得參考。但不容諱言的，柳永確實也有些太過迎合大衆口味，而故作粗鄙淫穢語的，如前面所舉描寫歌妓床第之事的作品常有這種現象，馮煦《蒿庵論詞》云：「好爲俳體，詞多媟黷」、鄧廷楨《雙硯齋詞話》云：「《樂章集》中，冶遊之作居其半，率皆輕浮猥媟，取譽箏琵。」這些批評並非無的放矢。

柳永除了擅用口語寫通俗歌詞之外，其作品也有工麗雅正的一面，趙令畤《侯鯖錄》卷七載東坡云：「世言柳耆卿曲俗，非也。如〈八聲甘州〉云：『霜風淒緊，關河冷落，殘照當樓』，此語于詩句，不減唐人高處。」予柳永這三句詞語極高的評價。其他還有許多詞句受到後人特別欣賞的，如彭孫遹《金粟詞話》云：「柳耆卿『卻傍金籠教鸚鵡，念粉郎言語』（〈甘草子〉），花間之麗句也。」鄧廷楨《雙硯齋詞話》云：「〈雪梅香〉之『漁市孤煙裊寒碧』，差近風雅。」王世貞《藝苑卮言》云：「『今宵酒醒何處，楊柳外，曉風殘月』（〈雨霖鈴〉），與秦少游『酒醒處，殘陽亂鴉』，同一景事，而柳尤勝。」黃氏《蓼園詞評》云：「『趨炎附熱、勢利薰灼、狗苟蠅營之輩，可以『九衢塵里，衣冠冒炎暑』（〈過澗歇近〉）二語盡之。」等等，實不勝枚舉，由此可見柳永造語用字的功力。楊海明對柳永詞的雅俗有一段中肯的評論：「柳詞的缺點，固然在于它在很多地方所表現出來的太『俗』、太『淺』上，然而它的『佳處』卻也正在于能夠運『俗』入『雅』、『雅俗共濟』上，在于它的以『淺』化『深』、『深淺相融』上。」㊻我們從柳永成功的作品觀察的確如此。

## 六、柳永對後世詞人的影響

柳永的作品流傳既廣且久，北宋時，陳師道《後山詩話》曾說柳永的詞「天下咏之」，南北宋之交時，葉夢得《避暑錄話》卷下云：「余仕丹徒，嘗見一西夏歸朝官云：『凡有井水飲處，即能歌柳詞。』言其傳之廣也。」到了南宋時，劉克莊〈哭孫李蕃〉詩還如此寫著：「相君未識陳三面，兒女多知柳七名」，可知在有宋一代，柳永的作品雖受到不少人的抨擊，但並不影響世人對它的喜愛。欣賞柳詞是不分階層的，有帝王，陳師道《後山詩話》云：「宋仁宗頗好其詞，每對酒，必使侍從歌之再三。」；有大臣，張耒《明道雜志》云：「韓少師持國每酒後好謳柳三變一曲」；有文士，曾慥《高齋詩話》云：「少游自會稽入都見東坡，東坡曰：『不意別後，公卻學柳七作詞。』少游曰：『某雖無學，亦不如是。』東坡曰：『「銷魂當此際」，非柳七語乎？』」；有宦者，徐度《卻掃篇》卷五云：「劉季高侍郎，宣和間，嘗飯于相國寺之智海院，因談歌詞，力詆柳氏，旁若無人者。有老宦者聞之，默然而起，徐取紙筆，跪于季高之前，請曰：『子以柳詞爲不佳者，盍自爲一篇示我乎？』劉默然無以應。」；而歌妓更以能唱柳詞爲榮，洪邁《夷堅乙志》卷十九云：「唐州倡馬望兒者，以能歌柳耆卿詞著名籍中。」；不識字也無妨對柳詞的喜愛，王灼《碧鷄漫志》卷二云：「不知書者尤好之」；即使佛門釋徒、道教眞人也不例外，普濟《五燈會元》卷十六載：「邢州開元寺法明上座，依報本未久，深得法忍。後歸里事落魄，多嗜酒呼盧。每大醉，唱柳詞數闋，日以爲常。」並載其臨終作偈曰：「平生醉裏顛蹶，醉裏卻有分別。今宵酒醒何處，楊柳岸曉風殘月。」金全眞道士王喆曾作〈解珮令〉（平生顛傻）詞，自注云：「愛看柳詞，遂成。」由此可知柳詞是雅俗共賞，散播在各階層之中。

柳詞的流行層面既然這麼廣，時間又這樣長久，勢必對宋代詞壇產生極深遠的影響。王灼《碧鷄漫志》卷二云：「沈公述（唐）、李景元（甲）、孔方平（夷）、處度（榘）叔侄、晁次膺（端禮）万俟雅言（咏），皆有佳句，就中雅言又絕出。然六人者，源流從柳氏來。」又云：「今少年妄謂東坡移詩律作長短句，十有九八，不學柳耆卿，則學曹元寵。」北宋詞人王觀，著有《冠柳集》，以冠柳自名，其受柳永影響更昭然若揭。而在宋詞發展史上，柳永的影響最值得注意的，約可從其內容和形式兩方面觀察：

**㈠就內容開拓而言，給蘇軾若干啓導**。柳永詞的內容，與花間詞人相較，已經開拓了許多，如同樣吟咏歌妓，柳永除了擺脫傳統眼光歌頌歌妓外，亦大膽表露對歌妓的愛情，描寫歌妓床第之事，尤其反映歌妓的痛苦與願望，更具有社會意義，這是前所未有的，至於羈旅行役的作品，有宋玉悲秋式的情調，隱含作者身世之感，描寫過程中帝里楚鄉場景變換，遼闊空間交雜南北城鄉色彩，都提昇了詞的格調，具有指引「向上一路」之正面意義。葉嘉瑩〈論柳永詞〉說：「蘇軾所贊美之柳詞『不減唐人高處』者，亦即正爲他之有得於柳詞之處。……如其〈八聲甘州〉諸作，其特色蓋在於一則表現有開闊博大之景物形象，二則表現有雄渾矯健之聲音氣勢，因此足以傳達一種強大的感發之力量。而在蘇軾的詞中，便有不少作品，正都具有此種特色。……除此以外，柳永在羈旅之詞中所完成的一些其他的拓展，如其以男子口吻之直敘自己的離別之懷與秋士之感；及其所記寫之旅途所見的大地山川；和以自己之語言寫自己之感受而不因襲陳言；凡此種種，我以爲很可能都曾給予過蘇軾若干啓發和影響。」㊼直接指出柳永對蘇軾內容的影響，這是以前常被學界所忽略的。除了羈旅行役作品外，柳永生動描繪北宋城市繁榮，反映仁宗承平景象，使詞和詩一樣具有反映時代的功能；而咏物、節序、酬贈、應制、懷古、游仙等作品，也凸顯出詞體可涵括的內容題材增多了，其實用性也增廣了，這與後來蘇軾開拓詞的內容，不是很類似嗎？巧合的是，柳永開風氣之先有二首哀悼歌妓的悼亡詞，蘇軾也曾寫下極爲有名的〈江城子〉悼夫人王氏，這也象徵著柳永對蘇軾在內容上的啓導吧！

㈡**就形式技巧而言，給周邦彥極大影響**。柳永與周邦彥，自宋以來，即常常被相提並論，在宋代時，程正同有〈朝中措〉題集閑教頭簇云：「少年不入利名場，花柳作家鄉。……周郎學識，秦郎風度，柳七文章。」將周、柳及秦觀三位同屬花柳作家的長處集合起來。張炎《詞源》卷下云：「詞欲雅而正。志之所之，一爲情所役，則失其雅正之音。耆卿、伯可不必論，雖美成亦有所不免。」將周、柳及康與之（伯可）的共同缺點指出來。在明代時，王世貞《藝苑卮言》除將柳永與周邦彥同列爲「詞之正宗」外，更爲兩人作比較云：「美成能作景語，不能作情語，能入麗字，不能入雅字，以故價微劣于柳。」到了清朝，並論兩人之文字尤其常見，有指出兩人之共同缺點，如沈謙《塡詞雜說》：「學周、柳，不得見其用情處，……當以離處爲合。」，鄒祗謨《遠志齋詞衷》云：「清眞、《樂章》以短調行長調，故滔滔莽莽處，如初唐四傑，作七古嫌其不能盡變。」等；有指出兩人之共同優點，如賀裳《皺水軒詞筌》云：「長調推秦、柳、周、康爲勰律」、李佳《左庵詞話》卷上云：「詞家昉于宋代，然只柳屯田，周美成爲解音律。」一致肯定兩者在審音協律方面的成就。更有直接指出柳永對周邦彥的影響，如周濟《宋四家詞選》柳永〈雨霖鈴〉（寒蟬淒切）眉批云：「清眞詞多從耆卿奪脫。思力沈摯處往往出藍。然耆卿秀淡幽艷，是不可及。」並在〈卜算子慢〉（江楓漸老）眉批道：「後闋一氣轉注，聯翩而下，清眞最得此妙。」〈安公子〉（遠岸收殘雨）也有如此眉批：「後闋音節態度，絕類〈拜新月慢〉，清眞「夜色催更」一闋，全從此脫化出來，特較更跌宕耳。」很具體的指出柳永影響周邦彥的地方。陳銳《褒碧齋詞話》亦云：「上三下五八字句，惟屯田獨擅，繼之者美成而已。」除指出柳永特殊句法影響周邦彥外，又引鄭文焯的話說：「能見耆卿之骨，始可通清眞之神。」更指出兩人意境風格相通之處。民國以來，合論柳永、周邦彥的文章亦大量出現，有的是全面性的研究兩者之異同，有的僅就詞牌、慢詞、風格等方面作比較㊽，都能詳細分析柳永對周邦彥的影響。其實正如我們前面分析柳詞在形式技巧方面的特色有：創製新調及大量使用長調、音律諧婉優美、運用鋪敘手法融情入景，造語用字雅俗並陳等，在周邦彥的詞中或多或少都可發現，所以就形式技巧而言，柳永影響周邦彥是顯而易見的。夏敬觀手批《樂章集》云：「耆卿多平鋪直敘，清眞特變其法，一篇之中，回環往復，一唱三嘆，故慢詞始盛于耆卿，大成于清眞。」㊾蔡嵩雲《柯亭詞論》云：「周詞淵源，全自柳出。其寫情用賦筆，純是屯田家法。特清眞有時意較含蓄，辭較精工耳。細繹《片玉集》，慢詞學柳而脫去痕迹自成家數者，十居七八。字面雖殊格調未變者，十居二三。」㊿都能針對周邦彥遵循屯田谿徑而加以變化之事實立論，頗具卓見。

## 七、結論

柳永以一位書香世家子弟，投身於京城的娛樂圈、演藝界，憑著自己的音樂造詣，塡詞才華，與那些屬於社會低下階層的歌妓來往，爲她們創製新調，塡作新詞，與她們建立了深厚的感情，並爲她們吐露心聲，在一般世俗的眼光中，柳永似乎是一位流連舞榭歌樓的放蕩浪子，但他卻能贏得歌妓們的敬重。尤其他的作品，在唱高調的批評聲中卻普獲社會大衆喜愛，廣泛在社會各階層流傳，對於不識字的升斗小民，更具有吸引力，這是柳永處在新時代，能掌握時代的脈動，瞭解社會大衆的需要，以淺顯易懂的語言，配合長調諧美的樂音，爲太平時代謳歌，給小市民精神食糧。他個人仕途不順，及第甚晚，覊旅行役作品中也難免流露作者身世之感。詞從晚唐五代發展到宋朝，柳永的作品從基層崛起，擺脫前代文人作家的束縛，無論在內容與形式方面，都有作者的個性及時代性，他的作品不太可能和前代詞人相混。僅王建〈三臺令〉（魚藻池邊射鴨）一首，陳景沂《全芳備祖》前集卷二十四芙蓉門將之誤作柳永詞，可見柳永作品的特異之處，他人很難介入。柳永的叛逆性格使他的詞具有十足的開創性，並影響到往後的其他詞人，尤其在發展長調形式方面，更是貢獻卓著，單憑這點，柳永在詞史上的地位就足以屹立不搖。

**【附註】**

①宋陳師道《後山詩話》、王闢之《澠水燕談錄》卷八、吳曾《能改齋漫錄》卷十六、胡仔《苕溪漁隱叢話》後集卷三十九，都記載柳永原名三變，後改名永。只有葉夢得《避暑錄話》卷下說，柳永原名永，後改名三變。唐圭璋〈柳永事迹新證〉說：「我以爲柳永弟兄原來都以『三』字排行，兄名三復、三接，他名三變，正是初名如此；並且諸家記載柳永未登第以前的事迹，都稱他爲『三變』，而他自己也說『奉聖旨塡詞柳三變』，可見他原名三變。」見《詞學論叢》（臺北：宏業書局，一九八八年九月），頁六〇二。

②胡仔《苕溪漁隱叢話》卷三十九引《藝苑雌黃》云：「柳三變，字景莊。」「景莊」這個字少見記載，羅忼烈〈話柳永〉云：「三變之名取義於《論語．子張》：『君子有三變，望之儼然，即之也溫，聽其言也厲』，古人名和字義相應，望之儼然的『儼』，就是矜莊貌，故名三變，而字景莊。」見《話柳永》（香港：星島教育出版社，一九八八年七月）。

③吳曾《能改齋漫錄》卷十六、及陳師道《後山詩話》均謂原名三變，後爲了磨勘改官，改名爲永。王闢之《澠水燕談錄》卷八則云：「後以疾更名永，字耆卿。」羅忼烈〈話柳永〉云：「至於改名的原因，《燕談錄》說是因病，這是合理的解釋。『永』和『耆』，都有長壽的意思，因病怕死，所以改名換字來禳解。如果說改名是企圖抹殺柳三變給人的不良印象，以求官職，似乎不合情理。因爲既登仕版就有案可稽，不能說柳永不是柳三變。」（見同註②）。

④祝穆《方輿勝覽》卷十一〈人物〉。

⑤有關柳永的生年，衆說紛紜，唐圭璋〈柳永事跡新證〉據宋人羅大經《鶴林玉露》所謂「孫何帥錢塘，柳耆

卿作〈望海潮〉詞贈之」云云，認爲「柳永就在孫何死的一年做〈望海潮〉詞送他，至少也應是冠年了。」孫何生於九六一年，卒於一〇〇四年，推測柳永約生於宋太宗雍熙四年（九八七）。見同註①，頁六一〇。但在推算上略有差錯，而在後來唐圭璋與金啓華合撰〈論柳永的詞〉一文時，更正爲宋太宗雍熙二年（九八五），見《詩詞論叢》（武漢：湖北人民出版社，一九八四年五月），頁一七二。此說雖然也有爭議，如羅忼烈認爲〈望海潮〉與孫何無關，唐圭璋的推測過於想像。見《詞學雜俎》（成都：巴蜀書社，一九九〇年六月），頁二〇九—二一四，及頁二二三。但大致還能爲學界所接受，在還沒有其他可確證其生年之前，今姑從之。

⑥ 吳任臣《十國春秋》卷九十七〈柳崇傳〉。

⑦ 王禹偁《小畜集》卷三十〈建溪處士贈大理評事柳府君墓碣銘並序〉。

⑧ 王禹偁《小畜集》卷十〈柳贊善寫眞贊並序〉云：「河東柳宜，開寶末（九七六）以江南僞官歸闕，于後吏隱者二十年，年五十有八矣。」由此推算可知。

⑨ 王禹偁《小畜集》卷二十〈送柳宜通判全州序〉。

⑩ 《福建通志》。見劉天文〈柳永年譜稿（上）〉（《成都大學學報》，一九九一年一期，頁五七）引。

⑪ 《福建通志·文苑傳》，見姚學賢、龍建國撰《柳永詞詳註及集評》（鄭州：中州古籍出版社，一九九一年二月），附錄生平資料，頁二三六。

⑫ 羅忼烈云：「唐宋人喜歡稱行第，而排行第幾通常合從兄弟一起計算。柳永在家中是老三，卻叫柳七，就是

這個原故。」見同註⑤，頁二三二。

⑬ 吳曾《能改齋漫錄》卷十六謂永「至景祐元年方及第」。

⑭ 葉夢得《避暑錄話》卷下云：「柳永，…初舉進士登科，爲睦州掾。」又於《石林燕語》卷六云：「景祐中，柳三變爲睦州推官。」

⑮ 《嘉慶餘杭縣志》卷二十一，見同註⑪，頁二三五。

⑯ 見祝穆《方輿勝覽》卷七〈名宦〉，及羅濬《寶慶四明志》卷二十〈昌國縣志〉，見同註⑪，頁二三一。

⑰ 《萬曆鎮江府志》卷三十六，見同註⑪，頁二三四。

⑱ 同註⑪。

⑲ 關於柳永的卒年，明萬曆《鎮江府志》卷三十六載有一篇柳永侄子所撰〈宋故郎中柳公墓志〉：「歸殯不復有日矣，叔父之卒，殆二十餘年。」而柳永是由王安禮守潤時爲其下葬（參見註⑳），唐圭璋〈柳永事跡新證〉根據嘉定《鎮江志》卷十四載，王安禮於神宗熙寧八年（一〇七五）守潤，由此上推二十餘年，斷定卒於仁宗皇祐五年（一〇五三）。見同註①，頁六一一。吳熊和在〈柳永與孫沔的交游及柳永卒年新證〉一文中，認爲柳永於至和元年（一〇五四）尚在杭州，有上知州孫沔的〈早梅芳〉、〈望海潮〉諸詞，故柳永的卒年應在至和二年（一〇五五）或嘉祐元年（一〇五六）期間，亦值得參考。見《詞學．十輯》（上海：華東師範大學出版社，一九九二年十二月），頁八〇。

⑳ 柳永的葬地，文獻上有四種不同記載：①襄陽南門外（祝穆《方輿勝覽》卷十一）；②棗陽縣花山（曾敏行

《獨醒雜志》卷四）；③儀徵縣西仙人掌（王士禎《池北偶談》卷下）；④潤州（葉夢得《避暑錄話》）。唐圭璋〈柳永事迹新證〉據《萬曆鎮江府志》卷三十六及該志所引葛勝仲《丹陽集·陳朝請墓志》，斷定應葬於潤州，他說：「葉夢得曾在丹徒做過官，葛勝仲也是丹陽人，他們都說王安禮守潤州（即鎮江）時葬柳永，這是比較可信的。」見同註①，頁六〇九。

㉑《嘉靖建寧府志》卷十五。見劉天文〈柳永年譜稿（下）〉（《成都大學學報》，一九九二年二期，頁三〇）引。

㉒有關柳永生平考辨文章甚多，其中以唐圭璋〈柳永事蹟新證〉及〈《小畜集》中關於柳永家世的記載〉二文（見同註①，頁五九五—六一二）最受重視。傳記專著有：陳桂芬《淺斟低唱柳三變》（臺北：莊嚴出版社，一九八三年三月），謝桃坊《柳永》（上海古籍出版社，一九八六年十二月）；年譜有：劉天文〈柳永年譜稿（上、下）〉（《成都大學學報》，一九九二年一、二期，頁五七—六七、頁二六—三二）。

㉓饒宗頤《詞集考》（北京：中華書局，一九九二年十月），頁四五。

㉔有關柳永詞的校註本有：梁冰枂《樂章集校箋》（臺灣省立師範大學國文研究所碩士論文，一九六六年六月）、高健中校點《樂章集》（上海古籍出版社，一九八八年十二月）、姚學賢、龍建國《柳永詞詳註及集評》（鄭州：中州古籍出版社，一九九一年二月）、薛瑞生《樂章集校註》（北京：中華書局，一九九四年十二月）、賴橋本《柳永詞校註》（臺北：黎明文化事業公司，一九九五年四月）。

㉕唐圭璋《詞話叢編》（臺北：新文豐出版公司，一九八八年二月），冊一，頁二五。

㉖ 柳永死後是由王安石二弟王安禮（字和甫）守潤時爲其埋葬，葉夢得《避暑錄話》卷下云：「永終屯田員外郎。死旅，殯潤州僧寺。王和甫爲守時，求其後不得，乃爲出錢葬之。」葛勝仲《丹陽集·陳朝請墓志》云：「王安禮守潤，欲葬之藁殯久無歸者，朝請市高燥地，親爲處葬具，三變始就窀穸。」（萬曆《鎭江府志》卷三十六引），與其侄所作〈宋故郎中柳公墓志〉云：「歸殯不復有日矣，叔父之卒，殆二十餘年」（見同上），相符合，唐圭璋贊同此說，參見註⑳。

㉗ 柳永〈煮海歌〉收錄於馮福京《大德昌國州圖志》卷六。

㉘ 葉嘉瑩《唐宋詞名家論集》（臺北：國文天地雜誌社，一九八七年十一月），頁一六九。

㉙ 村上哲見著、周慧珍譯〈柳耆卿詞綜論〉，見《詞學·五輯》（上海：華東師範大學出版社，一九八六年十月），頁二一。

㉚ 同註㉕，頁二一六。

㉛ 羅忼烈《詞學雜俎》（成都：巴蜀書社，一九九〇年六月），頁二〇九—二一四。此詞吳熊和在〈柳永與孫沔的交遊及柳永卒年新證〉一文，則認爲是贈給孫沔知杭州的時候。見《詞學·十輯》，頁七九。

㉜ 〈早梅芳〉，陳耀文《花草粹編》于詞牌下有題「上孫資政」。〈永遇樂〉，姚學賢、龍建國合撰《柳永詞詳注及集評》（鄭州：中州古籍出版社，一九九一年二月）「孫閣」條註云：「此詞可與〈早梅芳〉參讀，皆爲『上孫資政』之作。孫資政當指孫沔。據《宋史·孫沔傳》記，沔曾以資政學士知杭州。」（頁七五）但羅忼烈《詞學雜俎》則認爲或是贈蘇州太守滕宗諒之作。（頁二一六）〈木蘭花慢〉，羅忼烈認爲或是頌

呂溱之作（見同上，頁二一四）。〈瑞鷓鴣〉，劉天文〈柳永年譜稿〉在仁宗景祐二年繫年說是獻給范仲淹。

㉝ 胡仔《苕溪漁隱叢話》（臺北：長安出版社，一九七八年十二月），後集，卷三十三，頁二五四。

㉞ 施議對《詞與音樂關係研究》（北京：中國社會科學出版社，一九八五年七月），頁七八。

㉟ 同註㉞，頁七九—八〇。

㊱ 梁麗芳〈柳永及其詞之研究〉（香港：三聯書店，一九八五年六月），頁三七—三八。

㊲ 鄭師因百《從詩到曲》（臺北：中國文化雜誌社，一九七一年三月），頁一一九—一二〇。

㊳ 同註㉝。

㊴ 唐圭璋〈柳詞略述〉一文，見《詞學論叢》（臺北：宏業書局，一九八八年九月），頁九三三。

㊵ 夏承燾《唐宋詞論叢》（香港：中華書局，一九八五年九月），頁五八—六六。

㊶ 同註㉕，冊五，頁四二五七。

㊷ 同註㉕，冊四，頁三五八五。

㊸ 同註㉕，冊四，頁三〇八七。

㊹ 蕭滌非《樂府詩詞論藪》（濟南：齊魯書社，一九八五年八月），頁二八三—二九六。

㊺ 劉若愚撰、王貴苓譯《北宋六大詞家》（臺北：幼獅文化事業公司，一九八六年六月），頁八三—八四。

㊻ 楊海明《唐宋詞史》（南京：江蘇古籍出版社，一九八七年十二月），頁二五二。

㊼ 同註㉘，頁一八六—一八七。

㊽對柳永、周邦彥合併研究的論文有：崔瑞郁〈柳永與周邦彥〉（國立臺灣大學中國文學研究所碩士論文，一九七六年五月）、林玫儀〈柳周詞比較研究〉（《中外文學》，十二卷六、七期，一九八三年十一、十二月，又收入《詞學考詮》，臺北：聯經出版事業公司，一九八七年十二月，頁二〇一—二六四）等。其他比較兩者之詞牌、慢詞、風格之論文有：萩原正樹〈詞牌からみた柳永と周邦彥〉（《學林》，八號，頁八五—九三，一九八六年七月），陳水生〈柳永周邦彥慢詞之比較〉（《廣州師院學報》，一九九〇年三期，頁四〇—四四）、黃毓文〈略論柳永和周邦彥詞作風格的異同〉（《吉林師範學院學報》，一九八七年一期，頁八一—八二）、黃炳輝等〈論周邦彥對柳永詞的繼承和發展〉（《河北大學學報》，一九八八年三期）等。

㊾葛渭君輯〈映庵詞評〉，見《詞學·五輯》（上海：華東師範大學出版社，一九八六年十月），頁一九九。

㊿同註㉕，冊五，頁四九一二。

# 開拓詞體內容——蘇軾

## 一、蘇軾的生平與詞集

蘇軾，字子瞻，眉州眉山（四川眉山）人。宋仁宗景祐三年（一〇三六）生①，父洵，游學四方，母程氏，親授以書，聞古今成敗，輒能語其要。程氏讀東漢〈范滂傳〉，慨然太息，軾請曰：「軾若爲滂，母許之否乎？」程氏曰：「汝能爲滂，吾顧不能爲滂母邪！」軾亦奮厲有當世志。比冠，博通經史，屬文日數千言，好賈誼、陸贄書。既而讀《莊子》，歎曰：「吾昔有見，口未能言，今見是書，得吾心矣。」嘉祐二年（一〇五七），試禮部，主司歐陽修語梅聖俞曰：「吾當避此人出一頭地。」聞者始譁不厭，久乃信服。歷通判杭州（浙江杭州），知密州（山東諸城）、徐州（江蘇徐州）、湖州（浙江吳興）。御史李定、舒亶、何正臣摭其表語，並媒蘗所爲詩，以爲訕謗，逮赴臺獄，欲置之死，鍛鍊久之，不決；神宗獨憐之，以黃州（湖北黃岡）團練副使安置；此即所謂「烏臺詩案」②，時爲元豐二年（一〇七九）③。軾與田父野老，相從溪山間，築室於東坡，自號「東坡居士」。神宗數有意復用，輒爲當路者沮之。元豐七年④，遂手札移軾汝州（河南臨汝）。未至，上書自言飢寒，有田在常（江蘇武進），願得居之。朝奏，夕報可，士大夫知上之卒喜軾也。會神宗崩，不果復用。至常，以哲宗即位，復朝奏郎、知登州（山東蓬萊），召爲禮部郎中。累遷翰林學士。元祐四年（一〇八九），以龍圖閣學士知杭州。六年，召爲吏部尚書，改翰林承旨。軾在翰林數月，復以讒請外，出知潁州（安徽阜陽）。七年，徙揚州（江蘇揚州）。未閱歲，以兵部尚書召還，兼侍讀，尋遷禮部兼端明殿、翰林侍讀兩學士，爲禮部尚書。八年，以兩學士出知定州（河北定縣）。紹聖初（一〇九四），御史論軾掌內外制日所作詞命，以爲譏斥先朝，遂貶寧遠軍（湖南寧遠）節度副使，惠州（廣東惠陽）安置。居三年，泊然無所蔕芥，人無賢愚，皆得其歡心。又貶瓊州（海南島瓊山）別駕，居昌化（海南島儋縣）。獨與幼子過處，食芋飲水著書以爲樂。徽宗立，移廉州（廣東合浦），更三大赦，遂提舉玉局觀，復朝奉郎。建中靖國元年（一一〇一），卒於常州（江蘇武進），年六十六。高宗朝，贈太師，謚文忠。⑤

蘇軾詞集名《東坡樂府》，又稱《東坡詞》。《宋史・藝文志》著錄《蘇軾詞》一卷，陳振孫《直齋書錄解題》著錄《東坡詞》二卷，皆已失傳。南宋曾慥輯有《東坡先生長短句》二卷、拾遺一卷，共三一一首，刻本已經亡佚，僅靠吳訥編《唐宋名賢百家詞》抄本傳世。今存最早的刻本爲元仁宗延祐七年（一三二〇）葉曾雲間南阜草堂刻《東坡樂府》二卷，收詞二八一首，是各刊本中最少者，但能存眞，錯字少，混亂情形亦較少，最爲可貴，今存於北京圖書館。王鵬運《四印齋所刻詞》即用此本，另有：上海古典文學出版社（一九五七年）、中華書局上海編輯所（一九五九年二月）、台北世界書局

（一九七〇年五月）影印本。現在通行的還有毛晉汲古閣刊《宋六十名家詞》本《東坡詞》，收錄三二八首，較元延祐本少十四首，而另增六十一首，鄭師因百《詞選》云：「毛刻《宋六十名家詞》本多誤字，且每妄加題目，如〈賀新郎〉（乳燕飛華屋）、〈卜算子〉（缺月掛疏桐）皆是，蓋最劣之本。」⑥該本有中華書局四部備要《宋六十名家詞》本、上海商務書館《國學基本叢書》本等行世。朱祖謀《彊村叢書》本《東坡樂府》，共收三四四首，是依據元延祐本及毛晉汲古閣本加以校訂編纂，舊本東坡詞皆分調編次，此本開始予以編年，是一大貢獻，而且花費苦心整理，考訂精詳，頗為完備，台北廣文書局於一九六〇年曾影印出版。⑦《全宋詞》本是用曾慥本《東坡詞》二卷、拾遺一卷，文字從毛扆校汲古閣本《東坡詞》錄出，編次據吳訥《唐宋名賢百家詞》本及紫芝漫抄本《東坡詞》，又廣為搜羅，詳加考辨，共收詞三百五十首，再加孔凡禮《全宋詞補輯》由明萬曆刊《重編東坡先生外集》卷八十三所輯〈沁園春〉一首，則計有三百五十一首。⑧

## 二、蘇軾的文藝思想與詞論

詞體從晚唐五代興盛之後，它面臨了幾個瓶頸，一是內容的狹窄。詞剛起於民間的時候，它與廣大民衆的生活情感相結合，我們看敦煌曲子詞所抒寫的內容就頗為廣泛，王重民在《敦煌曲子詞集·敘錄》說：「有邊客遊子之呻吟，忠臣義士之壯語，隱君子之怡情悅志，少年學子之熱望與失望，以及佛子之讚頌，醫生之歌訣，莫不入調。其言閨情與花柳者，尚不及半。」⑨可是當它落入文人手中，則變成賓筵別席、遣情寄興之樂章，內容不外描寫男女間的悲歡離合，到處都是傷春怨別，只要一翻開《花間集》，所見大抵如此。二是形式的短小、音律的束縛。晚唐五代所用的詞調，絕大多數是七、八十字以內的小令，僅有少數的調子如：〈卜算子慢〉、〈八六子〉、〈拜新月〉、〈傾杯樂〉等約十種左右是屬於八十字以上的長調，形式的短小，使它所能接納的內容有限，文字無法隨心所欲的揮灑，僅適合表達含蓄蘊藉的情感，加上詞本來是配合音樂歌唱的歌詞，必須受到音律的束縛，文人的思想情感也隨著音樂旋律而擺動，往往缺乏自己的個性。三是風格的單調，既然詞的內容以男女之情爲主，形式與音律的限制，使它必須配合演唱者——歌妓的女性特質，詞的風格很自然的偏向於軟媚，缺乏男子雄壯的氣概。以上這些瓶頸，就像纏腳布緊緊地纏繞著女人的小腳，它固然讓女人走起路來婀娜多姿，但畢竟不是一個正常的現象，晚唐五代是我國政治、社會、文化混亂衰微的時期，反映在這個新興的詩體上，當然也就不太健康。

宋太祖趙匡胤統一天下之後，代表新時代的來臨，經過一段時間的休養生息之後，北宋王朝無論在政治、經濟、社會、文化等都興盛繁榮起來，舞榭歌臺林立，新聲競起，詞體在宋朝肥沃的土壤裡得到發展的新機運，但如何突破這些瓶頸就變成非常重要的課題。晏殊、歐陽修的詞仍然以小令爲主，在詞調上沒有什麼突破，但他們在詞的內容上都有進展，尤其歐陽修，挾著詩文革新領袖的地位，在詞風的改變上頗有斬獲，難怪馮煦《蒿庵論詞》說他「疏雋開子瞻」。柳永以一個失意放浪的才子，流連秦樓楚館，與歌妓來往密切，爲她們填詞製曲，創作了許多新調，尤其大量運用長調，促進詞體在形式上的發展，突破了短小的限制。張先的作品成就雖然不是很高，但他也大量製作長調，擴充詞的內容與功能，將詞引到一個新方向，尤其蘇軾在杭州與他交往酬唱，頗受其影響。蘇軾在前人的基礎上，如何繼續突破詞體的瓶頸，讓他不世出之才可以自由遨翔，是值得我們注意的。

瞭解了時代背景之後，接著我們先從蘇軾的文藝思想加以探討。蘇軾是一位多才多藝的文人，他除了作詞之外，對於詩、文、書、畫幾乎無一不擅長，而且都有很高的成就，因此他對文藝所發表的一些見解，頗受後人重視，許多學者曾針對這方面寫過不少論著⑩，個人認為蘇軾的文藝思想和詞論最有關係的約有兩點：

**㈠主張創新，不蹈襲前人。**蘇軾〈書唐氏六家書後〉評顏眞卿說：「顏魯公書雄秀獨出，一變古法，如杜子美詩，格力天縱，奄有漢魏晉宋以來風流，後之作者，殆難復措手。」接著又評柳公權說：「柳少師書本於顏，而能自出新意，一字百金，非虛語也。」（《蘇東坡全集．前集》卷二三）顏眞卿早期的書法受王羲之和唐初書法家的影響，但他能夠推陳出新，跳出古人的圈子，獨創自己的風格。柳公權的書法原本於顏眞卿，並沒有一味模擬，而能夠自出新意，有極高的成就。蘇軾是站在藝術創新、不蹈襲前人的立場來評論這兩位唐代書法家。而他自己寫作書法的態度也是如此，在〈評草書〉中說：「吾書雖不甚佳，然自出新意，不踐古人，是一快也。」（《東坡題跋》卷四）這雖然只是針對書法而言，但他的這種主張無論在繪畫、散文、詩歌，都是一貫的。如〈書吳道子畫後〉說：「出新意於法度之中，寄妙理於豪放之外」（《蘇東坡全集．前集》卷二三），稱讚吳道子的畫在法度之中獨創新意。在《又跋漢傑畫山》中也說：「近歲惟范寬稍存古法，然微有俗氣。漢傑此山，不古不今，稍出新意。」（《東坡題跋》卷五）對於漢傑畫山，不受古今人束縛，能夠自出新意，頗爲嘉許。同樣地，他在散文創作方面，也反對雕鏤浮艷、剽竊因襲的時文，在〈上梅龍圖書〉中說：「軾長於草野，不學時文，詞語甚朴，無所藻飾。意者執事欲抑浮剽之文，故寧取此以矯其弊。」（《蘇東坡全集．續集》卷一一），因此，蘇軾很自然地投入歐陽修的詩文革新運動，並取得很高的成就，姜書閣〈蘇軾在宋代文學革新中的領袖地位〉一文中指出：「蘇軾在詩歌方面，也和在古文方面一樣，有異於前人的成就。他的詩充分表現出一個語言藝術家的高度天才和他那開朗高曠的精神面貌；蘇軾的藝術成就標誌著宋詩革新運動的完成。他的詩更成爲『宋詩』的典型代表。說蘇軾是宋詩革新的領袖，從他留下的二千六百餘首詩來看，確實是當之無愧的。」⑪

㈡**追求自然，不受形式束縛**。蘇軾有天馬行空的才華，曠達的個性，又受到莊子的影響，造成他崇尚自然，不願爲形式束縛的文藝思想。他在〈文說〉自評其文有很精彩的敘述：「吾文如萬斛泉源，不擇地而出，在平地滔滔汩汩，雖一日千里無難，及其與山石曲折，隨物賦形，而不可知也。所可知者，常行於所當行，常止於不可不止，如是而已矣，其他雖吾亦不能知也。」（《經進東坡文集事略》卷五七）。他這種「與山石曲折，隨物賦形」崇尚自然的觀念，也曾用於評論畫作上，在〈書蒲永昇畫後〉一文說：「處士孫位始出新意，畫奔湍巨浪，與山石曲折，隨物賦形，盡水之變，號稱神逸。」（《蘇東坡全集．前集》卷二三）。可見蘇軾無論文學或藝術，都以追求自然爲最高準則。他在〈答謝民師書〉中，也同樣發揮如此論點：「所示書教及詩賦雜文，觀之熟矣。大略如行雲流水，初無定質，但常行於所當行，常止於所不可不止，文理自然，姿態橫生。」（《蘇東坡全集．後集》卷十四）這些話都顯示蘇軾對藝術形式的要求，是配合所表達內容題材之需要，自由揮灑，以達到「文理自然，姿態橫生」的境界。他是反對先有一個框套，爲了適應它而犧牲思想內容，就如削足適履一般，所以在《答王庠書》中說：「今程試文字，千人一律，考官亦厭之，未必得也。」（見同上）對當時形式固定的程試文章，表示厭惡。並且對崇尚法度的王安石企圖統制文壇大表不滿，〈答張文潛書〉說：「文字之衰，未有如今日者也，其源實出於王氏。王氏之文，未必不善也，而患在於好使人同己。自孔子不能使人同，顏淵之仁，子路之勇，不能以相移，而王氏欲以其學同天下！地之美者，同於生物，不同於所生。惟荒瘠斥鹵之地，彌望皆黃茅白葦，此則王氏之同也。」（《蘇東坡全集．前集》卷三一）他反對王安石「好使人同己」，要求天下的文風和自己一樣，使文壇造成一片荒涼。所以蘇軾的文藝觀點，是崇尚自由、自然，包容各種不同題材、內容及風格，而不願受到任何形式的束縛。

蘇軾的文藝思想既然主張創新、不蹈襲前人，追求自然、不受形式束縛，那麼他如何來突破詞體所面臨的瓶頸，促進詞體發展呢？因爲詞本來就是音樂的附庸，往往爲了歌妓演唱而寫作，所以它的音樂性重於文學性，其內容、語言、風格也受到許多束縛，詞被定位在「艷科」，傳統文人雖然喜歡它，但它的地位並不高，正如胡寅〈題酒邊詞〉所云：「然文章豪放之士，鮮不寄意於此者，隨亦自掃其跡，曰謔浪遊戲而已也。」（汲古閣《宋六十名家詞》）這種「既愛又怕」的心理實在很微妙。

蘇軾為了突破這些瓶頸，他有一個很重要的論詞主張，就是把詞當作詩。他在〈祭張子野文〉中云：「清詩絕俗，甚典而麗，搜研物情，刮發幽翳，微詞宛轉，蓋詩之裔。」（《蘇東坡全集．前集》卷三五）又〈張子野詞跋〉云：「子野詩筆老妙，歌詞乃其餘波耳。」（吳訥《唐宋名賢百家詞》）稱詞為「詩之裔」、「餘波」，並不是貶低詞，相反地，是提高詞的地位。我們再看他在〈與蔡景繁〉的信上說：「頒示新詞，此古人長短句詩也，得之驚喜，試勉繼之，晚即面呈。」（《蘇東坡全集．續集》卷五）蘇軾得到蔡景繁的詞，非常驚喜，因為它像古人的「長短句詩」，而不是一般的詞而已，可見蘇軾是如何肯定像詩的詞。他在〈答陳季常〉的信也說：「又惠新詞，句句警拔，詩人之雄，非小詞也。但豪放太過，恐造物者不容人如此快活。一枕無礙睡，輒亦得之耳。」（見同上）以「詩人之雄」稱美陳慥的新詞，詞既然和詩一樣，當然就不是一般「小詞」，從蘇軾對張先、蔡景繁、陳慥的讚語中，我們可以發現他心目中的好詞，就是向詩靠攏的詞。他本人作詞時是不是也如此呢？我們看胡仔《苕溪漁隱叢話》前集卷四二引《王直方詩話》的一段記載：

> 東坡嘗以所作小詞示無咎、文潛曰：「何如少游？」二人皆對云：「少游詩歌似小詞，先生小詞似詩。」

晁補之、張耒都是蘇門弟子，他們的看法應該深中肯綮的，所以陳師道《後山詩話》也說：「退之以文為詩，子瞻以詩為詞，如教坊雷大使之舞，雖極天下之工，要非本色。」蘇軾「以詩為詞」，這是當時詞壇一大變革，與傳統的詞風大不相同，所以被認為不是「本色」。蘇軾把詞當作詩，不僅自己

「以詩為詞」，同時以這種標準評論詞，這代表著什麼意義呢？青山宏在剖析蘇軾的詞論時說：「由於蘇軾把詞看作詩，因此他排除來自詞的無益的感傷、低俗性等，企圖擴大詞的題材，開闢新的領域。從某種意義上來說即是謀圖詞的革新。」⑫王運熙、顧易生主編的《中國文學批評史》論及蘇軾的詞論也說：「所謂以詩為詞，不僅僅是以作詩的表現方法作詞，更重要的是不要把詞單單看作是『娛賓遣興』、『陳技佐歡』的消遣品，應從『依紅偎翠』、『淺斟低唱』的庸俗環境裡解放出來，從內容、形式、風格各方面，提高到與詩相同的地位。他這種詞體的追求與提倡是具有衝決傳統意義的。」⑬他們從宏觀的角度來看「以詩為詞」在詞史上的意義，皆頗有見地。在瞭解蘇軾的文藝思想與詞論之後，以下我們直接觀察蘇軾的作品，從內容、形式、風格等方面分析，看它們是如何具有「以詩為詞」的特色。

## 三、詞體內容的解放

晚唐五代詞的內容非常狹窄，「不是相思，便是離別，不是綺語，便是醉歌」⑭，北宋前期的詞人都已經或多或少嘗試一些新內容，透露詞體新時代來臨的訊息，但他們還是受限於詞體的傳統作風，無法有大開大闔的改變，直到蘇軾以詩為詞，他把詞體當作一種新詩體，於是日常生活各種事物無一不可入詞，劉熙載《藝概．詞曲概》卷四云：「東坡詞頗似老杜詩，以其無意不可入，無事不可言也。」胡適《詞選．序》也說：「詞體到了他手裡，可以詠古，可以悼亡，可以談禪，可以說理，可以發議論。」⑮

這是詞體內容的一大解放，我們試從寫作的對象、情志、題材、時空等加以探討。

㈠寫作對象的擴大——由歌妓到社會各階層。詞本來是供歌妓演唱的歌詞，所寫的戀情別緒大都以歌妓爲對象，蘇軾以詩爲詞，作品的抒情對象就不限於歌妓，他對自己的兄弟、妻妾、朋友、同事等等，從親屬關係到社會關係的感情都一一納入詞中。鄭向恆在〈東坡詞中的感情表現〉一文，就曾將東坡詞中所流露出來的感情，分爲：手足之情、妻妾之情、君國之情、朋友之情等數端⑯，像這樣大量以歌妓之外的人物爲寫作對象，是前所未有的。

蘇軾與他弟弟蘇轍手足情深，兄弟兩人在宦途上常各奔東西，久未團聚，只有藉文字互訴親情，以相慰藉，如〈沁園春〉（孤館鐙青），是「赴密州早行馬上寄子由」；〈水調歌頭〉（明月幾時有），是「丙辰中秋，歡飲達旦，大醉，作此篇，兼懷子由」；〈滿江紅〉（清潁東流），是「懷子由作」；〈水調歌頭〉（安石在東海），是「余去歲在東武，作〈水調歌頭〉以寄子由。今年子由相從彭門百餘日，過中秋而去，作此曲以別。余以其語過悲，乃爲和之，其意以不早退爲戒，以退而相從之樂爲慰云」等皆是，蘇軾在寄懷子由時，大都能克制內心的悲痛，勉勵弟弟，如蘇轍寫〈水調歌頭〉給蘇軾，以「不早退爲戒」云：「今夜清尊對客，明夜孤帆水驛，依舊照離憂。但恐同王粲，相對永登樓。」實在太悲哀了，蘇軾用和韻的方式安慰道：「故鄉歸去，千里佳處輒遲留。我醉歌時君和，醉倒須君扶我，惟酒可忘憂。一任劉玄德，相對臥高樓。」寫兄弟未來退居故鄉的和樂景況，充滿著希望，也表現出爲人兄長之溫厚。

蘇軾原配王弗，她比東坡小三歲，十六歲結婚，死時只有二十七歲。繼配王閏之，是王弗的堂妹，比東坡小十二歲，去世時不過四十六歲。妾王朝雲，東坡南遷時，繼配已去世一年，朝雲隨同前往，不久，死於惠州。⑰這三位是蘇軾生命中最重要的女人，在詞中蘇軾也不吝於表現對她們的多情，其中以〈江城子〉（十年生死兩茫茫）悼念元配王夫人，最爲沈痛感人，是悼亡作品中不可多得的傑作。另外如〈菩薩蠻〉（畫檐初挂彎彎月）、及同調（風迴仙馭雲開扇）兩首，是紀念與繼配王夫人在患難中久別重逢的作品，〈殢人嬌〉（白髮蒼顏）及〈浣溪沙〉（輕汗微微透碧紈）是贈給朝雲⑱，〈西江月〉（玉骨那愁瘴霧）及〈雨中花慢〉（嫩臉修蛾）是悼念朝雲的作品，⑲都表現出蘇軾對妻妾的濃情密意。

蘇軾是一位熱情奔放，喜愛結交朋友的人，《宋人軼事彙編》卷一二引《悅生隨抄》載：「蘇子瞻泛愛天下士，無賢不肖歡如也。嘗言：『上可陪玉皇大帝，下可以陪卑田院乞兒。』子由晦默少許可，嘗戒子瞻擇友。子瞻曰：『眼前見天下無一箇不好人，此乃一病。』」所以他的詞集中送別、次和、贈答朋友的作品非常多，如〈滿江紅〉（天豈無情），是「送文安國還朝」；〈定風波〉（千古風流阮步兵），是「送楊元素」；〈木蘭花令〉（知君仙骨無寒暑），是「贈黃守徐君猷」等等，實不勝枚舉。車柱環在〈東坡詞研究〉一文中說：「東坡詞中這類送別、次和、贈答的作品佔大部分的份量，成爲他的特色。送迎及次和之作對象皆男性。贈答之作中，若干作品寫給妓女侍女等，但表現對她們的愛情者極少，大部分是間接的稱讚那些妓女侍女的主人。東坡詞中所出現的男性人物，同一人出現於很多作品的例子也不少，但總數卻超過八十人。只從這一點來看，我們便可以曉得，東坡徹底打破詞體一向以異性間的情愛爲描寫中心的習慣，改變成爲以大丈夫友誼爲描寫中心的方式。」⑳這種觀察是相當正確的，蘇軾以大丈夫友誼爲描寫中心，可說是詞體內容的一大解放。

㈡**寫作情志的擴大——由抒情到言志**

《尚書．堯典》云：「詩言志，歌永言，聲依永，律和聲」，「言志」便成爲我國詩歌本質的重要標誌，後來陸機〈文賦〉提出「詩緣情以綺靡」，他雖不排斥言志，卻偏重詩歌的抒情特點。因此我國詩歌的發展便有言志、抒情兩條路線，當然還是以情志並舉爲主流。詞在晚唐五代，大部分的作品都以抒情爲主，宋代前期的詞人如晏殊、歐陽修、張先等，雖然某些作品已有言志的傾向，但眞正把詞由抒情帶到言志者則非蘇軾莫屬。蘇軾一生受到儒、釋、道的影響頗深，所以他的思想有積極入世的一面，而在挫折失意時，也有超然曠達的一面，這些表現在詞裡，可以看到他的抱負、理想或人生處世態度，有些作品不但可以振奮人心，而大部分的作品都能給讀者精神上的慰藉。如〈沁園春〉寫道：「有筆頭千字，胸中萬卷，致君堯舜，此事何難」、〈江神子〉亦寫道：「持節雲中，何日遣馮唐。會挽雕弓如滿月，西北望，射天狼」，將自己的政治抱負及爲國效命的豪情壯志，都很率眞而不假雕飾地表達出來。可是蘇軾仕途多乖，在新舊黨爭中受到許多迫害，一貶再貶，尤其「烏臺詩案」幾乎讓他喪命，晚年還被貶到最南邊陲的瓊州，凡此種種打擊，要不是有堅強的意志、曠達的胸襟，是很難熬過的。我們讀他在密州所寫的〈超然臺記〉及在黃州所寫的〈赤壁賦〉，都很清楚可以看到他超然的處世態度與曠達的人生觀。所以他的詞也能夠拋棄前人悲哀的傳統，不在離愁別恨中打轉，「直指向上一路」，如這首〈浣溪沙〉：

山下蘭芽短浸溪，松間沙路淨無泥，蕭蕭暮雨子規啼。　誰道人生無再少？門前流水尚能西，休將白髮唱黃雞。

根據《東坡志林》卷一載，蘇軾在黃州東南三十里的沙湖買田，因相田得疾，由聾醫龐安常治好，於是同遊清泉寺，看到下面的蘭溪溪水西流，而作此詞。詞的上片側重寫景，襯托寺廟環境的清幽，但子規鳥「不如歸去」的啼聲，似乎在牽動作者被貶在外的創傷，要是悲觀者聽到這種聲音，一定會跌落痛苦深淵。幸好作者生性開朗，馬上斂住情感，拋棄可能進一步發展下去的悲哀，所以詞的下片便轉向說理，透過蘭溪都能西流，印證人未嘗不能老當益壯，重返年輕呢？強調人只要樂觀、自信，天下事沒有不可能的。因此他最後呼籲，不要像白居易一樣，唱「黃雞催曉丑時鳴」的傷老詩，應該樂觀進取，人生才有希望。

李後主和蘇軾對人生都有很深的體會，李後主在亡國之後深深瞭解到人生的缺陷、痛苦，他唱道：「人生愁恨何能免」（〈菩薩蠻〉）、「自是人生長恨水長東」（〈相見歡〉），王國維《人間詞話》說：「後主則儼有釋迦基督擔荷人類罪惡之意」，李後主確實體認到牽愁帶恨的人生，並且獨自承擔，沒有逃避，唱「春花秋月何時了」（〈虞美人〉）、唱「簾外雨潺潺，春意闌珊」（〈浪淘沙〉），似乎對人生缺少任何希望、信心，所以發出這樣低沈的悲嘆：「金劍已沈埋，壯氣蒿萊」、「流水落花春去也，天上人間」（〈浪淘沙〉）。可是蘇軾則大不相同，雖然他也同樣體認到人生的不美滿，世間的痛苦，如他寫的「人有悲歡離合，月有陰晴圓缺，此事古難全」（〈水調歌頭〉）、「古今如夢，何曾夢覺，但有舊歡新怨」（〈永遇樂〉）、「長恨此身非我有，何時忘卻營營」（〈臨江仙〉）等等，這都是身爲人的悲哀，可是蘇軾並不一味沈溺在悲哀之中，他認識了人生，把人生的不如意發洩之後，更能進一步尋求超脫，他往往從另一個角度去看人生，由現實中自我開悟，讓人生還充滿著希望，所以他的許多作品的結尾，如：「但願人長久，千里共嬋娟」（〈水調歌頭〉）、「小舟從此逝，江海寄餘生」（〈臨江仙〉）、「異時對，黃樓夜景，爲余浩歎」（〈永遇樂〉）、「回首向來蕭瑟處，也無風雨也無晴」（〈定風波〉）等等，讓我們似乎看到生命的意義。王國維《人間詞話》說：「詩人對宇宙人生，須入乎其內，又須出乎其外。入乎其內，故能寫之。出乎其外，故能觀之。入乎其內，故有生氣。出乎其外，故有高致。」蘇軾的詞，不謹能入乎其內，又能出乎其外，所以不但有生氣，而且有高致，有情有理，情理融合，可以說把詞帶入「詩言志」的一個新境界。

**㈢寫作題材的擴大——由花間尊前到日常生活**。晚唐五代詞，大都是綺筵公子的清絕之詞，用助繡幌佳人的嬌嬈之態，寫作的題材不外乎男女之情事，與花間尊前之物，範圍非常狹窄，蘇軾之前的張先，將詞體與文人的日常生活緊密結合在一起，用詞來送行、祝賀、諷勸等等酬贈，及依韻、次韻等唱和上，詞的實用功能增多了，寫作的題材也擴大了。蘇軾既然把詞當作一種詩體，因此寫作的題材也在前輩詞人的基礎上，繼續擴大，與日常生活息息相關。村上哲見論蘇試的詞說：「在仁宗朝，張子野的詞由於與日常生活融合而帶來新的開展，隨著日常生活的千變萬化，詞的內容也有變成多彩多姿的可能，但從他的作品實際來觀察，他對題材的採用還是相當的保守。到了神宗朝的官僚文人們，一方面繼承他，並且愈加擴大，想把這種可能變成事實，而其中以當時在詩文居領導地位的東坡，被認為在詞方面也是這個潮流的中心人物。」㉑我們從蘇軾的作品觀察，確實如此。如他寫的這首〈滿庭芳〉：

歸去來兮，吾歸何處，萬里家在岷峨。百年強半，來日苦無多。坐見黃州再閏，兒童盡、楚語吳歌。山中友，雞豚社酒，相勸老東坡。　云何。當此去，人生底事，來往如梭。待閒看，秋風洛水清波。好在堂前細柳，應念我、莫翦柔柯。仍傳語，江南父老，時與曬漁簑。

題序云：「元豐七年四月一日，余將去黃移汝，留別雪堂鄰里二三君子，會李仲覽自江東來別，遂書以遺之。」可知這首詞是蘇軾將移汝州前，告別在黃州相處五年的父老朋友之作品，作者所選用的題材，都是與當時在黃州生活密切關連者，如詞中的人物：「兒童」、「山中友」、「江南父老」，無一不是自己周遭的人物；語言歌謠：「楚語吳歌」；節慶習俗：「雞豚社酒」；景物：「堂前細柳」、「曬漁簑」等，也無一不是黃州日常生活的一部分。我們再看蘇軾在黃州寫的詞，如：「竹杖芒鞋輕勝馬。誰怕。一簑煙雨任平生」（〈定風波〉）、「夜飲東坡醒復醉，歸來髣髴三更。家童鼻息已雷鳴。敲門都不應，倚杖聽江聲」（〈臨江仙〉）、「村舍外，古城旁。杖藜徐步轉斜陽」（〈鷓鴣天〉）、「雨腳半收檐斷線，雪床初下瓦跳珠。歸來冰顆亂黏鬚」（〈浣溪沙〉）、「孤坐凍吟誰伴我，揩病目，撚衰髯」（〈江城子〉）等，將日常生活的點點滴滴，都變成寫作的材料，如此擴充詞的題材，這是前人所難以望其項背的。

蘇軾的詞以送別、唱和、酬贈的作品佔最大宗，對象都是親朋同事，這與士大夫的來往交際有關，以前這類的題材都是詩的範圍，直到蘇軾才大量的出現在詞體上。此外，他還有不少節序詞，上元、端午、七夕、中秋、重九等都有歌詠，蘇軾的節序詞，除了含有各地的節慶習俗外，也有作者生活的影子在裡面，如〈蝶戀花〉詠密州上元：

燈火錢塘三五夜。明月如霜，照見人如畫。帳底吹笙香吐麝。此般風味應無價。　寂寞山城人老也。擊鼓吹簫，乍入農桑社。火冷燈稀霜露下。昏昏雪意雲垂野。

〈南鄉子〉詠宿州（安徽宿縣）上元：

千騎試春遊。小雨如酥落便收。能使江東歸老客，遲留。白酒無聲滑瀉油。　飛火亂星毬。淺黛橫波翠欲流。不似白雲鄉外冷，溫柔。此去淮南第一州。

這兩首詞共寫了錢塘（杭州）、密州、宿州等三處的元宵節，其中以密州最冷清寂寞。蘇軾是在熙寧七年（一〇七四）九月，由杭州通判調知密州，十一月三日到任，次年元宵寫了這首詞。㉒在密州除了物質環境不佳之外，最重要的是密州連年蝗旱，百姓生活困苦，他在〈超然臺記〉寫道：「始至之日，歲比不登，盜賊滿野，獄訟充斥；而齋廚索然，日食杞菊，人固疑余之不樂也。」（《蘇東坡全集．前集》卷三二）因此面對密州元宵難免有「寂寞山城人老也」之嘆，但他並未絕望，寫當地人民社祭「擊鼓吹簫」，祈求豐年，最後「昏昏雪意雲垂野」，代表即將降雪帶來豐年的瑞兆，也反映蘇軾關懷百姓的胸懷。宿州元宵寫得非常熱鬧快樂，根據朱祖謀注曰：「案本集〈泗岸喜題〉云：『謫居黃州五年，今日離泗州北行，岸上聞騾馱鐸聲空籠，意亦欣然。元豐八年正月四日。』據此，則上元至宿州，情事適合，編乙丑。」㉓蘇軾受神宗恩賜，從謫居五年的黃州，量移汝州，北行途中到了宿州，剛好是上元，這種心情與當地熱鬧景況正相契合。蘇軾〈南行前集敘〉云：「山川之秀美，風俗之樸陋，賢人君子之遺跡，與凡耳目之所接者，雜然有觸於中，而發於詠嘆。」（《蘇東坡全集·前集》卷二四）這雖然是指他父子出川赴京途中所作的詩文，但用在其詞作上，亦復如此，可見其取材之廣。

至於詠物詞，從晏殊開始已經大量的創作，高達二十八首之多，蘇軾的詠物詞也有十餘首，歌詠楊花、梅花、荷花、荔枝、橘、茶、琵琶、笛、琴、雪、鴻雁、足等多種，他的詠物詞除了與其生活環境有關之外，有時還有其言外之意，如〈卜算子〉（缺月掛疏桐）借孤鴻抒寫甘受寂寞孤苦也不肯苟合取容隨世浮沈的志節，〈西江月〉（玉骨那愁瘴霧）借梅花表達對朝雲的哀悼等等㉔，對後世的詠物詞有深遠的影響。

**㈣寫作時空的擴大——由城市到鄉村，從短暫向永恆**。蘇軾在現實人生中，由於屢次貶遷，使他行蹤遍布大江南北，反映在詞作裡，不僅走出了閨閣小樓，也走出了帝里京城，而通往廣大的農村，顯示出空間的擴大。在蘇之前的柳永，其作品雖已經交雜南北城鄉色彩，描寫許多南方風光景物，但他還是被羈旅行役之苦、男女離愁別恨所束縛，無法眞正寫出農村生活的面貌。蘇軾的農村詞，最具代表的就是元豐元年（一〇七八）在徐州寫的五首〈浣溪沙〉（日深紅暖見魚）、（旋抹紅妝看使君）、（麻葉層層檾葉光）、（簌簌衣巾落棗花）、（軟草平莎過雨新），詞中有農村的自然風光，有農村男女老幼的生活情形，更有作者的親自體認：「使君元是此中人」，這是一般詞人所難以達到的。此外，我們從蘇軾的作品中，很明顯可看出大都表現極廣大的空間，如：「行盡九州四海，……八表神遊」（〈水龍吟〉）、「飄流江海，萬里煙浪雲帆」（〈滿庭芳〉）、「一點浩氣在，千里快哉風」（〈水調歌頭〉）、「一鼓塡然作氣，千里不留行。回首暮雲遠，飛絮攪青冥」（〈水調歌頭〉）、「我夢扁舟浮震澤。雪浪搖空千頃白。覺來滿眼是廬山，倚天無數開青壁」（〈歸朝歡〉）、「昨夜扁舟京口，今朝馬首長安」（〈西江月〉）等觸目皆是，使我們想到莊子的〈逍遙遊〉：「北冥有魚，其名爲鯤。鯤之大，不知其幾千里也。化而爲鳥，其名爲鵬。鵬之背，不知其幾千里也；怒而飛，其翼若垂天之雲」，都是寫極廣大的空間，並且予以超越，如此人生才能夠「逍遙」，正如蘇軾〈水調歌頭〉：「但願人長久，千里共嬋娟」、〈定風波〉：「萬里歸來顏愈少。微笑。笑時猶帶嶺梅香。試問嶺南應不好。卻道。此心安處是吾鄉」，他確實是超越空間，消遙人生了。袁行霈在〈詞風的轉變與蘇詞的風格〉一文指出：「蘇軾以前的詞大多是向內心的幽微之處搜索，狹深委曲；而蘇軾的詞是向外部的廣闊世界馳騁，恢宏闊大。他的詞表現出一種超越時空的強烈要求，古往今來，天上人間，筆墨沒有一點拘束。于是，詞在他的手中得到了解放。」㉕這種觀察是符合事實的。

其次，我們探討東坡詞在時間的擴大。在晚唐五代寫男女愛情、相思別恨的作品，其時間不外是

「今夜」、「此夕」、「永夜」、「終日」、「昨夜」、「幾日」、「去年」等，時間大都非常短暫，不像蘇軾追悼元配王夫人提筆即寫道：「十年生死兩茫茫」（〈江神子〉），追念吳興五客（即張先、楊繪、劉述、李常、陳舜俞，再加上蘇軾爲「六客」，張先曾賦〈定風波令〉六客詞）云：「十五年間眞夢裡。何事。長庚對月獨淒涼」（〈定風波〉），追思恩師歐陽修亦寫道：「十年不見老仙翁，壁上龍蛇飛動」（〈西江月〉）、「佳人猶唱醉翁詞，四十三年如電抹」（〈木蘭花令〉），透過漫長的時間，表達對他們情感的深厚。此外，他更能理性認清時間，將人生和宇宙相提並論，正如〈前赤壁賦〉所云：「蓋將自其變者而觀之，則天地曾不能以一瞬；自其不變者而觀之，則物與我皆無盡也。」（《經進東坡文集事略》卷一）經過如此宏觀巨視之後，他超越了短暫的人生，追求自我，以達永恆。〈哨徧〉寫道：「君看今古悠悠，浮宦人間世。這些百歲，光陰幾日，三萬六千而已。醉鄉路穩不妨行，但人生、要適情耳。」人生適情，便是一種理性的自覺，也是對時間的一種超越。有時作者也把歷史寫進詞中，劉若愚說：「在這些詞中，詩人個人的生命衡之以整個的歷史，而歷史又被衡之以無窮的宇宙，於是對時間的三種不同觀點—個人的，歷史的，宇宙的—都呈現出來了。我相信蘇軾是第一位詩人在詞中利用這種三重透視法的。」㉖，如這首赤壁懷古〈念奴嬌〉：

大江東去，浪淘盡、千古風流人物。故壘西邊人道是，三國周郎赤壁。亂石崩雲，驚濤裂岸，捲起千堆雪。江山如畫，一時多少豪傑。　遙想公瑾當年，小喬初嫁了，雄姿英發。羽扇綸巾談笑間，強虜灰飛煙滅。故國神遊，多情應笑我，早生華髮。人生如夢，一尊還酹江月。㉗

「大江東去」，代表自然宇宙，「千古風流人物」，代表歷史，周瑜就是其中之一。人面對歷史的壓力，難免會有「早生華髮」，人生短暫之感嘆。但歷史人物而今安在哉？最終也免不了在宇宙洪流中消失殆盡，所以即使成為英雄豪傑亦不足恃。透過這樣廣大的宇宙來看歷史，再來看人生，人生的得得失失也就顯得微不足道了。所以最後說：「一尊還酹江月」，也是以回歸自然，適情適性，作為短暫人生的超越。

## 四、詞體形式的解放

蘇軾以詩為詞，詞作的內容無論在寫作對象、寫作情志、寫作題材、或寫作時空，都比以前擴大了，將詞體內容徹底予以解放，不再受到侷限。同樣的，詞體為了供給歌妓演唱而加諸形式上的種種拘束，也因蘇軾把詞體當作詩體而有了很大的改變，約有下列數端：

㈠**不受音律束縛**。詞如果是以歌唱為目的時，諧合音律當然是它的首要工作，沈義父《樂府指迷》說：

「如秦樓楚館所歌之詞，多是教坊樂工及鬧井做賺人所作，只緣音律不差，故多唱之。求其下語用字，全不可讀。」那些歌妓們所唱的詞，主要是為了可歌，因此必須音律不差，能付之檀口鶯舌，至於下語用字，可不可讀，則是其次了。但如果把詞當作一種詩體，變成文人抒情言志的工具，而不再只是為了「應歌」，那麼是否有必要把「符合音律」列為塡詞的第一優先考慮？蘇軾給我們的答案是否定的。他的詞所強調的是其文學性，不是音樂的附庸，擺脫了音律的束縛。早在北宋時就有多人指出他的詞不合音律，如范正敏說：「子瞻之詞雖工，而多不入腔，正以不能唱曲耳。」㉘即使蘇軾的門人晁補之也說：「蘇東坡詞，人謂多不諧音律，然居士詞橫放傑出，自是曲子中縛不住者。」㉙李清照也指出蘇軾「學際天人，作爲小歌詞，直如酌蠡水於大海，然皆句讀不葺之詩耳，又往往不協音律。」㉚他們都異口同聲說蘇軾的詞「不諧音律」，但他們所提出的原因卻有所不同，范正敏說蘇軾是「不能唱曲」，最引人爭議，陸游《老學庵筆記》卷五即予以批駁，他說：「世言東坡不能歌，故所作樂府詞多不協。晁以道云：『紹聖初，與東坡別于汴上。東坡酒酣，自歌〈古陽關〉。』則公非不能歌，但豪放不喜裁翦以就聲律耳。」所以蘇軾的「不協音律」，並非由於「不能唱曲」造成。蘇軾既然能歌，懂得音律，那麼他塡詞「多不諧音律」是如何造成的？一是個性問題，正如晁補之所說「橫放傑出，自是曲子中縛不住者」，陸游所說「豪放不喜裁翦以就聲律」，都認爲蘇軾個性「豪放」，不受「曲子」、「聲律」拘束。這一點我們從前面蘇軾的文藝思想「追求自然，不受形式束縛」，可獲得印證。一是自覺問題，也就是「以詩爲詞」，他既然把詞當作一種詩體，不以歌唱爲目的，何必再斤斤於音律的講求呢？王灼《碧雞漫志》卷二說：「東坡先生非心醉於音律者，偶爾作歌，指出向上一路，新天下耳目，弄筆者始知自振。」指出蘇軾有意識地爲了提昇詞體的文學價值，而不受音律束縛。當時音律的束縛情形如何呢？我們從李清照的〈詞論〉可以看出，她說：「蓋詩文分平側，而歌詞分五音，又分五聲，又分六律，又分清濁輕重。且如近世所謂〈聲聲慢〉、〈雨中花〉、〈喜遷鶯〉，既押平聲韻，又押入聲；〈玉樓春〉本押平聲韻，又押上去聲，又押入聲。本押仄聲韻，如押上聲則協，如押入聲則不可歌矣！」㉛詞的音律限制如此嚴格複雜，我想這也是爲什麼蘇軾要突破其束縛的原故吧？今天詞樂已經喪失，我們僅能就文字來欣賞其作品，更覺得他的這項突破甚具意義。

㈡**大量增加題序**。詞的題序起源甚早，在任二北《敦煌曲校錄》所收的五百餘首曲子詞中，有題者約占五分之三，無題者反而居少數，並且其題皆確見於原寫卷，並非後人所擬加。㉜但當時的詞題非常簡單，如〈鳳歸雲〉標「閨怨」、〈婆羅門〉標「詠月」、〈魚歌子〉標「上王次郎」、〈南歌子〉標「獎美人」、〈五更轉〉標「太子入山修道讚」、〈十二時〉標「普勸四衆，依教修行」等，都僅寥寥數字，對整首詞而言，並沒有什麼重要的功能。所以晚唐五代的文人詞，也大都沒有詞題。南宋黃昇在所編《唐宋諸賢絕妙詞選》卷一李詢〈巫山一段雲〉下注云：「唐詞多緣題所賦，〈臨江仙〉則言仙事，〈女冠子〉則述道情，〈河瀆神〉則詠祠廟，大概不失本題之意，爾後漸變，去題遠矣。」這種「以調爲題」之說雖未必盡然，但也有符合部分事實。另外正如任二北所說：「因其事根本主聲而不主文，其重要之表現在此，有題可，無題可。」㉝唐五代詞主要是供歌者演唱，是音樂的附庸，只要知道調名怎麼唱即可，又何必管它題目呢？但入宋之後，詞人逐漸地把詞體當作一種新詩體，內容不斷擴充，本來是以歌妓演唱爲主體的歌詞，轉變爲文人酬贈唱和、抒情言志的工具，在這種情況之下，詞題自然有其必要性及功能性，張先是一個重要關鍵。在《子野詞》一六五首作品中，有題序的達六十五首之多，約佔全部作品的五分之二。並且這些詞題都具有詩題的功能，我們從《全宋詩》卷一七〇摘錄幾首張先詩的題目，如：〈吳興元夕〉、〈吳江〉、〈潤州甘露寺〉、〈九月望日同君謨侍郎泛西湖夜飲〉、〈贈妓兜娘〉、〈次韻蔡君謨侍郎寒食西湖〉等㉞，再看《子野詞》的題目，如：〈木蘭花〉（乙卯吳興寒食）、〈破陣樂〉（錢塘）、〈醉桃源〉（渭州作）、〈汎清苕〉（正月十四日與公擇吳興汎舟）、〈雨中花令〉（贈胡楚草）、〈定風波令〉（次子瞻韻送元素內翰）等，詩題與詞題兩相比較，是多麼類似。蘇軾承繼張先的作法，大量的增加題序，在三百四十三首的詞作中，沒有題目的只有六、七十首，大約五分之四的詞都有題目。而且由於其詞的內容較張先開闊多了，因此詞的題目不僅是量的增加，在文學價值上也提昇了，可以說和詩題並沒有兩樣。透過這些詞題的記載，如〈浣溪沙〉題序云：「元豐七年十二月二十四日，從泗州劉倩叔遊南山」、〈點絳脣〉題序云：「己巳重九和蘇堅」，我們就很清楚瞭解該首詞的創作時間、地點及其創作背景，於是一個詞人的創作生命歷程便斑斑可考，根據曹樹銘校編的《蘇東坡詞》，不能編年的詞只有四十九首，詞能夠和詩一樣繫年，這是前所未有的。蘇軾的詩題有的很長，一大段文字，如這首古體詩的題目：「壬寅二月，有詔令郡吏分往屬縣減決囚禁。自十三日受命出府，至寶雞、虢、郿、盩厔四縣。既畢事，因朝謁太平宮，而宿於南溪溪堂，遂並南山而西，至樓觀、大秦寺、延生觀、仙遊潭。十九日乃歸，作詩五百言，以記凡所經歷者寄子由。」（《蘇軾詩集》卷三），宋詩的敘事性增強了，連詩題也表現出來，同樣的，蘇軾的詞題也有明顯增長的趨向，如〈定風波〉（月滿苕溪照夜堂）的題序云：「余昔與張子野、劉孝叔、李公擇、陳令舉、楊元素會於吳興。時子野作六客詞，其卒章云：『見說賢人聚吳分。試問。也應旁有老人星。』凡十五年，再過吳興，而五人者皆已亡矣。時張仲謀與曹子方、劉景文、蘇伯固、張秉道爲坐客，仲謀請作後六客詞。」將自已在吳興交友的情形，敘述得非常清楚，如此可以彌補詞本文之不足。王兆鵬在論及蘇詞題序的敘事功能時說：「詞的抒情特性決定了詞不宜以敘事爲主，否則會沖淡詞的抒情性。但詞人又是緣事而發，事件的某些過程又不得不交代，於是用小序來紀事，而詞本文則著重表現由此事所引發的情感。這樣，詞本文與題序相互生發、印證。」㉟這都是由於蘇軾以詩爲詞，重視詞的文學性，不再以音樂性爲主體，所產生出來詞本文與題序相依相存的有機關係。

㈢**詩體格式作法的運用**。蘇軾既然視寫詞和作詩一樣，所以許多詩體的格式作法，也被他運用在詞體上，最重要的就是和韻。在唐五代時，詞以歌唱爲主，一首美妙的歌曲或優秀的歌詞，都容易引起文人「和」的衝動，當時他們「和」詞的作法，是隨著曲拍、題意塡詞，還沒有產生像詩一樣的和韻。如劉禹錫〈憶江南〉自注云：「和樂天春詞，依〈憶江南〉曲拍爲句」，只是根據〈憶江南〉題意塡詞，並不是用原唱者相同韻腳的「次韻」，或用原唱者相同韻部的「依韻」。「次韻」、「依韻」都是詩的「和韻」方式。入宋之後，隨著觀念的改變，詞被當作一種新詩體，於是文人以詞酬唱和韻的作品出現了，最早的是張先。他留下來的和詞有七首，其中有五首是「次韻」之作。他是最早將作詩的次韻方式用在塡詞上。蘇軾在神宗熙寧四年（一〇七一）赴杭州任通判，和張先交往，彼此有詞唱和，蘇軾大量塡詞，是在杭州通判任上開始，由此可見他受張先的影響。㊱

蘇軾繼續不斷運用詞體唱和，在《東坡樂府》中，約有三十首次韻之作，在如此多的作品中，值得注意的，是他對詞體的掌握、運用，是多麼熟練，如他一口氣用相同的韻腳作了五首〈浣溪沙〉，題序說：「十二月二日，雨後微雪，太守徐君猷攜酒見過，坐上作〈浣溪沙〉三首。明日酒醒，雪大作，又作二首。」尤其他的〈水龍吟〉（次韻章質夫楊花詞），更受大衆肯定，王國維《人間詞話》曾稱讚說：「東坡〈水龍吟〉咏楊花，和韻而似原唱。章質夫詞，原唱而似和韻，才之不可強也如是。」由於蘇軾的大量次韻，以詞會友，當時受他影響和其作品的人也不少，如蘇門四學士的黃庭堅，就有〈鵲橋仙〉、〈南鄉子〉、〈點絳脣〉、〈南柯子〉二首等計五首，晁補之也有〈八聲甘州〉、〈滿庭芳〉等二首，其他像李之儀、郭祥正、陳師道等，也都有次韻蘇軾的詞作。在這樣往來唱和頻繁的環境中，自然造成塡詞風氣，許多優秀作品便不斷產生。蘇軾可以說是詞體往「應社」方向發展的重要人物。

其次是集句、回文的運用。集句詩起源甚早，至宋風氣最盛。徐師曾《文體明辨．序說》云：「按集句詩者，雜集古句以成詩也。自晉以來有之，至宋王安石尤長於此。」王安石是集句詩的高手，胡仔《苕溪漁隱叢話》前集卷三十五引《遯齋閑覽》云：「荊公集句詩，雖累數十韻，皆頃刻而就，詞意相屬，如出諸己，他人極力效之，終不及也。」《臨川集》卷三十六特別設有「集句」一類，共收錄六十七首之多，不僅如此，王安石又是首將集句的作法運用到詞體的作家，共作有七首，而且集得非常自然流暢，「滅盡針線之跡」。㊲蘇軾雖然不作集句詩，卻受王安石的影響也作了四首集句詞，〈定風波〉（雨洗娟娟嫩葉光）題序云：「元豐六年七月六日，王文甫家飲釀白酒，大醉。集古句作墨竹詞。」另有〈南鄉子〉三首，在每句之下皆注明原作者，如：

何處倚闌干（杜牧）。絃管高樓月正圓（杜牧）。胡蝶夢中家萬里（崔塗），依然。老去愁來強自寬（杜甫）。　明鏡借紅顏（李商隱）。須著人間比夢間（韓愈）。蠟燭半籠金翡翠（李商隱），更闌。繡被焚香獨自眠（許渾）。

像這樣註明出處，是比王安石愼重多了。這些集句作品由於缺乏作者的獨創性，文學價値並不高，但從此可窺見作者的學養、技巧外，更表現出以詩爲詞、詩詞相容之一斑。

回文詩的起源也很早，劉勰《文心雕龍·明詩》曾云：「回文所興，則道原爲始。」宋桑世昌編輯《回文類聚》四卷，輯錄了自晉至宋諸家之回文詩，唐宋創作回文詩的詩人不少，如皮日休、陸龜蒙、王安石、蘇軾、黃庭堅等都是其中著名者。在這種風氣影響之下，蘇軾是第一位將回文引進詞體領域的作家，曾以〈菩薩蠻〉塡製了七首回文詞，茲舉描寫夏景的一首爲例：

火雲凝汗揮珠顆。顆珠揮汗凝雲火。瓊暖碧紗輕。輕紗碧暖瓊。　暈顋嫌枕印。印枕嫌顋暈。閒照晚妝殘。殘妝晚照閒。

這首詞以每兩句爲一組回文，共分爲四組，如此反覆回文，由上而下，或由下而上，讀皆可通。這種文字遊戲很難說有什麼文學價値，謝章鋌《賭棋山莊詞話》卷十一云：「詞之回文體，有一句者，有通闋者，有一調回作兩調者，雖極巧思，終鮮美制。魏善伯（祥）曰：『詩之有回文，猶梅之有臘梅，種類不入品格。』（《伯子文集》）詩猶然已，而況詞乎。」雖然如此，但我們從回文詞的產生，可瞭解文人從詞的音樂聽覺到追求文字視覺趣味之轉變，值得深思。

㈣**檃括詞的開展**。將詩文詞賦概括於某一詞調之中，以就音律，稱爲「檃括」，這種方式爲詞體所獨有。其源頭甚早，敦煌曲子詞有〈皇帝感〉八首檃括《孝經》及唐玄宗《孝經注》，北宋也有劉幾〈梅花曲〉三首檃括王安石的詩，但不算普遍，也無「檃括」之名。直到蘇軾才較全面使用檃括體，並用「檃括」之名。㊳蘇軾在所作的〈哨徧〉（爲米折腰）及〈水調歌頭〉（昵昵兒女語）題序都提到「稍加檃括，使就聲律」，這是最早在詞體上使用「檃括」一詞。〈哨徧〉是檃括陶淵明〈歸去來辭〉，不僅將該篇賦的文字翦裁增改得宜，其辭官歸隱田園的精神亦能顯現出來，可見作者駕馭文字納於詞體之能力。〈水調歌頭〉是檃括韓愈〈聽穎師彈琴〉詩，該詩原本就是一首描寫音樂極爲生動的作品，蘇軾將詩檃括爲詞之後，亦有其特色，劉乃昌鑑賞本詞說：「他對原詩句意有刪減，又有補充，既保留了原作的精神，又發揮了詞體的長處，寫來宛轉錯落，曲折盡意，渾成融貫，全章妥溜，宛如抒寫自身的實感，句句從心扉中自在流出。」㊴認爲蘇軾的再創作非常成功。另外〈浣溪沙〉（西塞山邊白鷺飛）檃括張志和〈漁父〉詞、〈定風波〉（與客攜壺上翠微）檃括杜牧〈九日齊安登高〉詩，題序雖無明說，實質上也應算是檃括詞。至於〈定風波〉（好睡慵開莫厭遲）這首，劉石認爲是檃括自己的〈紅梅〉詩㊵，個人認爲詞和詩之命意雖然相同，字句相似，但兩者孰先孰後沒有確定之前，即遽然斷定爲詞檃括詩，恐怕不甚妥當。蘇軾作了這些檃括詞，使原本不可歌的詩文變成可歌，或使唱法已經失傳的詞重現生機，都具有其現實功能，而最值得我們注意的，是詩文與詞體的結合，詞可表現詩文的精神內涵，予以重新創作，這在「以詩爲詞」的過程中，頗具意義。

㈤大量重複使用常見詞調。我們統計蘇軾選用詞調的情形，在《全宋詞》及《全宋詞補輯》所收的三百五十一首詞，共用了七十六種詞調。他所使用的詞調並不多，作品大部分都集中在常見的幾種詞調，使用五次以上的小令依次爲：〈浣溪沙〉（四十七首）、〈減字木蘭花〉（二十八首）、〈菩薩蠻〉（二十二首）、〈南歌子〉（十八首）、〈南鄉子〉（十七首）、〈西江月〉（十五首）、〈蝶戀花〉（十五首）、〈臨江仙〉（十四首）、〈江神子〉（十二首）、〈定風波〉（九首）、〈點絳脣〉（七首）、〈虞美人〉（七首）、〈行香子〉（七首）、〈漁家傲〉（六首）、〈木蘭花〉（六首）、〈如夢令〉（五首）；長調依次爲：〈滿庭芳〉（六首）、〈水龍吟〉（六首）、〈滿江紅〉（五首）；共十九種詞調，作品高達二百四十九首，佔全部作品的十分之七。這種現象代表什麼意義呢？我們將他和北宋三位最重音律的詞人柳永、秦觀、周邦彥稍作比較，或許可窺見蛛絲馬跡。柳詞二百十二首，用了一百三十五種詞調，秦詞八十七首，用了四十六種，周詞一百八十五首，用了一百十二種；三人的詞都比蘇軾少，但柳永所用的詞調卻比蘇軾多五十九種，周邦彥也比蘇軾多三十六種，秦觀的詞調雖然比較少，但以作品的比例而言則高出蘇軾甚多。三位精於音律的詞人都不太喜歡重複使用同一詞調，他們樂於嘗試用各種不同的調子來創作，所以用過那麼多種詞調，這正表現出他們對音樂的追逐與重視。而蘇軾以詩爲詞，把詞當作一種詩體，他所追求的是詞的文學性，詞的音樂性則是其次，在這種情況之下，當然以常用的或自已較熟悉的詞調創作比較方便，這是爲什麼蘇軾一再重複使用（

浣溪沙〉、〈減字木蘭花〉等常見詞調的緣故吧？

蘇軾也是繼柳永、張先之後，大量使用長調的詞人。他共用了二十種長調，塡有四十五首詞。雖然比小令五十六種調、三百六首相差甚多，但蘇軾這些長調作品，確實能擺脫詞小的束縛，不但內容充實、情感豐富、思想深邃，而且波瀾壯闊、氣勢恢宏，將長調的優點發揮得淋漓盡致，運用得非常圓熟，如果沒有像〈念奴嬌〉（大江東去）、〈水調歌頭〉（明月幾時有）、〈永遇樂〉（明月如霜）、〈八聲甘州〉（有情風萬里卷潮來）等長調作品的話，不僅《東坡樂府》因而失去了丰采，整部詞史也將黯然失色。

雖然蘇軾塡詞「豪放不喜裁翦以就聲律」（陸游語，見前），但並不代表他不懂音律，相反地，他還頗熟悉音律，如〈水調歌頭〉（昵昵兒女語）題序云：「建安章質夫家善琵琶者，乞爲歌詞。余久不作，特取退之詞，稍加檃括，使就聲律，以遺之云。」如果蘇軾不懂音律，如何檃括韓愈詩「使就聲律」呢？所以在他所用過的詞調中，有些僅見或首見於東坡詞，而且調名與內容相符，如〈翻香令〉、〈哨徧〉、〈華清引〉、〈皁羅特吉〉、〈荷華媚〉、〈占春芳〉、〈醉翁操〉、〈瑤池燕〉等，這些恐怕有的是蘇軾自度腔，或者是他最早塡作的詞調吧？由此可知蘇軾對於音律，是「不爲也，非不能也」，這是我們所要瞭解的。

## 五、詞體風格的解放

詞體本來就是爲了供歌者演唱，歌者的身分也影響詞體的風格。北宋中期的詞人李薦，曾寫一首嘲笑善謳老翁的詞〈品令〉：

唱歌須是，玉人檀口，皓齒冰膚。意傳心事，語嬌聲顫，字如貫珠。老翁雖是解歌，無奈雪鬢霜鬚。大家且道，是伊模樣，怎如念奴。

這首詞很清楚反映時代風尚，宋人不僅喜歡聽歌，而且還要注意歌者的姿色，眞是極耳目之娛，在這種情況之下，整個歌壇變成年輕貌美歌妓的天下，因此也對詞體風格造成影響。王灼《碧溪漫志》卷一曾對這種現象提出批評：

古人善歌得名，不擇男女。……唐時男有陳不謙、謙子意奴、高玲瓏、長孫元忠、侯貴昌……。女有穆氏、方等、念奴、張紅紅、張好好、……。今人獨重女音，不復問能否。而士大夫所作歌詞，亦尚婉媚，古意盡矣。

批評歸批評，宋人獨重女音而造成詞體風格婉媚則是事實。因爲詞人塡詞爲了讓歌妓演唱，所以無論形式或內容都要配合女性之特質，如創製纏綿婉約的新詞調，選擇陰柔秀麗的字眼，大量地抒發風月情懷等，使詞不得不走向婉媚的風格，柳永可以說是一個很典型的例子。而蘇軾則力圖改變這種詞風，他在〈與鮮于子駿〉書說：

近卻頗作小詞，雖無柳七郎風味，亦自是一家。呵呵！數日前獵於郊外，所獲頗多，作得一闋，令東州壯士抵掌頓足而歌之，吹笛擊鼓以爲節，頗壯觀也，寫呈取笑。（《蘇東坡全集·續集》卷

五）

這一段文字很清楚說出他的詞無柳永風味，而且能自成一家。他所塡的詞，不再專給歌妓演唱，他「令東州壯士抵掌頓足而歌之，吹笛擊鼓以爲節」，這種歌唱效果與「繡幌佳人，……舉纖纖之玉指，拍按香檀」（歐陽炯《花間集．敘》）當然大異其趣。雖然物換星移，時過境遷，後人無緣目睹耳聞，但我們從蘇軾所留下來的這首獵詞〈江神子〉（有的本子作〈江城子〉）或許還可以感受當時「壯觀」場面：

> 老夫聊發少年狂。左牽黃。右擎蒼。錦帽貂裘，千騎卷平岡。爲報傾城隨太守，親射虎，看孫郎。
> 酒酣胸膽尚開張。鬢微霜。又何妨。持節雲中，何日遣馮唐。會挽雕弓如滿月，西北望，射天狼。

這首詞學術界一般都認爲就是書信中所說的一闋小詞，但也有學者持不同意見，認爲〈與鮮于子駿〉書是蘇軾在徐州寫的，信中所說的那一闋詞，已經失傳，並不是這首密州出獵的〈江神子〉。㊶姑不論這首詞是否即信中所言之詞，但不容否認的，這首詞的氣象雄偉，風格豪放，確實能符合信中所言的「壯觀」場面。所以從這首詞可以很具體體會「無柳七郎風味，亦自是一家」的含意。

蘇軾革新詞體，改變詞風的作法，在當時大家都已經察覺到了，如俞文豹《吹劍錄》所載：

> 東坡在玉堂日，有幕士善歌，因問：「我詞何如柳七？」對曰：「柳郎中詞，只合十七八女郎，執紅牙板，歌『楊柳岸，曉風殘月』。學士詞須關西大漢，銅琵琶、鐵綽板，唱『大江東去』。」東

坡爲之絕倒。

蘇軾以自己的詞和柳永比較，可見他是有意識要突破長期以來盛行的柳永詞風，而這位善歌幕士的回答很妙，他不用抽象的言語，直接以具體的演唱場面比較，並各舉出兩人最有代表性的詞爲例，從中我們很清楚能感受到兩者風格之不同。蘇軾這首〈念奴嬌〉（大江東去），在前面已經舉過，像這樣大筆揮灑，時空廣闊，氣勢磅礴的作品，實在已不適合語嬌聲顫的歌妓，而必須由「關西大漢」用「銅琵琶、鐵綽板」演唱，如此才能把此詞的氣勢淋漓盡致表達出來。

蘇軾的詞從傳統以歌妓爲主體的框架中解放出來，他的詞適合「東州壯士」、「關西大漢」演唱，以怎樣的用語最能貼切表現他的風格呢？一個作家的人格，往往反映在其作品上，我國古代的文學批評家，在選用文學風格術語時，也就常常自形容人品之用語取材，如司空圖《詩品》中的「豪放」、「清奇」、「飄逸」、「曠達」等詩的風格品類，原本都是用於人品上。就以「豪放」一詞而言，《魏書．張彝傳》卷六十四云：「彝少而豪放，出入殿庭，步眄高上，無所顧忌。」是指人的性格豪邁狂放，不受拘束。司空圖《詩品》所言的「豪放」是：「觀花匪禁，吞吐大荒。由道返氣，處得以狂。」指的是作品所表現出來雄偉的氣魄和激昂的感情。人品與詩品是否有關呢？清孫聯奎《詩品臆說》對〈豪放〉篇的題解云：「豪，乃豪傑、豪邁之豪，對齷齪猥鄙言。放，非放蕩，乃推放，對局促言：即放乎四海之放也。惟有豪放之氣，乃有豪放之詩。若無其胸襟氣概，而故爲豪放，其有不涉放肆者鮮矣。」㊷可見兩者關係之密切。而把「豪放」一詞用在詞的評論上，似乎是由蘇軾開始，他在〈答陳季常〉的信說：「又惠新詞，句句警拔，詩人之雄，非小詞也。但豪放太過，恐造物者不容人如此快活，一枕無礙睡，輒亦得之耳。」（《蘇東坡全集．續集》卷五）這裏所用的「豪放」，是人格與詞風兩者兼而有之。宋人論蘇軾詞時，也就常喜歡用「豪放」一詞，如曾慥〈東坡詞拾遺跋語〉云：「傳之無窮，想像豪放風流之不可及也。」（《唐宋名賢百家詞》）、陸游《老學庵筆記》卷五云：「則公非不能歌，但豪放，不喜裁翦以就聲律耳。」朱弁《曲洧舊聞》卷五云：「章質夫楊花詞，命意用事，瀟灑可喜。東坡和之，若豪放不入律呂。」這些評語，都含有蘇軾的性格在內，並往往強調他不受格律束縛，這應該是沿襲晁補之「居士詞橫放傑出，自是曲子中縛不住者」㊸的說法，只不過將「橫放」改用「豪放」而已。到了明代張綖，他在《詩餘圖譜．凡例》給詞體風格作成一個很重要的區分：

按詞體大略有二：一體婉約，一體豪放。婉約者欲其詞情醞藉，豪放者欲其氣象恢宏。蓋亦存乎其人，如秦少游之作，多是婉約；蘇子瞻之作，多是豪放。大抵詞體以婉約為正，故東坡稱少游「今之詞手」；後山評東坡詞「雖極天下之工，要非本色」。今所錄為式者，必是婉約，庶得詞體，又有惟取音節中調、不暇擇其詞之工者，覽者詳之。㊹

從他這樣區分之後，一般人論詞，大都以「豪放」稱蘇軾詞的風格，並且尊他為豪放派詞人的代表。民國以來，隨著研究詞學風氣的興盛，討論蘇軾詞的熱烈，對其風格之認定也就有許多不同的看法，有的根本否定豪放是蘇詞的特點，有的則認為除豪放外，又有婉約、清曠等不同風格，也有以「超曠」、

「高曠」、「清曠」、「清雄」、「精警」、「雅詞」等各種名詞想要將「豪放」取而代之，各種論說不一而足。㊺但個人認爲，蘇軾詞還是以「豪放」作爲其風格最爲恰當，因爲「豪放」一詞，就我們前面所論，它實已涵蓋了作家的人格與風格，蘇軾的性格豪放，喜愛自然，有天馬行空的才華，不喜歡受到拘束，因此表現在詞作上，他追求內容的解放，形式的解放，詞風也隨著從傳統婉約柔媚的風格中解放出來，像蘇軾這樣的爲人，作品內容廣闊、詞境高遠、不受格律束縛、氣象恢宏等等，想只有「豪放」一詞可以一言以蔽之了。當然我們也承認蘇軾還有其他風格的作品，本來一位「豪放」詞人，他的作品就不應該被「豪放」完全束縛著，如果他一味追求「豪放」，沒有豪放之氣，而想作豪放之詞，這豈不是才剛從一個框架中跳出，又跳進另一個框架嗎？如此還能算「豪放」嗎？所以蘇軾詞風的豪放，是「行於所當行，止於所不可不止」，當其需要時，他也可以表現其他不同風格的作品出來，這才是眞正的豪放。明乎此，我們就不必斤斤計較，以免被這位「豪放」詞人所笑。

## 六、結　論

蘇軾承繼歐陽修的詩文革新運動，不但在詩文創作有極高的成就，並以其不世出之才，從事於歐陽修所尙未完成的詞體改造。詞體長久以來，一直受限於歌妓演唱之需要，成爲音樂的附庸，而不能成其大。蘇軾改造詞體，先改變對詞體的觀念，他把詞體定位在詩體上，不只是純粹供歌妓演唱的歌詞而已，換句話說，他要提高詞體的文學性，擺脫音樂性的束縛。在這種觀念的指引下，他以詩爲詞，將詞當作一種詩體來創作，所以他寫作的對象、情志、題材、時空都比以前擴大，凡是詩體可寫的內容，詞體亦不遑多讓，他把詞體狹窄的內容解放了。在解放內容的同時，他塡詞不受音樂束縛、大量增加詞序、運用詩體格式作法、開展檃括詞、大量重複使用常見詞調等，使詞體原本受限歌唱的形式也解放了。詞體因此變成作者生活的寫照、人格的反映，蘇軾的豪邁性情、曠達胸襟無不表現在詞裏，創造了豪放的詞風，將詞體從婉約柔媚的風格中解放出來。由於蘇軾的偉大人格及在文壇上的地位，他以詩為詞所創作的許多優秀作品，不僅「自是一家」，而且影響後世極為深遠。

受蘇軾影響最直接的，就是蘇門弟子及稍後南北宋之交的詞人。王灼《碧雞漫志》卷二說：「晁無咎、黃魯直皆學東坡，韻製得七八。黃晚年閒放於狹邪，故有少疎蕩處。後來學東坡者，葉少蘊、蒲大受亦得六七，其才力比晁、黃差劣。蘇在庭、石耆翁入東坡門矣，短氣跼步，不能進也。……陳去非、徐師川、蘇養直、呂居仁、韓子蒼、朱希眞、陳子高、洪覺範佳處亦各如其詩。」王灼在宋高宗紹興年間，曾為幕官，《碧雞漫志》根據作者〈自序〉，成書于己巳（一一四九），這一段文字所論，我們隱然看到一個以蘇軾為首的詞派已經在南宋初期成形。晁補之（無咎）、黃庭堅（魯直）都是「蘇門四學士」之一，晁詞「神姿高秀」㊻、黃詞「著腔子唱好詩」㊼，受蘇軾影響自不待言。接著所提的詞人如葉夢得（少蘊）、陳與義（去非）、蘇庠（養直）、呂本中（居仁）、朱敦儒（希眞）、陳克（子高）、惠洪（洪覺範）等，都是南北宋之交的著名詞人，其作品也都是追隨蘇軾「以詩為詞」的路線。其實當時還有不少重要作家，如張元幹、向子諲、周紫芝、李綱、趙鼎、蔡伸、李彌遜、呂渭老、王之道、楊无咎、曹勛等，幾乎無一不受蘇軾影響。他們尤其在南渡之後更加明顯，個人過去研究宋南渡詞人時曾有這樣的論述：「等到發生了『靖康之難』之後，柳、周這類重形式、缺乏內容的作品已不符合時代的要求了，代之而起的卻是蘇軾那種『曲子中縛不住』、『不喜裁翦以就聲律』的豪放詞。蘇軾的詞有思想、有個性，正是處於變亂中的詞人所模擬的對象。」㊽所以從南渡詞人的作品中，不但可以看到蘇軾的影子，而且內容更加擴大，表現出蘇詞所未有的慷慨激昂詞風。

接著繼之而起的辛棄疾，他被視為蘇軾以後豪放派的大詞人，劉辰翁〈辛稼軒詞序〉說：「詞至東坡，傾蕩磊落，如詩如文，如天地奇觀，豈與羣兒雌聲學語較工拙，然猶未至用經用史，牽雅頌入鄭衛也。自辛稼軒前，用一語如此者必且掩口。及稼軒橫豎爛漫，乃如禪宗棒喝，頭頭皆是；又如悲笳萬鼓，平生不平事並巵酒，但覺賓主酣暢，談不暇顧。詞至此亦足矣！」（《須溪集》卷六）辛棄疾將蘇軾所開拓的詞境再加以無限擴張，不管任何內容，任何語言，以前人所不敢表現者，在他的筆下，都能隨心所欲，駕馭自如，詞的內容到此已經解放到了極點，難怪他能夠和蘇軾並稱為「蘇辛」，在詞史上享有極尊崇的地位。南宋還有不少著名詞人，如陸游、陳亮、劉過、劉克莊、劉辰翁等，他們也都以詩為詞，抒情言志，表現家國身世之感，這都屬於蘇軾一脈相傳的豪放派詞人。蘇軾的影響並不止於南宋，即使金元明清各朝各代，都有他的追隨者，如清代以陳維崧為首的陽羨派詞人，他們標舉蘇辛，則是大家耳熟能詳的，可見其影響之深遠。

蘇詞的影響既然如此深遠，歷來對他的評價如何呢？一般都是針對他開拓詞體內容，提昇詞體意境，予以充分肯定，最具代表性的是王灼《碧雞漫志》卷二所云：「東坡先生非心醉於音律者，偶爾作歌，指出向上一路，新天下耳目，弄筆者始知自振。」及胡寅〈題酒邊詞〉所云：「及眉山蘇氏，一洗綺羅香澤之態，擺脫綢繆宛轉之度，使人登高望遠，舉首高歌，而逸懷浩氣，超然乎塵垢之外，於是《花間》爲皁隸，而柳氏爲輿臺矣！」（汲古閣本《宋六十名家詞》）而另有一些批評者，他們站在傳統詞體的立場，提出自己的見解，如陳師道《後山詩話》云：「退之以文爲詩，子瞻以詩爲詞，如教坊雷大使之舞，雖極天下之工，要非本色。」他的觀點，影響後來許多人對蘇詞的看法，如前面所引的張綖《詩餘圖譜・序》，他將詞體分爲婉約與豪放，並說「大抵詞體以婉約爲正，故東坡稱少游『今之詞手』；後山評東坡詞『雖極天下之工，要非本色』。」其實「今之詞手」也是陳師道《後山詩話》所說，並未見蘇軾說過這樣的話，所以張綖以婉約爲正（相對豪放即爲「變」，他沒有直說而已）的說法，完全得之陳師道。王世貞《藝苑卮言》則直接指出「正宗」與「變體」，他說：

李氏、晏氏父子、耆卿、子野、美成、少游、易安至矣，詞之正宗也。溫韋艷而促，黃九精而險，長公麗而壯，幼安辯而奇，又其次也，詞之變體也。

本來「正」與「變」，只是一種歷史過程的陳述，並不應含有價值判斷，但王世貞很顯然以正宗爲「至」（極高明），以變體爲「其次」，是帶有優劣的味道，因此不少人爲「正」、「變」之說爭論不已，如劉熙載《藝概・詞曲概》卷四說：

太白〈憶秦娥〉聲情悲壯，晚唐、五代唯趨婉麗，至東坡始能復古。後世論詞者，或轉以東坡爲變調，不知晚唐五代乃變調也。

他將「變調」丟給對方，這項反擊似乎亦論之有據，言之成理。但如果不要含有主觀價值成分的話，「正變」確實也能反映詞體的演變過程，正如鄭師因百〈柳永蘇軾與詞的發展〉一文所說：「變調並非不如正宗，有時也許變調會比正宗容易被人欣賞。所謂正變，只是爲了分析敘述的方便而起的名詞，並沒有甚麼軒輊。」㊾準此，說蘇軾詞爲「變體」，其實更能顯示他在詞史上革新的地位，詞體要不是經過蘇軾的「以詩爲詞」，突破了詞體發展的瓶頸，給予詞體內容、形式、風格的解放，尤其他在開拓詞體內容、提昇詞體意境所作的傑出貢獻，更是值得大書特書，否則詞史那有今天的波瀾與氣象，說它「變體」有何不宜？但如果主觀以「正體爲優、變體爲劣」的說法，吾人認爲並不足取。

【附　註】

① 鄭師因百〈蘇東坡的先世及其親屬〉註解㊄云：「東坡生日是陰曆十二月十九，陽曆已是一〇三七年一月八日；但普通仍作一〇三六生。」見《景午叢編》（臺北：臺灣中華書局，一九七二年三月），下編，頁二八九。

② 宋朋九萬曾輯錄其全案文卷，詳述始末，題曰《烏臺詩案》。

③ 王宗稷編《東坡年譜》（臺北：臺灣商務印書館，一九七八年三月），頁一〇－一一。

④ 施宿編《東坡先生年譜》，見王水照《蘇軾選集》（臺北：萬卷樓圖書公司，一九九三年三月），附錄，頁

四六八。

⑤以上生平，據《宋史》卷三三八本傳，並參考蘇轍〈亡兄子瞻端明墓誌銘〉（《欒城集》），上海古籍出版社，一九八七年三月，後集，卷二十二，頁一四一〇－一四二三）。蘇軾的傳記專著甚多，較重要者有：林語堂著、宋碧雲譯《蘇東坡傳》（臺北：遠景出版社，一九七七年五月）、劉維崇《蘇軾評傳》（臺北：黎明文化事業公司，一九七八年二月）、曾棗莊《蘇軾評傳》（成都：四川人民出版社，一九八一年九月）、王水照《蘇軾》（上海古籍出版社，一九八一年十二月；臺北：國文天地雜誌社，一九九三年一月）、李一冰《蘇東坡新傳》（臺北：聯經出版事業公司，一九八三年六月）等。蘇軾的年譜亦有多種，如：南宋王宗稷《東坡先生年譜》（附見《東坡七集》，臺北：臺灣中華書局《四部備要本》，一九七〇年六月；《蘇東坡全集》，臺北：河洛圖書出版社，一九七五年九月；單行本，見同註③）、傅藻《年坡紀年錄》（附見王十朋《增刊校正王狀元集注分類東坡先生詩》，臺北：臺灣商務印書館《四部叢刊》初編縮本，一九七五年六月）、施宿《東坡先生年譜》（附見《蘇詩佚注》，東京：同朋舍，一九六五年；王水照《蘇軾選集》，見同註④）、清王文誥《蘇文忠公詩編年總案》（附見《蘇文忠公詩編註集成》，臺北：臺灣學生書局，一九七九年八月）、王保珍《增補蘇東坡年譜會證》（臺北：國立臺灣大學文學院，一九六九年八月）、曹樹銘《東坡年表》（附見《蘇東坡詞》，臺北：臺灣商務印書館，一九八三年十二月）、日人近藤光男《蘇東坡年譜》（附見《漢詩大系》第十七冊《蘇東坡》，東京：集英社，一九六四年）等。

⑥鄭師因百《詞選》（臺北：中國文化大學出版部，一九八四年一月），頁四八。

⑦ 以上詞集版本主要參考王景鴻〈蘇東坡著述版本考・東坡詞〉（見《書目季刊》，四卷三期，頁七四－七八，一九七〇年三月）、劉尚榮〈蘇軾詞集版本綜述〉（見《詞學・四輯》，上海：華東師範大學出版社，一九八六年八月，頁一七七－一九〇；又見《蘇軾著作版本論叢》，成都：巴蜀書社，一九八八年三月，頁一六五－一九一）。

⑧ 有關東坡詞的注本，最早的是南宋傅幹《注坡詞》十二卷，刻本已佚，尚有殘抄本傳世，另有劉尚榮校證《傅幹注坡詞》（成都：巴蜀書社，一九九三年七月），可供參考。目前流行的注本有：龍榆生《東坡樂府箋》（上海：商務印書館，一九三六年；臺北有臺灣商務印書館，一九七〇年九月；華正書局，一九七四年六月；漢京文化事業公司，一九七四年等翻印）、曹樹銘校編《蘇東坡詞》（臺北：臺灣商務印書館，一九八三年十二月）、鄭向恆《東坡樂府校訂箋注》（臺北：學藝出版社，一九七七年八月）、石聲淮、唐玲玲《東坡樂府編年箋注》（武昌：華中師範大學出版社，一九九〇年七月；臺北：華正書局，一九九三年八月）等；其他選注本甚多，不錄。

⑨ 王重民《敦煌遺書論文集》（臺北：明文書局，一九八五年六月），頁五七。

⑩ 有關研究蘇軾文藝思想的專著有：曾棗莊《三蘇文藝思想》（成都：四川人民出版社，一九八五年十月）、黃鳴奮《論蘇軾的文藝心理觀》（福州：海峽文藝出版社，一九八七年五月），黃惠菁《東坡文藝理論研究》（國立臺灣師範大學國文研究所碩士論文，一九九二年）等，其它一般論文相當多，可參檢拙編《詞學研究書目（一九一二－一九九二）》（臺北：文津出版社，一九九三年四月），頁四五三－四五七。

⑪《文學遺產》，一九八六年三期，頁七四。

⑫青山宏著、范建明譯〈蘇軾與黃庭堅的詞論〉，見《蘇州大學學報》，一九九〇年三期，頁六二。亦見《中國古代、近代文學研究》（複印報刊資料），一九九〇年十期，頁三〇八。

⑬王運熙、顧易生主編《中國文學批評史》（臺北：五南圖書出版公司，一九九一年十一月），頁三八二。

⑭胡適《詞選》（臺北：臺灣商務印書館，一九七五年五月），序，頁六。

⑮同註⑭。

⑯中國古典文學研究會主編《古典文學．第二集》（臺北：臺灣學生書局，一九八〇年十二月），頁二八六。

⑰參考鄭師因百〈蘇東坡的先世及其親屬〉一文，見同註①，頁二八六—二八七。

⑱參見曹樹銘校編《蘇東坡詞》（臺北：臺灣商務印書館，一九八三年十二月），〈序論〉，頁二五。

⑲兩首詞爲悼念朝雲之作，〈西江月〉係根據王文誥編《蘇文忠公詩編年總案》卷四十引龔檢討《芥隱筆記》云：「東坡梅詞『不與梨花同夢』，蓋用王建〈夢中梨花雲詩〉。時侍兒朝雲新亡，其寓意爲朝雲作。」〈雨中花慢〉則根據高培華〈蘇軾雨中花慢是悼念朝雲〉一文，見《文學遺產》，一九八七年六期，頁四五。

⑳車杜環著、張泰源譯〈東坡詞研究〉，見《書目季刊》，二三卷二期，頁二三，一九八八年九月。

㉑村上哲見《宋詞研究—唐五代北宋篇》（東京：創文社，一九七六年三月），頁三一三。

㉒參見王保珍《增補蘇東坡年譜會證》（臺北：國立臺灣大學文學院，一九六九年八月），頁一〇三—一〇七。

㉓龍榆生《東坡樂府箋》（臺北：華正書局，一九七四年六月），頁二六二。

㉔ 參見劉昭明《蘇軾意內言外詞隅測》（私立東吳大學中國文學研究所博士論文，一九九四年五月），頁二三六—二六五，及三九一—四〇〇。

㉕ 袁行霈《中國詩歌藝術研究》（北京大學出版社，一九八七年六月），頁三四七。

㉖ 劉若愚著、王貴苓譯《北宋六大詞家》（臺北：幼獅文化事業公司，一九八六年六月），頁一四七。

㉗ 〈念奴嬌〉詞中文字，歷來傳本頗有異文，此根據影印元延祐本《東坡樂府》（臺北：世界書局，一九七〇年五月），僅依《花菴詞選》改「人間」爲「人生」而已。

㉘ 胡仔《苕溪漁隱叢話》（臺北：長安出版社，一九七八年十二月），前集，卷四二，引《遯齋閑覽》，頁二八五。

㉙ 吳曾《能改齋漫錄》（臺北：木鐸出版社，一九八二年五月），卷十六，頁四六九。原文「然」上衍一「自」字，唐圭璋《詞話叢編》（臺北：新文豐出版公司，一九八八年二月）據趙氏小山堂鈔本及《詩人玉屑》引文刪去，今從之。見冊一，頁一二五。

㉚ 同註㉘，後集，卷三三，頁二五四。

㉛ 同註㉚。

㉜ 任二北《敦煌曲初探》（上海文藝聯合出版社，一九五五年五月），頁二七五。

㉝ 同註㉜，頁二七九。

㉞ 北京大學古文獻研究所編《全宋詩》（北京大學出版社，一九九一年八月），冊三，頁一九三四—一九三八。

㉟王兆鵬《宋南渡詞人羣體研究》（臺北：文津出版社，一九九二年三月），頁二七一。

㊱參見村上哲見《宋詞研究—唐五代北宋篇》（東京：創文社，一九七六年三月），第四章第一節，〈張子野和蘇東坡〉，頁三一一—三一二。

㊲王安石的七首集句詞分別是：〈甘露歌〉三首、〈菩薩蠻〉（海棠亂發皆臨水）、〈南鄉子〉（自古帝王州）、〈浣溪沙〉（百畝庭中半是苔）、〈菩薩蠻〉（數家茅屋閒臨水）。謝章鋌《賭棋山莊詞話》卷十二稱讚王安石的〈甘露歌〉：「天寒日暮山谷裏。的皪愁成水。地上漸多枝上稀。惟有故人知。」〈菩薩蠻〉：「花是去年紅。吹開一夜風。」、「何物最關情。黃鸝三兩聲。」是「滅盡針線之跡」。

㊳參見劉石《蘇軾詞研究》（臺北：文津出版社，一九九二年七月），頁二六—二八。

㊴唐圭璋等撰《唐宋詞鑑賞辭典》（上海辭書出版社，一九八八年八月），頁六一六。

㊵同註㊳，頁二八。

㊶認爲信中所說的一闋小詞即這首〈江神子〉的有：夏承燾《唐宋詞欣賞》（臺北：文津出版社，一九八三年十月），頁一〇八—一一一；沈祖棻《宋詞賞析》（上海古籍出版社，一九八八年二月），頁二〇二；徐中玉〈論蘇軾的「自是一家」說〉（見《學術月刊》，一九八一年五期，頁五八—六四）等。而持否定看法的，首推羅忼烈〈東坡詞雜說〉（《兩小山齋論文集》，北京：中華書局，一九八二年七月，頁三三）；施議對〈蘇軾轉變詞風的幾個問題〉（《學習與思考》，一九八三年一期，頁五八—五九），將請教羅忼烈所得之理由寫出，亦同意其見解。但王水照〈蘇軾的書簡「與鮮于子駿」和「江城子、密州出獵」〉（《唐宋文學

論集》，濟南：齊魯書社，一九八四年七月，頁二八九—二九三；又見《蘇軾論稿》，臺北：萬卷樓圖書公司，一九九四年十二月，頁二三一—二三六），則反駁羅忼烈所提之理由，還是認同〈江神子〉即信中所言之詞。

㊷ 孫聯奎、楊廷芝解，孫昌熙、劉淦校點《司空圖詩品解說二種》（濟南：齊魯書社，一九八〇年八月）。

㊸ 同註㉙。

㊹ 《詩餘圖譜》之明刻通行者爲汲古閣《詞苑英華》本，卻無〈凡例〉及按語。王水照〈蘇軾豪放詞派的涵義和評價問題〉一文曾據北京圖書館所藏明刊本及萬曆二十九年游元涇校刊的《增正詩餘圖譜》本引，見王水照《蘇軾論稿》（臺北：萬卷樓圖書公司，一九九四年十二月），頁一八六——一八七。此爲轉引。

㊺ 參見崔海正〈東坡詞研究評論述要〉，《文學遺產》，一九九〇年一期，頁一二七—一二九。

㊻ 《四庫全書總目提要》卷一九八《晁無咎詞》提要云：「補之爲蘇門四學士之一。集中如〈洞仙歌〉第二首『塡盧仝詩』之類，未免效蘇軾檃括〈歸去來詞〉之顰。然其詞神姿高秀，與軾實可肩隨。」

㊼ 晁補之之評語，同註㉙引。

㊽ 拙著《宋南渡詞人》（臺北：臺灣學生書局，一九八五年五月），頁三六。

㊾ 同註①，上編，頁一二六。

# 著腔子唱好詩——黃庭堅

## 一、黃庭堅的生平與詞集

黃庭堅，字魯直，自號山谷道人，又號涪翁①，洪州分寧（江西修水）人。仁宗慶曆五年（一〇四五）生。幼警悟，讀書數過輒成誦。英宗治平四年（一〇六七）進士，任葉縣（河南葉縣）尉。神宗時，爲北京國子監教授，知太和縣（江西太和），以平易爲治。哲宗時，召爲校書郎，《神宗實錄》檢討官，遷著作佐郎，加集賢校理。《實錄》成，擢起居舍人，秘書丞兼國史編修官。初，蘇軾嘗見其詩文，以爲超軼絕塵，獨立萬物之表，世久無此作，由是聲名始震。因以詩往來，會蘇公以詩抵罪，公亦罰金。紹聖元年（一〇九四）坐元祐黨籍，以修《神宗實錄》不實罪名，貶涪州（四川涪陵）別駕，黔州（四川彭水）安置，命下，左右或泣，公色自若，投床大鼾，即日上道。後以外兄作本路常平官，避嫌，移戎州（四川宜賓）。徽宗時，起知太平州（安徽當塗），至之九日罷。復以與宰相趙挺之有隙，指其所作〈荊南承天院記〉爲幸災謗國，除名，編管宜州（廣西宜山）。居宜三年，於崇寧四年（一一〇五）卒於地②，年六十一。大觀三年（一一〇九），歸葬故里，墓在江西修水雙井村。

恭帝德祐元年（一二七五），謚文節。③

黃庭堅的詞集名《山谷詞》，又名《山谷琴趣外編》。現在流行的本子有：南宋閩刻《山谷琴趣外篇》三卷，九十一首，《四部叢刊》三編即影此本。汲古閣《宋六十名家詞》本《山谷詞》一卷，一百七十九首，《四部備要》據此排印。朱祖謀刻《彊村叢書》本《山谷琴趣外篇》三卷，九十首。《全宋詞》除用《彊村叢書》本外，又收明弘治刻嘉靖修本《豫章黃先生詞》八十九首，再經由汲古閣本《山谷詞》、《回文類聚》卷四、《全芳備祖》後集四〈橄欖門〉、《詩人玉屑》卷二十一等輯得詞八首、殘句三則，共收詞一百八十七首，殘句三則，再加孔凡禮《全宋詞補輯》由《詩淵》所輯二首，則計有一百八十九首完整的詞。④

## 二、黃庭堅的作詞態度

黃庭堅是宋代的大詩人，與蘇軾齊名，並稱爲蘇黃，但兩者風格並不相同，蘇軾才氣縱橫，詩風如天馬行空，無規則可循，黃庭堅作詩有他的體裁、方法和態度，因而形成一個強有力的宗派——江西詩派，影響後世深遠。而他也是一位詞人，但在當時對他的評價即有很大的差異。陳師道《後山詩話》說：「退之以文爲詩，子瞻以詩爲詞，如教坊雷大使之舞，雖極天下之工，要非本色。今代詞手，惟秦七黃九爾，唐諸人不迨也。」晁補之則說：「蘇東坡詞，人謂多不諧音律，然居士詞橫放傑出，自是曲子中縛不住者。黃魯直間作小詞，因高妙，然不是當行家語，是著腔子唱好詩。」⑤陳師道與晁補之都是黃庭堅的至交好友，兩人年紀相同，差黃庭堅八歲，陳師道被列為江西詩派的「三宗」之一，晁補之亦是「蘇門四學士」之一，兩人對蘇軾詞的看法：「以詩為詞」、「要非本色」或「不諧音律」、「曲子中縛不住者」，意思是相近的，但對黃庭堅的看法卻截然不同，陳師道將黃庭堅和秦觀並舉，認為是可超越唐人的「今代詞手」，與蘇軾相對，是符合「本色」的。而晁補之卻不這樣認為，他覺得黃庭堅的詞「不是當行家語，是著腔子唱好詩」，換言之，黃庭堅的詞不符合「本色」，和蘇軾一樣「以詩為詞」。

對於陳晁兩人評論的差異，南宋胡仔《苕溪漁隱叢話》後集卷三十三就曾加以指出說：「二公在當時，品題不同如此。自今觀之，魯直詞亦有佳者，第無多首耳。少游詞雖婉美，然格力失之弱；二公之言，殊過譽也。」他只說陳、晁兩人的評論過譽，對於孰是孰非則未加論斷。關於黃庭堅是否符合「本色」，或只是「著腔子唱好詩」，陳、晁之後這種分歧還是繼續存在著，如李清照〈詞論〉說：「乃知別是一家，知之者少。後晏叔原、賀方回、秦少游、黃魯直出，始能知之。」⑥認為黃庭堅與秦觀等人的作品，都符合詞「別是一家」，也就是「當行本色」。而王灼《碧雞漫志》卷二則說：「晁無咎、黃魯直皆學東坡，韻製得七八。」認為黃庭堅大抵接近蘇軾的「以詩為詞」。

其實要釐清這個分歧並不難，只要我們從文獻記載瞭解到黃庭堅對詞的觀念，並從其詞作直接分析，應可解開前人評論分歧之謎。首先，我們探討黃庭堅對詞的觀念，約可概括為兩方面：

㈠**自認艷詞只是「空中語」**。根據釋惠洪《冷齋夜話》卷十記載：「法雲秀，關西人，鐵面嚴冷，能以理折人。魯直名重天下，詩詞一出，人爭傳之。師嘗謂魯直曰：『詩多作無害，艷歌小詞可罷之。』魯直笑曰：『空中語耳，非殺、非偷，終不至坐此墮惡道。』師曰：『若以邪言蕩人淫心，使彼逾禮越禁，為罪惡之由，吾恐非止墮惡道而已。』魯直頷之，自是不復作詞曲。」在胡仔《苕溪漁隱叢話》前集卷五十七曾引《冷齋夜話》這段故事，雖然文字內容有很大的差異，但黃庭堅被法雲秀說服是相同的。可是在黃庭堅〈小山集序〉中表現則不然，他說：「余少時間作樂府，以使酒玩世。道人法秀獨罪余以筆墨勸淫，於我法中，當下犁舌之獄，特未見叔原之作耶？」（《彊村叢書》本《小山詞》）他還是不服的。他之所以不服，他認為詞雖然是艷麗本質，寫的是男歡女愛、離愁別恨，但只是一種別有寄託的「空中語」，正如他稱讚晏幾道的詞：「狎邪之大雅，豪士之鼓吹。其合者，〈高唐〉、〈洛神〉之流；其下者，豈減〈桃葉〉、〈團扇〉哉！」（〈小山集序〉）他的這種作詞態度，在提昇詞的境界方面是一大進步，確實有「指出向上一路」的傾向，只差還沒有「一洗綺羅香澤之態」而已。

㈡**評詞強調「意中事」**。黃庭堅在評論他人的詞作時，經常指出作者的意中事，如評張志和的〈漁父詞〉：「雅有遠韻」⑦；評蘇軾〈卜算子〉（缺月掛疏桐）云：「語意高妙，似非喫煙火食人語，非胸中有數萬卷書，筆下無一點塵俗氣，孰能至此？」⑧跋王君玉〈定風波〉（把酒花前欲問天）云：「王君玉流落在外，轉守七郡，意不能無觖望，然終篇所寄，似為執政者不悅而獨憐之耶？」⑨不僅以上對單篇作品題如此，對作家整體評論時亦如此，如評論劉禹錫〈竹枝〉九篇云：「詞意高妙，元和間，誠可以獨步。」⑩又云：「蓋詩人中工道人意中事者也。」⑪另評馬成（字中玉）亦云：「

馬中玉翰墨頗有勁氣，……至其作樂府長短句，能道人意中事。」⑫從這些評論，可瞭解黃庭堅對詞的看法，是繼承「詩言志」的傳統，他認爲詞亦應有「意中事」。

日人青山宏在總結黃庭堅的詞論時曾說：「黃庭堅就是這樣一方面承認詞是『艷歌小詞』，主張詞不過是『空中語』，而另一方面又把詞看作與詩同格，是表述『心中事』的言志之物。黃庭堅對於詞的思考之所以會有上述這樣二種分離，原因這在於他既肯定傳統的詞的本流，又想超過傳統於新的領域開闢新生的道路。實際上是試圖傳統與新生的融合。如果作消極性的評價，那麼這是一種基於折衷主義立場的混合物。」⑬從這一段結論似乎可看出陳師道與晁補之論黃庭堅詞各有主張的原因，陳師道看到黃庭堅的「艷歌小詞」，與秦觀風格相近，故推許兩人爲「今代詞手」。而晁補之的詞風接近蘇軾，偏重在詞的內容，因而對於黃庭堅的「空中語」、「意中事」比較能夠理解，故把黃庭堅與蘇軾的距離拉近，說他是「著腔子唱好詩」。青山宏的結論將黃庭堅的「空中語」與「意中事」等量齊觀，這是不正確的，其實黃庭堅的「空中語」，亦在強調其「意中事」，他應該是偏重在詞的「意中事」，這才是黃庭堅詞論的重點所在，換言之，就黃庭堅的作詞、論詞態度，似乎可感受到他走的是蘇軾的路線，晁補之的說法較接近事實。

## 三、「空中語」——黃庭堅的艷詞

我們打開《山谷詞》，將可發現黃庭堅也寫了不少與歌妓相關的艷詞。宋代都市發達，歌妓繁盛，鮮有詞人不描寫歌妓的，有的詞人更與歌妓發生了愛情，留下許多纏綿悱惻、濃情蜜意的篇章。黃庭堅身處這樣的環境中，也有一些與歌妓相關的傳說，如楊湜《古今詞話》載：

涪翁過瀘南，瀘帥留府。會有官妓盼盼性頗聰慧，帥嘗寵之。涪翁贈〈浣溪沙〉曰：「腳上鞋兒四寸羅。……」盼盼拜謝，涪翁令唱詞侑觴。盼盼唱〈惜花容〉曰：「少年看花雙鬢綠。……」涪翁大喜。翌日出城遊山寺，盼盼乞詞。涪翁作〈驀山溪〉以見意曰：「朝來春日，……」。⑭

楊湜常喜穿鑿附會，《古今詞話》所載多不可靠，如本則詞話黃庭堅贈盼盼〈浣溪沙〉（腳上鞋兒四寸羅）詞，見秦觀《淮海居士長短句》，因此它的眞實性頗令人置疑⑮。雖然如此，詞話中所舉的另一首《驀山溪》，黃昇《唐宋諸賢絕妙詞選》卷四也有選，應可確定爲黃庭堅所作，而且是一首好作品，茲將全詞錄出：

朝來風日，陡覺春衫便。翠柳艷明眉，戲鞦韆、誰家倩盼。煙勻露洗，草色媚橫塘，平沙軟。雕輪轉。行樂聞絃管。　追思年少，走馬尋芳伴。一醉幾纏頭，過揚州、珠簾盡捲。而今老矣，花似霧中看，歡喜淺。天涯遠。信馬歸來晚。

這是作者晚年春日出遊，看到明媚風光，鞦韆倩盼，追思往日年輕浪漫生活，而今浪跡天涯，不勝感慨。全詞雖未脫離以女性爲題材，但沒有淫詞艷語，讀來清新不俗。

一般研究黃庭堅的詞，都喜將它分爲前後兩期，如周裕鍇〈試論黃庭堅的詞〉說：「黃庭堅的創作大體可分為前後兩期，大約以元豐初年他與蘇軾定交為界線，前期較多受柳永影響，後期則較多受蘇軾影響。」⑯前期是黃庭堅青少年時期，他寫下許多俚俗浮艷的作品，這些作品常受到不好的批評，周裕鍇又說：「黃庭堅的艷詞大抵是應歌妓的演唱之需創作的，缺少士大夫的雅趣，似乎有意在迎合市民的胃口。有部分詞不僅語言粗劣鄙俚，內容也庸俗不堪，充斥著赤裸裸的色情描寫。」⑰祝振玉〈讀黃山谷詞札記〉也批評道：「山谷之艷詞，無論是自報家門還是代人擬言，都是他早年尋花問柳生活的寫照。這種生活追求情欲的恣肆與滿足，由於取樂的對象是那些沒有社會地位的青樓女子，……因此，黃庭堅筆下的艷詞，就帶有濃重的紈袴氣與市民氣。它的特點是鄙俗與刻露。」⑱這類艷詞如：〈兩同心〉（巧笑眉顰）、同調（一笑千金）、同調（秋水遙岑）、〈阮郎歸〉（退紅衫子亂蜂兒）、〈江城子〉（新來曾被眼奚搐）、〈歸田樂引〉（暮雨濛堦砌）、同調（對景還銷瘦）、〈歸田樂令〉（引調得、甚近日心腸不戀家）等約三十餘首，其寫作特點是：

㈠**大量運用口語、俗語**。如〈阮郎歸〉：「衣寬只為伊，為伊去得忒多時，教人直是疑」、〈歸田樂引〉：「是人驚怪，冤我忒撋就，拚了又捨了，定是這回休了，及至相逢又依舊」、〈鼓笛令〉：「臘月望州坡上地，凍著你、影䯼村鬼。你但那些一處睡。燒沙糖、管好滋味」等，像是從口中直接道出，非常淺白通俗，很明顯是走柳永符合大眾口味的創作路線。

㈡**大膽露骨的描寫**。這些艷詞，對男女情愛的描寫，一改傳統文學含蓄婉約的寫法，而很直接露骨的表現出來。如〈江城子〉：「有分看伊，無分共伊宿，一貫一文蹺十貫，千不足、萬不足」、〈

好女兒〉：「啼破曉來妝，懶繫酥胸羅帶」、〈醜奴兒〉：「是即好意也毒害，你還甜殺人了，怎生申報孩兒」、〈少年心〉：「是阿誰先有意，阿誰薄倖，斗頓恁、少喜多嗔」等。

黃庭堅由於大量運用口語、俗語，大瞻露骨的創作艷詞，這對世道人心恐有不良影響，因此法雲秀告誡他會墮惡道，但黃庭堅卻認爲自己這些作品只是「空中語耳」（見前引），他的作詞態度並不是以筆墨勸淫，而是有他的另外寄託，黃庭堅自己的說法在提昇詞境而言無疑是進步的，這些艷詞或許是他「使酒玩世」，對世俗的嘲弄吧！

黃庭堅早期艷詞寫作的對象恐怕是市井的私妓，故作品流於鄙俗，後期的一些贈妓之作，則多屬於官妓或家妓，內容比較雅馴，如〈驀山溪〉（鴛鴦翡翠）及〈稠花亂葉〉二首是贈給衡陽官妓陳湘，〈阮郎歸〉（盈盈嬌女似羅敷）贈給陳湘的同伴曾甹文，〈定風波〉（歌舞闌珊退晚妝）寫朋友的兩位家妓，〈好事近〉（一弄醒心絃）贈太平州小妓彈琴送酒、〈宴桃源〉（天氣把人僝僽）書趙伯充家小姬領巾等皆是，其中以〈驀山溪〉（贈衡陽妓陳湘）最有名：

鴛鴦翡翠，小小思珍偶。眉黛斂秋波，儘湖南、山明水秀。娉娉嫋嫋，恰似十三餘，春未透。花枝瘦。正是愁時候。　尋花載酒。肯落誰人後。祇恐遠歸來，綠成陰、青梅如豆。心期得處，每自不由人，長亭柳。君知否。千里猶回首。

這是作者贈別官妓陳湘的作品。上片寫陳湘的年輕貌美，含情脈脈，多愁善感，惹人憐愛，下片寫作者尋芳載酒，臨別傷懷，後約無期的悵惘。詞上片用了杜牧〈贈別〉詩：「娉娉嫋嫋十三餘，豆蔻梢頭二月初」的詩句，下片融化杜牧〈嘆花〉詩：「自是尋芳去較遲，不須惆悵怨芳時。狂風落盡深紅色，綠葉成陰子滿枝。」兩者前後相互呼應，將作者情感表現得十分眞摯、深沈。

黃庭堅前後期的艷詞風格不同，除了贈送的歌妓對象有別之外，作者晚年的修養應該也有密切關係，而最主要是作者承繼蘇軾「以詩爲詞」的作法，所以將以前的鄙俗露骨掃除殆盡，而代之有詩意的內容，如前面所引的〈驀山溪〉（朝來風日）晚年遊春之作，即是最好的例子。王訶魯在〈試論山谷詞中抒情主人公的情感因素〉一文中，對黃庭堅的前後期的艷詞有這樣的看法：「山谷間的艷詞，無論是早年還是晚年，多半是赴酒宴時，妓樂佐歡，歌女迎送，索詞討曲，詩人出於應酬，逞才使氣，戲爲之作的。其本意早年是『使酒玩世』，戲弄流俗；晚年更是『有體無情，眼熱心冷』，據此亦可知，山谷超逸疏放、嶔崎磊落的情感基調並未受染。」⑲由此來看黃庭堅的艷詞是所謂「空中語耳」，或許比較貼切接近的。

## 四、「意中事」——《山谷詞》與日常生活結合

黃庭堅在評論他人詞作時，常強調其「意中事」，也就是重視詞的內容，承繼「詩言志」的傳統，因此我們觀察黃庭堅的作品，除了早期「使酒玩世」的艷詞之外，大部分的詞都是有感而發，與日常生活所發生的事情密切結合在一起。他的詞與張先、蘇軾可看出一脈相傳之處，晚唐五代的詞「主聲不主文」很少重視題目的，由於張先擴充了詞的實用功能，與文人的生活相結合，他的許多作品都另有

題目：蘇軾更開拓了詞的表現領域，他的作品幾乎都有題目，可看出作詞的動機與時間，和作詩言志並無兩樣，因此《東坡樂府》能夠繫年，詞與作者的生活息息相關。黃庭堅的詞也是如此，他的作品也大部分有題目，作詞的時間、地點斑斑可考，如果有心將《山谷詞》加以編年，這並不是難事。黃庭堅的詞與日常生活融合，擴充詞的題材，我們可從下面幾點觀之：

㈠**酬贈親朋好友**。詞從供歌妓演唱，融入文人生活之中，最顯明的現象，就是文人以詞互相酬贈。黃庭堅寫了許多贈給親朋好友的詞，尤其貶謫之後，常用詞抒發情意，贈給親友。黃庭堅在紹聖二年（一〇九五）貶到黔州安置，到了元符元年（一〇九八）才移到戎州，在黔州期間，當時黔州守曹譜（字伯達）待之甚厚，他有許多酬贈之作，如〈減字木蘭花〉（中秋多雨）題序云：「丙子（紹聖三年）仲秋，奉陪黔陽曹使君伯達玩月，作〈減字木蘭花〉，兼簡施州張使君仲謀」、另一首〈減字木蘭花〉（舉頭無語）題序云：「丙子仲秋黔守席上，客有舉岑嘉州（按：應是杜甫）中秋詩曰：『今夜鄜州月，閨中只獨看。遙憐小兒女，未解憶長安。』因戲作」、〈鼓笛慢〉（早秋明月新圓）題序云：「黔守曹伯達供備生日」、〈品令〉（敗葉霜天晚）題序云：「送黔守曹伯達供備」等，從這些作品可瞭解黃庭堅與曹譜之交往，黃庭堅貶到黔州，在蠻荒之地過中秋節心情可想而知，所幸黔州守曹譜設宴請他共渡佳節，這是令他感動的，因此曹譜生日時，特地塡〈鼓笛慢〉詞祝賀，尤其曹譜遷調時，黃庭堅塡〈品令〉送別，寫道：

敗葉霜天曉。漸鼓吹、催行棹。栽成桃李未開，便解銀章歸報。去取麒麟圖畫，要及年少。

勸公醉倒。別語怎向醒時道。楚山千里暮雲，正鎖離人情抱。記取江州司馬，坐中最老。

上片一方面惋惜曹譜爲黔守未久，其政績尚未開花結果，一方面也祝福他未來能飛黃騰達，功業彪炳。下片除勸飲離觴之外，最主要在表現對曹譜的感念之情。

黃庭堅與他弟弟知命手足情深，也可從贈詞中顯現出來。黃庭堅贈給弟弟知命的詞有：〈減字木蘭花〉（當年夜雨）、〈清平樂〉（乍晴秋好）、〈南鄉子〉（招喚欲千回）、〈謁金門〉（山又水）等多首。這些作品也都是黃庭堅遭貶之後所寫的，如〈減字木蘭花〉：

當年夜雨。頭白相依無去住。兒女成圍。歡笑尊前月照之。　阿連高秀。千萬里來忠孝有。豈謂無衣。歲晚先寒要弟知。

這首詞用的是「丙子（紹聖三年，一〇九六）仲秋黔守席上」所作〈減字木蘭花〉（舉頭無語）的韻腳，可見此詞約作於這個時候。紹聖二年黃庭堅貶到黔州，其弟知命即自蕪湖登舟來會，紹聖三年中秋兄弟尚在一起⑳，詞上片黃庭堅回憶過去某一年中秋夜雨，兄弟相依，兒女圍繞的情形，表現兄弟在風雨中共患難、相扶持，亦有其樂趣。下片的「阿連」，本指謝惠連，根據《南史·謝靈運傳》記載，謝靈運有從弟名惠連，工詩，爲靈運所愛，常呼之曰「阿連」。黃庭堅用「阿連」來指弟知命，亦顯示兄弟之友愛。接著稱讚弟弟千里迢迢來相會，具有忠孝美德，並用《詩經·秦風、無衣》：「豈曰無衣，與子用袍」的詩句與意義，表示兄弟要同心協力共渡難關，最末「歲晚先寒要弟知」，更凸顯黃庭堅對弟弟關愛之情。由以上這些例子，可知黃庭堅的酬贈之作，與個人遭遇息息相關，富有深厚感情，而不是文字遊戲。

㈡**表現人生哲理**。晏殊、歐陽修的詞常富有人生感慨，表現對生命無常、及時行樂的哲理思想。蘇軾在這方面更加深化了，使詞像詩一樣，亦可談禪說理，表現理趣。黃庭堅的遭遇類似蘇軾。作品亦受其影響，因此詞的內容也富有人生哲理，常反映曠達樂觀的處世態度，如〈念奴嬌〉：

> 斷虹霽雨，淨秋空，山染修眉新綠。桂影扶疏，誰便道，今夕清輝不足。萬里青天，姮娥何處，駕此一輪空。寒光零亂，為誰偏照醽醁。　年少從我追遊，晚涼幽徑，繞張園森木。共倒金荷家萬里，難得尊前相屬。老子平生，江南江北，最愛臨風曲。孫郎微笑，坐來聲噴霜竹。

黃庭堅自序云：「八月十七日，與諸生步自永安城，入張寬夫園待月，以金荷葉酌客，客有孫叔敏善長笛，連作數曲。諸生曰：『今日之會樂矣，不可以無述。』因作此曲記之，文不加點，或以為可繼東坡〈赤壁之歌〉。」[21]根據陸游《老學庵筆記》卷二所載，這首詞作於戎州。黃庭堅於元符元年（一〇九八），避親嫌移戎州安置，至元符三年才離開[22]，詞是這時所作。以一般人之常情，遭貶蠻荒心理難免不平，表現在作品上自然會流露鬱悒之氣，但我們看黃庭堅這首〈念奴嬌〉則不然，高原賞析道：「這首詞通篇洋溢著豪邁樂觀的情緒，詞中出現的形象如斷虹、秋空、萬里青天、明月、森木等等，大都是巨大的，色彩鮮明的，其本身就具有一種高遠的意境。在這首詞中沒有落木蕭蕭的衰颯景象，而是表現出一種豪邁的氣派。詞中寫游園、飲酒、聽曲，也都自有一種豪氣充斥其間。筆墨淋漓酣暢，頗見作者灑脫曠放的為人。《宋史》本傳說：『庭堅泊然不以遷謫介意，蜀士慕從之游，講學不倦』，這首詞不正是他這種豪放性格的生動寫照嗎？正如東坡之有〈赤壁詞〉，山谷也在這首詞中眞實地寫出了他自己，所以頗爲得意吧。」㉓其他如〈水調歌頭〉：「長嘯亦何爲，醉舞下山去，明月逐人歸」、〈驀山溪〉：「一觴一詠，瀟灑寄高閒，松月下，竹風間，試想爲襟抱」、〈一落索〉：「紫萸黃菊繁華處。對風庭月露。愁來即便去尋芳，更作甚、悲秋賦」等等，都有揚棄悲哀，表現豪放曠達的人生態度。

黃庭堅之所以能夠在逆境中泰然處之，他受佛道思想的影響相當深，我們在《山谷詞》中也可看到不少表現隱逸的作品，如〈撥棹子〉〈歸去來〉、〈訴衷情〉（一波繞動萬波隨）、〈浣溪沙〉（新婦灘頭眉黛愁）、〈菩薩蠻〉（半煙半雨溪橋畔）等，而這些作品所用的題材大都爲「漁父」，黃庭堅對張志和的〈漁父〉詞非常喜愛，曾稱讚它「雅有遠韻」㉔，並用〈鷓鴣天〉調重新增補以利歌唱：

西塞山邊白鷺飛。桃花流水鱖魚肥。朝廷尚覓玄眞子，何處如今更有詩。 青箬笠，綠蓑衣。斜風細雨不須歸。人間底是無波處，一日風波十二時。

調名之下有序云：「表弟李如篪云：『玄眞子漁父語，以〈鷓鴣天〉歌之，極入律，但少數句耳。』因以玄眞子遺事足之。憲宗時，畫玄眞子像，訪之江湖，不可得，因令集其歌詩上之。玄眞之兄松齡，懼玄眞放浪而不返也，和答其漁父云：『樂在風波釣是閒。草堂松桂已勝攀。太湖水，洞庭山。狂風浪起且須還。』此余續成之意也。」黃庭堅此詞固然是以張志和遺事與其兄之詞來補足〈漁父〉詞，但最末兩句「人間底是無波處，一日風波十二時」，則是充滿著對人生無常、宦海險惡之深沉感慨，難怪他對代表隱者形象的「漁父」如此喜愛，表示他對隱逸生活之嚮往。黃庭堅除以〈鷓鴣天〉重歌張志和〈漁父〉詞之外，也用他剛勁的書法寫錄〈漁父〉詞諸家和作，宋高宗趙構〈漁父詞〉序云：「紹興元年七月十日，余至會稽，因覽黃庭堅所書張志和〈漁父〉詞十五首，戲同其韻，賜辛永宗。」這十五首是當時諸家和作，並非張志和作，大概黃庭堅誤以爲是張志和作，趙構也隨之而誤。可見黃庭堅對漁隱作品之欣賞。他自己的詞如此寫著：「閒世界，無利害，何必向、世間甘幻愛。與君釣、晚煙寒瀨」（〈撥棹子〉）、「青箬笠前無眼事，綠蓑衣底一時休。斜風吹雨轉船頭」（〈浣溪沙〉）、「半煙半雨溪橋畔。漁翁醉著無人喚」（〈菩薩蠻〉）等，都和漁父有關。尤其〈訴衷情〉寫道：

一波纔動萬波隨。蓑笠一鉤絲。錦鱗正在深處，千尺也須垂。吞又吐，信還疑。上鉤遲。水寒江靜，滿月青山，載月明歸。

詞序云：「在戎州登臨勝景，未嘗不歌漁父家風，以謝江山。門生請問：先生家風如何？爲擬金華道人作此章。」「金華道人」即張志和，黃庭堅此詞固是模擬張志和〈漁父〉詞，但也表現自己家風正是漁父家風，這是他受貶在戎州得以安然渡過的安定劑。這首詞其實也受到釋德誠《船子和尙撥棹歌》之影響㉕，其中句子都出自這一首〈撥棹歌〉：「千尺絲綸直下垂。一波才動萬波隨。夜靜水寒魚不食，滿船空載月明歸。」船子和尚是借用漁父來說佛理，以超渡陷在苦海中之芸芸衆生，黃庭堅深受禪宗影響，作品自然也融合了佛道思想。祝振玉說：「黃庭堅在這首詞中表達的也是兩相透脫，隨緣而化的意思：水下之魚沈淪不起，疑情不斷，沽釣之人泛舟臨江，坐等漁利。在此兩相執迷之際，忽然明月普照，水天空靈，一時雙雙度脫，魚脫釣絲而逝，漁父載明月而歸，一切隨緣而化。這是黃庭堅一生學禪的眞受用處。」㉖黃庭堅詞中的「漁父」也蒙上了袈裟，說起禪理來了。

黃庭堅的好友張耒，曾寫一首〈贈無咎以「既見君子，云胡不喜」爲韻〉詩：「黃子少年時，風流勝春柳；中年一鉢飯，萬事寒不朽，室有僧對談，房無妾侍帚。」說明了黃庭堅是在中年皈依了禪宗。釋惠洪〈山谷老人贊〉稱他：「情如維摩詰，而欠散花之天女；心如赤頭璨，而著折角之幅巾。」㉗可見禪宗思想已盤據在黃庭堅的心中。所以許多作品都寓有禪理，毛晉《宋六十名家詞》本〈山谷詞跋〉云：「晚年來亦間作小詞，往往借題棒喝，拈示後人；如效寶寧勇禪師〈漁家傲〉幾闋，豈其與〈桃葉〉、〈團扇〉鬥妖艷耶？」黃庭堅效寶寧勇禪師所作的〈漁家傲〉共有四首，第一首（萬水千山來此土），寫印度達摩祖師來華傳法之艱苦；第二首（三十年來無孔竅），敘述福州靈雲志勤和尚因桃花悟道的故事；第三首（憶昔藥山生一虎），描寫船子和尚度人救世的玄機；第四首（百丈峰頭開古鏡），概述百丈懷海禪師弘揚宗門的公案。這些詞的內容皆取自禪宗燈錄，黃庭堅熟習佛典，所以能如此描寫佛教故事。祝振玉〈讀黃山谷詞札記〉說：「山谷此四首禪理詞雖不入詞之正格，但不是泛泛之筆，更非游戲之作，它表達了作者對前輩宗師的景仰，寄寓了自己參禪有得的心懷，以及對以往人生沈浮的悔謝心理，充滿禪門玄趣，不啻一篇篇歸博返約的宗門公案。」㉘另外還有兩首〈漁家傲〉（踏破草鞋參到了）及（蕩漾生涯身已老）、兩首〈南柯子〉（郭泰曾名我）及（萬里滄江月）等，也都以禪入詞，可見黃庭堅的人生態度是與禪宗有關。

㈢**描寫尋常事物**。日人吉川幸次郎曾把唐詩比喻作酒，宋詩比喻作茶，他說：「唐人嗜酒而宋人好茶，不僅是實在的生活習慣，不僅代表著唐詩與宋詩的不同風味，而且也代表著唐宋兩代文明一般的差異。唐人專心致意於文學；宋人則在文學之外，又兼顧哲學，雙管齊下。如此態度上的轉變，對於整個中國文明的發展新方向，可以說產生了決定性的影響。」⑳飲茶的詩，到了蘇軾、黃庭堅才多了起來，而飲茶的詞也是由蘇軾〈行香子〉（綺席纔終）這首開端，黃庭堅更寫了十餘首茶詞，如〈滿庭芳〉（北苑春風）、〈踏莎行〉（畫鼓催春）、〈阮郎歸〉（黔中桃李可尋芳）、同調（烹茶留客駐金鞍）、〈西江月〉（龍焙頭綱春早）、〈滿庭芳〉（北苑龍團）、〈阮郎歸〉（歌停檀板舞停鸞）、同調（摘山初製小龍團）、〈看花迴〉（夜永蘭堂醺飲）、〈惜餘歡〉（四時美景）、〈品令〉（鳳舞團團餅）等，因為寫了這麼多的茶詞，在宋代即引人注意，如吳曾《能改齋漫錄》卷十七云：「豫章先生少時，嘗為茶詞，寄〈滿庭芳〉云：『北苑龍團，……』，其後增損其詞，止詠建茶云：『北苑研膏，……』，詞意益工也。」胡仔《苕溪漁隱叢話》前集卷四十六亦云：「魯直諸茶詞，余謂〈品令〉一詞最佳，能道人所不能言，尤在結尾三四句。」吳曾、胡仔皆能指出黃庭堅茶詞的優點而加以欣賞，是頗具眼光的。黃庭堅的茶詞內容有寫採茶：「雨前一焙誰爭長，低株摘盡到高株，株株別是閩溪樣」（〈踏莎行〉）、製茶：「月團犀胯鬥圓方，研膏入焙香」（〈阮郎歸〉）、煮茶：「催茗飲、旋煮寒泉，露井瓶竇響飛瀑」（〈看花迴〉）、飲茶：「一杯春露莫留殘，與郎扶玉山」（〈阮郎歸〉），其中將品茗的境界寫得最生動者莫過於〈品令〉一詞：

鳳舞團團餅。恨分破、教孤令。金渠體淨，隻輪慢碾，玉塵光瑩。湯響松風，早減了、二分酒病。味濃香永。醉鄉路、成佳境。恰如燈下，故人萬里，歸來對影。口不能言，心下快活自省。

這首詞從碾茶、煮茶寫到品茶。開始寫茶的名貴與形狀，宋時的茶，先製成茶餅，然後以蠟封之，蓋上龍鳳圖案，這是有名的「龍鳳團」。皇帝有時也以少許分賜從臣，故說「分破」。唐宋人飲茶，是將茶餅碾碎成粉末後，才放入水中煮飲。上片最後寫茶煮沸的聲音如松濤，清香襲人，尚未品飲，即已使醉酒清醒二分。下片寫品茶的感覺，作者用兩個比喻：一是醉在歸鄉之路，一是故人萬里歸來，燈下相對，這是何等愜心快樂，所以最後說：「口不能言，心下快活自省」，表示品茶之妙境只能意會不能言傳，令人讀之如飲佳茗餘味無窮。黃庭堅寫這些茶詞，顯示宋人的生活藝術，能從苦澀中慢慢體味甘美，在苦澀的人生中拋棄悲哀，追求內心的平靜，以體會淡雅恬美。

黃庭堅除寫茶詞外，也有〈定風波〉（晚歲監州聞荔枝）、同調（準擬階前摘荔枝）、〈浪淘沙〉（憶昔謫巴蠻）等歌詠荔枝，〈好事近〉（瀟洒薦冰盤）歌詠橄欖，還有〈更漏子〉（菴摩勤）寫餘甘湯、〈鷓鴣天〉寫長松湯等，都是將尋常事物寫入詞中，如〈鷓鴣天〉如此寫著：

湯泛冰甆一坐春。長松林下得靈根。吉祥老子親拈出，箇箇教成百歲人。燈燄燄，酒醺醺。壑源曾未醒醒魂。與君更把長生盌，聊爲清歌駐白雲。

詞有序云：「吉祥長老設長松湯，爲作。有僧病痂癩，嘗死金剛窟。有人見者，教服長松湯，遂復爲完人。」長松湯大概是用松樹根煮的湯，可以治病養生，黃庭堅因吉祥長老請他喝，便塡了這首頗具敘事性的詞。

從上述所舉酬贈親朋好友、表現人生哲理、描寫尋常事物等三方面的例子，說明了黃庭堅將日常生活的情、理、事物皆一一納入詞中，詞的題材廣泛，內容相當豐富，這些詞不是以供歌女演唱爲目的，而是作者在生活中有所感、有所思、有所記，藉詞體將之表現出來，這與詩體的功能是相同的，所以黃庭堅的詞就內容而言，確實是承繼蘇軾「以詩爲詞」的路線。

## 五、黃庭堅的詞風與形式技巧

黃庭堅除了早期的艷詞大量運用口語、俗語、表現大膽露骨外，其他作品在風格、形式技巧方面也有值得注意的地方。鄭師因百〈成府談詞〉論黃庭堅云：「黃九硬語盤空，於倔強中見姿態處，實能別開生面，論者偏加苛責，何也？陳廷焯《白雨齋詞話》論黃詞云：『於倔強中見姿態，以之作詩尚未必盡合，況以之爲詞耶？』此君中『溫柔敦厚』之毒深矣。」後又注云：「予編注《詞選》，選錄之黃詞〈定風波〉等數首，至今愛誦；若夫『此君受溫柔敦厚之毒深矣』，則五十歲以後決不作此等語也。」㉚鄭師指出「硬語盤空，於倔強中見姿態處」是黃詞特殊之處，而對陳廷焯的批評則不以爲然，說是「受溫柔敦厚之毒」，五十歲以後雖將批評陳廷焯的話收回，但對黃庭堅這類詞的喜愛並未改變，由此可見鄭師的修養隨著年齡增長而愈趨「溫柔敦厚」。至於黃庭堅「硬語盤空，於倔強中見姿態處」的作品，我們試看〈定風波〉：

萬里黔中一漏天。屋居終日似乘船。及至重陽天也霽。催醉。鬼門關外蜀江前。　莫笑老翁猶氣岸。君看，幾人黃菊上華顛。戲馬臺南追兩謝。馳射。風流猶拍古人肩。

這首詞是黃庭堅謫居黔州時的作品。上片前兩句寫黔中氣候多雨，自己困居屋內，顯示貶所環境之惡劣。接著三句寫重陽天氣放晴，登高暢飲。這一轉折已把不如意陰霾掃除。下片前三句寫重陽賞菊，並以老翁頭上插菊花的突兀之舉，表現作者的傲岸之氣。最後三句說自己在重陽節不但要飲酒賞菊頭上插花，還要像兩謝（謝瞻、謝靈運）一樣吟詩，並且要騎馬射箭，這種氣概可直追古代風流人物。黃庭堅雖身處困境，卻能擺脫自怨自艾，不作哀颯乞憐語，表現豪邁的氣概，像這樣的文字，確實是倔強剛健，與傳統柔媚婉約的風格大異其趣。又如〈鷓鴣天〉這首：

黃菊枝頭生曉寒。人生莫放酒杯乾。風前橫笛斜吹雨，醉裡簪花倒著冠。　身健在，且加餐。舞裙歌板盡情歡。黃花白髮相牽挽，付與旁人冷眼看。

詞有序云：「坐中有眉山隱客史應之和前韻，即席答之。」史應之，名鑄，為黃庭堅在戎州貶所新交的朋友。這首詞是黃庭堅謫居戎州時的作品。作者同樣以「菊花」為主要象徵題材，菊花凌霜而開，象徵人的一身傲骨，黃庭堅身經憂患，並不幽怨哀傷，反而有一股倔強傲氣，不受世俗羈絆。如詞上片儘情喝酒、風雨吹笛、簪花倒戴帽，都是不同流俗之舉動，似乎要與世俗相對抗。下片加餐、唱歌跳舞，也以自樂自娛調侃現實迫害能奈我何。最末兩句更以白髮插黃花的放浪姿態，不怕世人冷眼相看，來顯示作者老當益壯、窮且益堅、顧無忌憚的精神。像這樣的寫法，是超出詞的本色，不是當行家語，但卻提昇了詞的意境，這是黃庭堅承繼蘇軾「豪放」風格而有獨到之處。

詞本是歌唱的附庸，宋代文人把它當作一種新詩體之後，和韻的作品也隨之產生，最早和韻的詞人是張先，接著蘇軾《東坡樂府》中，約有三十首的次韻之作。黃庭堅是緊隨蘇軾之後大量次韻的詞人，計達三十六首之多，從這麼多的次韻作品，我們可知道一種現象，就是詞已變成文人與文人間的詩體文字，而不只是文人與歌妓間的音樂文字，這種改變對詞體內容的擴充、意境的提升是有相當助益。另外，我們分析黃庭堅和韻的對象及作品內容，亦有一些值得注意的地方：

㈠黃庭堅的次韻對象以蘇軾最多，從此可見他對東坡詞的欣賞及受其影響。次韻蘇軾的作品有：〈鵲橋仙〉（次東坡七夕韻）、〈南鄉子〉（重陽日寄懷永康彭道微使君，用坡舊韻）、〈點絳脣〉（重九日寄懷嗣直弟，時在涪陵。用東坡餘杭九日〈點絳脣〉舊韻）、〈南柯子〉（東坡過楚州，見淨慈法師，作〈南歌子〉。用其韻贈郭詩翁二首）等五首，這都是黃庭堅讀過蘇軾的作品，尤其在某個節日，有共同的情境，因而興起和韻的念頭，如〈鵲橋仙〉是在七夕，〈南鄉子〉、〈點絳脣〉都是在重陽，這些作品有共同的情境，用相同的韻字，因此風格難免會接近。另外還有〈定風波〉（自斷此生休問天）及〈萬里黔中一漏天〉次高左藏韻，〈減字木蘭花〉（使君那裡）及（襄王夢裡）次張仲謀韻，〈鷓鴣天〉（萬事令人心骨寒）、（黃菊枝頭生曉寒）及（紫菊黃花風露寒）等三首是與史應之往還唱和,〈西江月〉(月側金盆墮水)及(細細風清撼竹)是次惠洪韻,〈南鄉子〉(招喚欲千回)及(未報賈船回)是次黃知命韻,這些作品與親朋好友和韻,可見文人以詞會友,互通聲氣之一斑。

㈡黃庭堅有不少作品是用前韻,也就是作完一首詞,意猶未盡,用相同的韻再作一首或多首。如黃庭堅原本作了一首〈減字木蘭花〉(舉頭無語),後又用相同的韻作了一首(月中笑語),戲答朋友,後又用前韻作了一首(當年夜雨)示知命弟,一位詞人經過如此不斷磨練,相信對詞體愈能駕輕就熟,創造好作品出來。

㈢黃庭堅的和韻作品較爲典雅,接近詩,也有不少好作品。和韻既然是文人間的酬酢文字,當然與給歌妓演唱之歌詞不同,文字自然趨向雅馴,所以黃庭堅這些和韻作品,皆很像詩,絕無粗鄙文字。一般而言,和韻受到韻腳限制,作者之情思往往遭受束縛,難以發揮,但對於有才華作家,「盤根錯節,方見利器」,越有障礙,越提供其表現機會,因此我們觀察黃庭堅這些和作,如〈定風波〉(萬里黔中一漏天)、〈鷓鴣天〉(黃菊枝頭生曉寒)、〈西江月〉(月側金盆墮水)等,都不因和韻而影響其成爲佳作。

黃庭堅所創江西詩派的詩法,有所謂的「脫胎」法,將別人的詩句加以點化,以成爲自己的作品。他在〈答洪駒父書〉云:「自作語最難,老杜作詩,退之作文,無一字無來處。蓋後人讀書少,故謂韓、杜自作此語耳。古之能爲文章者,眞能陶冶萬物,雖取古人之陳言入於翰墨,如靈丹一粒,點鐵成金也。」㉛

而他在論詞時，也同樣強調需要學問，曾云：「詩詞高勝，要從學問中來」㉜，在評蘇軾〈卜算子〉（缺月掛疏桐）一詞亦云：「語意高妙，似非吃煙火食人語。非胸中有數萬卷書，筆下無一點塵俗氣，孰能至此？」㉝因此我們讀他的詞，將發現不少學問。李清照〈詞論〉評黃庭堅的詞云：「黃即尚故實，而多疵病，譬如良玉有瑕，價值減半矣！」㉞黃庭堅詞「尚故實」，應有兩種含意，一是用典故，一是融化前人詩句。黃庭堅的詞常用典故，但少用僻典，如〈謁金門〉：「君似成蹊桃李，入我草堂松桂」，上句用《史記．李將軍傳贊》：「桃李不言，下自成蹊」，司馬遷稱讚李廣誠于中，自然形于外，黃庭堅借此稱讚其弟知命。下句出自孔稚圭〈北山移文〉：「鍾山之英，草堂之靈」及「誘我松桂，欺我雲壑」，黃庭堅借用「草堂」比擬當時所居之開元寺，以「松桂」比喻環境荒寂，與〈北山移文〉原意並無關連。「桃李不言，下自成蹊」的典故，在〈驀山溪〉亦用：「林下有孤芳，不怱怱、成蹊桃李」，〈好女兒〉亦用：「春去幾時還，問桃李無言」，但用法不盡相同，可見作者之靈活變化。而孟嘉落帽典故，黃庭堅最常用，如〈漁家傲〉：「風落帽，葫蘆卻纏葫蘆倒」、〈定風波〉：「參軍吹帽晚風顛」、〈玉樓春〉：「落帽風流傾座席」、〈南鄉子〉：「落帽晚風回，又報黃花一番開」、〈鷓鴣天〉：「龍山落帽千年事，我對西風猶整冠」等處，而沈東江對〈鷓鴣天〉（黃菊枝頭生曉寒）詞中活用孟嘉落帽典故特別欣賞，曾云：「東坡『破帽多情卻戀頭』，翻龍山事特新。山谷『風前橫笛斜吹雨，醉裡簪花倒著冠』，尤用得幻。」㉟以上這些句子都表現作者的風流狂放，與黃庭堅整體詞風有密切關係。

在融化前人詩句方面，是黃庭堅所擅長。如〈西江月〉開首兩句：「斷送一生惟有，破除萬事無過」，它是出自韓愈〈遣興〉詩：「斷送一生惟有酒，尋思百計不如閑」，及〈贈鄭兵曹〉詩：「杯行到君莫停手，破除萬事無過酒」，陳師道《後山詩話》評黃庭堅此二句云：「才去一字，遂爲切對，而語益峻。」㊱韓愈的兩句詩經過黃庭堅各刪除一個「酒」字之後，不僅成爲一聯工整的對偶，而且其意義與原詩句大相逕庭，韓愈原詩句強調在酒，黃庭堅將酒去掉之後，所強調的在於「有」與「無」，即佛家的「我執」及「空」的境界，由此可見黃庭堅點化前人詩句的功力，不能僅以「歇後句」視之。同詞下片第三句：「杯行至手莫留殘」，也是融化前舉的韓愈〈贈鄭兵曹〉詩：「杯行到手君莫停手」，而「留殘」兩字，則本于庾信六言詩〈無媚娘〉：「少年唯有歡樂，飲酒那得留殘」，像如此的化用，確實是「字字皆有來歷」。黃庭堅有時也將前人詩句增衍爲詞句，如溫庭筠〈新添聲楊柳枝〉：「合歡桃核眞堪恨，裡許元來有別人」，黃庭堅〈少年心〉衍之爲：「似合歡桃核，眞堪人恨。心兒裡、有兩箇人人」，雖然賀裳〈皺水軒詞筌〉批評這種作法「拙矣」㊲，但也可看出黃庭堅是如何將整齊的七言增衍爲長短句的情況。

而値得注意的，是黃庭堅將前人的整首詞加以熔鑄成爲自己的作品，如〈浣溪沙〉：「新婦灘頭眉黛愁。女兒浦口眼波秋。驚魚錯認月沈鉤。　青箬笠前無限事，綠蓑衣底一時休。斜風吹雨轉船頭。」是將顧況〈漁父引〉：「新婦磯邊月明，女兒浦口潮平，沙頭鷺宿魚驚。」與張志和〈漁父〉：「西塞山前白鷺飛，桃花流水鱖魚肥。青箬笠，綠蓑衣，斜風細雨不須歸。」兩首已經無法歌唱的詞重新加以改造，用〈浣溪沙〉調子來歌唱，蘇軾曾稱美說：「魯直此詞清新婉麗，其最得意處，以山光水色替卻玉肌花貌，眞得漁父家風也。」[38]確實凸顯黃庭堅鎔鑄前人作品的功力。他又曾將張志和〈漁父〉詞，用〈鷓鴣天〉調增補以利歌唱，將船子和尚一首〈撥棹歌〉鎔化爲〈訴衷情〉，在前文我們都已談過，此不用贅。這裡我們再舉黃庭堅鎔化許多詩句在一首詞中的例子，如次韻酬贈惠洪的這首〈西江月〉，其首句「月側金盆墮水」，是本于杜甫〈贈蜀僧閭丘師兄〉詩：「夜闌接軟語，落月如金盆」，及蘇軾〈鐵溝行贈喬太博〉詩：「山頭落日側金盆」。下片末兩句：「莫將社燕等秋鴻。處處春山翠重。」是融化了蘇軾〈送陳睦知潭州〉詩：「有如社燕與秋鴻，相逢未穩還相送」。又如〈訴衷情〉，首兩句：「小桃灼灼柳鬖鬖，春色滿江南」，是運用韋莊〈古離別〉的詩句：「晴煙漠漠柳鬖鬖，無那離情酒半酣。更指玉鞭雲外指，斷腸春色在江南。」下片末三句：「歌樓酒旆，故故招人，權典青衫」，是融化杜甫〈曲江〉二首之二：「朝回日日典春衣，每日江頭盡醉歸」的詩意。又如〈南鄉子〉，首句：「黃菊滿東籬」，化自陶潛〈飲酒〉詩：「採菊東籬下，悠然見南山。」第二句及第四句：「與客攜壺上翠微」、「不用登臨怨落暉」，皆出自杜牧〈九日齊山登高〉詩。第三句：「已是有花兼有酒」，化用了李商隱〈春日寄懷〉：「縱使有花兼有月，可堪無酒又無人。」下片第二句：「莫待無花空折枝」，是出自杜秋娘〈金縷衣〉詩。末句：「節去蜂愁蝶不知」，則出自鄭谷〈十日菊〉詩。由此觀之，整首〈南鄉子〉詞可以說是集合前人詩句而成。黃庭堅江西詩派的詩法「脫胎換骨」、「點鐵成金」，確實也運用在詞體的創作上。

黃庭堅在詞體形式的運用，也有一些新嘗試值得提出來討論：

㈠**集句**。前面所舉的〈南鄉子〉，是集合前人許多詩句而成，可以說就是一首「集句」詞。黃庭堅〈菩薩蠻〉題序云：「王荊公新築草堂於半山，引八功德水作小港，其上疊石作橋。爲集句云：『數間茅屋閒臨水。窄衫短帽垂楊裡。花是去年紅。吹開一夜風。梢梢新月偃。午醉醒來晚。何物最關情。黃鸝三兩聲。』戲效荊公作。」王安石這首集句詞用的詞牌是〈菩薩蠻〉，他另有一首〈菩薩蠻〉（海棠亂發皆臨水）也是集句詞。王安石是作集句詩的大家，他的《臨川集》卷三十六特別設有「集句」一類，共有六十七首之多。因此他把集句詩運用在詞體上，這是前所未有的。黃庭堅曾批評王安石集句詩爲「百家衣」，以爲「正堪一笑」㊴，但他還是受其影響，除了有〈菩薩蠻〉外，還作有兩首〈鷓鴣天〉（寒雁初來秋影寒）及（節去蜂愁蝶不知），是「重九日集句」之作。徐師曾在《文體明辨·序說》中云：「按集句詩者，雜集古句以成詩也。自晉以來有之，至宋王安石尤長於此。蓋必博學強識，融會貫通，如出一手，然後爲工。若牽合傅會，意不相貫，則不足以語此矣。」集句詩的標準如此，集句詞的要求也不應例外，如黃庭堅的〈菩薩蠻〉：

半煙半雨溪橋畔。漁翁醉著無人喚。疏懶意何長。春風花草香。　江山如有待。此意陶潛解。問我去何之。君行到自知。

此詞上片三、四句及下片一、二句，分別集自杜甫的〈西郊〉、〈絕句二首〉、〈後游〉、〈可惜〉等詩，但全詞卻能一氣呵成，表現出隱逸的主題，像這樣移花接木的作品，凸顯作者的學養與技巧，亦不能一筆抹煞，尤其它代表著詞的詩化，在詞的發展史上更値得注意。

㈡**檃括**。將詩文詞賦概括於某一詞調之中，以就音律，稱爲「檃括」。蘇軾對檃括詞的開展頗有貢獻，作有檃括詞多首，他曾以〈水調歌頭〉檃括韓愈〈聽穎師彈琴〉詩，以〈哨遍〉檃括陶淵明〈歸去來辭〉，黃庭堅受其影響，也以〈瑞鶴仙〉檃括了歐陽修的〈醉翁亭記〉，將一篇散文融入詞體之中。《魏慶之詞話》引《風雅遺音》云：「記凡數百言，此詞備之矣。山谷其善檃括如此。」㊵馮金伯《詞苑萃編》卷四引《本事紀》云：「東坡檃括〈歸去來辭〉，山谷檃括〈醉翁亭記〉，兩人固是詞家好手。」㊶皆給予肯定的評價，而賀裳《皺水軒詞筌》則云：「東坡檃括〈歸去來辭〉，山谷檃括〈醉翁亭〉，皆墮惡趣。天下事爲名人所壞者，正自不少。」㊷對檃括作法不予讚同。個人認爲，檃括前人作品內容固然缺乏新意，但能在詞體短篇之中重現作者之主題精神，亦屬難得，尤其透過檃括，使詩文與詞體之結合變爲可能，這正是檃括在詞體發展史上的重大意義。

㈢**回文**。回文詩的起源甚早，從晉到宋，即有不少作家從事回文詩的創作。宋代的大詩人王安石、蘇軾、黃庭堅等都作有回文詩。而蘇軾是第一位將回文引入詞體的詞人，曾以〈菩薩蠻〉塡製了七首回文詞。黃庭堅受其影響，也以〈西江月〉用惠洪韻作了一首回文詞：

　　細細風清撼竹，遲遲日暖開花。香幃深臥醉人家。媚語嬌聲婭姹。　　姹婭聲嬌語媚，家人醉臥深幃。香花開暖日遲遲。竹撼清風細細。

蘇軾首創的回文詞，是以兩句爲一組回文構成，如「火雲凝汗揮珠顆，顆珠揮汗凝雲火」是一個回文單位，接著「瓊暖碧紗輕，輕紗碧暖瓊」又是一個回文單位。黃庭堅這首回文詞更為巧妙，以整首為回文單位，詞無論由上而下，或由下而上，讀起來都是一樣，並且用惠洪韻，尤屬不易，可見作者駕馭文字的能力。

㈣**福唐獨木橋體**。這是詞體押韻的特別方式，有全部或部分韻腳押用同一個字兩種。黃庭堅有一首〈阮郎歸〉，題注云：「效福唐獨木橋體作茶詞」，全詞如下：

> 烹茶留客駐金鞍。月斜窗外山。別郎容易見郎難。有人思遠山。　歸去後，憶前歡。畫屏金博山。一杯春露莫留殘。與郎扶玉山。

這首詞除了四個「山」字押同字韻外，「鞍、難、歡、殘」也押韻，並且和「山」同屬《詞林正韻》第七部平聲。而黃庭堅另有一首〈瑞鶴仙〉，檃括歐陽修〈醉翁亭記〉，全部韻腳都用「也」字，這也是一種「福唐獨木橋體」。這種押韻體式可能是仿自民間歌謠，故黃庭堅注云：「效福唐獨木橋體」。金元好問有一首〈阮郎歸〉（別郎容易見郎難），即模倣黃庭堅用「獨木橋體」，曲體中也有人用這種押韻方式，如張養浩〈塞鴻秋〉（春來時春雪梨花會），全篇押一「會」字，即是。由此可見黃庭堅在詞體作法之勇於嘗試，及其影響之一斑。

最後，我們分析黃庭堅在使用詞調方面的特色。統計全部一百八十九首作品之中，共用了七十二種詞調，使用的詞調算是不少了。他在選用詞調時，對於大家所喜愛的詞調也經常使用，如常用的詞調小令有十種，依序為：〈減字木蘭花〉（十三首）、〈木蘭花〉（十一首）、〈鷓鴣天〉（八首）、〈

定風波〉（八首）、〈採桑子〉（七首）、〈阮郎歸〉（六首）、〈清平樂〉（六首）、〈漁家傲〉、（六首）、〈西江月〉（五首）、〈醉落魄〉（五首），除了〈阮郎歸〉不屬於北宋詞人最常用的二十種調子之外㊸，其餘八種皆是，而對於北宋其他常用的調子，如〈浣溪沙〉、〈蝶戀花〉、〈菩薩蠻〉、〈鷓鴣天〉等，黃庭堅也都填有作品。他最常用的長調有兩種：〈滿庭芳〉（六首）、〈驀山溪〉（五首），這也是北宋詞人最喜歡用的兩種長調。黃庭堅對於北宋一些較罕用的調子也勇於嘗試，小令如：〈憶帝京〉、〈賀聖朝〉、〈離亭宴〉、〈畫堂春〉、〈繡帶子〉、〈留春令〉、〈撼庭竹〉、〈撥棹子〉、〈調笑〉、〈望遠行〉、〈下水船〉等，長調如：〈晝夜樂〉、〈鼓笛慢〉、〈看花回〉、〈泛清波摘遍〉、〈瑞鶴仙〉、〈玉女搖仙佩〉、〈瓊臺第一層〉等，他都填有作品。有些調子最早出現在黃庭堅的詞集中，而調名與內容有密切關係，如長調〈惜餘歡〉，黃庭堅詞有「碾春焙，願少延歡洽」句，〈逍遙樂〉，內容即賦詞調本意，像這兩首可能就是黃庭堅所自創的調子。小令如：〈步蟾宮〉、〈鼓笛令〉、〈少年心〉、〈喝火令〉、〈雪花飛〉、〈望江東〉等，也都昉自《山谷詞》，因此可能爲黃庭堅所創。另外在長調小令的使用上，黃庭堅共用了五十五種小令，填了一百五十九首，長調共用了十七種，填了三十首，可見黃庭堅在填詞時是以小令爲主，他的長調雖然不算多，但許多佳作如：〈念奴嬌〉（斷虹霽雨）、〈水調歌頭〉（瑤草一何碧）、〈滿庭芳〉（北苑春風）、〈醉蓬萊〉（對朝雲靉靆）、〈驀山溪〉（鴛鴦翡翠）等，皆不容忽視。

## 六、結論

黃庭堅詞之評價，除陳師道與晁補之兩人有不同之看法之外，他受到後人批評最厲害的就是雜用口語、俗語，及寫艷詞，論者常常用「傖父」、「可笑」譏之，賀裳《皺水軒詞筌》云：「黃九時出俚語，如口不能言，心下快活，可謂傖父之甚。」沈雄《古今詞話》〈詞話〉上卷云：「黃時出俚淺，可謂傖父。」謝章鋌《賭棋山莊詞話》卷十二云：「柳耆卿失之濫，黃魯直失之傖。」李調元《雨村詞話》卷一云：「黃山谷詞多用俳語，雜以俗諺，多可笑之句。如〈鼓笛令〉詞云『共道他家有婆婆。與一口管教𡱰䐶。』……此類甚多，皆不可解。且『𡱰䐶』二字，字書不載，意即甚麼之訛也。又如別詞中奚落、忔憎、吵、噷等字，皆俗俳語也，元人曲有之，皆不宜入詞。」這些批評雖然有其根據，但也未免以偏概全，因爲雜用口語、俗語的作品有三十餘首，約佔全部作品的六分之一，其他還是以典雅、硬語爲主。另外，我們從別的角度來看這些作品，黃庭堅寫作的目的恐怕便於歌唱易懂，正如柳永創作俚詞一樣，我們不能因爲時移世易，語言變遷，就加以指責。周濟《宋四家詞選・目錄序論》云：「周、柳、黃、晁，皆喜爲曲中俚語，山谷尤甚。此當時之軟平勾領，原非雅音。若託體近俳，而擇言尤雅，是名本色俊語，又不可抹煞矣。」其說法值得我們思考的。而這種雜用口語、俗語的寫法，爲後代曲家導源，尤具貢獻，劉熙載《藝概・詞曲概》卷四說：「黃山谷詞用意深至，自非小才所能辨。惟故以生字俚語，侮弄世俗，若爲金元曲家濫觴。」這是需要正視的。

也有論者批評黃庭堅所作的艷詞「猥褻」，如先著、程洪撰、胡念貽輯《詞潔輯評》卷三云：「山谷於詞，非其本色，且多作俚語，不止如柳七之猥褻。」杜文瀾《憩園詞話》云：「如《詞律》所列黃山谷〈望遠行〉、〈少年心〉各一闋，〈鼓笛令〉二闋，石孝友〈惜奴嬌〉二闋，庸惡陋劣，其猥褻幾似淫詞，怫心刺目。故於重刊時注明刪除，免誤後人，兼為二公解穢。」這些看法都與法雲秀誡黃庭堅會墮惡道相同，但如果我們瞭解宋代歌妓繁盛，詞人在酒酣耳熱之際，難免會有一些大膽露骨的描寫，則會予以寬容。另一方面如黃庭堅自己所言「空中語耳」，表面是一些不堪入目的題材，但這恐怕只是詞人「侮弄世俗」的一種手法而已，就好像明代笑笑生的《金瓶梅》，大膽描寫男女床笫之事，如此毫不留情的暴露，其實正是對明代社會淫蕩風氣的諷刺，這也是可以深思的。

將這些飽受指責的作品除外，個人認為黃庭堅的詞作大部分還是健康寫實的，他承繼蘇軾的路線，以作詩之法用在塡詞上，使詞的內容與日常生活結合，擴大了詞的題材，提昇了詞的意境，這些都值得肯定。或許有人認為黃庭堅將一些倔強太硬的內容寫入詞中，並不合適，但仔細思考，其實這正是黃庭堅詞超越前人之處，一般人總覺得詞要符合歌妓演唱才是本色，風格柔媚婉約才是當行，而黃庭堅將他拗峭冷澀、生新瘦硬的詩風，吹進詞中，突破了詞的當行本色，形成有蘇軾的豪放，又有自己所特有的峻峭風格，所以晁補之說他「著腔子唱好詩」是恰當的，他的許多詞確實都是好詩。

## 【附註】

①黃庭堅除名、字、別號外，還有人以排行（如「黃九」）、官職（如「黃太史」）、地望（如「黃豫章」）稱呼他，參見陳靖華、陳小林合撰〈黃庭堅名、字與別號〉（《九江師專學報》，一九九〇年四期，頁九一—九二）。

②黃庭堅卒年，宋黃㽦編《山谷先生年譜》定於崇寧四年九月三十日，極爲確定。于景祥〈黃庭堅卒年質疑〉（《文學遺產》，一九九〇年三期，頁八六），根據《三希堂法帖》中的〈洛陽雨霽詩〉及《揮麈後錄》卷八〈范寥告張懷素變〉兩條資料，認爲北宋大觀年間，黃庭堅仍然在世，而提出懷疑。徐无聞〈黃庭堅卒年可以無疑〉（《文學遺產》，一九九一年三期，頁一〇八—一一〇），則斷定此兩條資料不可靠，以辨惑袪疑。

③以上黃庭堅生平，主要參考《宋史》卷四四四〈文苑傳〉及〈豫章先生傳〉（在黃㽦編《山谷全集》內。龍沐勛校注《蘇門四學士詞》，台北：世界書局，一九八二年四月，頁八五—八八，〈豫章黃先生詞參考資料輯·傳記〉亦有轉錄）。其年譜有：黃㽦編〈山谷先生年譜〉三十卷（原附在《山谷全書》內，另有單行本，題作《黃山谷年譜》，台北：學海出版社，一九七九年十月）、任淵編〈山谷年譜〉一卷（清光緒二十一年刊本《山谷詩集內集》附）、史容編〈山谷年譜〉一卷（《山谷外集詩注》附）、楊希閔編〈黃文節公年譜〉一卷（《豫章先賢九家年譜》本、《十五家年譜叢書》本、另有單行本，題作《宋黃文節公庭堅年譜》，台北：台灣商務印書館，一九八二年十月）、龍沐勛編〈山谷先生年譜簡編〉（附在龍沐勛校註《蘇門四學士詞》內）。

④有關《山谷詞》的校點或註本，有：龍沐勛點校《豫章黃先生詞》（北京：中華書局，一九五七年八月；台北：世界書局，一九八二年四月，在《蘇門四學士詞》內）、李居取《黃山谷詞校註》，在《蘇門四學士詞研究》（國立台灣師範大學國文研究所碩士論文，一九七三年五月）內、譚錦家《山谷詞校註》（台北：學海出版社，一九八四年七月）、嚴壽徵校點《山谷詞》（上海古籍出版社，一九八八年十二月）等。

⑤吳曾《能改齋詞話》卷一，見唐圭璋《詞話叢編》（台北：新文豐出版公司，一九八八年二月），冊一，頁一二五。

⑥胡仔《苕溪漁隱叢話》（台北：長安出版社，一九七八年十二月），後集，卷三三，頁二五四。

⑦同註⑥，卷三十九，頁三二六，引《夷白堂小集》。

⑧《豫章黃先生文集》（台北：台灣商務印書館，一九六四年），卷二十六。

⑨金啓華等編《唐宋詞集序跋滙編》（台北：台灣商務印書館，一九九三年二月），頁四三。

⑩同註⑧。

⑪楊家駱編《宋人題跋·山谷題跋》（台北：世界書局，一九九二年三月），卷九，頁二七八。

⑫同註⑪，頁二八〇。

⑬青山宏撰、范建明譯〈蘇軾與黃庭堅的詞論〉，見《蘇州大學學報》，一九九〇年三期，頁六四。亦見《中國古代、近代文學研究》（複印報刊資料），一九九〇年二〇期，頁三二〇。

⑭唐圭璋《詞話叢編》（台北：新文豐出版公司，一九八八年二月），冊一，頁三二一—三二一。

⑮ 胡仔曾說：「《古今詞話》以古今好詞，世所共知者，易甲爲乙，稱其所作，仍隨其詞牽合爲說，殊無根蒂，皆不足信也。」見同註⑥，卷三十九，頁三三三—三三四。

⑯ 《學術月刊》，一九八四年十一期，頁五九。又見《中國古代．近代文學研究》（複印報刊資料），一九八五年二期，頁四一。

⑰ 同註⑯。

⑱ 《上海師範大學學報》，一九九一年三期，八三—八四。又見《中國古代．近代文學研究》（複印報刊資料），一九九二年二期，頁一八三—一八四。

⑲ 《九江師專學報》，一九九〇年四期，頁八。又見《中國古代．近代文學研究》（複印報刊資料），一九九一年四期，頁一四六。

⑳ 龍沐勛〈山谷先生年譜簡編〉，見《蘇門四學士詞》（台北：世界書局，一九八二年四月），頁九六—九七。

㉑ 黃庭堅〈念奴嬌〉詞序，《全宋詞》本所載較簡，文字亦與胡仔《苕溪漁隱叢話》後集卷三十一所載略有差異，此根據胡仔《苕溪漁隱叢話》，見同註⑥，頁二三一。

㉒ 同註⑳，頁九七—九九。

㉓ 唐圭璋等撰《唐宋詞鑒賞辭典》（上海辭書出版社，一九八八年四月），頁七六七—七六八。

㉔ 同註⑥，卷三十九，頁三三六，引《夷白堂少集》。

㉕ 釋德誠《船子和尚撥棹歌》本已失傳，施蟄存著有〈船子和尚撥棹歌〉專文介紹，並將其作品四十首同時刊

出，發表在《詞學．二輯》（上海：華東師範大學出版社，一九八三年十月），頁一六八——一七四。《船子和尚撥棹歌》才復傳於世。此本是清嘉靖九年（一八〇四）法忍寺釋漪雲達邃續輯《機緣集》重刻本，後與上海圖書館藏元至治壬戌（一三二二）坦上人原刻本合併影印，書名題爲《船子和尚撥棹歌》（上海：華東師範大學出版社，一九八七年十月）。

㉖祝振玉〈黃庭堅禪學源流述略〉，見《文史知識》，一九八八年四期，頁一〇一。

㉗釋惠洪《石門文字禪》（台北：台灣商務印書館四部叢刊初編縮本，一九七五年六月），卷十九。

㉘同註⑱，頁八六，又見頁一八六。

㉙吉川幸次郎撰、鄭清茂譯《宋詩概說》（台北：聯經出版事業公司，一九七七年四月），頁四八。

㉚鄭師因百《景午叢編》（台北：台灣中華書局，一九七二年一月），上編，頁二五二——二五三。

㉛同註⑧，卷十九。

㉜同註⑥，前集，卷四十七，頁三二〇。

㉝同註⑧。

㉞同註⑥。

㉟馮金伯《詞苑萃編》卷二引。見同註⑭，冊二，頁一八〇〇。

㊱何文煥輯《歷代詩話》（台北：木鐸出版社，一九八二年二月），上冊，頁三〇八。

㊲同註⑭，冊一，頁七一三。

㊳同註⑤，頁一二九。

㊴同註⑥，前集，卷三五，頁二三九，引《冷齋夜話》及《後山詩話》語。

㊵同註⑭，冊一，頁二〇五。

㊶同註⑭，冊二，頁一八四二。

㊷同註⑭，冊一，頁七一〇。

㊸北宋詞人最常用的二十種小令詞調，依筆者統計依序是：〈浣溪沙〉、〈蝶戀花〉、〈菩薩蠻〉、〈漁家傲〉、〈減字木蘭花〉、〈木蘭花〉、〈玉樓春〉、〈清平樂〉、〈臨江仙〉、〈鷓鴣天〉、〈採桑子〉、〈南鄉子〉、〈訴衷情〉、〈虞美人〉、〈南歌子〉、〈踏莎行〉、〈少年遊〉、〈西江月〉、〈定風波〉、〈點絳脣〉。

# 情韻兼勝的婉約詞人——秦觀

## 一、秦觀的生平與詞集

秦觀，字太虛，改字少游①，別號邗溝居士，學者稱淮海先生②，揚州高郵（江蘇高郵）人。仁宗皇祐元年（一〇四九）生③，少豪雋，慷慨溢於文詞。舉進士，不中。強志盛氣，好大而見奇。讀兵家書，與己意合。見蘇軾於徐（江蘇徐州），爲賦黃樓，軾以爲有屈、宋之才，又介其詩於王安石，安石亦謂清新似鮑、謝。軾勉以應舉爲親養，神宗元豐八年（一〇八五）始登進士第，調定海（浙江鎮海）主簿、蔡州（河南汝南）教授。元祐二年（一〇八七），軾以賢良方正薦於朝，未見徵召。四年，除太學博士，校正秘書省書籍。六年，遷正字，八年，復爲兼國史院編修官，上日有硯墨器幣之賜。紹聖元年（一〇九四），坐黨籍，出通判杭州（浙江杭州）。以御史劉拯論其增損《實錄》，貶監處州（浙江麗水）酒稅。使者承風望指，候伺過失，既而無所得，則以謁告寫佛書爲罪，三年，削秩徙郴州（湖南郴縣）；四年，繼編管橫州（廣西橫縣）；元符元年（一〇九八），又徙雷州（廣東海康）。④徽宗立，復宣德郎，放還。至藤州（廣西藤縣），出游華光亭，爲客道夢中長短句，索水欲飲，水至，笑視之而卒。時爲元符三年(一一〇〇)八月十二日,年五十二。⑤先自作〈挽詞〉,其語哀甚,讀者悲傷之。觀長於議論,文麗而思深。及死,軾聞之嘆曰:「少游不幸死道路,哀哉!世豈復有斯文乎!」⑥高宗建炎四年(一一三〇),詔追贈直龍圖閣學士。⑦

秦觀詞集名《淮海詞》,也稱《淮海居士長短句》,今存最早的版本爲宋孝宗乾道九年癸巳(一一七三)高郵軍學刻本,共有四種:㈠故宮博物院藏本。㈡吳湖帆藏本,現藏上海博物館。㈢日本內閣文庫藏本。㈣上海圖書館藏宋刻明印本。⑧故宮藏本及吳湖帆藏本均有殘缺,一九三〇年,故宮博物院曾將藏本影印,通行坊間。一九三一年葉恭綽亦將故宮及吳湖帆兩種藏本影印合刊,名爲《宋本兩種合印淮海居士長短句》,並考其版本系統和各本異同,頗有貢獻。內閣文庫藏本首尾完整,隻字不缺。一九六五年五月,香港龍門書店曾將此本影印出版,附有饒宗頤教授的跋及校記。上海圖書館藏宋刻明印本亦有殘缺,徐培均以此本與故宮、吳湖帆藏本相比,云:「新增卷中第三、五兩頁,卷下第四、五兩頁,此四頁爲國內所僅見,殊可寶也。」⑨今流行的本子較重要者有:汲古閣《宋六十名家詞》本,共八十七首,由少至多按字數排列,饒宗頤云:「毛氏不過混增他作十首,改舊刊集本爲按字數排列耳。」⑩朱祖謀《彊村叢書》本,收詞七十七首,所據爲故宮本及吳湖帆本,並以黃丕烈曾據宋本手校之松江韓綠卿藏本校之,校印精審,頗受重視。唐圭璋《全宋詞》本,是用北京圖書館藏宋乾道刻紹熙修本《淮海居士長短句》,缺頁據葉恭綽影印兩種宋本,三本俱缺者,據北京圖書館宋本中汲古閣景宋抄補各葉。另以黃儀、毛扆等手校汲古閣本《淮海詞》校之,收詞七十七首。另從《侯鯖錄》卷一、《苕溪漁隱叢話》前集卷五十、後集卷廿九、甕牖閒評卷五等輯得詞十首，殘句三則；尚稱完備可靠。⑪

## 二、《淮海詞》的主體內容——愛情

北宋經過長期的太平，社會富庶，君臣上下享樂成風，於是到處歌館舞榭，聲妓之盛，誠屬空前。孟元老《東京夢華錄．序》描繪北宋京城的情況：「舉目則青樓畫閣，繡戶珠簾，雕車競駐於天街，寶馬爭馳於御路，金翠耀目，羅綺飄香。新聲巧笑於柳陌花衢，按管調絃於茶坊酒肆。」身處在這種環境中的文人，塡詞供歌妓演唱成爲他們不可或缺的生活情趣，因此許許多多的詞人，其作品都以歌妓爲表現主體內容，他們的愛情世界，也往往都以歌妓爲主要訴求對象。柳永如此，張先如此，秦觀也未嘗不是如此，《綠窗新話》卷上引《古今詞話》載：

> 秦少游寓京師，有貴官延飲，出寵姬碧桃侑觴，勸酒惓惓。少游領其意，復舉觴勸碧桃。貴官云：「碧桃素不善飲。」意不欲少游強之。碧桃曰：「今日爲學士拚了一醉！」引巨觴長飲。少游即席贈〈虞美人〉詞曰：「碧桃天上栽和露，……」闔座悉恨。貴官云：「今後永不令此姬出來！」滿座大笑。⑫

從這則詞話，我們可以瞭解當日歌妓佐觴勸酒，文人即席揮灑贈詞的情形，秦觀在〈虞美人〉詞中，將歌妓名字「碧桃」鑲嵌進去，這對歌妓而言，應是莫大的光榮，就好像書畫家將其墨寶畫作落款贈人一樣，歌妓能得到著名文人爲自己塡作的詞，這種興奮應不亞於今日我們得到名家的墨寶畫作。秦觀這樣的贈妓之作，根據文獻記載，知名者尚有：〈御街行〉（銀燭生花如紅豆）贈劉太尉家姬⑬，〈水龍吟〉（小樓連苑橫空）贈營妓婁琬（字東玉），〈南歌子〉（玉漏迢迢盡）贈陶心兒⑭，〈一叢花〉（年時今夜見師師）贈師師⑮等，其中以〈水龍吟〉最爲有名：

> 小樓連苑橫空，下窺繡轂雕鞍驟。朱簾半捲，單衣初試，清明時候。破暖輕風，弄晴微雨，欲無還有。賣花聲過盡，斜陽院落，紅成陣、飛鴛甃。玉珮丁東別後。悵佳期、參差難又。名韁利鎖，天還知道，和天也瘦。花下重門，柳邊深巷，不堪回首。念多情但有，當時皓月，向人依舊。

胡仔《苕溪漁隱叢話》前集卷五十引《高齋詩話》云：「少游在蔡州，與營妓婁琬字東玉者甚密，贈之詞云『小樓連苑橫空』，又云『玉佩丁東別後』者是也。」這首詞除藏有「婁琬」的姓名，下片又將她的字「東玉」鑲嵌進去，如此巧妙安排是前所未見的。作者在描寫男女離別之情，皆透過身邊景物，很細緻婉約地表現出來，如上片寫輕風、微雨、斜陽、飛花。下片寫重門、深巷、皓月，都與離情密切融合。尤其下片「名韁利鎖，天還知道，和天也瘦」，寫爲了功名富貴，不得不拋下情人的痛苦矛盾，用極誇張的語言，表達非常生動。雖然「天還知道，和天也瘦」兩句，是化自李賀〈金銅仙人辭漢歌〉：「天若有情天亦老」，但經作者稍加點化之後，則變得活潑而有詞味。程頤以道學家眼光認爲此兩句「媟瀆上天」⑯，由此亦可見作者誇飾之成功。明《懺花盦叢書》本《草堂詩餘》楊愼批語云：「『天還知道，和天也瘦』二句，情極之語，纖軟特甚。」王世貞《藝苑卮言》亦讚賞說：「詞內『人瘦也，比梅花，瘦幾分』，又『天還知道，和天也瘦』，『莫道不銷魂，人比黃花瘦』，三『瘦』字俱妙。」⑰兩人說出了秦觀詞「多情纖軟」之本質及用字巧妙之處。

除了明顯贈給特定歌妓的作品之外，秦觀大部分的詞也都以愛情爲題材，脫離不了男女之間的相思別恨。但秦觀在寫愛情時，所重視的是在情感的抒發，心靈的刻劃，絕少描繪女子的身體容貌，像〈浣溪沙〉這樣的描寫：「香靨凝羞一笑開，柳腰如醉暖相挨。……照水有情聊整鬢，倚闌無緒更兜鞋。」是少之又少的，即使他以代言方式寫女子的閨怨，也擺脫了外表體貌的描繪，如這首〈畫堂春〉：

落紅鋪徑水平池。弄晴小雨霏霏。杏園憔悴杜鵑啼。無奈春歸。　柳外畫樓獨上，憑闌手撚花枝。放花無語對斜暉。此恨誰知。

作者上片運用寫景寓情的技法，以落紅、水池、小雨、杏園、杜鵑等許多暮春景象，烘托了一個令人感傷的氣氛。下片則透過女子的肢體動作：「獨自憑闌」、「手撚花枝」、「放花無語」等，表現女子不爲人所知的內心深處，這是非常含蓄而高明的。

秦觀的愛情詞大都是主觀的抒情，主角就是作者自己，不再經過代言轉折，因此情深意長，更能打動人心。如這首〈八六子〉：

倚危亭。恨如芳草，萋萋剗盡還生。念柳外青驄別後，水邊紅袂分時，愴然暗驚。　無端天與娉婷。夜月一簾幽夢，春風十里柔情。怎奈向、歡娛漸隨流水，素絃聲斷，翠綃香減，那堪片片飛花弄晚，濛濛殘雨籠晴。正銷凝。黃鸝又啼數聲。

全詞在寫一個「恨」字，作者透過比喻及寫景，將「恨」很具體的表現出來，一開始即用「剗盡還生」的萋萋芳草，比喻永無止盡的離愁別恨。接著用追溯的筆法，寫過去與情人分手之堪驚，及別後的悲感。最後又以「飛花弄晚」、「殘雨籠晴」、「黃鸝啼聲」等暮春景象，襯托作者的黯然銷魂。張炎對此詞極爲稱賞，《詞源》卷下云：「離情當如此作，全在情景交鍊，得言外意。」由此可知作者是如何擅長表達他的深情濃愁，讓人讀來韻味無窮。

秦觀的情詞大都清麗婉約，但也有少數用通俗語言寫得較爲露骨的作品，如〈滿園花〉（一向沈吟久）、〈迎春樂〉（菖蒲葉葉知多少）、〈河傳〉（亂花飛絮）及（恨眉醉眼）、〈浣溪沙〉（腳上鞋兒四寸羅）、〈品令〉（幸自得）及（掉又懼）等，一般評價都不高，陳廷焯《白雨齋詞話》卷八云：「讀古人詞，貴取其精華，遺其糟粕。且如少游之詞，幾奪溫、韋之席，而亦未嘗無纖麗之語。讀《淮海集》，取其大者、高者可矣，若徒賞其『怎得香香深處，作箇蜂兒抱』等句（此語彭羨門亦賞之，以爲近似柳七語。尊柳抑秦，匪獨不知秦，並不知柳，可發大噱），則與山谷之『女邊著子，門裡安心』，其鄙俚纖俗，相去亦不遠矣，少游眞面目何由見乎？」⑱秦觀的眞面目、好作品固然不在此，但我們由此也可看到詞人並沒有脫離民間，嘗試用大衆口語、方言表達的苦心，是不需要完全抹煞的。

由於作者沒有脫離民間，他把牛郎織女的民間故事加以消化，賦予新的意義，寫成了千古傳誦的

〈鵲橋仙〉：

纖雲弄巧，飛星傳恨，銀漢迢迢暗度。金風玉露一相逢，便勝卻、人間無數。　柔情似水，佳期如夢，忍顧鵲橋歸路。兩情若是久長時，又豈在、朝朝暮暮。

一般人歌詠七夕時，難免都會對牛郎織女的際遇寄以同情，如歐陽修〈漁家傲〉如此寫道：「一別經年今始見，新歡往恨知何限？天上佳期貪眷戀。良宵短，人間不合催銀箭。」但秦觀這首詞別出心裁，他除了寫牛郎織女的相逢及離別之外，最重要的，就是在上下片結束時所抒發的議論：「金風玉露一相逢，便勝卻、人間無數」及「兩情若是久長時，又豈在、朝朝暮暮」。作者肯定牛郎織女偉大的愛情，雖然一年一次相逢，但這種高尚的心靈契合是勝過人間那些同床異夢者，所以堅貞永固的愛情，是天長地久的，又何必朝朝暮暮相處呢？作者這種精神至上的愛情觀，確實是超乎凡俗的，能予世人強烈的醒示作用。作者以議論作結的寫法，與歐陽修〈玉樓春〉的「人生自是有情癡，此恨不關風與月」及「直須看盡洛城花，始共春風容易別」，極爲相似，王國維《人間詞話》曾評歐陽修這些句子：「於豪放之中有沈著之致，所以尤高。」其實秦觀的句子又何嘗不然？表面是很灑脫，不在乎離別，但骨子裡還是隱藏著離別的悲哀，是值得我們注意的。

## 三、秦觀情詞的深化—寓身世之感

秦觀一生命運多乖，早年有大志，可是考不上進士，直到三十七歲才總算考中，但後來卻因黨爭，四十六歲開始便一貶再貶，從江蘇、浙江、湖南到廣西、廣東，越貶越遠，最後雖被放還，卻不幸死在道路，僅活了五十三歲。像這樣的遭遇，在他的詞作中是否有所反映？而他的反映方式又是如何呢？是很值得我們探討的。

我們審視一遍秦觀的所有作品，很明顯描寫貶謫內容的作品並不多，較重要的如：〈江城子〉（南來飛燕北歸鴻）、〈千秋歲〉（水邊沙外）、〈踏莎行〉（霧失樓臺）、〈如夢令〉（遙夜沈沈如水）及〈樓外殘陽紅滿〉、〈阮郎歸〉（湘天風雨破寒初）等。這些直接抒寫貶謫感傷的詞，大都用重筆，反映作者內心的沈鬱哀痛。有的是寫貶謫途中的苦況，如這首〈如夢令〉：

遙夜沈沈如水。風緊驛亭深閉。夢破鼠窺燈，霜送曉寒侵被。無寐。無寐。門外馬嘶人起。

根據徐培均爲此詞箋注繫年云：「紹聖三年丙子（一〇九六），少游自處州再貶，冬季至郴陽道中，曾題一古寺壁，詩中有『飢鼠相追壞壁中』之句，與詞境頗相似；爾後詞人於郴州旅舍，又作〈踏莎行〉詞。此首亦寫驛亭苦況，當作於是年冬。」⑲作者以驛站過夜爲題材，透過驛站內外的幾個畫面，有作者的所感、所見、所聞，不但顯現驛站的荒涼破落，行役之匆迫，更表達了謫宦羈旅的孤寂、淒涼及痛苦。

秦觀於紹聖三年（一〇九四），坐「謁告寫佛書」（即請假抄寫佛經）之罪名，由處州遠謫郴州，對他而言不啻一項重大打擊，〈踏莎行〉正是這時惡劣心情的反映：

霧失樓臺，月迷津渡。桃源望斷無尋處。可堪孤館閉春寒，杜鵑聲裡斜陽暮。　驛寄梅花，魚傳尺素。砌成此恨無重數。郴江幸自繞郴山，爲誰流下瀟湘去。

詞的上片全部寫景，通過這一大串淒涼景物，已將作者內心的哀痛表現無遺。唐圭璋分析云：「起寫旅途景色，已有歸路茫茫之感。『可堪』兩句，景中見情，精深高妙。所處者『孤館』，所感者『春寒』，所聞者『鵑聲』，所見者『斜陽』，有一於此，已令人生愁，況併集一時乎。不言愁而愁自難堪矣。」⑳難怪王國維《人間詞話》說：「少游詞境最爲淒婉，至『可堪孤館閉春寒，杜鵑聲裡斜陽暮』，則變而爲淒厲矣。」其實不僅這兩句淒厲，全篇何嘗不淒厲？尤其下片末兩句更是如此。因爲作者累積的離愁別恨實在太多了，無法宣洩，所以最後在幾乎失去理智的情況下，創造出「郴江幸自繞郴山，爲誰流下瀟湘去？」這樣的句子來，是責怪郴江也好，是爲郴江悲痛也好，它是富有多層意義能予人不同的解釋，但總括不出作者自我悲痛的表現，而移情在無知的郴江上，這和問天、怪天並無差別，可見作者已經「淒厲」到極點，所以東坡最愛賞這兩句，秦歿後，自書於扇，曰：「少游已矣，雖萬人何贖！」㉑可謂知音，王國維《人間詞話》譏評東坡之見爲「皮相」，有失允當。另外一首〈阮郎歸〉也是寫謫居郴州的悲痛：

湘天風雨破寒初。深沈庭院虛。麗譙吹罷〈小單于〉。迢迢清夜徂。鄉夢斷，旅魂孤。崢嶸歲又除。衡陽猶有雁傳書。郴陽和雁無。

全詞旨在抒寫身處貶地的孤獨與思鄉情懷。蕭瑞峰在〈論淮海詞〉一文曾分析此詞說：「敘述旅況，無一字道及愁，無一字不含愁：風雨敲窗，一重愁；庭院空虛，二重愁；聞曲興感，三重愁；鄉夢又斷，四重愁；客中除歲，五重愁；無雁傳書，六重愁。包裹在這麼多的愁裡，不求解脫，也無法解脫，作者眞可以算得上是『天涯斷腸人』了。」㉒秦觀此時的心情確實哀傷欲絕。

像以上用沈重筆調，直接反映貶謫的作品並不多見，秦觀大部分的詞還是以愛情為題材，難道這些情詞僅止於男女之離愁別怨，沒有其他含意嗎？周濟《宋四家詞選》對秦觀〈滿庭芳〉詞眉批云：「將身世之感，打并入艷情，又是一法。」他的論調是值得注意的，我們試看這首〈滿庭芳〉：

山抹微雲，天連衰草，畫角聲斷譙門。暫停征棹，聊共引離尊。多少蓬萊舊事，空回首、煙靄紛紛。斜陽外，寒鴉萬點，流水繞孤村。　銷魂。當此際，香囊暗解，羅帶輕分。謾贏得、青樓薄倖名存。此去何時見也，襟袖上、空惹啼痕。傷情處，高城望斷，燈火已黃昏。

根據胡仔《苕溪漁隱叢話》後集卷三十三引《藝苑雌黃》云：「程公闢守會稽，少游客焉，館之蓬萊閣。一日，席上有所悅，自爾眷眷不能忘情，因賦長短句，所謂『多少蓬萊舊事，空回首、煙靄紛紛』是也。」這段記載應屬可信，徐培均校注《淮海居士長短句》，將此詞繫年於元豐二年（一〇七九）歲暮，並引秦觀〈別程公闢給事〉詩所云「月下清歌盛小叢」、「迴首蓬萊夢寐中」，以證「詞中所謂『蓬萊舊事』者，乃與一歌妓之戀情也，盛小叢係唐時越地歌妓，少游借指『席上有所悅』之人。」㉓這首詞固然是與歌妓離別之作，但詞中「謾贏得、青樓薄倖名存」，是用杜牧〈遺懷〉的詩句，杜牧的「十年一覺揚州夢，贏得青樓薄倖名」是含有政治失意的感慨，而秦觀作此詞的前一年，考進士落第，曾作〈掩關銘〉，表示欲「退居高郵，杜門欲掃，以詩書自娛」（《淮海集》卷十五）內心亦充滿不平與消沈，所以他在詞中寫得如此「傷情」，恐怕也未嘗不是自憐身世，與杜牧詩有相同之旨意吧？秦觀另有〈夢揚州〉（晚雲收）寫道：「殢酒爲花，十載因誰淹留？……佳會阻，離情正亂，頻夢揚州。」還有〈滿庭芳〉也如此寫道：「豆蔻梢頭舊恨，十年夢、屈指堪驚。憑闌久，疏煙淡日，寂寞下蕪城。」這種離情，應該和杜牧一樣都含有政治不如意的哀傷。

秦觀早期科舉不第已如此流露懷才不遇之悲感，等到走入仕途又因黨爭而遭受迫害，接二連三的貶謫，給他內心的衝擊尤其強烈，所以這時所寫的愛情詞，更蒙上一層極深沈暗鬱之色彩，馮煦《蒿庵論詞》云：「少游以絕塵之才，早與勝流，不可一世；而一謫南荒，遽喪靈寶。故所爲詞，寄慨身世，閑雅有情思，酒邊花下，一往而深，而怨悱不亂，悄乎得小雅之遺，後主而後，一人而已。昔張天如論相如之賦云：『他人之賦，賦才也，長卿，賦心也。』予於少游之詞亦云：他人之詞，詞才也，少游，詞心也。得之於內，不可以傳，雖子瞻之明雋，耆卿之幽秀，猶若瞠乎後者，況其下邪。」㉔如此推尊秦觀，未免有偏愛之嫌，但指出遭貶之後的作品，「寄慨身世，閑雅有情思，酒邊花下，一往而深」及「少游，詞心也，得之於內，不可以傳」，則頗有見地。我們根據徐培均所編的〈秦觀詞年表〉，從紹聖元年（一〇九四）貶謫，到元符三年（一一〇〇）去世爲止，這段期間所寫的愛情詞，如〈江城子〉（西城楊柳弄春柔）、〈虞美人〉（高城不見塵如霧）、〈風流子〉（東風吹碧草）、〈臨江仙〉（髻子偎人嬌不整）、〈河傳〉（亂花飛絮）、〈阮郎歸〉（瀟湘門外水平鋪）、〈臨江仙〉（千里瀟湘挼藍浦）、〈減字木蘭花〉（天涯舊恨）、〈鼓笛慢〉（亂花叢裡曾攜手）、〈滿庭芳〉（碧水驚秋）等㉕，寫的雖然是離愁別恨，但其中所蘊含身世寥落的悲戚，似乎使人直接觸及秦觀的內心，只要細加吟味，必有體會。如以下這些句子，則比較清楚可看出左遷的面貌：

只恨離人遠，欲望幽事寄青樓。（〈虞美人〉）

東風吹碧草，年華換、行客老滄州。（〈風流子〉）

遙憐南埭上孤篷。夕陽流水，紅滿淚痕中。（〈臨江仙〉）

亂花飛絮。又望空門合，離人愁苦。（〈河傳〉）

瀟湘門外水平鋪，月寒征棹孤。（〈阮郎歸〉）

天涯舊恨，獨自淒涼人不問。（〈減字木蘭花〉）

到如今，誰把雕鞍鎖定，阻游人來往。（〈鼓笛慢〉）

秦觀如此一再自稱「離人」、「行客」、「游人」，或乘「孤篷」、「征棹」，遠走「天涯」，這都與貶謫有關，因此，詞中所表現出來的傷心，是否純粹爲了愛情，則有待斟酌，恐怕愛情只是詞人借來抒發個人不幸遭遇的題材而已，即使眞有這麼一段愛情，作者之所以表現如此傷心，大概也已經融入個人的貶謫痛苦，才一併發洩出來。如這首〈鼓笛慢〉：

亂花叢裡曾攜手，窮艷景，迷歡賞。到如今，誰把雕鞍鎖定，阻游人來往。好夢隨春遠，從前事、不堪思想。念香閨正杳，佳歡未偶，難留戀、空惆悵。　永夜嬋娟未滿，歎玉樓、幾時重上。那堪萬里，卻尋歸路，指陽關孤唱。苦恨東流水，桃源路、欲回雙槳。仗何人，細與丁寧問呵，我如今怎向。

全詞表面寫懷念舊歡往事，但詞中所謂「到如今，誰把雕鞍鎖定，阻游人來往」，似乎很沈痛指出因受到黨爭迫害，被貶遠荒而無法相聚。下片「那堪萬里，卻尋歸路，指陽關孤唱。」又很清楚說明貶地之遙遠，謫居生活之孤獨。所以這首詞不論是否借懷念舊歡，表現對朝廷之眷戀，但他遭貶的痛苦哀傷，卻很明顯混合在愛情內容之中反映出來，這是無庸置疑的。由此也可看出，秦觀詞的內容在表面上是以愛情爲主體，似乎是單調了一點，但他將自己政治上的失意，貶謫生活的痛苦滲透進去，使愛情詞變得非常沈鬱、哀傷，正如馮煦《蒿庵論詞》所云：「淮海、小山，眞古之傷心人也。其淡語皆有味，淺語皆有致，求之兩宋詞人，實罕其匹。」㉖秦觀「將身世之感，打并入艷情」，深化了情詞，這是他對傳統詞體內容的貢獻。

## 四、題詠古代女子、懷古及其他

秦觀詞主要抒發愛情，寄託身世之感，描寫對象都是女子，此外，他還曾經作了十首〈調笑令〉並詩，其標題分別爲：王昭君、樂昌公主、崔徽、無雙、灼灼、盼盼、鶯鶯、採蓮、煙中怨、離魂記，每首詞都配合一首詩共同題詠一位古代女子，如第六首寫盼盼，先有詩曰：

百尺樓高燕子飛。樓上美人顰翠眉。將軍一去音容遠，只有年年舊燕歸。春風昨夜來深院。春色依然人不見。只餘明月照孤眠，唯望舊恩空戀戀。

接著用〈調笑令〉寫道：

戀戀。樓中燕。燕子樓空春色晚。將軍一去音容遠。空鎖樓中深怨。春風重到人不見。十二闌千倚遍。

蘇軾有一首〈永遇樂〉（明月如霜），是因夜宿燕子樓夢盼盼而作，其中有「燕子樓空，佳人何在，空鎖樓中燕」，晁補之謂：「只三句便說盡張建封事」㉗，傅幹注東坡詞云：「張建封鎮武寧，盼盼乃徐府奇色，公納之於燕子樓，三日樂不息。後別爲新燕子樓，獨安盼盼，以寵嬖焉。暨公薨，盼盼感激深恩，誓不他適，後往往不食，遂卒。」這是一段「女爲悅己者容」的淒美故事，蘇軾是借此事來自嘆身世，秦觀則取意於蘇軾詞中的三句，來題詠盼盼的事蹟。雖然這些作品敘事成分多，比較缺乏作者身世之感，但像他這樣一系列題詠古代著名女子的愛情故事，是前所未有的，它除了具有形式上的意義，如金啓華〈說秦觀以詩詞同題〉一文所論：「他的詩能寫景，景中寫情。他的詞，擅于抒情，頓挫回環。以詩詞寫同一題材，能各臻其妙境而又互相補充的。我們設想這些詩詞，詩能吟誦出之，詞以詞譜演唱，這該是有多麼濃郁的藝術氣氛，秦觀的這些詩詞在當時當是如此的。」㉘或如唐圭璋所說：「秦觀詞頗受民間樂曲影響，他有十首〈調笑令〉，每首詠一古代美女故事，一詞之前，都有一詩，這便是宋代歌舞相兼的轉踏體，這種體制和這類故事都是民間普遍流行的。」㉙但個人認爲，它在內容上更饒富意義，這十首詩詞所題詠的女子身分，從宮廷（王昭君、樂昌公主）、貴族（無雙、鶯鶯、離魂記的倩娘），到民家女（採蓮女、煙中怨的漁家女阿溪）、娼妓（崔徽、灼灼、盼盼〉，各種階層的女子都有，而內容所述都是她們曲折的愛情故事，由此可知秦觀對女性愛情的關注，及擅長描寫愛情，這和他的詞以愛情爲主體是相互呼應的。他還有一首〈南鄉子〉（妙手寫徽眞），是題唐河中府娼崔徽的半身像，對她的愛情不幸遭遇深表同情。

秦觀另外有二首詞屬於懷古之作，汲古閣《宋六十名家詞》本《淮海詞》，在〈望海潮〉（星分牛斗）、（秦峰蒼翠）、（梅英疏淡）等三首分別題作「廣陵懷古」、「越州懷古」、「洛陽懷古」，但今存的宋乾道高郵軍學本《淮海居士長短句》則無這些題目。姑不論這些題目是否爲後人所加，但前兩首作品確實有藉著歌詠名城佳域的舊日繁華，興起古今盛衰之感，以表現個人曠達的人生態度，其作風在《淮海詞》中是少見的。正如朱德才〈論婉約派詞人秦觀〉一文所說：「這類詞的基本特色是能夠一變詞人平時那種幽窄狹小的心境和淒苦纏綿的作風，而作悲壯豪放之筆，表現出較爲開闊的胸襟。」㉚秦觀在廣陵懷古這首〈望海潮〉寫道：「有迷樓挂斗，月觀橫空。紋錦製帆，明珠濺雨，寧論爵馬魚龍」，極力誇寫古揚州的繁華雄麗，接著寫道：「往事逐孤鴻。但亂雲流水，縈帶離宮」，簡單幾筆，就使從前的盛況消失得無影無蹤，本來面對如此盛衰無常的景象，往往容易引人悲感，但作者用豪邁之氣寫出這樣的結尾：「最好揮毫萬字，一飲拚千鍾。」顯示出作者瀟灑奔放的一面，難怪黃庭堅〈病起荊江亭即事十首〉之一云：「對客揮毫秦少游」，只可惜他這樣的性格被一再的挫折所淹沒了，不像蘇軾愈挫愈堅，所以兩人詞風的主要走向大不相同，否則像這樣的作品放在蘇軾的豪放詞中一點都不遜色。在另一首「越州懷古」中，除追慕古代名士狂客：梅福、王羲之、賀知章等人之外，結拍也寫道：「最好金龜換酒，相與醉滄洲」，表現模做李白狂放的風姿。另外一首〈望海潮〉（梅英疏淡），雖題「洛陽懷古」，但內容是感懷舊事，思念故鄉，並無懷古之意，故不應放入懷古作品之列。秦觀還有一首〈滿庭芳〉（紅蓼花繁），其超脫俗塵的意境，直可比肩東坡，這也是《淮海詞》中比較特殊風格的作品。

宋人喜歡飲茶，蘇軾、黃庭堅都作有茶詩、茶詞，黃庭堅的茶詞尤其受人讚賞，秦觀在這種風氣影響之下，詞集中也有兩首詠茶詞，一首是〈滿庭芳〉（北苑研膏），但根據吳曾《能改齋漫錄》卷十七載，這首恐怕是黃庭堅所作。另一首〈滿庭芳〉（雅燕飛觴），詠密雲龍茶，寫道：「密雲雙鳳，初破縷金團。窗外鑪煙似動，開餅試、一品香泉。輕淘起，香生玉塵，雪濺紫甌圓。」將茶形、煮茶過程及茶的芳香都一一描敘，下片則以美女奉茶，使衆賓在宴會後仍然依依不捨，更襯托茶品的高貴，秦觀連茶詞都寫得如此軟媚，其風格可見一斑。最後還值得一提的是《淮海詞》中的〈雨中花〉（指點虛無征路）及〈好事近〉（春路雨添花）。根據胡仔《苕溪漁隱叢話》前集卷五十引《冷齋夜話》所載，〈雨中花〉作於元豐初年，〈好事近〉則完成於貶處州之時，都是紀夢之作。夢境雖然是虛的，但往往是作者潛意識的反映。元豐初年，秦觀落第，退居高郵，所以〈雨中花〉夢境所表現的是游仙思想，但詞中的「任青天碧海，一枝難遇，占取春色」等句，又彷彿否定了其求仙之舉，至少是處在矛盾之中。㉛由此可見落第投向作者心靈上的陰影。而〈好事近〉的夢境亦甚奇特，與作者現實人生滿目淒涼的景象大不相同，這大概是他受盡壓抑，在極端痛苦傷心之際，於是藉從夢境的優美景色中獲得紓解，正如陶淵明處於亂世設想桃花源一般，最後的「醉臥」，以乎是很瀟灑地陶醉，其實也未嘗不是麻醉自己，不問世事的寫照，這是對人生的一種絕望與解脫，難怪它被看成秦觀死於藤州之讖語㉜，其友人莫沔為蘇軾「誦此詞至流涕」，黃庭堅亦作這樣的詩句：「少游醉臥古藤下，誰與愁眉唱一杯？」㉝，可見這首詞是相當沈痛感人的。

## 五、秦觀詞的形式技巧

《四庫全書總目提要》卷一九八《淮海詞》提要云：「觀詩格不及蘇、黃，而詞則情韻兼勝，在蘇、黃之上。流傳雖少，要為倚聲家一作手。」秦觀詞的內容以愛情為主體，而且透過情詞寄寓身世之感，其仕途失意、貶謫之痛苦，盡含在作品中，其感情非常豐沛而移人至深，這是「情勝」。而配合表達情感的形式技巧，秦觀也有其獨到之處，讓人吟誦之後餘味無窮，正如張炎《詞源》卷下所云：「秦少游詞體製淡雅，氣骨不衰。清麗中不斷意脈，咀嚼無滓，久而知味。」這就是「韻勝」。以下我們從幾方面加以探討。

㈠**在寫作技巧方面，情景配合，擅於修辭**。一般人在評論《淮海詞》時，大抵都稱讚它「蘊藉」、「含蓄」、「頓挫沈鬱」。㉞，這是秦觀表情成功的地方。那麼他是用什麼方式達到如此效果呢？最主要就是情景配合。楊海明論秦觀詞說：「秦觀終於在慢詞的寫作方面找到了一條寶貴的經驗，那就是：仍以鋪敘為主，展開詞情；然而在關鍵的地方，卻插入以含蓄優美的景語，使那本欲一瀉無餘的感情，有所收斂、有所頓挫—然後再讓它在比之『直說』遠為蘊藉的境界中『透將出來』。」㉟如前面我們舉過的〈八六子〉（倚危亭）這首，張炎《詞源》卷下曾評論說：「離情當如此作，全在情景交鍊，得言外意。」所以作者如果只一直抒情，難免會流於顯露，缺乏韻味，適當地運用一些相稱的景物作為意象，使讀者從中得到感發，如此則意在言外，有餘不盡。繆鉞在〈論杜牧與秦觀八六子詞〉一文也指出：「秦觀這首〈八六子〉詞，論藝術是很精美的。他寫離情並不直說，而是融情於景，以景襯情，也就是說，把景物融於感情之中，使景物更鮮明而具有生命力，把感情附託在景物之上，使感情更為含蓄深邃。」㊱這種見解是相當正確的。

秦觀運用情景的配合，使作品蘊藉有味，我們可再進一步探索他的取景特色。鄭師因百〈成府談詞〉比較晏幾道、秦觀說：「小山多寫高堂華燭酒闌人散之空虛，淮海則多寫登山臨水棲遲零落之苦悶。二人性情家世環境遭遇不同，故詞境亦異，其為自寫傷心則一也。」㊲晏幾道由於是宰相之後，雖然門祚已衰，但總算還維持一定的場面，所以取景都免不了「高堂華燭」的富貴氣象，用「夢後樓臺高鎖，酒醒簾幕低垂」（〈臨江仙〉）二句來代表最合適了。而秦觀出身貧寒，常在外奔波，走上仕途之後，在京師日子亦不出四、五年，即因黨爭遠謫南荒，輾轉於貶途，所以取景都以自然山川景物為主，用他的名句：「斜陽外，寒鴉萬點，流水繞孤村」（〈滿庭芳〉）為代表，則最為恰當。我們試看這些以景語作結的句子：「無奈歸心，暗隨流水到天涯」，（〈望海潮〉）、「正銷凝，黃鸝又啼數聲」（〈八六子〉）、「後會不知何處是，煙浪遠，暮雲重」（〈江城子〉）、「春去也，飛紅萬點愁如海」（〈千秋歲〉）、「郴江幸自繞郴山，爲誰流下瀟湘去」（〈踏莎行〉）、「曲終人不見，江上數峰青」（〈臨江仙〉）等，都不外自然山川，則思可過半矣。

另外秦觀在修辭技巧的運用，也有幾點值得注意。他爲了使抽象的情、愁具體化，經常用譬喻的寫法，如：「奴如飛絮，郎如流水，相沾便肯相隨」（〈望海潮〉）、「恨如芳草，萋萋剗盡還生」（〈八六子〉）、「春思如中酒，恨無力」（〈促拍滿路花〉）、「恰似小園桃與李，雖同處，不同枝」（〈江城子〉）、「飛紅萬點愁如海」（〈千秋歲〉）、「自在飛花輕似夢，無邊絲雨細如愁」（〈浣溪沙〉）等，都是設喻巧妙，感人至深。而有時爲了凸顯情、愁的深厚，也用誇飾的筆法，如：「相憶事，縱蠻牋萬疊，難寫微茫」（〈沁園春〉）、「名韁利鎖，天還知道，和天也瘦」（〈水龍吟〉）、「謾道愁須殢酒，酒未醒、愁已先回」（〈滿庭芳〉）、「便做春江都是淚，流不盡，許多愁」（〈江城子〉）、「若說相思，佛也眉兒聚」（〈河傳〉）、「人人盡道斷腸初，那堪腸已無」（〈如夢令〉）等，表面看起來似乎不合道理，但當我們深思作者命意所在，不僅覺得不無道理，更會認爲作者設想新奇，這就是「無理而妙」。秦觀有時情、愁累積到某一程度時，爲了宣洩，往往借用自然景物，將情感移到景物上面，運用擬人法的技巧，如：「念多情但有，當時皓月，向人依舊」（〈水龍吟〉）、「郴江幸自繞郴山，爲誰流下瀟湘去」（〈踏莎行〉）、「持酒勸雲雲且住，憑君礙斷春歸路」（〈蝶戀花〉）、「豈如薄倖五更風，不解與、花爲主」（〈一落索〉）、「爭奈無情江水，不西流」（〈虞美人〉）等，幾乎變成作者與自然景物的對話。劉若愚評論秦觀詞說：「像這樣對擬人法的嗜愛，除了力求新巧，同時也是由於秦觀的以人類感情平等看待自然界的傾向：因為他想像自然界分享著人的感情，於是也就不可避免的把自然界的萬物人格化了。」㊳秦觀之所以對自然界特別有感情，這應該與貶謫在外經常登山臨水有關。

㈡**在遣詞用字方面，雅俗共濟，柔婉清麗**。《淮海詞》的語言特色，前人也常論及，如朱彝尊《詞綜》卷六引蔡伯世云：「子瞻辭勝乎情，耆卿情勝乎辭，辭情相稱者，惟少游而已。」姑不論他對蘇軾、柳永的評論是否準確，就秦觀而言，「辭情相稱」是相當貼切的。秦觀在遣詞用字，都能自然得體，與情感配合無間，周濟《介存齋論詞雜著》引晉卿曰：「少游正以平易近人，故用力者終不能到。」張德瀛《詞徵》卷一亦云：「至麗而自然者，少游也。」而秦觀詞的語言之所以「至麗而自然」、「平易近人」，是他擅於協調雅俗，將前人高雅詩句融化得宜，變成近乎口語自然通俗語句，而不覺得有出處，如〈滿庭芳〉中的名句：「斜陽外，寒鴉萬點，流水遶孤村」，寫景如何自然，正如魏慶之《詩人玉屑》卷二十一引晁無咎評：「雖不識字，亦知是天生好言語。」誰知道它是本自隋煬帝的詩句：「寒鴉千萬點，流水遶孤村」？㊴李清照〈詞論〉云：「秦即專主情致，而少故實，譬如貧家美女，雖極妍麗豐逸，而終乏富貴態。」㊵詞是否一定要尚故實，固然有待商榷，但稱秦觀「少故實」，則並非事實。秦觀詞許多名句其實都有所本，如〈水龍吟〉：「天還知道，和天也瘦」，用李賀〈金銅仙人辭漢歌〉詩：「天若有情天亦老」；〈八六子〉：「恨如芳草，萋萋剗盡還生」，用李煜〈清平樂〉詞：「離恨恰如春草，更行更遠還生」；〈江城子〉「便做春江都是淚，流不盡，許多愁」，用李煜〈虞美人〉詞：「問君能有幾多愁，恰似一江春水向東流」；〈滿庭芳〉：「高城望斷，燈火已黃昏」，用歐陽詹〈初發太原途中寄太原所思〉詩：「高城已不見，況復城中人」等都是，鄭師因百亦曾指出〈千秋歲〉：「飛紅萬點愁如海」之句，與李長吉詩：「桃花亂落如紅雨」、杜工部詩：「一片花飛減卻春，風飄萬點更愁人」、李東川詩：「請量東海水，看取淺深愁」等相近似，並說：「文人運思造語相近似者，有暗合亦有明用；秦詞未必出於唐人，亦未必不出於唐人。」㊶這正是秦觀高明之處，他能將前人作品加以改造變化，使契合自己的身世情感，就如鹽溶於水，不留痕跡。當然他還有一些用極通俗的語言寫成的艷詞，受人詬病，如陳廷焯《白雨齋詞話》卷二所說：「少游、美成，詞壇領袖也。所可議者，好作艷語，不免於俚耳。」但這些也正可看出秦觀向民間文學學習的用心。

秦觀的遣詞用字，還有值得注意的地方，就是柔婉清麗，符合他所表現的情感氣氛。楊世明論秦觀的語言說：「措詞用語，往往選用輕、細、微、軟的字眼，同詞中描寫的情、愁、思、戀，互相協調，因而能給人纖柔、委婉、纏綿、含蓄的感受。」㊷葉嘉瑩曾舉秦觀的〈浣溪沙〉（漠漠輕寒上小樓）爲例，說：「在這首詞中，秦觀表面所寫的，實在只是一個細緻幽微的感覺中的世界。『寒』是『輕寒』，『陰』是『曉陰』，『畫屏』上是『淡煙流水』，『飛花』之『輕』似『夢』，『絲雨』之『細』如『愁』，『寶簾』之『掛』曰『閒』，掛簾之『銀鉤』曰『小』，全篇中所有的形容字沒有一處用重筆，但卻並非泛泛的眼前景物的記錄。外表看來雖然極爲平淡，而在平淡中卻帶著作者極爲纖細銳敏的一種心靈上的感受。」㊸所以秦觀的詞，雖然沒有穠麗的辭采，但從細微輕柔的文字中，能給讀者一種極爲特殊的美感。

㈢**在審音協律方面，語工入律，聲情相稱**。李廌〈師友談記〉曾記秦觀的話：「夫作曲雖文章卓越，而不協于律，其聲不和。」㊹可見秦觀塡詞對聲律的重視，因此他的作品在當時頗受知樂者所欣賞，葉夢得《避暑錄話》卷三說：「秦觀少游亦善爲樂府，語工而入律，知樂者謂之『作家歌』，元豐間盛行於淮楚。」從這樣的事實，可瞭解其作品的音調是如何優美、和諧可歌。今日我們雖然無法再聽到這些美妙的歌聲，但反覆吟誦閱讀，仍然可察覺其聲韻柔美婉轉，沈鬱迴蕩。王保珍曾就《淮海詞》的用韻情形加以歸納，其結果是：「以第四部魚語韻與第十二部尤韻用得最多，皆爲十四次，其次爲第七部元阮韻共用十次，第四多者爲第三部支脂韻，共用八次。」她並根據各韻部的特性，作出這樣的結論：「淮海詞魚語韻與尤有韻用得最多，因此幽咽之情調與盤旋（迴蕩）之情調也最多見，加元阮韻之清新，支脂韻之縝細，形成淮海詞主要之特色。」㊺由此可證明其作品之聲韻與情感是相切合的。

㈣**在選用詞調方面，嘗試各種詞調，小令長調兼擅**。我們統計秦觀的八十七首作品中，共用了四十六種詞調，像他在這樣有限的作品中，用了這麼多種詞調，平均一種詞調塡不到兩首。如果和其他詞人稍作比較的話，如：晏幾道二百六十首，才用了五十四種詞調；蘇軾三百五十一首，才用了七十六種詞調；黃庭堅一百八十九首，也只用了七十二種詞調；更可凸顯秦觀喜歡嘗試各種詞調。他除了少數幾種詞調較常用外，小令如〈調笑令〉（十首）、〈浣溪沙〉（五首）、〈如夢令〉（五首），長調如〈滿庭芳〉（六首）、〈望海潮〉（四首）外，大部分都只塡一首，尤其長調更是如此，或許因爲秦觀精於音律，樂於變換不同詞調塡詞的緣故吧！

另外，我們也可發現秦觀不論小令或長調，都非常擅長。他共用了三十種小令詞調，塡了六十三首，而長調方面，也用了十六種詞調，塡了二十四首，所以他的許多名作，長調小令都有，如〈水龍吟〉（小樓連苑橫空）、〈八六子〉（倚危亭）、〈滿庭芳〉（山抹微雲）、〈望海潮〉（梅英疏淡）等是長調，〈浣溪沙〉（漠漠輕寒上小樓）、〈千秋歲〉（水邊城外）、〈踏莎行〉（霧失樓臺）、〈鵲橋仙〉（纖雲弄巧）等是小令。楊海明在論秦觀詞的特色時，特別強調有小令之長的長調，他說：「秦詞的眞正好處卻並不單在這種學晚唐五代小令和柳永慢詞上面，它的勝處乃在於它的『取短補長』——亦即把小令的含蓄蘊藉貫注到長調的鋪敘曲折中，用五代詞的文雅、含蓄來彌補柳詞的俚俗、發露，從而形成爲『情韻兼勝』的新風格。」㊻其實也就是因爲秦觀擅長小令，所以能進一步擴充、發揮，使長調亦能具備小令的優點，寫出具有特色的作品。

最後値得一提的是，秦觀專精音律，也曾自創詞調，如〈夢揚州〉，《御製詞譜》卷二十六云：「宋秦觀自製詞，取詞中結句爲名。」；〈醉鄉春〉，《御製詞譜》卷七云：「宋惠洪《冷齋夜話》云：『少游在黃州，飲於海棠橋，橋南北多海棠，有書生家於海棠叢間，少游醉宿於此，題詞壁間。』按此則知此調創自秦觀，因後結有『醉鄉廣大人間小』，故名『醉鄉春』；又因前結有『春色又添多少』句，一名『添春色』。」這兩種詞調應創自秦觀無疑。至於其他的詞調，爲萬樹《詞律》、《御製詞譜》選爲範例者不少，如萬樹《詞律》中所選的有：〈望海潮〉二首、〈沁園春〉、〈八六子〉、〈夢揚州〉、〈雨中花慢〉、〈一叢花〉、〈促拍滿路花〉、〈迎春樂〉、〈鵲橋仙〉、〈河傳〉、〈如夢令〉、〈品令〉二首、〈臨江仙〉、〈醉鄉春〉、〈南歌子〉、〈青門飲〉等十八首（《全宋詞》認爲可疑列入存目詞者不計），其入選比例相當高，由此可證明秦觀對於格律的講究，及其對詞調格律化的貢獻。

## 六、秦觀的詞風—婉約

秦觀的詞在當時已享有盛名，根據蔡絛《鐵圍山叢談》卷四載：「范內翰祖禹作《唐鑑》，名重天下，坐黨錮事久之。其幼子溫，字元實，與吾善。……溫嘗預貴人家會。貴人有侍兒，善歌秦少游長短句，坐間略不顧溫；溫亦謹，不敢吐一語。及酒酣歡洽，侍兒者始問：『此郎何人耶？』溫遽起，叉手而對曰：『某乃『山抹微雲』女婿也。』聞者多絕倒。」這雖是一則笑話，但從笑話中也反映出秦觀在歌唱界是如何具有知名度，他的女婿自我介紹不道姓名，只報「『山抹微雲』女婿」，則無人不知，歌妓也不敢小看，可見秦詞是多麼受歡迎，難怪晁補之說：「比來作者，皆不及秦少游。」㊼陳師道《後山詩話》也說：「今代詞手，惟秦七、黃九爾，唐諸人不逮也。」雖然如此，蘇軾對他的作品並不完全肯定，一方面稱賞他，如胡仔《苕溪漁隱叢話》後集卷三十三引《藝苑雌黃》云：「其詞（〈滿庭芳〉）極爲東坡所稱道，取其首句，呼之爲『山抹微雲』君。」、同書前集卷五十引《冷齋夜話》云：「少游到郴州，作長短句云：『霧失樓臺……』，東坡絕愛其尾兩句，自書於扇，曰：『少游已矣，雖萬人何贖！』」另一方面他對秦觀的詞也是頗有意見的，如王弈清等撰《歷代詞話》卷五引《高齋詞話》載：

> 少游自會稽入都，見東坡，東坡曰：「不意別後，公卻學柳七作詞。」少游曰：「某雖無學，亦不如是。」東坡曰：「銷魂當此際，非柳七語乎？」坡又問別作何詞，少游舉「小樓連苑橫空，下窺繡轂雕鞍驟。」東坡曰：「十三個字，只說得一個人騎馬樓前過。」少游問公近作，乃舉「燕子樓空，佳人何在，空鎖樓中燕」。晁无咎曰：「只三句，便說盡張建封事。」

從蘇軾對秦觀的批評中，大約可分爲兩點：一是不贊成他學柳永的詞，秦觀「銷魂當此際」句除了指遣詞用字太俚俗露骨外，應該也指此句所帶的感傷，也就是柳永作品所持的那種感傷，蘇軾討厭這樣的感傷⑱；一是譏笑他鋪敘太過，內容空乏，不如他只用三句便說盡張建封事那麼充實。由這兩點批評我們已經隱約可以看出蘇軾與秦觀詞風的不同，胡仔《苕溪漁隱叢話》前集卷四十二引《王直方詩話》有這樣的記載：

> 東坡嘗以所作小詞示無咎、文潛曰：「何如少游？」二人皆對云：「少游詩似小詞，先生小詞似詩。」

蘇軾刻意要和秦觀比較，代表他已意識到自己的作品和秦觀有所不同，而晁補之、張耒的答話，更清楚指出兩者之差別：「少游詩似小詞」，好像是在評論秦觀的詩，其實是一種反襯的說法，詩本來的要求標準是和詞不一樣，現在詩都和詞一樣，秦觀詞的風格則不言可喻。因此張綖《詩餘圖譜・凡例》給蘇、秦的詞風作成一個很重要的區分，他說：

按詞體大略有二：一體婉約，一體豪放。婉約者欲其詞情醞藉，豪放者欲其氣象恢宏。蓋亦存乎其人，如秦少游之作，多是婉約；蘇子瞻之作，多是豪放。大抵詞體以婉約爲正，故東坡稱少游「今之詞手」，後山評東坡詞「雖極天下之工，要非本色」。㊾

我們姑且不論詞體應以何者爲正這個問題，但就以「婉約」與「豪放」來代表秦觀、蘇軾的主體詞風是相當正確的。就我們前面針對秦觀詞的內容與形式技巧的探討可以看出，秦詞的內容雖有身世之感，但都并入情詞之中，所以從其題材而言，都是以男女愛情、離愁別恨爲主。在形式技巧上，他透過情景的配合，使感情的宣洩有所收斂，不致顯露而缺少韻味，並且許多修辭技巧的運用，使情、愁的表達更具體生動，在遣詞用字方面，能融合雅俗，選擇細微輕柔的字眼，使語言至麗而自然，另外他擅長音律，語工而入律，聲情相稱，及小令長調兼擅等等，都在在顯示他成爲一位傑出「婉約」詞人應有的特色。其實宋人的許多評語，如胡仔《苕溪漁隱叢話》後集卷三十三云：「少游詞雖婉美，然格力失之弱」、魏慶之《詩人玉屑》卷二十一云：「少游小詞奇麗，詠歌之，想見其神情在絳闕道山之間」、張炎《詞源》卷下云：「秦少游詞，體製淡雅，氣骨不衰，清麗中不斷意脈，咀嚼無滓，久而知味」，其中所謂的「婉美」、「奇麗」、「淡雅」、「清麗」、「久而知味」等用語，都已涵蓋在「婉約」之中，所以稱秦觀的詞風「婉約」是非常貼切的。至於胡仔說秦詞「格力失之弱」，而張炎卻說「氣骨不衰」，兩者似乎矛盾，胡仔的批評應該是沿襲蘇軾的看法，葉夢得《避暑錄話》卷三云：「蘇子瞻於四學士中最善少游，故他文未嘗不極口稱善，豈特樂府？然猶以氣格爲病，故常戲云：『山抹微雲秦學士，露花倒影柳屯田。』」蘇軾詞風豪放，以詩爲詞，追求「氣格恢宏」，自然會覺得秦詞有氣格上之缺點，即失之軟弱。但張炎論詞追求清空，不要質實，秦觀在情詞之中常寓有身世之感，正符合他的標準，故說「氣骨不衰」，瞭解他們的立場之後，對其說法也就自知取捨了。

## 七、結論

秦觀爲蘇門四學士之一，但他的詞風卻獨樹一格，況周頤《蕙風詞話》卷二說：「有宋熙豐間，詞學稱極盛。蘇長公提倡風雅，爲一代山斗。黃山谷、秦少游、晁無咎，皆長公之客也。山谷、无咎皆工倚聲，體格於長公爲近。唯少游自闢蹊徑，卓然名家。蓋其天分高，故能抽祕騁妍於尋常濡染之外。」在當時，黃庭堅、晁補之都學蘇軾以詩爲詞，秦觀卻堅持詞的獨立性，不與詩混淆，王水照〈從蘇軾、秦觀詞看詞與詩的分合趨向〉一文已看到這點，他說：「秦觀的離別詞，大都寫男女戀情，很少發生在男性朋友之間。在會稽與程公闢離別，寫詩不寫詞，詞則寫與其歌妓分手，即是一例。」㊿不止如此，我們從詞的和韻也可印證。自從張先開拓詞體的實用性，並將詩體的次韻、依韻的唱和方式應用到詞體之後，這種「應社」的唱和方式便發展開來，尤其蘇軾更大力推動，約有三十首次韻之作，凡是認同「以詩為詞」的詞人，幾乎沒有不以詞唱和，如黃庭堅、晁補之、葉夢得、朱敦儒、向子諲、張元幹等皆是，相反的，追求詞的「應歌」本色、「別是一家」的詞人，則一首和韻之作都沒有，如柳永、晏幾道、秦觀、周邦彥、李清照等皆是，而秦觀正處在蘇軾大量以詞唱和的時候，他又是其門下一員大將，他的詩和韻之作很多，如〈和子瞻雙石〉、〈次韻答張文潛病中見寄〉、〈次韻答米元章〉、〈次韻子由題斗野亭〉、〈次韻東坡上元扈從〉等俯拾皆是，但他的詞卻連一首和韻都沒有，這不是很明顯表現他對待詞體的態度嗎？

因此，秦觀在詞史上的定位應該在傳統詞體的維護與發展，他不願意讓詞體變成詩體，繼續保存詞體從晚唐五代以來可歌的模式，及描寫男女愛情為內容，以柔媚蘊藉為表現方式，但他不像晏幾道，固守在小令的範圍，他從柳永的大量製作長調獲得形式上的突破，適度地修正了柳永俚俗淺露、鋪敘鬆散等缺點，使長調也能發揮小令的長處，雖然他有時還難免殘留有柳永的缺點，正如前面所引蘇軾的批評，但他的貢獻是不容否認的，尤其直接影響到周邦彥更值得重視，陳廷焯《白雨齋詞話》卷一說：「秦少游自是作手，近開美成，導其先路；遠祖溫、韋，取其神不襲其貌，詞至是乃一變焉。然變而不失其正，遂令議者不病其變，而轉覺有不得不變者。」周邦彥繼續發揚秦觀「婉約」詞風的特點，將殘留的缺點加以去除，使他的文字愈加典雅，章法變得井然有度，格律更趨嚴謹，而成為「集格律派大成」之作家。

另外，他對南北宋之交的女詞人李清照也有所影響，李清照的〈詞論〉把秦觀列為知道詞「別是一家」的作者，雖然批評他「專主情致，而少故實」，前面我們已經澄清秦觀並非少故實，而是融化得宜，變成自然近乎口語，李清照南渡喪偶之後的作品，已經無心崇尚故實、追求所謂的「富貴態」，大都直抒寡居幽鬱之情懷，走的正是「專主情致，而少故實」的路線，楊海明在〈論秦少游詞〉一文中指出：「從少游詞的『和婉』出發，還可以有另一種型態的發展，那就是更加朝著自然、平易、清新、流暢的方向發展，這個事業便由再後的李清照加以完成。」51而李清照也繼秦觀之後往往被認爲是婉約派詞人的代表。

總之，秦觀情韻兼勝的作品，造就了他成爲婉約派的大家，並影響到周邦彥、李清照，他可以說是以詩爲詞、豪放詞風興盛時的一座堡壘，他沒有受蘇軾薰陶而動搖，可以說是詞史上的異數。

## 【附　註】

① 陳師道〈淮海居士字序〉云：「元豐之末，余客東都，秦子（觀）從東來。別數歲矣！其容充然，其口隱然。余驚焉，以問秦子。曰：『往吾少時，如杜牧之強志盛氣，好大而見奇；讀兵家書，乃與意合，謂功譽可立致，而天下無難事。顧今二虜有可勝之勢，願效至計，以行天誅，回幽夏之故墟，弔唐晉之遺人，流聲無窮，爲計不朽，豈不偉哉？於是字以太虛，以導吾志。今吾年至而慮易，不待蹈險而悔及之。願還四方之事，歸老邑里如馬少游，以是字以少游，以識吾過。』」（宋乾道高郵軍學本《淮海文集》，亦見《後山集》卷十三）。

② 秦瀛〈重編淮海先生年譜節要〉，見四部備要本《淮海集》（台北：中華書局，一九七〇年六月），卷首附。

③秦觀〈書王氏齋壁〉云：「皇祐元年，余先大父赴官南康，道出九江，余實生焉。滿歲受代，猶寓止僧舍。」（四部備要本《淮海集．後集》卷下）

④《宋史．哲宗本紀》卷十八載：「元符元年九月庚戌，秦觀除名，移雷州編管。」秦瀛〈重編淮海先生年譜節要〉（四部備要本《淮海集》卷首附）將移雷州編管繫年於元符二年，誤。

⑤《宋史》卷四四四本傳云：「年五十三」，鄭師因百《宋人生卒考示例》（台北：華世出版社，一九七七年一月）曾考證秦觀生於仁宗皇祐元年（一〇四九），卒於哲宗元符三年（一一〇〇），年五十二，確無可疑，並云：「按東坡卒於建中靖國元年辛巳七月二十八日，見子由所作墓誌銘，少游若年五十三，其卒反在東坡之後半個月，坡無由作書追悼之也。蓋二三兩字形近之誤。」（見頁一二〇）。黃震雲〈秦觀的卒年和張耒的籍貫、生卒年—《宋詩選注》獻疑二則〉一文，根據《宋史》本傳「年五十三」而認爲：「宋徽宗趙佶一一〇一年即位，國號建中靖國。所以秦觀應當是一一〇一年謝世，享年五十三歲。不然，徽宗放還云云沒有下落。」（見《青海師範大學學報》，一九八四年四期，頁九四）其實哲宗在元祐三年（一一〇〇）一月去世，徽宗即繼皇位，次年才改年號，作者失察。

⑥以上秦觀生平根據《宋史．文苑傳》卷四四四，繫年則參考王保珍編〈秦少游年譜〉，見《秦少游研究》（台北：學海出版社，一九八一年五月），頁一—五九。有關秦觀之年譜尚有：秦瀛〈重編淮海先生年譜節要〉（見四部備要本《淮海集》卷首附）；龍沐勛〈淮海先生年譜簡編〉，見《蘇門四學士詞》（台北：世界書局，一九八二年四月），頁五九—六六；王初蓉〈秦少游先生年譜〉（《中華學苑》，第二期）等。

⑦ 王明清《揮麈前錄》卷三云：「建炎末，贈黃魯直、秦少游及晁无咎、張文潛俱爲直龍圖閣。」

⑧ 參考徐培均〈淮海詞版本考〉，見徐培均校註《淮海居士長短句》（上海古籍出版社，一九八五年八月），頁二三四—二三八。

⑨ 同註⑧，頁二三六。

⑩ 饒宗頤《詞集考》（北京：中華書局，一九九二年十月），頁五八。

⑪ 有關《淮海詞》的校註本甚多，有：王輝曾《淮海詞箋註》（北平：文化學社，一九三四年；北京：中國書店，一九八五年六月）、龍沐勛點校《淮海居士長短句》（在《蘇門四學士詞》內，北京：中華書局，一九五七年八月；台北：世界書局，一九八二年四月）、徐文助《淮海詩註附詞校註》（國立台灣師範大學國文研究所碩士論文，一九六七年六月；台北：嘉新水泥公司文化基金會，一九六九年八月）、李居取《秦觀詞校註》（在《蘇門四學士詞研究》內，國立台灣師範大學國文研究所碩士論文，一九七三年五月）、包根第《淮海居士長短句箋釋》（私立輔仁大學中文研究所碩士論文，一九七三年；台北：嘉新水泥公司文化基金會會，一九七二年十月）、楊世明《淮海詞箋註》（成都：四川人民出版社，一九八四年九月）、徐培均校註《淮海居士長短句》（上海古籍出版社，一九八五年八月）、陳祖美選註《淮海詞》（杭州：浙江古籍出版社，一九八七年十一月）、張璋、黃畬校訂《秦觀詞集》（鄭州：中州古籍出版社，一九八八年八月）等。

⑫ 唐圭璋《詞話叢編》（台北：新文豐出版公司，一九八八年二月），冊一，頁三二一。

⑬ 《綠窗新語》卷上引《古今詞話》，見同註⑫，頁三三。

⑭胡仔《苕溪漁隱叢話》（台北：長安出版社，一九七八年十二月），前集，卷五十引《高齋詩話》，頁三三八。

⑮清徐釚《詞苑叢談》卷七引《詞品拾遺》云：「秦少游贈汴城李師師〈生查子〉詞云云」，詞中所云師師，應非政和間名著一時之李師師，恐爲另一人。

⑯王楙《野客叢書》卷二十載：「又少游詞『天還知道，和天也瘦』之語，伊川先生聞之，以爲媟瀆上天。」陳鵠《耆舊續聞》卷八亦載：「伊川嘗見秦少游詞『天還知道，和天也瘦』之句，乃曰：『高高在上，豈可以此瀆上帝？』……蓋少游乃本李長吉『天若有情天亦老』之意，過於媟瀆。」

⑰同註⑫，冊一，頁三九〇。

⑱同註⑫，冊四，頁三九五九。

⑲徐培均校註《淮海居士長短句》（上海古籍出版社，一九八五年八月），頁八九。

⑳唐圭璋《唐宋詞簡釋》（台北：木鐸出版社，一九八二年三月），頁一〇六。

㉑胡仔《苕溪漁隱叢話》前集卷五十引《冷齋夜話》載：「少游到郴州，作長短句云：『霧失樓臺……』東坡絕愛其尾兩句，自書於扇，曰：『少游已矣，雖萬人何贖！』」王士禎《花草蒙拾》亦云：「『郴江幸自遶郴山，爲誰流向瀟湘去。』千古絕唱。秦歿後，坡公常書此於扇，云：『少游已矣，雖萬人何贖！』高山流水之悲，千載而下，令人腹痛！」

㉒《詞學·七輯》（上海：華東師範大學出版社，一九八九年二月），頁一八。

㉓同註⑲，頁三七。
㉔同註⑫，冊四，頁三五八六。
㉕見同註⑧，頁二五七—二六〇。
㉖同註⑫，冊四，頁三五八七。
㉗王弈清等撰《歷代詞話》卷五引《高齋詞話》，見同註⑫，冊二，頁一一八七。
㉘《光明日報》，一九八四年三月十三日第三版。亦見《中國古代、近代文學研究》（複印報刊資料），一九八四年七期，頁一五八。
㉙唐圭璋《詞學論叢》（台北：宏業書局，一九八八年九月），頁九四五。
㉚見《山東大學學報》，一九六一年四期。亦見華東師範大學中文系古典文學研究室編《詞學研究論文集（一九四九—一九七九）》（上海古籍出版社，一九八二年三月），頁三三八。
㉛參見陳祖美選註《淮海詞》（杭州：浙江古籍出版社，一九八七年十一月），頁二七。
㉜胡仔《苕溪漁隱叢話》前集卷五十引《冷齋夜話》云：「秦少游在處州，夢中作長短句曰：『山路雨添花……』，後南遷，久之，北歸，逗留於藤州，遂終於瘴江之上光華亭。時方醉起，以玉盂汲泉欲飲，笑視之而化。」
㉝宋本《淮海居士長短句》在〈好事近〉詞末有附注云：「東坡跋尾：供奉官莫君沔官湖南，喜從遷客游，尤爲呂元鈞所稱；又能誦少游事甚詳。爲予誦此詞至流涕，乃錄本使藏之。魯直跋少游〈好事近〉：『少游醉臥古藤下，誰與愁眉唱一杯？解作江南斷腸句，只今唯有賀方回。』」

㉞沈祥龍《論詞隨筆》云：「詞之蘊藉，宜學少游、美成。」周濟《宋四家詞選．目錄序論》云：「少游意在含蓄，如花初胎，故少重筆。」陳廷焯《白雨齋詞話》卷五云：「大抵北宋之詞，周、秦兩家皆極頓挫沈鬱之妙。而少游託興尤深，美成規模較大，此周、秦之異同也。」

㉟楊海明《唐宋詞史》（南京：江蘇古籍出版社，一九八七年十二月），頁三三三。

㊱繆鉞、葉嘉瑩合撰《靈谿詞說》（台北：國文天地雜誌社，一九八九年十二月），頁三六。

㊲鄭師因百《景午叢編》（台北：台灣中華書局，一九七二年一月），上編，頁二五二。

㊳劉若愚撰、王貴苓譯《北宋六大詞家》（台北：幼獅文化事業公司，一九八六年六月），頁一一二。

㊴胡仔《苕溪漁隱叢話》後集卷三十三引《藝苑雌黃》云：「中間有『寒鴉萬點，流水遶孤村』之句，人皆以爲少游自造此語，殊不知亦有所本。予在臨安，見平江梅知錄云：『隋煬帝詩云：『寒鴉千萬點，流水遶孤村。』少游用此語也。」

㊵同註⑭，後集，卷三十三，頁二五四。

㊶同註㊲。

㊷楊世明《淮海詞箋註》（成都：四川人民出版社，一九八四年九月），前言，頁一六。

㊸同註㊱，頁二四二。

㊹張惠民編《宋代詞學資料匯編》（汕頭大學出版社，一九九三年十一月），頁一四〇。

㊺王保珍《淮海詞研究》（台北：學海出版社，一九八四年五月），頁三三。

㊻楊海明《唐宋詞的風格學》（台北：木鐸出版社，一九八七年六月，書名原作《唐宋詞風格論》），頁七九。

㊼趙令畤《侯鯖錄》卷八引。

㊽參考青山宏撰、范建明譯〈蘇軾與黃庭堅的詞論〉，見《蘇州大學學報》，一九九〇年三期，頁六一。又見《中國古代、近代文學研究》（複印報刊資料），一九九〇年十期，頁三〇七。

㊾《詩餘圖譜》之明刻通行者爲汲古閣《詞苑英華》本，卻無〈凡例〉及按語。王水照〈蘇軾豪放詞派的涵義和評價問題〉一文曾據北京圖書館所藏明刊本及萬曆二十九年游元涇校刊的《增正詩餘圖譜》本引，見王水照《蘇軾論稿》（臺北：萬卷樓圖書公司，一九九四年十二月），頁一八六—一八七。此爲轉引。

㊿《復旦學報》，一九八八年一期，頁七八。又見王水照《蘇軾論稿》（臺北：萬卷樓圖書公司，一九九四年十二月），頁二四一。

51《文學遺產》，一九八四年三期，頁四四。又見楊海明《唐宋詞論稿》（杭州：浙江古籍出版社，一九八八年五月），頁一六二。

# 兼具豪放婉約之長——賀鑄

## 一、賀鑄的生平與詞集

賀鑄，字方回，衛州共城（河南輝縣）人。①仁宗皇祐四年（一〇五二）生②，自言唐諫議大夫知章之後，且推本出春秋吳國王子慶忌，以慶爲姓，居越之湖澤鏡湖，本名慶湖，避漢安帝父清河王諱，改爲賀氏，慶湖亦轉爲「鏡」，故鑄自號「慶湖遺老」。③鑄身長七尺，貌奇醜，面色青黑，而眉目聳拔有英氣，時人謂之「賀鬼頭」。④尚氣使酒，喜劇談天下事，可否不略少假借；雖貴要權傾一時，小不中意，極口詆無遺詞，故人以爲近俠。⑤慕外監之爲人，顧遷北已久，嘗以「北宗狂客」自況。⑥然博學強記，工語言，深婉麗密，如比組繡；家藏書萬餘卷，手自校讎，無一字脫誤；⑦爲吏極謹細，在筦庫，常手自會計，其於窒罅漏逆姦欺無遺察；⑧言理財治劇之方，亹亹有緒，遇軒裳角逐之會，常如怯夫處女；⑨俱不似其爲人。歷仕右班殿直，監軍器庫門、臨城縣（河北臨城）酒稅、磁州（河北磁縣）都作院、徐州（江蘇徐州）寶豐監、和州（安徽和縣）管界巡檢、鄂州（湖北武昌）寶泉監、泗州（江蘇盱眙）、太平州（安徽當塗）通判，以承議郎致仕。⑩晚年退居吳下，浮沈俗間，稍務引遠世故，亦無復軒輊如平日。⑪徽宗宣和七年（一一二五），卒於常州（江蘇武進），年七十四。⑫《宋史·文苑傳》卷四四三有傳。⑬

賀鑄的詞集以「東山」爲名，最初見於葉夢得《石林居士建康集》卷八〈賀鑄傳〉，云：「方回既自裒其生平所爲歌詞，名《東山樂府》，致道爲之序。」陳振孫《直齋書錄解題》卷二十一著錄有《東山寓聲樂府》三卷，元人李治在《敬齋古今黈》卷八中，載有《東山樂府別集》，可惜皆已失傳。程俱〈宋故朝奉郎賀公墓誌銘〉謂賀鑄有「樂府辭五百首」（見《慶湖遺老詩集》卷末附錄），今存最早的版本爲殘宋刊本《東山詞》，原分上下二卷，今僅存卷上一〇九首，卷下只目錄殘存，正文亦頗見蠹缺，卷首有張耒序，從藏書印鑑可知原藏汲古閣毛氏，後歸常熟瞿氏鐵琴銅劍樓；今藏北京圖書館。⑭陶湘《續刊景宋元明本詞》曾據此本影印；侯文燦《十名家詞》、王鵬運《四印齋所刻詞》本所據爲汲古閣未刻本《東山詞》，該本據朱祖謀云：「即《東山詞》上卷前增〈望湘人〉一首，後又雜輯數十首。」⑮故亦出自殘宋刊本。賀詞另有一種重要版本，即清鮑廷博知不足齋鈔本《賀方回詞》，共二卷一四四首，與殘宋刊本《東山詞》重複八首，這個鈔本所出不詳，但對保存賀鑄詞的流傳貢獻極大，今藏北京圖書館。朱祖謀《彊村叢書》除收殘宋刊本《東山詞》卷上一〇九首外，又收勞權傳錄鮑廷博知不足齋鈔本《賀方回詞》二卷一百四十四首（有八首與殘宋刊本重出未刪），吳昌綬輯本《東山詞補》一卷三十八首，並附有校勘記，堪稱善本。《全宋詞》即收《彊村叢書》本《東山詞》卷上及《賀方回詞》二卷，共二百四十五首（刪除重出者八首），並從《樂府雅詞》卷中、《能改齋漫錄》卷十六、《草堂詩餘》、《花草粹編》等輯得三十六首、殘句二則，共計二百八十一首、殘句二則。輯佚部分與《彊村叢書》本《東山詞補》相較，數量略無增減，但吳昌綬所誤收的六首僞作，已悉數刪除，純度大爲提高。唯誤收《滹南詩話》之「風頭夢、吹無跡」一則殘句，此乃金人蔡松年句，另漏收王若虛《滹南遺老集》卷四十之「風頭夢雨吹成雪」、及「長廊碧瓦，夢雨時飄灑」二則殘句，雖有一點瑕疵，但還算相當完善精審。⑯

## 二、幽潔悲壯的英雄詞

賀鑄是北宋詞人中較爲特殊的一位，其特殊有幾方面，一是出身的特殊，他是孝惠皇后（宋太祖元配）的族孫⑰，並娶宋宗室濟國公趙克彰之女⑱，雖然有「國戚」之名，但是屬於沒落貴族世家，家境清寒，程俱〈宋故朝奉郎賀公墓誌銘〉說他的初仕是「貧迫於養，非其好也」（見前），他所作的〈三月二十日遊南臺〉詩也說：「二十起丁籍，一官初爲貧」（《慶湖遺老詩集》卷二），他由門蔭入仕，始授右班殿直，爲低級侍衛武官，一生中宦途並不如意，僅官至承議郎。二是才華的特殊，他是允文允武的詞人，程俱〈鑑湖遺老詩序〉勾勒他武者的形象：「方回少時，俠氣蓋一座，馳馬走狗，飲酒如長鯨」、「儀觀甚偉，如羽人劍客」、「忼慨多感激」；又寫他文人的特徵：「遇空無有時，俛首北窗下，作牛毛小楷，雌黃不去手，反如寒苦一書生」、「戲爲長短句，皆雍容妙麗，極幽閑思怨之情」（同上，卷首）；難怪吳衡照《蓮子居詞話》卷一說：「古之武臣工詩文者有矣，其丹黃好典籍，惟方回耳。」他這種身兼文武的才華是相當特別的。三是個性的特殊，他具有陽剛及陰柔兩種不同性格，程俱《宋故朝奉郎賀公墓誌銘》刻劃他剛直的性格：「與人語，不少降色詞，喜面刺人過，遇貴勢，不肯爲從諛」；又描繪他明哲保身的情況：「臨仕進之會，常如臨不測淵，覷覷視不敢前，竟疾走不顧。其慮患乃如此，與蹈汙險徼幸、不爲明日計者殊科。」（見前）由於賀鑄的出身、才華、個性都極爲特殊，所以表現在詞作上，無論內容、形式、技巧、風格都有其特色，而後人對他的評價也極爲分歧。

賀鑄詞的內容廣闊，各種題材皆兼而有之，這一點和蘇軾頗爲相近。事實上，賀鑄和蘇軾有過交往，他在元祐六年（一〇九一）四十歲時，由武職改入文階，是靠當翰林學士的蘇軾和李清臣、范百祿等人的薦舉，才爲承事郎[19]，賀鑄在《慶湖遺老詩集》中也有八首懷念蘇軾的作品，如〈登黃樓有懷蘇眉山〉（卷二）、〈聞蘇眉山謫守英州作〉（拾遺）等都眞摯感人。所以蘇軾「無意不可入，無事不可言」的解放詞體內容，也深深影響到他，張耒〈東山詞序〉說他的詞「是所謂滿心而發，肆口而成，雖欲已焉而不得者」（《彊村叢書》本《東山詞》），正是內容廣闊的表現，其中最值得重視的，就是幽潔悲壯的英雄詞，及盛麗妖冶的兒女詞，及一些寓有寄托的作品。

賀鑄幽潔悲壯的英雄詞，最具有代表性的，莫過於〈六州歌頭〉：

少年俠氣，交結五都雄。肝膽洞。毛髮聳。立談中。死生同。一諾千金重。推翹勇。矜豪縱。輕蓋擁。聯飛鞚。斗城東。轟飲酒壚，春色浮寒甕。吸海垂虹。閒呼鷹嗾犬，白羽摘雕弓。狡穴俄空。樂匆匆。　似黃粱夢。辭丹鳳。明月共。漾孤篷。官冗從。懷倥偬。落塵籠。簿書叢。鶡弁如雲眾。供麤用。忽奇功。笳鼓動。漁陽弄。思悲翁。不請長纓，繫取天驕種。劍吼西風。恨登山臨水，手寄七絃桐。目送歸鴻。

全詞抒發作者的英雄豪氣，及沈淪下僚、請纓無門的悲憤。這首詞上片追憶少年時期的豪俠生活，氣勢磅礴，奔放雄壯，與程俱〈鑑湖遺老詩序〉所勾勒賀鑄的武者形象（見前引），若合符節。下片寫宦途漂泊，不受重用，尤其眼看戰事發生，無法報國殺敵，內心的鬱悶隨著「劍吼西風」排山倒海宣洩出來，詞末以登山臨水，拊琴送客，轉爲悲涼作結。根據鍾振振〈賀鑄六州歌頭繫年考辨〉一文，此詞應作於哲宗元祐三年（一〇八八）秋，時詞人年三十七歲，在和州任管界巡檢（掌訓治甲兵、巡邏州邑、擒捕盜賊事的武官），因看到元祐更化大臣對西夏的侵略採取妥協姿態，割地求和卻無法換取和平，因此將這股抑塞悲憤之氣藉詞發洩出來。[20]像這樣直接反映現實，表現英雄志士的愛國熱情，可以說是上承蘇軾「密州出獵」的〈江神子〉（老夫聊發少年狂），下開南渡、南宋詞人如朱敦儒、張元幹、陸游、張孝祥、辛棄疾、陳亮等力主抗金的愛國詞篇，影響非常深遠。

像〈六州歌頭〉用剛健之筆寫英雄悲憤之情，〈行路難．小梅花〉也頗受後人推崇：

縛虎手。懸河口。車如雞棲馬如狗。白綸巾。撲黃塵。不知我輩，可是蓬蒿人。衰蘭送客咸陽道。天若有情天亦老。作雷顛。不論錢。誰問旗亭，美酒斗十千。　酌大斗。更爲壽。青鬢常青古無有。笑嫣然。舞翩然。當壚秦女，十五語如絃。遺音能記秋風曲。事去千年猶恨促。

攬流光。繫扶桑。爭奈愁來，一日卻爲長。

詞題〈行路難〉，本來是樂府詩的題目，作者以它來取代〈小梅花〉的調名，應該有他的用意。根據吳兢《樂府古題要解》卷下云：「〈行路難〉，備言世路艱難及離別悲傷之意。」賀鑄《慶湖遺老詩集》卷三即有一首〈行路難〉，寫的是「被外計檄召，徐鄆往返千二百里」的艱辛。這首詞則是寫英雄志士的困阨及其苦悶，其中縱酒放歌，乘醉起舞的狂放姿態，不失英雄本色。懷才不遇者最容易有歲不我與的感觸，下片寫生命短促的哀愁，與上片志士失路遙相呼應，將〈行路難〉的題意表現得極爲深刻，所以這首詞誠如一首樂府詩。詞中雖然用了許多典故，大量融化前人詩句，但運用巧妙，如從己出，王世禎《花草蒙拾》云：「『車如雞棲馬如狗』，用古諺語，絕似稼軒手筆。」夏敬觀評云：「稼軒豪邁之處，從此脫胎。」㉑可見賀鑄這種英雄豪壯詞對辛棄疾有很深的影響。另如〈將進酒．小梅花〉（城下路）一詞，也是用樂府詩的題目，「筆力陡健」（《柯亭詞論》），和〈行路難〉作法、風格都極相近，趙聞禮《陽春白雪．外集》云：「櫽括唐人詩歌爲之，是亦集句之義，然其間語意聯屬，飄飄然有豪縱高舉之氣。酒酣耳熱，浩歌數過，亦一快也。」其悲涼感人確實如此。

歷史是一面鏡子，仁人志士登臨古蹟，往往會勾起古今盛衰之感，尤其宦途失意，面對斑斑史蹟，不免發之辭章，借古事以抒今情，用他人酒杯，澆胸中塊壘。蘇軾以詩爲詞，大量將史事引進詞的領域，並寫下著名的〈念奴嬌〉（大江東去）這首赤壁懷古之作，其氣勢雄放奔騰，足以搖蕩人心。賀鑄在前人的影響下，加上自己的個性及遭遇，也有不少這類登臨感懷的作品，如〈淩歊．銅人捧露盤引〉：

控滄江。排青嶂，燕臺涼。駐綵仗、樂未渠央。巖花磴蔓，妒千門、珠翠倚新妝。舞閒歌悄，恨風流、不管餘香。　繁華夢，驚俄頃，佳麗地，指蒼茫。寄一笑、何與興亡。量船載酒，賴使君、相對兩胡牀。緩調清管，更爲儂、三弄斜陽。

詞題〈淩歊〉，是一個高臺，位在安徽當塗黃山，根據夏承燾〈賀方回年譜〉，賀鑄在徽宗崇寧四年（一一〇五）至大觀二年（一一〇八）通判太平州，這首詞應當作於此時。作者登臨淩歊臺，看到山川形勝，想起當年南朝宋孝武帝劉駿南游，曾登淩歊臺建離宮，可說是盛極一時，但那段繁華，那些佳麗，而今安在哉？引起他無限感慨。尤其賀鑄是一個胸懷大志的人，在爲歷史興亡感慨之餘，回顧自己年華老去，功業無成，難免有英雄末路之悲痛。他的摯友李之儀嘗爲此詞作跋云：「淩歊臺表見江左，異時詞人墨客，形容藻繪，多發於詩句，而樂府之傳，則未聞焉。一日，會稽賀方回登而賦之，借〈金人捧露盤〉以寄其聲，於是昔之形容藻繪者，奄奄如九泉下人矣。……方回又以一時所寓固已超然絕詣，獨無桓野王輩相與周旋，遂於卒章以申其不得而已者，則方回之人物茲可量已。」㉒從這段跋語，我們可瞭解賀鑄在詞末表現好像很瀟灑，其實是用貴顯的桓野王（伊）爲王徽之吹笛三調的典故（事見《世說新語．任誕》），以寄托自己懷才不遇，不能見賞於當道的鬱鬱心情，是相當淒涼沈痛的！

賀鑄這類懷古之作還有一些佳篇，如龍沐勛嘆爲「觀止」的〈臺城游．水調歌頭〉（南國本瀟灑）這首，是作者游金陵時所作。金陵爲三國吳、東晉、南朝宋、齊、梁、陳等六代的帝王都，其興衰陵替故事常成爲文人吟詠的對象，在詞裡最受矚目的有王安石〈桂枝香〉（登臨送目）及周邦彥〈西河〉（佳麗地），其實賀鑄這首金陵懷古也有它的特點，正如龍沐勛〈論賀方回詞質胡適之先生〉一文所說：「試取王介甫〈桂枝香〉金陵懷古詞與此對讀，能有此激越聲情否？賀氏不但不爲聲律所縛，反能利用聲律之精密組織，以顯示其抑塞磊落，縱恣不可一世之氣概，雖欲不推爲『詩人的詞』或『豪傑的詞』可乎？」㉓另外賀鑄詞中運用了劉禹錫〈烏衣巷〉詩，寫道：「訪烏衣，成白社。不容車。舊時王謝。臺前雙燕過誰家。」周邦彥也用同首詩寫道：「想依稀、王謝鄰里。燕子不知何世，入尋常巷陌人家，相對如說興亡，斜陽裡。」所以賀鑄此詞不僅激越聲情超過王安石之作，其融化前人詩句也給周詞起了啓導作用，其價值是不容忽視。其他如以當塗采石磯爲背景的〈天門謠〉（牛渚天門險），雖是一首小令，無法像長調一樣鋪陳史實，但作者以高度的概括技巧，還是很深刻表現出「天險不足恃」、「在德不在險」的歷史興亡法則，詞末「歷歷數、西州更點」，要人細數金陵報時的更點，記取六朝覆亡的教訓，意義頗爲深長，更令人玩味無窮。

賀鑄雖然才兼文武，但在仕途上飽受冷落，武階文職兩失意，年輕時的豪情壯志，也不斷遭到銷蝕，所以除了表現慷慨悲憤的作品之外，另有許多包含消沈隱退思想的詞篇，反映「英雄退步即神仙」（丘逢甲〈離臺詩〉）的幽潔性格，他在中年即已流露歸隱的念頭，〈續漁歌．木蘭花〉寫道：「中年多辦收身具。投老歸來無著處。四肢安穩一漁舟，祗許樵青相伴去」，但迫於生計，不得不「心爲形役」，只有繼續當俗塵的羈鳥池魚，他在〈羅敷歌．醜奴兒〉亦曾流露出這樣的無奈：「東山未辦終焉計，聊爾西來。花苑平臺。倦客登臨第幾回。……車馬塵埃。悵望江南雪後梅。」〈臨江仙〉也有同樣的感嘆：「暫假臨淮東道主，每逃歌舞華筵。經年未辦買山錢。筋骸難強，久坐沐猴禪。」但他對於退隱事未嘗或忘，經常自我反省，〈訴衷情〉道：「不堪回首臥雲鄉，羈宦負清狂。年來鏡湖風月，魚鳥兩相忘。」這種為了生活而犧牲自己的個性，內心的掙扎是相當痛苦的，尤其有志難伸，無法抒展抱負，又要靦顏於仕途，這才是最大的悲哀。到了大觀三年（一一〇九），五十八歲時，他便告老致仕，卜居吳下，其實距離當時仕宦的年限七十歲還差十二年，他提早退休，其心志可見一斑。他退居江湖之後，固然有頓得解脫的快活，如〈頻載酒·減字浣溪沙〉云：「桑榆收得自由身。酣歌一曲太平人」，〈醉中眞·減字浣溪沙〉亦寫道：

> 不信芳春厭老人。老人幾度送餘春。惜春行樂莫辭頻。　巧笑艷歌皆我意，惱花顛酒拚君瞋。物情惟有醉中眞。

〈醉中眞〉的題意，最早應出自陶淵明〈飲酒二十首〉詩其五：「此中有眞意，欲辨已忘言」，後來李白〈擬古十二首〉詩其三寫道：「仙人殊恍惚，未若醉中眞」，蘇軾〈和陶飲酒二十首〉詩其十二亦云：「惟有醉時眞，空洞了無疑。」可見賀鑄追隨陶淵明、李白、蘇軾那種悠然自得的境界。但回首前塵，也難免有不勝歔欷之感，如〈陽羨歌·踏莎行〉：

> 山秀芙蓉，溪明罨畫。眞游洞穴滄波下。臨風慨想斬蛟靈，長橋千載猶橫跨。　解組投簪，求田問舍。黃雞白酒漁樵社。元龍非復少時豪，耳根清淨功名話。

陽羨，即常州宜興（江蘇宜興），賀鑄致仕後卜居吳下，經常往來常州、宜興一帶，這首詞是他到宜興時所作。詞的上片寫該地的山川景物，有秀麗的芙蓉山、明媚的罨畫溪，又有曾爲漢代張天師修行所居的張公洞，尤其是長橋古蹟，更令作者臨風懷想當年在此斬蛟龍、勇於改過除三害的周處，實寓有「浪淘盡千古風流人物」的感慨。下片由周處寫到自己，回想自己少時未嘗不是像三國陳登（元龍）豪情萬丈，想建立一番功業，可是如今卻和被陳登所鄙視的許汜一樣「求田問舍」（事見《三國志·魏書·陳登傳》），過著耳根清淨不願聽到功名話的隱居生活。詞的表面是看破了功名，其實也多少流露出英雄末路之悲。我們從此詞再來看南渡、或南宋詞人如朱敦儒、向子諲、張元幹、陸游、辛棄疾等，他們退居之後的作品，也未嘗不是如此，這不能說英雄所見略同，應是千古以來失志英雄的共同悲哀吧？而在詞史一脈相傳的軌跡上，賀鑄這類作品似乎留下前導的腳印。

## 三、盛麗妖冶的兒女詞

張耒〈東山詞序〉云：「世之言雄暴虓武者，莫如劉季、項羽。此兩人者，豈有兒女子之情哉？至其過故鄉而感慨，別美人而涕泣，情發於言，流爲歌詞，含思淒婉，聞者動心焉。此兩人者，豈其費心而得之哉？直寄其意耳。」（見前）其實人之稟性，莫不有情，英雄豪傑，並非木石，當一心逐鹿中原，固然有「爲天下者不顧家」之狠猛（《史記·項羽本紀》），看似無情，可是一遭觸發，也未嘗不感慨涕泣！賀鑄少年時有「剛腸憤激際，赤手縛豺虎」（《慶湖遺老詩集》卷四〈留別龜山白禪老兼簡楊居士介〉）的英雄豪氣，也有「金印錦衣耀閭里」（同上，卷一〈子規行〉）的凌雲壯志，這些性格表現在詞裡已如上述，此外，上蒼並沒有給他「爲天下者不顧家」的機會，因此不用深情內斂，而詞體一向又適合言情寄意，於是賀鑄許許多多的兒女私情，都在詞集裡宣洩出來，其中最感人肺腑的，莫過於這首悼亡詞〈半死桐．思越人．亦名鷓鴣天〉：

> 重過閶門萬事非。同來何事不同歸。梧桐半死清霜後，頭白鴛鴦失伴飛。　原上草，露初晞。舊棲新壠兩依依。空牀臥聽南窗雨，誰復挑燈夜補衣。

這是賀鑄悼念夫人趙氏的作品。詞人名義上貴爲國戚，一生卻過得相當窘迫，由於性格「孤立不群」，得宋宗室濟國公趙克彰賞識，將女兒嫁給他。㉔趙氏雖是千金小姐，但與這位落魄詞人結婚後卻能手自操勞，安貧若素，夫婦鶼鰈情深，賀鑄在元豐三年（一〇八〇）六月滏陽（河北磁縣）任上曾寫一首〈問內〉詩，開首云：「庚伏厭蒸暑，細君弄針縷。烏綈百結裘，茹繭加彌補」，寫趙氏在大伏天就未雨綢繆爲他補綴冬衣，詞人問她爲何這樣性急，她回答說：「婦功乃我職，一日安敢墮。嘗聞古俚語，君子毋見嗤。嫛女將有行，始求燃艾醫。須衣待僵凍，何異斯人痴？蕉葛此時好，冰霜非所宜。」（《慶湖遺老詩集》卷二），雖是一件生活瑣事及小兩口的簡單對話，卻把妻子勤勞賢慧及伉儷恩愛之情，表現得淋漓盡致。賀鑄在元祐六年（一〇九一）二月和州任滿途中於高郵（江蘇高郵）曾作〈留別田晝〉詩云：「異日結駟來南畝，耕者老夫鋤者妻」（同上，卷一），準備同妻子一起歸隱田園，可是天妒良緣，趙氏卻先撒手西歸，其卒年大約在哲宗元符元年（一〇九八）六月後至三年（一一〇〇）十月前。㉕賀鑄還不到五十歲，這給他的打擊實在太大了，因此不久便寫出〈半死桐〉這樣哀痛欲絕的悼亡詞來。詞的上片開始即強烈直訴內心的感受，「萬事非」道盡喪偶後萬念俱灰、了無生意之悲痛，接著呼天搶地問：「同來何事不同歸」，令聞者肝腸摧裂。後兩句用「梧桐半死」及「鴛鴦失伴」比喻喪偶，雖皆有所本，但運化自然，很具體生動刻劃詞人的孤獨淒涼。下片由當前的景況追思往事，末兩句「空牀臥聽南窗雨，誰復挑燈夜補衣」，感人最深，「挑燈補衣」一個很尋常的鏡頭，卻是糟糠夫妻多少患難與共，互相扶持的縮影，這種情感多麼眞實親切，作者的痛不欲生又何須多言？尤其和〈問內〉詩中補衣的影像重疊在一起時，不知要讓讀者流下多少眼淚？可以和蘇軾悼念王夫人的〈江城子〉（十年生死兩茫茫）前後輝映，在詞史上永垂不朽。賀鑄還有一些可能與趙氏相關的作品，如〈惜餘春·踏莎行〉寫夫婦的離別：「鴛鴦俱是白頭時，江南渭北三千里」、〈秋風歎·燕瑤池〉寫夫人彈琴悲歎：「命閨人，金徽重按。……低眉歎，危絃未斷，腸先斷」、〈寒松歎·勝勝慢〉也是悼亡：「簟竟空牀。傷春燕歸洞戶，更悲秋、月皎回廊。同誰消遣，一年年夜夜長」等，都是迴腸蕩氣、情感深厚的作品，只可惜〈寒松歎〉缺了十八字，其內容不全，價値當然遜色不少。

賀鑄除了髮妻趙氏外，其生命中還有一位重要的女人，李之儀《姑溪居士文集》卷四十〈題賀方回詞〉有這樣記載：

右方回詞。吳女宛轉有餘韻，方回過而悅之，遂將委質焉。其投懷固在所先也。自方回南北，垢面蓬首，不復與世故接，卒歲注望，雖傳記抑揚一意不遷者，不是過也。方回每爲吾語，必悵然恨不即致之。一日暮夜，叩門墜簡。始輒異其來非時，果以是見訃，繼出二闋，予嘗報之曰：「已儲一昇許淚，以俟佳作。」於是呻吟不絕韻，幾為之墮睫。尤物不耐久，不獨今日所歎。予豈木石哉！其與我同者，試一度之。

根據鍾振振考證，所謂「吳女」，即吳郡（蘇州）的一位歌妓。詞人和吳女的戀情，似發生在趙夫人去世之後，大約是建中靖國元年（一一〇一）或稍前。後來賀鑄南北奔波，為膏粱謀，來不及贖娶，當通判太平州與李之儀相過甚從時，吳女即不幸夭折。㉖李之儀所記賀鑄哀挽吳女的「兩闋」詞，如今我們無法獲知他所指何詞，但下列這首〈千葉蓮．鷓鴣天〉應是其中之一：

聞你儂嗟我更嗟。春霜一夜掃穠華。永無清囀欺頭管，賴有濃香著臂紗。　侵海角，抵天涯。行雲誰為不知家。秋風想見西湖上，化出白蓮千葉花。

詞中「著臂紗」，典出《晉書．后妃傳》卷三十一：「泰始九年，（晉武）帝多簡良家子女以充內職，自擇其美者，以絳紗繫臂。」借指詞人與吳女定情。「秋風」兩句，見范成大《吳郡志》卷三十四〈郭外寺〉：「洞庭西山小湖觀音教院，在吳縣西南一百五十里，即舊小湖院也。相傳唐乾符中，有沈香觀音像泛太湖而來，小湖僧迎得之。有草繞像足，投之小湖，生千葉蓮華，至今有之。」這是用蘇州鄉土故實，形容吳女高潔，死後能夠超化。㉗全詞的感情非常哀傷淒惋，難怪李之儀謂「已儲一昇許淚」，詞人之兒女情長可見一斑。他的一些情詞，如〈橫塘路．青玉案〉（淩波不過橫塘路）、〈品令〉（懷彼美）、〈辟寒金．迎春樂〉（六華應臘妝吳苑）、〈負心期．浣溪沙〉（節物侵尋迫暮遲）、

〈換追風・減字浣溪沙〉、〈掌上香羅六寸弓〉、〈畫樓空・訴衷情〉、〈吳門春水雪初融〉、〈鳳求凰・勝勝慢〉、〈園林羃翠〉等近二十首，鍾振振校注《東山詞》繫年認爲，這些作品恐怕都與吳女有關，由詞中所流露出相思別恨的深厚感情，吳女在詞人的心中自有其地位。

賀鑄除了與吳女的戀情外，還有一些風流韻事，並曾表現在作品裡，如〈石州引〉：

> 薄雨初寒，斜照弄晴，春意空闊。長亭柳色纔黃，遠客一枝先折。煙橫水際，映帶幾點歸鴻，東風銷盡龍沙雪。還記出關來，恰而今時節。將發。畫樓芳酒，紅淚清歌，頓成輕別。已是經年，杳杳音塵都絕。欲知方寸，共有幾許清愁，芭蕉不展丁香結。望斷一天涯，兩厭厭風月。

吳曾《能改齋漫錄》卷十六載：「賀方回眷一妓，別久，妓寄詩云：『獨倚危欄淚滿襟，小園春色懶追尋。深恩縱似丁香結，難展芭蕉一寸心。』賀得詩，初敘分別之景色，後用所寄詩，成〈石州引〉云云。」可知這首詞是賀鑄與所戀歌妓之酬答作品，上片從目前時節景物寫起，只在結處輕輕一點：「還記出關來，恰而今時節」，全部景物即蒙上當初離別的色彩。下片開頭敘述分別的經過，最後抒發別後之痛苦。詞中將歌妓的詩句很自然地融化進去，寫「清愁」及「厭厭」之情懷時加上「共有」、「兩」之字眼，不但相互呼應，而且我中有你，你中有我，表現兩人情感之深、思念之切。這首詞所描寫的北方景物，氣象開闊，在蒼茫荒寒中，舒散一份初春氣息，別有一番風味。王灼《碧雞漫志》卷二云：「賀方回〈石州慢〉，予舊見其稿，『風色收寒，雲影弄晴』改作『薄雨收寒，斜照弄晴』。

又「冰垂玉筋，向午滴瀝簷楹，泥融消盡牆陰雪」改作「煙横水際，映帶幾點歸鴻，東風消盡龍沙雪」。」兩相比較之下，改變後的句子確實勝過原稿，賀鑄的作品寫得如此富麗精工，可謂認眞鍛鍊所致。又如〈花想容·武陵春〉這首：

> 南國佳人推阿秀，歌醉幾相逢。雲想衣裳花想容，春未抵情濃。　津亭回首青樓遠，簾箔更重重。今夜扁舟淚不供，猶聽隔江鐘。

詞人不但把所戀歌妓的名字「阿秀」直接寫出來，而且將離別依依之情表現得非常深刻，詞末「猶聽隔江鐘」句，在《慶湖遺老詩集》卷五〈題諸葛拱田家壁〉詩、及卷八〈懷寄清涼和上人二首〉詩有「坐聽隔江鐘」、「願聽江南鐘」等類似的句子，依詩題注知指的是金陵鐘聲，所以他所戀的南國佳人應是金陵青樓女子。賀鑄也有羈宦楚地懷念京城歌妓的作品，如〈綠頭鴨〉寫道：「鳳城遠，楚梅香嫩，先寄一枝香。青門外，祗憑芳草，尋訪郎君」、〈小重山〉亦寫道：「楚夢冷沈蹤。一雙金縷枕，半牀空。畫橋臨水鳳城東。樓前柳，憔悴幾秋風」等，「鳳城」指京城，這些詞所朝思暮想的對象應是京城的歌妓。從賀鑄與各地歌妓交往的詞篇，顯示出這位「鬼頭」「狂客」也有溫柔多情的一面。

賀鑄的情詞，許多是描摹女子的口吻，用代言體的方式寫成，如〈芳草渡〉(留征轡)、〈點絳唇〉(一幅霜綃)、〈要銷凝〉(雕梁尋巢舊燕侶)、〈吹柳絮·鷓鴣詞〉(月痕依約到西廂)等，其中有相思、有離愁、有愛、有恨，不但能掌握女子的心理，刻劃女子的一顰一笑也入木三分。而最令人重視的，莫過於他用〈古搗練子〉所塡的六首擬思婦詞，這是一組聯章體，除了第一首殘缺不全外，其他五首很明顯都以思婦搗衣、寄征衣爲背景，描寫思婦的心理活動。姑且不要細看內容，只要審視賀鑄這五首詞所立的題目：〈夜擣衣〉、〈杵聲齊〉、〈夜如年〉、〈翦征袍〉、〈望書歸〉，即很清晰表現思婦的辛勞與願望。接著按序先看〈夜擣衣〉這首：

收錦字，下鴛機。淨拂牀砧夜擣衣。馬上少年今健否，過瓜時見雁南歸。

描寫思婦白天織錦，晚上擣衣，辛勤工作，無一不是爲了征夫，但可悲的是，征夫已過了瓜代時間，應該移防內地，卻只見雁歸而人未歸，令她不得不往壞處想：丈夫是否還健在呢？其次〈杵聲齊〉則寫思婦之悲傷：「擣就征衣淚墨題」，及征夫之遙遠：「寄到玉關應萬里，戍人猶在玉關西」。再看〈夜如年〉這首，詞人更生動刻劃思婦孤寂的痛苦：

斜月下，北風前。萬杵千砧擣欲穿。不爲擣衣勤不睡，破除今夜夜如年。

在蕭瑟淒冷的冬夜，家家戶戶澈夜不眠皆在擣衣，並非她們工作辛勤，而是孤枕衾寒難以入睡，故以搗衣來麻醉自己，打發難熬的漫漫長夜，這萬杵千砧的擣衣聲，如泣如訴，成爲這群婦女無助的吶喊！另外詞人在〈翦征袍〉以思婦設想征夫：「想見隴頭長戍客，授衣時節也思家」，使思念之情更加深化。最後一首〈望書歸〉爲思婦寫下卑微的願望：

邊堠遠，置郵稀。附與征衣襯鐵衣。連夜不妨頻夢見，過年惟望得書歸。

由於征夫歸期難卜，思婦熱望一再落空之後不敢有什麼奢求，她不敢寄望征夫能夠眞的歸來，也不敢寄望馬上得征夫的回信，只祈求能在夢裡與征夫多見幾次面，在來年能得到征夫報平安的家書，也就心滿意足了。在如此卑微的願望之背後，不知隱含多少的失望與悲哀，令人讀之心酸。雖然類似這樣的題材，透過思婦搗衣寄遠以表達懷念征夫之感情，並對當政者連年征戰表示不滿的作品，在唐詩裡俯拾皆是，在早期的民間詞裡也屢見不鮮，如敦煌曲子詞中即有用同樣的調子〈搗練子〉寫成的作品：「孟姜女。杞梁妻。一去燕山更不歸。造得寒衣無人送。不免自家送征衣。」但我們不能因爲這是一個古老的題材而忽略賀鑄這組聯章詞的現實意義。賀鑄在神宗元豐七年（一〇八四）十二月曾賦一首〈部兵之狄丘道中懷寄彭城社友〉詩，其中云：「役夫前驅行，少婦痛不隨；分攜仰天哭，聲盡有餘悲」（《慶湖遺老詩集》卷二），描寫目睹征夫少婦分別之慘狀，可見賀鑄這組〈搗練子〉詞應該有它的現實基礎，除了悲憫思婦離別的痛苦之外，恐怕也對宋代朝廷懦弱無能，向外患屈辱求和，百姓還須連年戍守邊疆的不滿吧？即使只純粹摹擬前人的題材，這些作品在宋代軟媚的艷詞中別開生面，具有風骨，也值得重視。

## 四、賀鑄詞中的寄托

賀鑄有英雄之豪氣，兒女之多情，加上一生仕途坎坷，沈淪下僚，當其飲酒使氣，發之吟詠，固然有直抒胸臆、慷慨悲壯之一面，但有時也難免會借他人酒杯，澆胸中塊壘；尤其羈宦漂泊，宣洩心中的離愁別恨，更容易夾雜身世寥落之感，懷才不遇之悲，於是「美人香草」式的寄托便隱然其中。

這或許就是賀鑄好友張耒〈東山詞序〉所指出的「幽潔如屈宋」吧？王灼《碧雞漫志》卷二對此有進一步的發揮，他說：「前輩云：『〈離騷〉寂寞千年後，〈戚氏〉淒涼一曲終。』〈戚氏〉，柳所作也。柳何敢知世間有〈離騷〉，惟賀方回、周美成時時得之。賀〈六州歌頭〉、〈望湘人〉、〈吳音子〉諸曲，周〈大酺〉、〈蘭陵王〉諸曲最奇崛。或謂深勁乏韻，此遭柳氏野狐涎吐不出者也。」認爲賀鑄與周邦彥詞有〈離騷〉之遺意，並具體指出賀詞中的〈六州歌頭〉、〈望湘人〉、〈吳音子〉就是。〈六州歌頭〉〈少年俠氣〉用剛健之筆寫英雄悲憤之情，命意清楚，在前面已經舉出，可以不論；其他兩首我們選擇〈望湘人〉試加探討：

> 厭鶯聲到枕，花氣動簾，醉魂愁夢相半。被惜餘薰，帶驚賸眼。幾許傷春春晚。淚竹痕鮮，佩蘭香老，湘天濃暖。記小江、風月佳時，屢約非煙游伴。須信鸞絃易斷。奈雲和再鼓，曲終人遠。認羅襪無蹤，舊處弄波清淺。青翰棹艤，白蘋洲畔。儘目臨皋飛觀。不解寄、一字相思，幸有歸來雙燕。

這首詞《全宋詞》是從《唐宋諸賢絕妙詞選》輯出，原有題目「春思」，大概是選本根據詞意所加，從外表字面來看，其內容不外傷春怨別、懷念佳人而已。王灼爲什麼會認爲它有〈離騷〉之意味？而且黃氏《蓼園詞評》也附和說此詞：「意致濃腴，得騷怨之遺韻。……幽索如屈宋，悲壯如蘇李，斷推此種。」個人以爲，賀鑄詞題作〈望湘人〉，與屈原〈九章〉的〈思美人〉已頗爲類似，〈九歌〉中也有一篇〈湘夫人〉；屈原〈離騷〉以求「宓妃」、「有娀之佚女」、「有虞之二姚」，寄托其對理想遇合之追求，賀鑄在詞上片用「淚竹」，即湘夫人典故，下片「認羅襪」兩句，是從曹植〈洛神賦〉：「凌波微步，羅襪生塵」而來，洛神即「宓妃」，則賀鑄所望的湘人，與屈原所思之美人又甚爲相近。另外「佩蘭香老」，出自〈離騷〉的「紉秋蘭以爲佩」，因而「淚竹痕鮮，佩蘭香老，湘天濃暖」數句所表現出來的賀鑄形象，也頗有屈原形容枯槁行吟澤畔之意味。並且綜觀全詞之感情，誠如陳廷焯《白雨齋詞話》卷一所說：「另有一種傷心說不出處」，所以這首詞恐怕不只是純粹的情詞而已，有寄托追求理想、懷才不遇之可能。

賀鑄另有一首膾炙人口的〈橫塘路．青玉案〉（凌波不過橫塘路），與〈望湘人〉的情況相似。這首詞結尾幾句；「試問閑愁都幾許。一川煙草，滿城風絮，梅子黃時雨」，疊用三個景物喻愁，最爲有名，他也因此有「賀梅子」之稱號。㉘這首詞表面也是寫戀慕佳人而引起閑愁，一般人大都根據內容將它當作情詞，鍾振振校注《東山詞》爲此詞繫年時，也將它定爲情詞，並且進一步指出當與吳女有關。㉙但也不少人認爲此詞有寄托。如唐圭璋即含蓄說：「此首爲幽居懷人之作，寫境極岑寂，而中心之窮愁鬱勃，並見言外。」㉚繆鉞則明確指出：「賀鑄這首詞眞是深得楚〈騷〉遺韻者，藉美人香草之辭以發抒其所志不遂，孤寂自守，追求理想之遠慕遐思。」㉛楊海明更詳細分析說：「關鍵的一句則在于『錦瑟華年誰與度』。此句出自李商隱〈錦瑟〉詩（『錦瑟無端五十弦，一弦一柱思華年』），而全詞也正同〈錦瑟〉詩那樣，有著借物（賀詞是借事）而感懷身世的撲朔迷離之風格與美感。詞中的這位『凌波佳人』，一則透露出極美的姿質，二則透露出孤芳自賞、寂寞幽困的氣質（『

只有春知處」也），三則透露出「遲暮」之意味（「華年」無人「與度」也）。從她身上，就曲折表現了作者自傷身世、理想「失落」之悲觀。」㉜除了從作品本身進行分析外，個人認爲也可由這首詞的和韻之作得到印證，尤其與賀鑄有密切交往的詞人，他們和韻作品的內容更具有說服力。和韻賀鑄這首詞的作家及作品甚多，總計宋金兩朝共有二十五人二十八首，㉝，這種記錄是很少有作品可以匹敵的。而且當時就有蘇軾、黃大臨（黃庭堅兄、字元明）、黃庭堅、洪覺範、李之儀等人的和作，我們考察這些詞，沒有一首純粹是情詞，如蘇軾和韻是「送伯固歸吳中故居」，內容期許蘇堅（伯固）要學王維作個高人；黃大臨的和韻是送黃庭堅謫宜州，黃庭堅也用和韻答他㉞，兩首詞的內容不外抒發貶官送別之愁懷，並相慰勉。從他們和韻的動機及其作品內容，可以印證賀鑄這首詞絕不是單純的情詞，否則他們怎麼會在貶官離別的時候用來和韻呢？

另外賀鑄的詠物詞，有的也並不是純粹的詠物，如〈芳心苦·踏莎行〉：

楊柳回塘，鴛鴦別浦，綠萍漲斷蓮舟路。斷無蜂蝶慕幽香，紅衣脫盡芳心苦。返照迎潮，行雲帶雨。依依似與騷人語。當年不肯嫁春風，無端卻被秋風誤。

這首詠荷之作，賀鑄並不花費筆墨在其外在形態，而是專從其神理品格著手，將荷花比作遲暮美人，就純粹詠物作品而言，已屬不凡，更何況他藉荷花寄寓自己的身世，荷花的幽香美質、不肯隨俗在春日開花的剛毅性格、及無人賞識的不幸遭遇，都是作者自身的寫照。陳廷焯《雲韶集》卷三云：「此詞必有所指，特指荷寓言耳。通首如怨如慕，如泣如訴，有多少惋惜，有多少慨歎！淋漓頓挫，一唱三歎，眞能壓倒今古。」㉟鍾振振校注《東山詞》爲此詞繫年時，更指出作品與黨爭的關係，他說：「按『當年』兩句感慨萬端，當與新舊黨爭有關。方回出仕於神宗熙寧間，適逢王安石變法，『不肯嫁春風』者，似謂己之未附新黨。『無端卻被秋風誤』者，則似指元祐更化、舊黨執政後，己亦不見重用也。」㊱其推論合理，自有參考價值。

除了上述所探討整首詞的例子之外，我們還可從賀鑄一些特別的句子看出其寄托端倪。他在詞中常喜歡以「長安」代替京城，並表示眷戀之意，如〈西笑吟〉：「每話長安，引領猶西笑」、〈望長安〉：「長安不見令人老」、〈將進酒〉：「黃埃赤日長安道」、〈宛溪柳·六么令〉：「醉指長安道」、〈蕙清風〉：「自古長安道」、〈清平樂〉：「三千里外長安」、〈御街行〉：「相見長安道」等，或用其他名詞代指京城，如〈念離群·沁園春〉：「念日邊消耗，天涯悵望」、〈下水船〉：「還拂京塵東去」、〈憶仙姿〉：「遮日走京塵」、〈思越人〉：「鳳凰城闕如何處」等，都隱隱約約透露詞人長久羈宦外地，鬱鬱不得志，希望獲得朝廷重用以舒展抱負的心理。

## 五、賀詞的形式技巧與風格

賀鑄是一個允文允武的全才，有愛校書、喜歡典籍的雅好，塡詞也非常注重音律，張耒〈東山詞序〉說：「余友賀方回博學業文，而樂府之辭高絕一世，攜一編示予，大抵倚聲而爲之辭，皆可歌也。」（見前）所以他的詞兼具文學性與音樂性，符合李清照對詞體的要求，特別將他與晏幾道、秦觀、黃庭堅並列為「知別是一家」的作者。㊲賀詞的形式技巧約有下列幾方面特色：

**㈠在詞調方面，長調小令兼擅，另立新名。**我們統計賀鑄全部二百八十一首詞，共用了九十五種詞調，他的作品數量在北宋十大詞家中，僅次於蘇軾三百五十一首，但使用詞調卻比蘇軾七十六種多出十九種，但如果和柳永二百十二首用了一百三十五種詞調比較的話，又少四十種，這個數據顯示什麼意義呢？因為柳永是最重視音樂性的詞家，他追求詞調的新穎，不喜重複使用同樣的調子；蘇軾則剛好相反，他比較重視詞的文學性，以常用的或自己較熟悉的調子不斷創作，詞調重複使用的情形就非常普遍。賀鑄剛好是一個折衷，既重視詞的文學性，也追求詞的音樂性，他重複使用五次以上的詞調多達二十種，都是小令，依次是：〈浣溪沙〉（二十七首）、〈菩薩蠻〉（十二首）、〈憶仙姿〉、〈踏莎行〉（以上十一首）、〈木蘭花〉、〈小重山〉（以上十首）、〈蝶戀花〉（九首）、〈太平時〉（八首）、〈清平樂〉、〈鷓鴣天〉（以上七首）、〈南歌子〉、〈訴衷情〉、〈擣練子〉、〈減字木蘭花〉（以上六首）、〈臨江仙〉、〈採桑子〉、〈浪淘沙〉、〈清商怨〉、〈好女兒〉、〈醜奴兒〉（以上五首）；共一百六十六首，約佔全部作品的一半強，其中除了〈小重山〉、〈太平時〉、〈擣練子〉、〈清商怨〉、〈好女兒〉等五種是北宋詞人較少用的調子外，其餘都是屬於常用的調子，這一點和蘇軾相似。但另外僅使用一次的調子也高達五十一種，而且有許多罕見的調子，這一點則和柳永相近。至於在詞調創新方面，他也有不少貢獻，如〈小梅花〉、〈薄倖〉、〈兀令〉、〈玉京秋〉、〈定情曲〉、〈吳音子〉、〈石州引〉、〈望湘人〉等八種長調、及〈蕙清風〉、〈海月謠〉、〈擁破木蘭花〉、〈醉春風〉、〈獻金杯〉等五種小令，在前人作品中皆未見，可能是自度曲。賀鑄在全部作品中，小令佔大部分，共用六十五種詞調，創作了二百四十三首，張炎對他的小令作品頗爲推舉，在《詞源》卷下說：「詞之難於令曲，如詩之難於絕句，不過十數句，一句一字閒不得。末句最當留意，有有餘不盡之意始佳。當以《花間集》中韋莊、溫飛卿爲則。又如馮延巳、賀方回、吳夢窗亦有妙處。」可見其小令之不凡。賀鑄的長調雖然比較少，共使用了三十種詞調，創作了三十八首，但他和蘇軾一樣，也是繼柳永、張先之後大量創作長調的詞人，而這些長調很少重複使用，正是他抒展音樂造詣的舞臺，聲情配合天衣無縫，佳作不少，蔡嵩雲對〈小梅花〉這個長調極爲欣賞，在《柯亭詞論》說：「〈小梅花〉，係東山創調，一名〈梅花引〉，體近古樂府，宜逕用古樂府作法。軟句弱韻，均所最忌。賀作筆力陡健。《詞律》收向子諲作，不逮賀作遠甚，而反謂勝之，眞賞識于牝牡驪黃之外矣。」他的長調之精密，頗有格律大師周邦彥之風，胡念貽輯《詞潔輯評》卷六〈望湘人〉評語：「方回長調，便有美成意，殊勝晏、張。」給他的長調很高的評價。由於賀鑄兼擅小令、長調，所以陳匪石《聲執》卷下說：「賀鑄洗鍊之工，運化之妙，實周、吳所自出。小令一道，又爲百餘年結響。」這是從小令與長調兩方面來稱讚賀鑄的成就。

陳振孫《直齋書錄解題》卷二十一著錄有《東山寓聲樂府》三卷，並解釋「寓聲樂府」這個名詞說：「以舊譜塡新詞，而別爲名以易之，故曰『寓聲』。」朱祖謀《彊村叢書》本《東山詞上·賀方回詞·東山詞補·跋》云：「『寓聲』之名，蓋用舊調譜詞，即摘取本詞中語，易以新名，後來《東澤綺語債》略同茲例。半塘翁以《平園近體》、《遺山新樂府》擬之，似猶未倫也。」兩家的解釋大致相同，王鵬運《四印齋所刻詞》本《東山寓聲樂府·跋》將賀鑄的「寓聲樂府」，和周必大的詞集題名「近體樂府」、元好問的詞集稱「新樂府」，相提並論，認爲都是「所以別於古也」（用來和古樂府相區別），朱祖謀批評他比擬不倫，而認爲應該和南宋詞人張輯的《東澤綺語債》相同，因爲他的每首詞都用篇末之語辭爲新調名，而在其下注明寓某調，這種作法很明顯是學自賀鑄。但施蟄存也不同意陳、朱的解釋，認爲：「賀方回用這兩個字的本意，似乎是自己創造了一支新曲，而寓其聲于舊調；也就是說，借舊調的聲腔，以歌唱他的新曲。」㊳施氏似乎過於強調「寓聲」，而忽略了「樂府」兩字，既然自度新曲，又如何寓其聲于舊調？並且賀鑄即使同調的每一首詞，都另取新名，難道這都是不同的新曲嗎？如果這樣塡詞也未免太辛苦了。個人認爲，賀鑄的「寓聲樂府」，意思就是「根據詞調音樂塡製的樂府詩」，他爲了要強調其詞是樂府詩，於是爲每一首詞都加上與內容相應且類似樂府詩的題目，鍾振振曾歸納這些新名不外乎三種類型：直接標用樂府詩題、化用樂府詩題、及自擬樂府詩題。㊴由此我們可知道賀鑄所強調的是在「樂府」，他是以創作樂府詩的態度來塡詞，爲了使他的詞近似樂府詩，而且內容與題目相符，所以就爲每一首詞另立新名，而將原來的調名放在新名之下。其實他的這種做法，和蘇軾在調名之下另加題目是相似的，都是舊有調名已和內容不符的一種變通方法，只不過賀鑄以新名爲主，調名爲輔，而蘇軾則剛好相反。

**㈡在審音協律方面，合樂可歌，韻腳加密。**賀鑄的音樂造詣很高，他的好友李之儀《姑溪居士文集》卷四十〈跋小重山詞〉云：「右六詩，託長短句寄〈小重山〉。是譜不傳久矣。張先子野始從梨園樂工花日新度之，然卒無其詞。異時秦觀少游謂其聲有琴中韻，將爲予寫其欲言者，竟亦不逮。崇寧四年冬，予遇故人賀鑄方回，遂傳兩闋，宛轉紬繹，能到人所不到處。」賀鑄能爲舊譜塡上新詞，而且塡得如此完美，其音樂的功力可見一斑。所以張耒〈東山詞序〉稱其詞作：「大抵倚聲而爲之辭，皆可歌也。」應該是事實，南宋康與之有一首〈風流子〉（結客少年場），題序云：「昔賀方回作此道都城舊遊。僕謫居嶺南，醉中忽有歌之者，用其聲律，再賦一闋。恨方回久下世，不見此作。」賀鑄這首〈風流子〉（何處最難忘）根據鍾振振校注《東山詞》繫年於神宗元豐三年（一〇八〇），而康與之諂事秦檜，在檜死後，於紹興二十六年（一一五六）編管欽州（廣東欽縣），紹興二十八年移雷州（廣東海康）㊵，這是題序所謂「謫居嶺南」，上距賀鑄作詞的時間已經七、八十年，還能聽到有人唱賀鑄的詞，其詞合樂可歌，流傳之廣可見一斑。

另外，我們從賀鑄的講究格律，亦有助於瞭解其詞對音樂性的重視。龍沐勛在強調賀詞對於音節亦極注意時，曾舉我們前面所介紹過的〈六州歌頭〉（少年俠氣）一詞爲例，他說：「〈六州歌頭〉通叶『東』『董』『凍』三聲，幾於句句協韻，後來之依此調者，即無一能如賀氏之所爲；而此調蒼莽悲涼、沈鬱豪壯之聲情，遂不能如賀詞之充分表現。」㊶鍾振振曾據《全宋詞》，將賀鑄部分詞作的用韻數目與同時代人的所有同調之作進行過排比，發現他布韻往往較其他詞人爲密，多押一、二韻乃常事，多押三、四韻甚至五韻，亦不是個別的現象。如〈感皇恩〉，他比人家多叶三至四韻；〈下水船〉，他多叶二、五韻不等，〈尉遲杯〉，他多叶一、三、五韻不等。㊷用韻加密代表什麼意義呢？一方面表示他對押韻的講究，在詞調可押可不押的地方，他還是選擇押韻，以增加美聽，這是他的韻腳之所以會比其他人密集的原因。另一方面與他的作品所傳達的感情有關，因爲韻腳密集的話，詞的節奏就顯得急促，如〈六州歌頭〉他幾乎句句協韻，正好表現他的豪氣及懷才不遇的悲憤，並且符合「音調悲壯」的聲情㊸；其他用韻較密的調子，也大都和他的感情悲涼慷慨有密切的關係。除了用韻加密外，賀鑄塡詞的平仄亦頗爲嚴謹，黃啓方曾指出他的八首〈太平時〉，每一首都有四個三字句，而這三字句的平仄一定是「仄平平」，八首卅二句中沒有一個例外，這無疑的是寓有和聲的功用；又如〈迎春樂〉一調，前後第二句的平仄，一般詞人都不甚講求，他共塡了四首，這個地方的平仄都是「仄平平，仄平仄」，和北宋倚聲家初祖晏殊一樣。㊹從以上這些例子，我們可知賀鑄的詞是如何的重視格律了。

㈢**在章法鍊字方面，工於結語，擅長融化前人詩句**。王灼《碧雞漫志》卷二說：「賀方回、周美成、晏叔原、僧仲殊各盡其才力，自成一家。賀、周語意精新，用心甚苦。」「用心甚苦」可以道盡賀鑄在章法結構、鍊字修辭的苦心。一首詞之成功與否，其因素固然很多，但結尾是否能夠畫龍點睛，悠游不盡，則居重要關鍵。沈義父《樂府指迷》曾多次強調詞的結尾，他說：「詞起、結最難，而結尤難於起，蓋不欲轉入別調也。」又說：「作大詞，……最緊是末句，須是有一好出場方妙。」並具體指出該如何作：「結句須要放開，含有餘不盡之意，以景結情最好。如清眞之『斷腸院落，一簾風絮』，又「掩重關、遍城鐘鼓」之類是也。或以情結尾，亦好。」賀鑄在詞的章法結構上，確實能掌握結尾，有極好的表現，陳廷焯《白雨齋詞話》卷一說：「〈浣溪沙〉結句，貴情餘言外，含蓄不盡。如吳夢窗之『東風臨夜冷於秋』，賀方回之『行雲可是渡江難』，皆耐人玩味。」在卷八更詳細論說：「賀老小詞，工於結句。往往有通首渲染，至結處一筆叫醒，遂使全篇實處皆虛，最屬勝境。如〈浣溪沙〉云：『夢想西池輦路邊。玉鞍驕馬小輜軿。春風千里鬥嬋娟。臨水登山漂泊地，落花中酒寂寥天。箇般情味已三年。』又前調云：『閒把琵琶舊譜尋。四絃聲怨卻沈吟。燕飛人靜畫堂深。欹枕有時成雨夢，隔簾無處說春心。一從燈夜到如今。』妙處全在結句，開後人無數章法。」除陳氏所舉的例子外，像大家所熟悉的〈橫塘路・青玉案〉這首，其結尾用「一川煙草，滿城風絮，梅子黃時雨」三種景物，譬喻閑愁之既多、又亂、且久，其結語之工，鮮有其匹。又如下列佳作的結尾：〈半死桐・鷓鴣天〉：「空牀臥聽南窗，誰復挑燈夜補衣」、〈愁風月・生查子〉：「欲遽就牀眠，解帶翻成結」、〈芳心苦・踏莎行〉：「當年不肯嫁春風，無端卻被秋風誤」、〈行路難・小梅花〉：「爭奈愁來，一日卻爲長」、〈夢相親・木蘭花〉：「此歡只許夢相親，每向夢中還說夢」、〈鷓鴣天〉：「傷心兩岸官楊柳，已帶斜陽又帶蟬」、〈天門謠〉：「歷歷數、西州更點」、〈六州歌頭〉：「恨登山臨水，手寄七絃桐。目送歸鴻」等，無論以景結情，或以情結尾，都含有深長之意味，餘韻無窮。

賀鑄在鍊字修辭方面，最令人矚目的，莫過於融化前人詩句入詞。他自己曾說：「吾筆端驅使李商隱、溫庭筠，當奔命不暇。」㊺周密《浩然齋詞話》稱許「周美成長短句，純用唐人詩句」之後，接著讚美賀鑄於此「亦可謂能事。」張炎《詞源》卷下也說：「句法中有字面，蓋詞中一個生硬字用不得。須是深加鍛煉，字字敲打得響，歌頌妥溜，方爲本色語。如賀方回、吳夢窗，皆善於鍊字面，多於溫庭筠、李長吉詩中來。字面亦詞中之起眼處，不可不留意也。」根據鍾振振之統計，其一字不改地嵌用前人成句即達二十八家五十七句，用前人句而增損變化者更多到九十餘家二百數十句，分布面爲一百四十餘首，超過其詞總數的二分之一。大抵其所取汲，上自先秦，下至當代，靡不該備，而於唐詩特別是中晚唐近體詩，採擇尤多。若對某位詩人而言，賀鑄拈用杜牧詩句最多，達三十餘句之夥，但用李商隱不過十一句，用溫庭筠不過四句。㊻所以就現存的作品而言，賀鑄應改口說：「筆端驅使小杜」才算貼切。賀鑄在融化前人詩句入詞時，無論是全句襲用，或剪裁化用，大抵都能前後連貫，融合無間。如〈羅敷歌・採桑子〉下片：「人生聚散浮雲似，回首明年，何處尊前？悵望星河共一天。」上下句子渾爲一體，如同己出，孰知「人生聚散浮雲似」是張繼〈重經巴丘〉詩句？「星河共一天」是李洞〈送雲卿上人游安南〉詩句？又如前面舉過的悼亡詞〈半死桐・思越人・亦名鷓鴣天〉，也是很好的例子，全詞自然生動，感人極深，孰知其上片卻有所本？孫光憲《北夢瑣言》卷九載：「江淮間有徐月英，名娼也。其送人詩云：『惆悵人間萬事違，兩人同去一人歸。生憎平望亭前水，忍照鴛鴦相背飛。』」趙令時《侯鯖錄》卷二也載有蔡確悼亡妾琵琶詩：「鸚鵡言猶在，琵琶事已非。傷心瘴江水，同渡不同歸。」將賀詞和兩詩比對，可發現其所本及點化之成功，難怪葉夢得稱美他「長於度曲，掇拾人所遺棄，少加檃括，皆爲新奇」㊼，確實他有點鐵成金之本事。

賀鑄亦有用近似蘇軾檃括的作法，將前人整首詩增添少許字句，即變成一首詞，如以〈太平時〉調塡製的〈晚雲高〉（秋盡江南葉未凋）、〈釣船歸〉（綠淨春深好染衣）、〈愛孤雲〉（閑愛孤雲靜愛僧）、〈替人愁〉（風緊雲輕欲變秋）等四首，皆括自杜牧的四首詩，分別是：〈寄揚州韓綽判官〉、〈漢江〉、〈將赴吳興登樂游原〉、〈南陵道中〉；又如〈小梅花〉（思前別），則是檃括盧仝〈有所思〉。也有用近似集句的作法，如這首失題的〈南歌子〉（疏雨池塘見），全詞每句都有出處，依次用了杜牧〈秋思〉詩、王維〈積雨輞川莊作〉詩、蘇軾〈江城子〉（鳳凰山頭雨初晴）、姚合〈答友人招遊〉詩、歐陽修〈蘄簟〉詩、韋應物〈閑居寄諸弟〉詩等。像這些類似檃括、集句的作品，表現了作者融詩入詞的功力，但畢竟因襲太多，缺乏獨創性，其價值自然受到影響。因此，有人對他融化前人詩句的作法表示不滿，劉體仁《七頌堂詞繹》說：「詞有警句，則全首俱動。若賀方回非不楚楚，總拾人牙慧，何足比數？」賀裳《皺水軒詞筌》也說：「賀方回用義山『無端嫁得金龜婿，辜負香衾事早朝』爲『不待宿酲消，馬嘶催早朝』，亦稍有翻換。……語雖工，終智出人後。」亦有稱他爲「慧賊」、「善盜」者㊽，這些評語雖然不好，但他們也沒有否定賀鑄融化前人詩句之工巧。賀鑄以他豐富的學養，將宋代詞人融詩入詞使詞雅化的作法，推波助瀾，大量運用，這對後來周邦彥、辛棄疾的掉書袋，也不無影響。

經過前文之探討，我們可知道賀鑄詞的內容，有幽潔悲壯的英雄詞，也有盛麗妖冶的兒女詞，某些作品則另有寄托，而其形式技巧亦頗具特色，能兼顧文學性與音樂性，因此所表現出來的風格就呈現多樣化，正如張耒〈東山詞序〉所云：「盛麗如游金、張之堂，而妖冶如攬嬙、施之祛，幽潔如屈、宋，悲壯如蘇、李」（《彊村叢書》本《東山詞》）；若以傳統分法而言，盛麗、妖冶屬於婉約，幽潔、悲壯屬於豪放，所以賀詞具有豪放、婉約兩種不同風格，是無庸置疑的。

## 六、結　論

賀鑄是詞史上一位很奇特的人物，從外貌到性格，由才華到遭遇，無一不表現出他的與衆不同，要眞正瞭解他並不容易。他的好友程俱，受其委託作〈鑑湖遺老詩序〉，在序中大嘆方回爲人之不可解。（見前）他的詞正如其爲人，無論內容、形式技巧或風格，都顯得複雜而多樣，也是奇特難解，因此要給他適如其分的定位並非易事。鄭師因百對賀鑄詞的評價，前後即有很大的不同，他早期論賀鑄時說：「王國維《人間詞話》：『北宋名家，以方回爲最次，其詞如歷下新城之詩，非不華贍，惜少眞味。』此論說盡《東山樂府》短處。方回爲人，蓋今世所謂『大江湖』之流，當然不能作好詞。集中惟〈石州慢〉一首，清闊深遠，可稱佳什，梅子黃時雨次之。〈小梅花〉數闋，看似豪縱，實則油滑，情淺故也。初學見之，墮入魔窟矣。賀公好大言，高自稱許，故張文潛爲《東山樂府》作序云：『盛麗如游金張之堂，而妖冶如攬嬙施之袪，幽潔如屈宋，悲壯如蘇李，覽之者自知之，蓋有不可勝言者矣。』寫得烏煙瘴氣，恰如其人。後之論者，則方以爲美談也。賀詞上承溫尉、下啓夢窗，爲近代論詞者所公認。然上下皆有所不逮，蓋穠麗一派中之蜂腰也。」㊾這一段話，將賀鑄的爲人及其詞作，批評得體無完膚，可以當作歷來貶損賀詞者最好的註腳，胡適所編的《詞選》對賀詞竟然一首皆不錄，其原因恐怕也在此吧？但當鄭師讀完賀鑄的詩集之後，其看法便有極大的轉變，並修正自己以前的評論說：「陳廷焯《白雨齋詞話》云：『方回詞，胸中眼中另有一種傷心說不出處，全得力於楚騷而運以變化，允推神品。』神品二字，固爲過譽；然『傷心說不出』，方回胸中確有此意味，予往者以『大江湖』、『烏煙瘴氣』譏此公，而論其詞爲『情淺無眞味』，眞妄談也。予於古今詞人所作褒貶前後懸殊者，宋人則賀方回，近人則鄭叔問。然綜觀各家詞話，詞人所得毀譽，相去之遠未有如方回者，非僅予一人對之如此。予對於方回觀念之轉變，在讀其《慶湖遺老集》諸詩之後；不讀賀詩不能認識其爲人及其詞。」[50]這是鄭師認識賀鑄的心路歷程，並且勇於修正自己過去的誤解，這種實事求是的精神值得我們學習。

陳廷焯論詞主張沈鬱，他特別欣賞賀鑄詞「另有一種傷心說不出處」，所以在《白雨齋詞話》卷一將它推爲「神品」，在同書卷五又說：「江南賀老，寄興無端，變化莫測，亦豈出諸人下哉！」像這樣的作品，如果沒有深入去瞭解賀鑄，是很難體會的。瞭解賀鑄的詞是要功夫的，功夫不僅在詞，而且在他的詩，程俱〈鑑湖遺老詩序〉曾說：「觀其詩可以知其人」，知其人然後才可以知其詞，黃庭堅對賀鑄〈橫塘路．青玉案〉一詞極爲欣賞，曾作〈寄方回〉詩云：「少游醉臥古藤下，誰與愁眉唱一杯？解道江南斷腸句，只今惟有賀方回。」[51]黃庭堅與秦觀、賀鑄都是年齡相仿之好友，而其仕途不順也相似，他這首詩寫盡兩人的悲哀，也是對兩人詞作的理解，所以賀鑄的斷腸，絕不是詞字面所表現的兒女閑愁而已，這是賀鑄得之〈離騷〉之處，也是理解賀詞要破除的障礙。其實不僅要讀賀詩以知其詞，同時也要讀前人之詩才能知其詞，賀鑄大量融化前人詩句，有時借他人酒杯澆胸中塊壘，這也是另一層要破解的障礙。王國維《人間詞話》標舉境界，反對詞中用代字，因此他早期對障礙重重的賀詞，乃至周邦彥詞，都不能欣賞，乃是意料中事。但他後來修正了，在〈清眞先生遺事·尙論三〉推尊周邦彥爲「詞中老杜」52，給予極高的評價，他批評賀鑄爲「北宋名家最次」、「少眞味」的話，是出自《人間詞話刪稿》，可見他對賀鑄的看法也有改變，所以把這些話刪了，雖然他在推尊周邦彥爲「詞中老杜」的同時，將賀鑄和晏幾道並列爲「大曆十子之流」，地位還是不高，但至少有晏幾道陪榜，再加上張先53，已經不是北宋名家最次的地位了。

其實宋人對賀鑄的評價是相當高的，他的朋友張耒在〈東山詞序〉說「高絕一世」，葉夢得在〈賀鑄傳〉說：「所爲詞章既多，往往傳播在人口」，這些都說明了賀詞在當時享有盛名的情形。和其他名家相較，一點也不覺遜色，釋惠洪《冷齋夜話》說：「賀方回妙於小詞，吐語皆蟬蛻塵埃之表。晏叔原、王逐客俱當溟涬然第之。」54黃庭堅將它和秦觀等量齊觀（見前），李清照〈詞論〉也將他和晏幾道、秦觀、黃庭堅並列爲知詞「別是一家」的作者，而王灼《碧雞漫志》更三番兩次將他和周邦彥相提並論，卷二云：「賀、周語意精新，用心甚苦」，又云：「柳何敢知世間有〈離騷〉，惟賀方回、周美成時時得之。」張鎡〈梅溪詞序〉稱美史達祖詞：「端可以分鑣清眞，平睨方回，而紛紛三變行輩，幾不足比數。」（《宋六十名家詞》）也是將賀鑄、周邦彥作爲最高標準。

宋代評論者推尊賀鑄，但都只將他和婉約派詞人並列，似乎很難見到他和蘇、辛等豪放派詩人在一起的影子，雖然他的英雄詞上承蘇軾、下開南渡、南宋的豪壯詞，可是大家皆視而不見。直至清末民初的況周頤，他在《歷代詞人考略》卷十四云：「按填詞以厚為要旨。蘇、辛詞皆極厚，然不易學，或不能得其萬一而轉滋流弊，如粗率、叫囂、瀾浪之類。《東山詞》亦極厚，學之卻無流弊。信能得其神似，進而闚蘇、辛堂奧何難矣！」㊺才眞正提到他在豪放詞方面的成就，有蘇、辛之優點，而無其流弊，是學蘇、辛之極佳津梁。夏敬觀評賀鑄〈行路難〉（縛虎手）詞亦云：「稼軒豪邁從此脫胎，豪而不放，稼軒所不能學也。」㊻也指出他和辛棄疾的關係，評價並在辛棄疾之上。龍沐勛為了胡適《詞選》遺漏了賀鑄，大為不滿，洋洋灑灑寫了一篇〈論賀方回詞質胡適之先生〉，是集歷代對賀詞之讚美之大成，他說：「無論就豪放方面，婉約方面，感情方面，技術方面，內容方面，音律方面，乃至胡氏素所主張之白話方面，在方回詞中蓋無一不擅勝場，即推為兼有東坡、美成二派之長，似亦不為過譽。」㊼這篇文章確實將賀鑄的優點都提到了，可見一個作家要完全被人瞭解並不容易。龍沐勛說賀鑄「兼有東坡、美成二派之長」，以我們前文的討論亦可印證這個事實，但並不代表可以將兩者加起來，說他勝過蘇軾、或周邦彥，就婉約詞而言，他或許不遜於蘇軾，就豪放詞而言，他當然可以在周邦彥之上，但就蘇軾、周邦彥所代表的豪放、婉約派之地位，賀鑄是無法取而代之的，這也是清代詞家分門別派，推尊列祖列宗時，他往往被冷落了，正如運動場上競技，他可能是一位十項全能選手，但參加各種單項比賽時，卻只好委屈了，他的一生遭遇如此，他在詞史上的評價也是如此，但我們不容否認他的文才武略，正如不能忽視其詞兼具剛柔之美，尤其他下開周邦彥、影響吳文英，並成爲蘇、辛之過渡，其貢獻自不待言。

## 【附註】

①陳振孫《直齋書錄解題》卷二十著錄《慶湖遺老集九卷、拾遺二卷》，云：「朝奉郎共城賀鑄方回撰」，共城乃衛州屬縣，故葉夢得《石林居士建康集》卷八〈賀鑄傳〉、《宋史·文苑傳》卷四四三皆云「衛州人」。賀鑄祖籍會稽山陰（浙江紹興），山陰屬會稽郡，會稽又稱「越州」，故《慶湖遺老詩集》卷首自序云：「吾家特會稽一族」，並自稱「越人」；龔明之《中吳紀聞》卷三云賀鑄「本山陰人」。又有謂賀鑄爲「開封人」者，如王偁《東都事略·文藝傳》卷一一六，鍾振振考證云：「五代後晉時，詞人的六世祖賀景思曾在禁軍中任軍校，後晉都開封，賀家的開封籍貫，大約即始於此。直至宋仁宗天聖（一〇二三—一〇三二）初，詞人的祖父賀惟慶才將籍貫遷到了衛州共城。」（見《北宋詞人賀鑄研究》，臺北：文津出版社，一九九四年八月，頁四）。

②《慶湖遺老詩集》卷首自序云：「鑄生於皇祐壬辰」，《直齋書錄解題》卷二十所載亦同。

③《宋史·文苑傳》卷四四三。

④《宋史·文苑傳》卷四四三云：「長七尺，面鐵色，眉目聳拔」；陸游《老學庵筆記》卷八云：「賀方回貌奇醜，色青黑而有英氣，俗謂之『賀鬼頭』」。

⑤ 葉夢得《石林居士建康集》卷八〈賀鑄傳〉。

⑥《慶湖遺老詩集》卷首自序。按「外監」指賀知章，他曾自號「四明狂客」，又稱「秘書外監」。

⑦ 同註⑤。

⑧ 程俱〈宋故朝奉郎賀公墓誌銘〉，見《慶湖遺老詩集》卷末附錄。

⑨ 程俱〈鑑湖遺老詩序〉，見《慶湖遺老詩集》卷首。

⑩ 同註⑧。

⑪ 同註⑤。

⑫ 同註⑧。

⑬ 有關賀鑄的生平，除《宋史》本傳外，尚可參閱：賀鑄《慶湖遺老詩集》卷首自序、程俱〈宋故朝奉郎賀公墓誌銘〉、葉夢得《石林居士建康集》卷八〈賀鑄傳〉等。另有近人夏承燾所撰〈賀方回年譜〉（《唐宋詞人年譜》，上海古籍出版社，一九七九年五月，頁二七一—三一四，尚稱精詳，其不足處，可參考：李維新〈讀夏承燾先生「賀方回年譜」札記十一則〉（《鄭州大學學報》，一九八三年三期）、鍾振振〈賀鑄建中靖國元年蹤跡考索—「賀方回年譜」訂補一例〉（《文學遺產增刊．十六輯》，北京：中華書局，一九八三年十一月，頁二七四—二八一；又收入《北宋詞人賀鑄研究》，頁一九五—二〇四）。

⑭ 鍾振振校注《東山詞》（上海古籍出版社，一九八九年十二月），附錄二〈賀鑄詞集版本考〉，頁四八九—四九〇。

⑮見《彊村叢書》本《東山詞上·賀方回詞·東山詞補·跋》。

⑯有關賀鑄詞的校注本，有：黃啓方《東山詞箋注》（臺北：嘉新水泥公司文化基金會，一九六九年八月）、鍾振振校注《東山詞》，見同註⑭。

⑰同註③。

⑱同註⑧。按〈墓誌銘〉「濟國公」作「濟良恪公」，今從《宋史·宗室世系表》卷二三五作「濟國公」，「良恪」應是趙克彰的諡號。

⑲夏承燾《唐宋詞人年譜》，頁二五〇。

⑳《中華文史論叢》，一九八二年四輯，頁二四七—二五七。後收入作者校注《東山詞》，〈六州歌頭〉（少年俠氣）之附錄，頁四二七—四三八。又收入《北宋詞人賀鑄研究》之附錄，頁一七九—一九四。

㉑夏敬觀〈吷庵詞評〉，見《詞學·五輯》（上海：華東師範大學出版社，一九八六年十月），頁二〇二。

㉒李之儀《姑溪居士文集》卷四十〈跋凌歊引後〉。

㉓《詞學季刊》，三卷三號，一九三六年九月，頁一〇。

㉔同註⑧。

㉕同註⑭，〈半死桐〉繫年，頁二五。

㉖鍾振振《北宋詞人賀鑄研究》（臺北：文津出版社，一九九四年八月），頁一二四。

㉗參見同註㉖，頁一二五。

㉘ 周紫芝《竹坡詩話》云：「賀方回嘗作〈青玉案〉詞，有『梅子黃時雨』之句，人皆服其工，士大夫謂之『賀梅子』。」

㉙ 同註⑭，頁一五四。

㉚ 唐圭璋《唐宋詞簡釋》（臺北：木鐸出版社，一九八二年三月），頁一一六。

㉛ 繆鉞、葉嘉瑩合撰《靈谿詞說》（臺北：國文天地雜誌社，一九八九年十二月），頁二八二。

㉜ 楊海明《唐宋詞史》（南京：江蘇古籍出版社，一九八七年十二月），頁三四一。

㉝ 同註⑭，頁一五六—一五八。

㉞ 吳曾《能改齋漫錄》卷十六載：「賀方回爲〈青玉案〉詞，山谷尤愛之，故作小詩以紀其事。及謫宜州，山谷兄元明和以送之云：『千峰百嶂宜州路……』，山谷和云：『煙中一線來時路，……』」。

㉟ 陳廷焯《雲韶集》稿本藏南京圖書館，此轉引自鍾振振校注《東山詞》，見同註⑭，頁七九。

㊱ 同註⑭，頁七八。

㊲ 胡仔《苕溪漁隱叢話》後集卷三十三引。

㊳ 施蟄存《詞學名詞解釋．寓聲樂府》，見唐圭璋等撰《唐宋詞鑑賞辭典》（上海辭書出版社，一九八八年八月），附錄，頁二五四六。

㊴ 同註㉖，頁一三九—一四〇。

㊵ 李心傳《建炎以來繫年要錄》卷一七三及卷一七九。

㊶龍沐勛〈論賀方回詞質胡適之先生〉，見同註㉓，頁九。
㊷同註㉖，頁一四三—一四四。
㊸楊愼《詞品》卷一云：「〈六州歌頭〉，本鼓吹曲也，音調悲壯。又以古興亡事實之，聞之使人慷慨，良不與艷詞同科，誠可喜也。」
㊹黃啓方《東山詞箋注》，〈敘論〉，頁一九。
㊺同註⑤引。
㊻同註㉖，頁一四九—一五〇，及頁一七七。
㊼同註⑤。
㊽賀裳《皺水軒詞筌·補遺》云：「賀方回『鴛外紅綃一縷霞』，俊句也，實從子安脫胎，固是慧賊。」馮金伯《詞苑萃編》卷二十一引《丹鉛續錄》云：「賀方回晚景云：『鴛外紅綃一縷霞。……』其起句本王子安〈滕王閣賦〉，此子可云善盜。」
㊾鄭師因百〈成府談詞〉，見《景午叢編》（臺北：中華書局，一九七二年十一月），上編，頁二五三。
㊿同註㊾。
51黃庭堅《豫章黃先生文集》卷十一。
52吳則虞校點《清眞集》（臺北：木鐸出版社，一九八二年二月），〈參考資料〉，頁一一二。
53王國維《人間詞話》說：「小山矜貴有餘，但可方駕子野、方回，未足抗衡淮海也。」

54 魏慶之《魏慶之詞話》引，見唐圭璋《詞話叢編》（臺北：新文豐出版公司，一九八八年二月），冊一，頁二〇六。
55 同註⑭，附錄五〈序跋評論〉引，頁五六六。
56 同註㉑。
57 同註㉓，頁一〇。

# 集婉約派大成——周邦彥

## 一、周邦彥的生平與詞集

周邦彥，字美成，自號清眞居士，錢塘（浙江杭州）人。仁宗嘉祐元年（一〇五六）生。①疏儁少檢，不爲州里推重，而博涉百家之書。神宗元豐二年（一〇七九），游京師爲太學生②，有儁聲，六年，獻〈汴都賦〉萬餘言③，多古文奇字，神宗異之，命尙書右丞李清臣讀於邇英閣④，多以邊旁言之，不盡悉也。召赴政事堂，自諸生一命爲太學正。居五歲不遷，益盡力於辭章。出教授廬州（安徽合肥），知溧水縣（江蘇溧水），還爲國子主簿。哲宗元符元年（一〇九八），召對崇政殿，重進〈汴都賦〉，除祕書省正字。⑤歷校書郎、考功員外郎、衛尉宗正少卿，兼議禮局檢討。徽宗政和元年（一一一一），以直龍圖閣知河中府（山西永濟）⑥，徽宗欲使畢禮書，復留之。踰年，乃知隆德府（山西長治），徙明州（浙江鄞縣）。入拜祕書監，進徽猷閣待制，提舉大晟府。邦彥能文章，妙解音律，名其堂曰「顧曲」，樂府盛行於世，人謂之落魄不羈，其提舉大晟府，亦由此。未幾，知眞定府（今河北正定），改順昌府（安徽阜陽），徙處州（浙江麗水），旋罷，提舉南京（河南商丘）

鴻慶宮。卒，時爲徽宗宣和三年（一一二一），年六十六，贈宣奉大夫。⑦

周邦彥的詞集，宋代刻本有十一種⑧，其名稱以《清眞詞》、《片玉集》較常見，亦有名《清眞集》、《清眞詩餘》、《美成長短句》者。今傳本甚多，有汲古閣《宋六十名家詞》本《片玉詞》，二卷，一百八十四首，末有補遺一卷，十首。《四庫全書》本、中華書局《四部備要》本皆爲此本，汲古閣本或即出于淳熙庚子（一一八〇）強煥序刊於溧水之《清眞詞》。又有：《彊村叢書》本《片玉集》十卷，末附校記，此本根據嘉定辛未（一二一一）劉肅序、陳元龍集註《片玉集》。王鵬運《四印齋所刻詞》本《清眞集》二卷，從明隆慶間照錄元巾箱本出，編次體例與陳元龍集註本相同，但無陳註，及分卷、題號相異。⑨《全宋詞》收《彊村叢書》本《片玉集》十卷一百二十七首、吳訥《唐宋名賢百家詞》本《片玉集抄補》二十五首、汲古閣本《片玉詞》三十二首、《能改齋漫錄》卷十六〈燭影搖紅〉一首，共一百八十五首，堪稱完備。⑩

## 二、〈少年遊〉與〈蘭陵王〉代表周詞兩大內容

周邦彥的個性很像柳永，他年輕時「疎雋少檢，不爲州里推重」（《宋史》卷四四四〈文苑傳〉），也是屬於放蕩不羈的才子。只是他運氣比較好，二十八歲便因獻賦受到賞識，由太學生一命爲太學正，馬上進入了仕途。不像柳永屢次科舉不第，到五十多歲才考中進士。但兩人浪漫多情，與歌妓交往深厚，是相同的。他們都有與歌妓相關的傳聞，周邦彥最爲後人所樂道者，莫過於與李師師間的愛情故事，張

端義《貴耳集》卷下載：

道君幸李師師家，偶周邦彥先在焉。知道君至，遂匿於牀下。道君自攜新橙一顆，云：「江南初進來。」遂與師師謔語。邦彥悉聞之，檃括成〈少年遊〉云：「并刀如水，吳鹽勝雪，纖手破新橙。」後云：「嚴城上已三更。馬滑霜濃，不如休去，直是少人行。」李師師因歌此詞，道君問：「誰作？」李師師奏云：「周邦彥詞。」道君大怒，坐朝諭蔡京云：「開封府有監稅周邦彥者，聞課額不登，如何京尹不按發來？」蔡京罔知所以，奏云：「容臣退朝呼京尹叩問，續得復奏。」京尹至，蔡以御前聖旨諭知。京尹云：「惟周邦彥課額增羨。」蔡云：「上意如此，只得遷就將上。」得旨：「周邦彥職事廢弛，可日下押出國門。」隔一二日，道君復幸李師師家，不見李師師，問其家，知送周監稅。道君方以周邦彥出國爲喜，既至不遇，坐久至更初，李始歸，愁眉淚睫，憔悴可掬。道君大怒云：「爾往那裡去？」李奏：「臣妾萬死，知周邦彥得罪押出國門，略致一杯相別，不知官家來。」道君問：「曾有詞否？」李奏云：「有〈蘭陵王〉詞。」今「柳陰直」者是也。道君云：「唱一遍看。」李奏云：「容臣妾奉一杯，歌此詞爲官家壽。」曲終，道君大喜，復召爲大晟樂正，後官至大晟樂府待制。

這則故事，王國維在〈清眞先生遺事·事蹟一〉曾加以考辨，認爲所言失實。雖然如此，它至少也反映出幾點值得我們注意的現象：一是當時社會冶遊風氣之盛。君臣爲一位歌妓爭風吃醋，居然能被繪聲繪影成爲傳聞，若不是社會風氣如此，要如何依附？一是周邦彥浪漫多情的個性，因他經常與歌妓來往，又擅於塡詞，才成爲好事者附會的對象。而最令我感興趣的，是故事所選用的兩首詞，一是〈少年遊〉（并刀如水），一是〈蘭陵王〉（柳陰直），就周邦彥詞集的內容而言，是頗具代表性的。

先談〈少年遊〉這首，詞中描寫一對男女冬夜相會，感情相當纏綿，全詞如下：

并刀如水，吳鹽勝雪，纖手破新橙。錦幄初溫，獸香不斷，相對坐調笙。　低聲問向誰行宿，城上已三更。馬滑霜濃，不如休去，直是少人行。

作者由女方落筆，寫她極力款待對方，除有應景鮮果外，又爲對方準備優美的音樂，這些畫面極溫馨和諧，將男女歡樂之景象鮮活刻劃出來。下片作者更精確掌握女性的心理，並描摹其口吻，透過「低聲問」的幾句話，很婉轉將依戀之情表現得淋漓盡致。這位詞中的女性，在夜晚與人獨闢一室，並要留宿對方，自然不是良家婦女，王又華《古今詞論》引毛稚黃（先舒）曰：「周清眞〈少年遊〉，題云冬景，卻似飮妓館之作。」這是符合事實的。周邦彥的作品很多都與歌妓有關，他又有一則與營妓楚雲的故事，王灼《碧雞漫志》卷二云：

周美成初在姑蘇，與營妓岳七楚雲者游甚久。後歸自京師，首訪之，則已從人矣。明日，飮於太守蔡巒子高坐上，見其妹，作〈點絳唇〉曲寄之云云。

洪邁《夷堅三志》壬集七也有類似的記載，並云：「楚雲覽之，累日感泣。」雖然王國維在〈清眞先生遺事·事蹟一〉考辨，懷疑此說亦出自附會，但羅忼烈卻認爲：「王灼生長北宋，其《頤堂詞》中有題政和作者，蓋與清眞先後同時，所聞或多得實，且蔡峦其人無賴，亦不足附會也。……惟與楚雲從遊甚久之說，似未必是。」⑪羅氏考證甚爲精詳，〈點絳脣〉贈楚雲之說應屬可信，茲將錄之如下：

遼鶴歸來，故鄉多少傷心地。寸書不寄。魚浪空千里。　憑仗桃根，說與淒涼意。愁無際。舊時衣袂。猶有東門淚。

許昂霄《詞綜偶評》云：「淡淡寫來，深情無限，宜楚雲爲之感泣也。」周邦彥描寫歌妓的作品，大都抒發與歌妓之間的感情，很少純寫歌妓的容貌、姿態或才藝，只有少數如〈青玉案〉（良夜燈光簇如豆）、〈花心動〉（簾捲青樓）等有較大膽描述歌妓相歡場面外，大部分措辭皆相當婉約含蓄，讓人不覺淫靡卑俗。如前舉之〈少年遊〉，王又華《古今詞論》引毛稚黃云：「周美成詞家神品，如〈少年遊〉：『馬滑霜濃，不如休去，直是少人行。』何等境味！若柳七郎，此處如何煞得住。」意思是說如果換柳永描寫的話，一定會更加鋪敘，極盡刻劃男女纏綿之景象，而顯得淺露。陳廷焯《白雨齋詞話》卷六亦云：「美成艷詞，如〈少年遊〉、〈點絳脣〉、〈意難忘〉、〈望江南〉等篇，別有一種姿態。句句灑脫，香匳泛話，吐棄殆盡。」所以周邦彥與柳永一樣描寫歌妓情愛的艷詞，但他受人讚賞較多，不像柳永受到許多詬病。但從另外一個角度看，柳永因爲大半輩子都在青樓畫閣中倚翠偎紅，深入社會底層，瞭解歌妓的苦悶與願望，比較能以同情的態度爲她們抒寫懷抱，而周邦彥很早走進仕途，成爲官人，歌妓只是他談情說愛、賞玩的對象，在寫歌妓時內容也顯得較爲貧乏。謝桃坊在〈北宋文化低潮時期的周邦彥詞〉一文中指出：「其〈意難忘〉是流傳很廣的詞，寫他認識一位天眞活潑的妙齡歌妓的情形，但如清眞詞中其他這類詞一樣，僅停留于外在形態的描述和表現文人的玩賞情趣，始終未表現出同情和尊重的情感。」⑫這是事實，也是周邦彥描寫歌妓不如柳永的地方。

其次論〈蘭陵王〉這首詞，它是周邦彥有關羈旅行役中具有代表性的作品，茲將全詞錄之如下：

> 柳陰直。煙裡絲絲弄碧。隋堤上、曾見幾番，拂水飄綿送行色。登臨望故國。誰識。京華倦客。長亭路，年去歲來，應折柔條過千尺。　閒尋舊蹤跡。又酒趁哀絃，燈照離席。梨花榆火催寒食。愁一箭風快，半篙波暖，回頭迢遞便數驛。望人在天北。　悽惻。恨堆積。漸別浦縈回，津堠岑寂。斜陽冉冉春無極。念月榭攜手，露橋聞笛。沈思前事，似夢裡，淚暗滴。

此詞許多本子題作「柳」，是作者藉柳起興，在送別之中抒發一己羈旅之苦。全篇主旨在「登臨望故國。誰識。京華倦客」，寫厭倦久居京城生活，思念故鄉之情懷。這首詞有人認爲是周邦彥送人時寫的，大都沿襲周濟《宋四家詞選》云：「客中送客」而來，如胡雲翼《宋詞選》認爲：「借送別來表達自己『京華倦客』的抑鬱心情。」⑬也有人認爲周邦彥離開汴京時寫的，如俞平伯、袁行霈、吳世昌等都是⑭，羅忼烈更指出：「此詞當是重和元年春，自徽猷閣待制提舉大晟府出知眞定府時，留別汴京故舊之作。」⑮其實不管主張「客中送客」，或是「離京留別」，本詞表現對京城厭倦、思念故鄉是無庸置疑的。周邦彥爲錢塘人，他的作品有許多是羈旅在外，表現對故鄉的懷念，如〈西平樂〉云：「多謝故人，親馳鄭驛，時倒融尊，勸此淹留，共過芳時，翻令倦客思家」、〈驀山溪〉云：「玉簫金管，不共美人遊，因箇甚，煙霧底。獨愛蓴羹美」、〈漁家傲〉云：「醉踏春懷故國。歸未得。黃鸝久住如相識」、〈南浦〉云：「吾家舊有簪纓，甚頓作天涯，經歲羈旅」、〈滿庭芳〉云：「淒涼，懷故國，朝鐘暮鼓，十載紅塵。似夢魂迢遞，長到吳門」等，都很明顯說出其思鄉情懷，而〈蘇幕遮〉這首更爲後人所激賞：

燎沈香，消溽暑。鳥雀呼晴，侵曉窺簷語，葉上初陽乾宿雨、水面清圓，一一風荷舉。故鄉遙，何日去。家住吳門，久作長安旅。五月漁郎相憶否。小楫輕舟，夢入芙蓉浦。

王國維《人間詞話》云：「美成〈青玉案〉（當作〈蘇幕遮〉）詞：『葉上初陽乾宿雨。水面清圓，一一風荷舉』，此眞能得荷之神理者。」其實不止荷花寫得鮮活，「鳥雀呼晴，侵曉窺簷語」，也將鳥雀寫得十分生動。而這些文字，非常自然眞實，一點都不覺有雕琢痕跡。作者透過眼前荷花景象，觸動鄉關之思，這才是本詞所要表現的主題，不僅脫口而出：「故鄉遙，何日去，家住吳門，久作長安旅」，直接將久居京城，不得歸去的鬱悶宣洩出來，也很婉轉的用「五月漁郎相憶否」來表明自己對鄉人的懷念，最後更以夢見家鄉荷花作結：「小楫輕舟，夢入芙蓉浦」，與上片之眼前荷花相呼應，如此虛實相生，韻味無窮。

羈旅行役作品中除了寫思鄉之外，其他大部分都與相思別恨相結合，王國維〈清眞先生遺事・尙論三〉云：「若夫悲歡離合，羈旅行役之感，常人皆能感之，而惟詩人能寫之，故其入於人者至深而行於世也尤廣。先生之詞屬於第二種爲多，故宋時別本之多，他無與匹，又和者三家，注者二家，自士大夫以至婦人女子，莫不知有清眞，而種種無稽之言，亦由此以起，然非入人之深，烏能如是耶？」周邦彥許多作品不僅寫羈旅行役之苦，並配合悲歡離合之情，因此感人至深，受大衆喜愛。如〈早梅芳〉寫遠行分離的痛苦：

> 花竹深，房櫳好。夜闃無人到。隔窗寒雨，向壁孤燈弄餘照。淚多羅袖重，意密鶯聲小。正魂驚夢怯，門外已知曉。去難留，話未了。早促登長道。風披宿霧，露洗初陽射林表。亂愁迷遠覽，苦語縈懷抱。謾回頭，更堪歸路杳。

全詞是一連串的離別鏡頭，從分別前的纏綿，寫到分別時之依依不捨，再轉到別後的痛苦，整個過程是連續的，不容切割。黃氏《蓼園詞評》云：「按前闋由曉字寫入，漸引到別字，是未別以前也。次闋從別時寫起，說到別以後，是去路也。詞意綿密細膩，無一剩字。」⑯確實如此。其他如〈點絳脣〉（征騎初停）、〈木蘭花〉（郊原雨過金英秀）、〈點絳脣〉（孤館迢迢）、〈玉樓春〉（大堤花艷驚郎目）、〈夜飛鵲〉（河橋送人處）、〈芳草渡〉（昨夜裡）等，都是寫離愁別恨，難分難捨。而更多的是羈旅相思，寫別後長久不能相見，心中鬱悶想念之情。如〈蕙蘭芳引〉：

> 寒瑩晚空，點清鏡、斷霞孤鶩。對客館深扃，霜草未衰更綠。倦遊厭旅，但夢遶、阿嬌金屋。想故人別後，盡日空疑風竹。　塞北氍毹，江南圖障，是處溫燠。更花管雲牋，猶寫寄情舊曲。音塵迢遞，但勞遠目。今夜長，爭奈枕單人獨。

作者在明亮的秋涼夜晚，面對孤寂冷清的客館，厭倦羈旅生涯，想念遠方心愛的人，作者除了直接訴說「夢遶阿嬌金屋」之外，卻反過來說阿嬌整天在盼望他回來：「想故人別後，盡日空疑風竹」，非常婉轉地表現其深情厚意，這和前面所舉思鄉佳作〈蘇幕遮〉中的句子：「五月漁郎相憶否」，有異曲同工之妙。下片抒寫往日對方給他的溫暖及愛情，令他永難忘懷，現在分隔兩地，路程遙遠，只勞遠目相望，尤其今晚長夜漫漫，枕單人獨如何度過呢？將客中相思痛苦、無奈的心情表現得極爲深摯。其他如〈一落索〉（杜宇思歸聲苦）、〈過秦樓〉（水浴清蟾）、〈宴清都〉（地僻無鐘鼓）、〈霜葉飛〉（露迷衰草）、〈塞垣春〉（暮色分平野）、〈氐州第一〉（波落寒汀）、〈解蹀躞〉（候館丹楓吹盡）、〈念奴嬌〉（醉魂乍醒）等，也都是羈旅相思內容的作品，像這樣的句子：「爲伊才減江淹，情傷荀倩」（〈過秦樓〉）、「始信得、庾信愁多，江淹恨極須賦」（〈宴清都〉）、「念多材渾衰減，一懷幽恨難寫」（〈塞垣春〉）、「回首頻思憶。重愁疊恨，萬般都在胸臆」（〈念奴嬌〉），無論用典、或直抒胸懷，感情皆極爲豐富。

周邦彥的羈旅行役作品，其內容很值得注意的是配合大量寫景。這種寫法柳永算是開風氣之先，柳永的作品常藉著帝里楚鄉場景變換，在遼闊空間交雜南北城鄉色彩，他所寫的景物，偏重空間的景物，常顯現出某個特定地理環境的特色；而周邦彥則不然，他較重視時序的掌握，他的詞四季色彩非常鮮明，因此宋嘉定辛未劉肅序、陳元龍集註的《片玉集》十卷，是按春景、夏景、秋景、冬景、單題、雜賦加以分類，從這種分類法，更能凸顯周邦彥寫景的特色，他是偏重時間的景物。我們根據《全宋詞》本將這四季景物的詞作統計，春景有三十四首、夏景十三首、秋景二十一首、冬景三首；春、秋兩季最容易感人的季節，自古以來這兩季的作品最多，周邦彥亦不例外，時序感人與作品關係之密切可見一斑。他對每一個季節均能捕捉其景物的特色，如寫春天景色：「灰暖香融銷永晝。葡萄架上春藤秀。曲角欄干群雀鬥。清明後。風梳萬縷亭前柳」（〈漁家傲〉），有長滿新嫩綠葉的葡萄、一大群嬉鬧相鬥的麻雀、及被和風梳得整整齊齊的柳條，充滿春天盎然生機。另在暮春則如此寫著：「樓上晴天碧四垂。樓前芳草接天涯。……新筍已成堂下竹，落花都上燕巢泥」（〈浣溪沙〉），很精確掌握到季節轉換時的景況。在初夏也有這樣的景物：「風老鶯雛，雨肥梅子，午陰嘉樹清圓」（〈滿庭芳〉），體物極爲細微。到秋季則更別有一番景致：「波落寒汀，村渡向晚，遙看數點帆小。亂葉翻鴉，驚風破雁，天角孤雲縹緲。官柳蕭疏，甚尚挂、微微殘照」（〈氏州第一〉），陳廷焯《雲韶集》評云：「寫秋景凄涼，如聞商音羽奏。」⑰他另評〈浪淘沙〉（晝陰重）云：「美成善於摹寫秋景，每讀晏、歐詞後，再讀美成詞，正如水逝雲卷，風馳電掣，覺萬彙哀鳴，天地變色。」⑱這些形容皆針對周邦彥描寫凄涼秋景，感人至深而發的。

周邦彥除了擅長歌詠四時之景以抒發情感外，在〈單題〉這一類中也有兩首專詠節序的作品，即〈解語花〉（風銷焰蠟）詠元宵，〈六幺令〉（快風收雨）詠重九，〈解語花〉頗受張炎讚賞，他在《詞源》說：「昔人詠節序，不惟不多，付之歌喉者，類是率俗，不過爲應時納祜之聲耳。所謂清明『拆桐花爛漫』、端午『梅霖初歇』、七夕『炎光謝』，若律以詞家調度，則皆未然。豈如美成〈解語花〉賦元夕云……，如此等妙詞頗多，不獨措辭精粹，又且見時序風物之盛，人家宴樂之同。」可見其描寫節序之成功，可惜這類作品太少。另外還有許多詠物之作，其中以詠梅最多，如〈玉燭新〉（溪源新臘後）、〈花犯〉（粉牆低）、〈醜奴兒〉（肌膚綽約眞仙子）、〈品令〉（夜闌人靜）等專詠梅花；〈三部樂〉（浮玉飛瓊）、〈菩薩蠻〉（銀河宛轉三千曲）則梅、雪合詠。宋人普遍喜歡梅花，周邦彥也對梅花情有獨鍾。另外還有〈蘭陵王〉（柳陰直）詠柳、〈水龍吟〉（素肌應怯餘寒）詠梨花、〈六醜〉（正單衣試酒）詠落花、〈大酺〉（對宿煙收）詠春雨、〈倒犯〉詠新月等。周邦彥在詠物時，對於物體的形象、姿態，刻劃得非常生動，毛刻《片玉詞》強煥序云：「摹寫物態，曲盡其妙」，王國維《人間詞話》亦云：「言情體物，窮極工巧，故不失爲第一流之作者」，試觀〈六醜〉描寫落花：「爲問花何在，夜來風雨，葬楚宮傾國。釵鈿墮處遺香澤。亂點桃蹊，輕翻柳陌。多情爲誰追惜。但蜂媒蝶使，時叩窗隔」，〈蘭陵王〉寫柳：「柳陰直。煙裡絲絲弄碧。隋堤上、曾見幾番，拂水飄綿送行色」，或用比喻，或用白描，都將落花情狀、柳條姿態，巧妙勾勒出來。而尤其值得我們玩味的，就是物象之外所含有作者的情感，如〈六醜〉詠落花之同時，是和相思別離融合在一起，〈蘭陵王〉詠柳亦和羈旅思鄉密不可分。所以周邦彥的詠物詞，並不完全是客觀的描寫，而常是藉物比興，抒發個人的情感。

周邦彥詞中也三首懷古之作，即〈西河〉（佳麗地）、〈青房並蒂蓮〉（醉凝眸）、〈西河〉（長安道），韓國學者車柱環曾特別將周邦彥兩首〈西河〉懷古詞提出討論，他認爲〈佳麗地〉這首金陵懷古，稍有參考王安石兩首懷古詞的痕跡，〈長安道〉這首長安懷古，與〈渡江雲〉詞合看時，就知道周邦彥身往長安的事實。⑲另外〈青房並蒂蓮〉這首是維揚懷古，雖然三首懷古詞的背景不一樣，但其寫法則大致相同，都是登臨古蹟追思當時的繁華，而對歷史興亡、人生無常寄予慨嘆。如〈西河〉（

長安道）這首，作者面對長安古都的景象是：「冷落關河千里，……斷碑殘記，未央宮闕已成灰，終南依舊濃翠」，因此產生無限愁思，寫出這樣的句子：「轉使客情如醉，想當時、萬古雄名，盡作往來人、淒涼事」，體悟追逐功名之不足恃，意味深長。除了懷古詞之外，周邦彥也有一些感嘆人生、勘破名利的作品，如〈黃鸝遶碧樹〉這首，題作「春情」，作者面對易逝韶光，寫道：「這浮世、甚驅馳利祿，奔競塵土。縱有魏珠照乘，未買得流年住。爭如盛飲流霞，醉偎瓊樹」，覺得人生短促，沒有必要汲汲營營於名利，應該及時行樂。又〈一寸金〉也寫道：「自歎勞生，經年何事，京華信漂泊。……情景牽心眼，流連處、利名易薄。回頭謝、冶葉倡條，便入漁釣樂。」都是寄有較深感慨的內容，可惜這類作品不多。

## 三、周詞是否含有政治寄託

總括周邦彥的全部詞作，是以愛情、羈旅行役爲主，再加上一些詠物、懷古、感嘆人生之作而已，不要說和擴充詞體內容的蘇軾相比，即使和偎紅倚翠的柳永相較，都顯現出內容相當貧乏，這可以說是周邦彥詞的一大遺憾。因此近來有人專從周邦彥詞中含有政治託喻著手，欲探索其弦外之音，以增強其內容之深度與廣度。龍沐勛〈清眞詞敘論〉云：「自宋以來，論清眞詞者，除王灼外，眞知蓋寡。」[20]爲何說只有王灼眞的瞭解周邦彥詞呢？因爲王灼在《碧雞漫志》卷二說：「柳何敢知世間有〈離騷〉？惟賀方回、周美成時時得之。……周〈大酺〉、〈蘭陵王〉諸曲最奇崛。」王灼是最先指出周邦彥詞有〈

離騷〉遺韻，可是後人卻鮮在這方面著墨。近來力主周邦彥詞有政治寄託、並且用功甚勤的是羅忼烈，他在〈擁護新法的北宋詞人周邦彥〉、〈周清眞詞時地考略〉二文㉑、及專著《周邦彥清眞集箋》皆認眞考訂周邦彥之行誼，以作爲其詞有寄託之佐證，在《周邦彥清眞集箋》中認定有寄託的詞共二十首。萬雲駿在〈清眞詞的比興與寄托〉一文，也指出周邦彥的詠物詞，更容易看出與說明比興、寄托問題。㉒葉嘉瑩〈論周邦彥詞之政治託喻〉一文，在處理寄托問題則採取較審愼的態度，僅指出〈渡江雲〉（晴嵐低楚甸）一首，寓有政治託喻，她說：「我們雖可以因此詞之證明，對周詞之意境，在閱讀時可以有較深之意會及較多之聯想，但在解說周詞時，則仍當極爲謹愼小心，不要輕于做過份指實的託喻的解說。這也是我們在評賞周邦彥詞時，所不得不注意及之的。」㉓這種小心謹愼以免穿鑿附會的態度是可取的，但她所指〈渡江雲〉一詞含有政治託喻，其重要根據「在下半闋中的『指長安日下』和『風翻旗尾、潮濺烏紗』數句中之『長安』、『旗尾』、『烏紗』等字樣，顯然可見其含有喻託之意。」㉔以「長安」借指北宋首都汴京更是關鍵所在，可是也有人從〈西河〉〈長安道〉、〈齊天樂〉（綠蕪凋盡臺城路）及本詞等所出現的「長安」，來證明周邦彥到過「長安」㉕，如果此說屬實，這首〈渡江雲〉則是實寫，有關政治託喻之說恐怕又要落空。所以要明指周邦彥那一首詞有寄託，是很困難的，林玫儀〈論清眞詞中之寄託〉說：「以專尙寄託之常州詞派，尙且無法找出周詞之微言大義，豈非正是周詞殊少寄託之最佳反證？」㉖的確如此。因此我們可從周邦彥詞中感受其失志沈鬱之懷抱，瞭解其羈旅漂泊之悲哀，至於寄託問題則沒有必要過於強調。

## 四、周詞在形式技巧的成就

周邦彥的詞作內容貧乏，之所以能成爲一位大家，最主要還是在於形式技巧方面的成就，試從下列幾方面加以探討。

**㈠在詞調方面，他與柳永相同，創製許多新調及大量使用長調。**周邦彥在一百八十五首詞中，共使用了一百十二種詞調，與柳永二百十二首詞、用了一百三十五詞調，可說不相上下，使用詞調之多，是音樂造詣深的詞人一項重大特色，因彼等知音，各種詞調皆能運用自如。我們從周邦彥所使用的詞調，可看出下列特殊之處：

1.不喜歡重複使用詞調，幾乎每一種詞調都僅填一首詞。在周邦彥所用一百十二種詞調中，有七十八種僅使用一次而已，重複使用兩次以上者僅有三十四種，而使用三次以上者則更少了，僅有十四種，其中長調兩種：〈滿庭芳〉（四次）、〈驀山溪〉（三次）。小令十二種：〈浣溪沙〉及〈蝶戀花〉使用最頻繁（十次）、〈虞美人〉（六次）、〈玉樓春〉、〈南鄉子〉（五次）、〈點絳脣〉、〈少年遊〉、〈長相思〉（四次）、〈迎春樂〉、〈訴衷情〉、〈醜奴兒〉、〈夜遊宮〉（三次）等。這些詞調大部分都是宋代詞人最常用的調子。可見周邦彥除了努力嘗試創作各種不同詞調外，對一般流行的調子也能認同，並大量填詞，這是他和柳永在使用詞調上不同之處。

2.創製許多新的詞調。王灼《碧雞漫志》卷二云：「江南某氏者解音律，時時度曲，周美成與有瓜葛，每得一解，即爲製詞，故周集中多新聲。」周邦彥所用的新詞調，王灼將之歸諸江南某氏所度，恐怕不盡然，因爲周邦彥本身妙解音律，名其堂曰「顧曲」，又曾掌管全國音樂之機關大晟府，《宋史·文苑傳》卷四四四云：「邦彥好音樂，能自度曲，製樂府長短句，詞韻清蔚，傳於世。」這是事實，根據洪惟助〈清眞詞敘論〉統計《御製詞譜》，明指創始於清眞之調有：〈氐州第一〉、〈憶舊遊〉、〈花心動〉等十七調，又有〈慶春宮〉、〈西平樂〉、〈芳草渡〉三調，周之前雖有調名相同之作，但平仄韻體不同，亦可能是周邦彥所創之調。又有注云「調見片玉詞」、「調見清眞樂府」者：〈霜葉飛〉、〈丹鳳吟〉、〈夜飛鵲〉等二十一調。另有注云「此調以此詞（清眞詞）爲正體」，而未注「調始清眞」或「調見片玉詞」者：〈齊天樂〉、〈西河〉等九調，又有〈法曲獻仙音〉與柳永所作句逗迥別，宮調不同，可能是清眞因舊曲翻新聲也。以上五十一調，再加宋人記載爲周邦彥所創之調有〈六醜〉、〈燭影搖紅〉兩調，共計五十三調。㉗雖然這些未必皆爲周邦彥所創，但從周邦彥所用的一百十二種詞調中，有將近一半多達五十三種都是目前所知最早見使用的，由此可知周邦彥對詞調創新上所作的貢獻。難怪乎王國維《人間詞話》批評他說：「恨創調之才多，創意之才少耳。」而這五十三種詞調絕大多數是長調，計有四十二種，僅有少數調子是小令，即：〈側犯〉、〈解蹀躞〉、〈四園竹〉、〈垂絲釣〉、〈鳳來朝〉、〈萬里春〉、〈紅窗迥〉、〈早梅芳〉、〈隔浦蓮〉、〈一剪梅〉等十種；可見周邦彥與柳永一樣，在創新詞調方面，皆偏重在長調。

周邦彥創調的方法也頗值得我們注意，吳曾《能改齋漫錄》卷十七云：

王都尉（詵）有〈憶故人〉詞云：「燭影搖紅，向夜闌，乍酒醒，心情懶。尊前誰爲唱〈陽關〉，離恨天涯遠。無奈雲沈雨散，憑欄杆，東風淚眼。海棠開後，燕子來時，黃昏庭院。」徽宗喜其詞意，猶以不豐容宛轉爲恨，遂令大晟府別撰腔。周美成增損其詞，而以首句爲名，謂之〈燭影搖紅〉，云：「芳臉勻紅，黛眉巧畫宮妝淺。風流天付與精神，全在嬌波眼。早是縈心可慣，向尊前，頻頻顧眄。幾迴相見，見了還休，爭如不見。燭影搖紅，夜闌飲散春宵短。當時誰會唱〈陽關〉，離恨天涯遠。爭奈雲收雨散，憑欄杆，東風淚滿。海棠開後，燕子來時，黃昏深院。」

從這段記載，我們可以知道周邦彥善於將小令敷成長調，這和柳永將唐五代舊曲，如〈浪淘沙〉、〈木蘭花〉、〈長相思〉、〈應天長〉、〈玉蝴蝶〉等小令度爲長調的作法是相同的。另外以犯調來創新詞調也是周邦彥常用的方法，張炎《詞源》卷下云：「美成諸人又復增演慢曲、引、近，或移宮換羽爲三犯、四犯之曲，按月律爲之，其曲遂繁。」作詞用犯調始自柳永，其詞集有〈尾犯〉、〈小鎭西犯〉等，而用邦彥詞中，犯調更多，如〈玲瓏四犯〉、〈倒犯〉、〈花犯〉、〈側犯〉等，〈六醜〉雖未有犯名，但也是犯調作法，周密《浩然齋詞話》云：

既而朝廷賜酺，師師又歌〈大酺〉、〈六醜〉二解，上顧教坊使袁綯問，綯曰：「此起居舍人新知潞州周邦彥作也。」問〈六醜〉之義，莫能對，急召邦彥問之。對曰：「此犯六調，皆聲之美者，然絕難歌。昔高陽氏有子六人，才而醜，故以比。」㉘

犯調的本義是宮調相犯，即一詞中兼用兩個或兩個以上音律不同的曲調，這完全是詞的樂律方面的變化，不懂音樂的詞人，只能按現成詞調填詞，不會創造犯調。㉙

3.大量製作長調，小令作品亦可觀。周邦彥共用一百十二種詞調，創作了一百八十五首詞，其中長調六十七種，填了八十首，小令四十五種，填了一百五首。可見周邦彥除了擅長運用長調外，也喜歡以小令來填詞。他所用的長調如前所述大都出於自創，也有部分是柳永率先使用過的，如：〈尉遲杯〉、〈一寸金〉、〈浪淘沙〉、〈留客住〉、〈應天長〉、〈長相思〉、〈六么令〉等，北宋詞人鮮見使用，但周邦彥都曾以這些詞調寫過作品，柳永對周邦彥的影響由此亦可見一斑。由周邦彥自創小令的調子大約只有十種。固然不多，但他運用現成的調子，填了那麼多的作品，所以也產生不少優秀詞篇，陳廷焯《白雨齋詞話》卷一云：「美成小令，以警動勝，視飛卿色澤較淡，意態卻濃，溫韋之外，別有獨至處。」如〈蘇幕遮〉（燎沈香）、〈少年遊〉（并刀如水）、〈玉樓春〉（桃溪不作從容住）、〈點絳脣〉（遼鶴歸來）、〈浣溪沙〉（樓上晴天碧四垂）、〈漁家傲〉（灰暖香融銷永晝）等，都是膾炙人口。

(二)**在審音協律方面，精密有法度，使詞的格律日趨嚴整**。沈義父《樂府指迷》云：「凡作詞，當以清眞爲主，蓋清眞最爲知音。」由於周邦彥精通音樂，所以其作品音樂性特強，流傳甚廣，如毛幵《樵隱筆錄》載：

紹興初，都下盛行周清眞〈蘭陵王慢〉，西樓南瓦皆歌之，謂之〈渭城三疊〉。以周詞凡三換頭，至末段聲尤激越，惟教坊老笛師能倚之以節歌者。

這說明了周邦彥的詞不僅合樂可歌而已，其詞樂之特殊高妙，要不是有經驗的笛師是無法勝任。雖然今日詞樂已經散失，我們無法再聽到這些美妙的歌聲，但從文字聲韻中還是可以體會玩味的，王國維《清眞先生遺事·尙論三》云：「故先生之詞，文字之外，須兼味其音律，……今其聲雖亡，讀其詞者猶覺拗怒之中，自饒和婉，曼聲促節，繁會相宣，清濁抑揚，轆轤交往。兩宋之間，一人而已。」㉚何以會如此呢？就是周邦彥在塡詞合樂當中，講究字聲與樂聲之配合。李清照〈詞論〉有一段話談論塡詞協律的問題：「蓋詩文分平側，而歌詞分五音，又分五聲，又分六律，又分清濁輕重。且如近世所謂〈聲聲慢〉、〈雨中花〉、〈喜遷鶯〉，既押平聲韻，又押入聲韻。〈玉樓春〉本押平聲韻，又押上去聲，又押入聲。本押仄聲韻，如押上聲則協，如押入聲則不可歌矣！」㉛，根據李清照的意思，詞爲了合樂可歌，不僅要講究音律，同時亦要注意字聲之配合。在這方面，周邦彥是北宋詞人中做得最精密的。如他有〈紅林檎近〉兩首，其平仄若合符節，一點都不馬虎，萬樹《詞律》卷十一〈紅林檎近〉云：「此係美成按腔製體，有冬初雪景二首，平仄相同，千里和之，亦一字不異，是知調格應是如此，不可任意更改；不然，美成既苦守不變，千里又苦相模仿，何其迂拙，大遜今人之巧便乎？于此可悟詞律之嚴。」不僅〈紅林檎近〉這個調子，其他的調子亦大類如此，韋金滿〈評歷代詞話論周美成之得失〉一文說：「觀乎《片玉集》，以同一曲調塡寫兩首或以上者，凡三十二調。其中字數句法悉同者凡二十六調；字數同而句法參差者只三調；字數句法全異者，亦僅三調。且其所作詞，或爲柳永張先原有之調，如張炎所謂「審定古調」；或爲自製三犯四犯之調，如張炎所謂「增衍」之調，即皆聲律精審，音韻妥協，較之耆卿格律之未嚴，不可同日而語。蓋觀乎柳永《樂章集》，以同一曲調塡寫兩首或以上者，凡四十二調，其中字數句法不同者，竟達二十五調之多，參差同異，自然有協有不協之別。」㉜柳永與周邦彥的詞皆合樂可歌，諧婉優美固不容懷疑，但從字數句法觀察，柳永是比不上周邦彥的嚴整，可見周邦彥已經將詩律運用到詞體上，有意造成嚴整的詞律，使詞走上格律化。另外，周邦彥對四聲的運用，亦值得注意。《四庫全書總目提要》卷一九八《和清眞詞》提要說：「邦彥妙解聲律，爲詞家之冠，所製諸調，不獨音之平仄宜遵，即仄字中上去入三音，亦不容相混，所謂分刌節度，深契微芒，故千里和詞，字字奉爲標準。」夏承燾〈唐宋詞字聲之演變〉一文有更詳盡的論述，他說：「《樂章集》中嚴分上去者，猶不過十之二三；清眞則除〈南鄉子〉、〈浣溪沙〉、〈望江南〉諸小令外，其工拗句、嚴上去者，十居七八。」並舉許多例證，最後總結說：「四聲入詞，至清眞而極變化；惟其知樂，故能神明於矩矱之中。今觀其上下片相同之調，嚴者固一聲不苟，寬者往往二三合而四五離。是正由其殫精律呂，故知其輕重緩急，不必如後來方、楊之一一拘泥也。」㉝周邦彥妙解音樂，所以能將四聲靈活運用，字聲與音律自然搭配，使詞情與聲情融合，不必爲牽就格律而犧牲內容，像張炎不瞭解，在《詞源》卷下即發議論說周詞「於音譜且間有未諧，可見其難矣！」這是不正確的。蔣哲倫〈論周邦彥的羈旅行役詞〉一文，已特別注意到周邦彥詞的內容與格律之關係，她說：「周詞的音律也較柳詞精審嚴密，其羈旅詞尤以拗怒激越、多用拗句、去聲字和句中韻爲特色。」

……大量拗句和去聲字的運用，有助于振起聲調，造成拗怒激越的音響效果。至於句中韻，尤能體現其音律諧和的音韻美。」㉞這都是周邦彥講究格律成功的地方，難怪乎王國維、邵瑞彭、汪東等人都極力推崇他在這方面的成就，並將他比作「詞中老杜」㉟，南宋詞人如方千里、楊澤民、陳允平等，皆亦步亦趨和周邦彥的詞，遵照其格律，不敢稍有踰越，可謂其來有自。

㈢**在章法結構方面，鋪敘縝密，變化多方**。柳永是第一位大量製作長調，並將鋪敘手法運用到詞中的詞人，由於剛開始嘗試，有時難免有缺少韻味、拼湊蕪雜、千篇一律等缺失，秦觀已經將小令的含蓄、蘊藉運用到長調，但有些地方還沒盡善盡美，周邦彥承襲柳永、秦觀的作法，力克這些缺點，以求完美。夏敬觀〈吷庵詞評〉云：「耆卿多平鋪直敘，清眞特變其法，一篇之中，回環往復，一唱三嘆，故慢詞始盛于耆卿，大成于清眞。」㊱事實上，周邦彥是一位作賦高手，他曾獻〈汴都賦〉萬餘言，受到神宗賞識。這樣善於寫大賦的作家，鋪敘技巧對他而言已經是駕輕就熟，運用到詞體上更是牛刀小試，因此，周邦彥將長調的鋪敘手法發展到極純熟的境界。袁行霈曾概括周邦彥詞作的特點，爲「以賦爲詞」，他說：「周詞的鋪陳增加了角度和層次，他善于把一絲感觸、一點契機，向四面八方展開，一層又一層地鋪陳開來，達到毫髮畢見、淋漓盡致的地步。」又說：「柳詞雖然講究鋪陳，但『多平鋪直敘』，可以說是一種線形的結構。周詞則多回環往復，是環形的結構。……周詞的結構，如果仔細分析，主要是今昔的回環和彼此的往復。他的詞常常是在：今—昔，昔—今；我—她，她—我之間的翻來覆去地跳躍著。今昔是縱向的，彼此是橫向的。今昔與彼此的交錯造成一種立體感。」㊲

從這一段分析，說明了周邦彥的鋪敘異常縝密，而無鬆散的毛病。一般而言，鋪敘太過往往容易流於淺露，缺乏餘韻，但周邦彥卻能「意居筆先，神餘言外，半吞半吐，幽咽纏綿，令人捉摸不定。直至曲終，滿湖煙水，一片蒼茫，雖畫工傳神之筆，不是過也。」[38]試以〈滿庭芳〉爲例：

> 風老鶯雛，雨肥梅子，午陰嘉樹清圓。地卑山近，衣潤費鑪煙。人靜烏鳶自樂，小橋外、新綠濺濺。憑闌久，黃蘆苦竹，擬泛九江船。　年年。如社燕，飄流瀚海，來寄修椽。且莫思身外，長近尊前。顦顇江南倦客，不堪聽、急管繁絃。歌筵畔，先安簟枕，容我醉時眠。

這首詞汲古閣《宋六十名家詞》本《片玉詞》有題：「夏日溧水無想山作」。根據《景定建康志》卷二十七〈溧水縣廳壁縣令題名〉：「周邦彥元祐八年二月到任，何愈紹聖三年三月到任。」則周邦彥知溧水縣前後三年，此詞應是在這三年任內所作。詞的上片極力鋪敘初夏景物，非常優美恬靜，僅在「地卑山近」、「黃蘆苦竹」兩處，利用白居易〈琵琶行〉中的句子：「住近湓江地低濕，黃蘆苦竹繞宅生」，從環境的僻陋，稍微透露淪落天涯的感慨。下片則以社燕自況，寫宦海飄泊，如今暫寄溧水。最末借酒消愁，凸顯內心的悲涼與無奈。全詞將清新可喜的景物，與孤寂苦悶的心情相交錯，前後一樂一哀，產生轉折頓挫之妙。作者雖然有羈宦之苦，但措辭婉轉，在曲折隱約中表現出來。陳廷焯《白雨齋詞話》卷一評此詞云：「此中有多少說不出處，或是依人之苦，或有患失之心。但說得雖哀怨，卻不激烈。沈鬱頓挫中，別饒蘊藉。後人爲詞，好作盡頭語，令人一覽無餘，有何趣味？」可見周邦彥不但擅于鋪敘，而又多含餘韻，既能淋漓盡致，又無淺露之弊。

周曾錦《臥廬詞話》曾批評柳永詞的章法結構云：「大率前遍鋪敘景物，或寫羈旅行役，後遍則追憶舊歡，傷離惜別，幾於千篇一律，絕少變換，不能自脫窠臼。」周邦彥卻能利用許多藝術手法，在章法結構上超越屯田蹊徑，顯得變化多方。顧偉列在〈論清眞詞的抒情結構〉一文，曾剖析周邦彥的結構形態約有六種：㈠突出自然時序的縱剖式結構。㈡突出空間轉換的橫向式結構。㈢由今而昔的反逆式結構。㈣多重時空交叉的結構，㈤幻中設幻的複迭式結構。㈥前果後因的逆挽式結構。並且歸納周邦彥結構詞章善用的幾種方法有：疏密、斷續、開合、虛實等。㊴從中我們可認識到周邦彥的結構形態的多樣化，及結構手法的富於變化，正如陳洵《海綃說詞》所云：「清眞格調天成，離合順逆，自然中度。」㊵周邦彥的章法結構確實已達到這種化境。

㈣**在遣辭用字方面，善於融化前人詩句、典故，對仗極為工巧**。詩聖杜甫學養深厚，曾云：「讀書破萬卷，下筆如有神」（〈奉贈韋左丞丈〉），黃庭堅稱讚他作詩「無一字無來處」（〈答洪駒父書〉），被稱爲「詞中老杜」的周邦彥，除了格律講究似杜甫外，在遣辭用字方面也和杜甫一樣喜歡融化古典。關於這項特點，宋人已經常提到，如陳振孫《直齋書錄解題》卷二十云：「清眞詞多用唐人詩語，檃括入律，渾然天成。」沈義父《樂府指迷》云：「凡作詞當以清眞爲主。蓋清眞最爲知音，且無一點市井氣，下字運意，皆有法度，往往自唐、宋諸賢詩句中來，而不用經史中生硬字面，此所以爲冠絕也。」張炎《詞源》卷下亦云：「美成負一代詞名，所作之詞，渾厚和雅，善於融化詩句。」又云：「美成詞只當看他渾成處，於軟媚中有氣魄，採唐詩融化如自己者，乃其所長。」詞從小令直抒胸臆發展到長調鋪敘寫法之後，由於篇幅大量擴充，使詞人有了許多運用古典的空間，另外詞雅化的趨向，也使許多詞人喜歡將古典融入詞中，以增作品外形的典雅。即使走通俗路線的柳永，他的一部分雅詞也有這種嘗試，如〈望遠行〉（長空降瑞）這首寫雪景的詞，就曾襲用鄭谷〈雪中偶題〉詩及謝惠連〈雪賦〉中的句子，晏幾道、蘇軾、秦觀及賀鑄的詞亦經常揉合前人的詩語典故，而使用之多，融化之妙，則非周邦彥莫屬。由於詞人塡詞喜歡融合古典，字句常有來歷、出處，不經註解難以瞭解其深意，因此宋人的詞集也像詩集一樣，開始有人爲它們作註，周邦彥的詞集早在宋寧宗嘉定四年（一二一一）即有陳元龍集註本問世，而原有的註本則更早㊶，換言之，周邦彥卒後不到百年，已有多種註本問世，可見其辭采富艷典麗，非常人所能盡識。劉肅爲陳元龍集註本《片玉集》作序云：「周美成以旁搜遠紹之才，寄情長短句，縝密典麗，流風可仰，其徵辭引類，推古誇今，或借字用意，言言皆有來歷，眞是冠冕詞林。歡筵歌席，率知崇愛，知其故實者，幾何人斯，殆猶屬目於霧中花雲中月，雖意其美，而皎然識其所以美則未也。」有了詳註之後，則「俾歌之者究其事達其辭，則美成之美益彰，猶獲崑山之片珍，琢其質而彰其文，豈不快夫人之心目也。」周邦彥的詞經過註解指出其出處，固然可以知其所以爲美，但即使不知其故實，亦可以意其美，這正是周邦彥融化古典成功之處。

如〈瑞龍吟〉一詞：

章臺路。還見褪粉梅梢，試花桃樹。愔愔坊陌人家，定巢燕子，歸來舊處。　黯凝竚。因念箇人癡小，乍窺門戶。侵晨淺約宮黃，障風映袖，盈盈笑語。　前度劉郎重到，訪鄰尋里，同時歌舞。唯有舊家秋娘，聲價如故。吟牋賦筆，猶記〈燕臺〉句。知誰伴、名園露飲，東城閒步。事與孤鴻去。探春盡是，傷離意緒。官柳低金縷。歸騎晚、纖纖池塘飛雨。斷腸院落，一簾風絮。

「章臺路」用《漢書．張敞傳》：「走馬過章臺街」典故。「試花桃樹」，用張籍〈新桃行〉詩：「植之三年餘，今年初試花」。「定巢燕子」，用杜甫〈堂成〉詩：「暫止飛烏將數子，頻來語燕定新巢」；又寇準〈點絳脣〉：「定巢新燕，濕雨穿花轉」。「前度劉郎重到」，用劉禹錫〈再游玄都觀〉詩：「種桃道士歸何處？前度劉郎今又來」。「吟牋賦筆，猶記〈燕臺〉句」，用李商隱〈柳枝五首〉詩序的故事。「東城閒步」，用杜牧〈張好好詩〉序的故事。「事與孤鴻去」，用杜牧〈題安州浮雲寺樓寄湖州張郎中〉詩：「恨如春草多，事與孤鴻去」。綜觀全詞，用了那麼多的典故、詩句，但並不妨害詞意的流暢，倒讓人覺得渾化無跡，如同己出。根據羅忼烈作《周邦彥清眞集箋》的觀察估計，周邦彥雜採漢魏六朝及唐詩凡數十家，而唐詩最多，絕少用宋人詩，偶然有極少數字面似乎來自歐陽修、蘇舜欽、梅堯臣、王安石的詩句，如此而已。唐詩又以取材於老杜者最多，凡六十多處，遠超過用李商隱詩三十多處、李賀、杜牧詩二十多處，另外用韓愈、白居易、元稹、劉禹錫、韓偓詩各十多處㊷。從周邦彥喜歡用杜甫詩句，周邦彥在藝術手法上與杜甫的關係似乎又更密切了。

在唐詩中提到律詩的大家，杜甫自然首屈一指。律詩除了平仄押韻外，中間兩聯的對仗亦是關鍵，杜甫的對仗技巧已經達到出神入化的境界，如「名豈文章著，官因老病休」（〈旅夜書懷〉）、「親朋無一字，老病有孤舟」（〈登岳陽樓〉）、「酒債尋常行處有，人生七十古來稀」（〈曲江〉）、「三顧頻煩天下計，兩朝開濟老臣心」（〈蜀相〉）等，都是有名的對句，不但工整，而且自然靈活，像是順手拈來，毫無斧痕。周邦彥在對仗方面的功力，和杜甫也不相上下，他的詞對仗用的很多，而且用的極爲巧妙，如〈玉樓春〉一詞：

桃溪不作從容住，秋藕絕來無續處。當時相候赤欄橋，今日獨尋黃葉路。　煙中列岫青無數。雁背夕陽紅欲暮。人如風後入江雲，情似雨餘黏地絮。

此詞八句，全用對仗方式出之，上闋四句用的是流水對，使意思能夠持續進展、不中斷，下闋二個對聯，一用景對，一用情對，景中寓有感情，情中又用景來比喻，情景融合妥切，全詞顯得極其工巧，而不覺板滯。尤其詞中的顏色：赤、黃、青、紅，相當鮮艷，透過這些濃妍的色彩，正表現作者內心悲涼的情調。小令較短，其對仗方法和律詩相近，長調篇幅加長，句子增多，對仗方法也有所改變。周邦彥運用長調已經非常純熟，從其中的對仗方法亦可見一斑。如隔句對，在駢體文、辭賦中是很常見的對仗方法，近體詩限於格式，無法運用，詞在小令階段亦是如此，到了長調興盛之後，隔句對的對仗方法才被用在詞中，柳永〈塞孤〉上下片各用了一次：「瑤珂響，起棲烏；金鐙冷，敲殘月」、「相見了，執柔荑；幽會處，偎香雪」；其他地方則沒發現。到了周邦彥，他的兩首〈風流子〉及一首〈一寸金〉，都用了隔句對，如〈風流子〉（楓林凋晚葉）這首，隔句對即有三處之多：「望、一川暝靄，雁聲哀怨；半規涼月，人影參差」、「砧杵韻高，喚回殘夢；綺羅香減，牽起餘悲」、「想、寄恨書中，銀鉤空滿；斷腸聲裡，玉筋還重」，全詞幾乎由對句組成。而値得注意的是，柳永也有〈一寸金〉，張耒也有〈風流子〉，卻都沒有用這種對仗方法，可見周邦彥追求文字之工麗，實非他人所能及。另外三句並列相對的「扇面對」（或稱「鼎足對」），柳永的作品已經出現，如：「玉宇無塵，金莖有露，碧天如水」（〈醉蓬萊〉）、「漸催檀板，慢垂霞袖，急趨蓮步」（〈柳腰輕〉），周邦彥也承繼這種對仗方法，如「記、愁橫淺黛，淚洗紅鉛，門掩秋宵」（〈憶舊游〉）、「寶幄香纓，熏爐象尺，夜寒燈暈」（〈丁香結〉）等，雖然不多，但也顯示出詞的對仗日益精美。

## 五、周詞的風格——沈鬱頓挫

由以上對周詞的內容與形式技巧的探討，可以瞭解到其內容固然範圍狹窄，但從其言情體物之作品，亦可感受到他內心深沈的悲哀，姑且不論這些悲哀是否寓有政治寄託，但不容否認的，作者在寫歌妓或宦游，寫景或詠物，其情感多半缺乏歡愉的情調，總是籠罩在憂鬱的氣氛之中。陳廷焯《白雨齋詞話》卷一云：「美成詞極其感慨，而無處不鬱，令人不能遽窺其旨。」爲何「令人不能遽窺其旨」？這是周邦彥在表現技巧上的特殊之處，他擅于用婉轉曲折的筆法，吞吞吐吐，不直接說破，韻味悠長。因此陳廷焯以「沈鬱頓挫」形容周詞之妙處，《白雨齋詞話》卷一云：「詞至美成，乃有大宗。……然其妙處，亦不外沈鬱頓挫。頓挫則有姿態，沈鬱則極深厚。既有姿態，又極深厚，詞中三昧亦盡於此矣。」如果要指出周邦彥詞的主要風格，「沈鬱頓挫」四個字應該最足以代表。當然一個偉大的作家，他的作品風格往往是多方面的，另外評論者所採取的欣賞角度也影響對作者風格的認定，如張炎《詞源》卷下云：「美成負一代詞名，所作之詞，渾厚和雅，善於融化詩句。」許多人因此也以「渾厚和雅」作為周邦彥詞的風格。個人認為，張炎論詞崇尚雅正，周邦彥在遣詞用字方面，善於融化前人詩句，使他的作品顯得典雅不俗，雖然他的一些艷情內容不為張炎所欣賞，如《詞源》卷下云：「詞欲雅而正，志之所之，一為情所役，則失其雅正之音。耆卿、伯可不必論，雖美成亦有所不免。」但張炎對於周邦彥能融合前人詩句如己出，卻非常稱讚，又說：「美成詞只當看他渾成處，於軟媚中有氣魄。採唐詩融化如自己者，乃其所長；惜乎意趣卻不高遠。」這裡所說的「軟媚」、「意趣」都指的是周詞的內容，「渾成」、「有氣魄」則指形式或技巧上的成就，尤其集中在「採唐詩融化如自己者」這一點上。如果站在作品的外在形式、表現技巧來看周詞，「渾厚和雅」確實也是周詞風格之一。至於陳振孫《直齋書錄解題》卷二十所云：「富艷精工」、劉肅為陳元龍集註本《片玉集》作序所云：「縝密典麗」，都是偏重在周詞的形式或技巧而言。所以與其用「渾厚和雅」、「富艷精工」、「縝密典麗」等偏重形式的字眼來作為周詞的風格，倒不如用形式內容兼顧的「沈鬱頓挫」較為全面而且更能凸顯周邦彥作品的特色。

## 六、結　論

總括周邦彥在詞史上的成就，並不在內容方面，周詞的內容不但缺乏開拓，反而有後退縮小的現象，其主要成就是在形式或技巧方面，他不但創新許多詞調，又由於他重視審音協律的工作，使詞調走向格律化，塡詞變得有規則可循。另外在章法結構、遣詞用字方面，他所運用鋪敘手法愈加成熟，結構縝密並富變化，喜愛融化前人詩句、典故，擅長對仗，使詞體走向藝術化、典雅化。柳永大量製作長調，固然促使詞在形式上的發展，但他走的是大衆化、通俗化的路線，因此受到許多士大夫的詬病、責難，周邦彥在內容上比柳永還要狹窄，但他以含蓄蘊藉的手法，彌補了柳詞的淺露，重視文字的典雅，避免了柳詞的俚俗，因而受到士大夫階層的肯定。其優美的音律，同時也吸引著廣大的社會大衆。陳郁《藏一話腴外編》云：「周邦彥，……二百年來以樂府獨步，貴人學士、市儇妓女，知美成詞爲可愛。」他的詞在南宋時一直被傳唱著，如樓鑰《清眞先生文集序》云：「公之歿，距今八十餘載，世之能誦公賦者蓋寡，而樂府之詞盛行於世。」（《攻媿集》卷五一），晁公武〈鷓鴣天〉云：「倚欄誰唱清眞曲，人與梅花一樣清」，吳文英〈惜黃花慢〉（送客吳皋）詞序云：「次吳江小泊，夜飮僧窗惜別，邦人趙簿攜小妓侑尊，連歌數闋，皆清眞詞。」甚至南宋覆亡之後，還可聽到周邦彥美妙的歌曲，張炎〈國香〉（鶯柳煙堤）詞序云：「沈梅嬌，杭妓也，忽于京都見之。把酒相勞苦，猶能歌周清眞〈意難忘〉、〈臺城路〉二曲，因囑余記其事。」可見其流傳之久遠，南宋許多人對周邦彥的成就也都推崇備至，如陳振孫《直齋書錄解題》卷二十云：「詞人之甲乙也」、劉肅序陳元龍集注《片玉集》稱讚他「冠冕詞林」，尤其那些論詞重視音律、句法、字面等形式技巧的詞評家，更高舉周邦彥爲標準，如沈義父《樂府指迷》云：「凡作詞，當以清眞爲主。蓋清眞最爲知音，且無一點市井氣，下字運意，皆有法度。」等到詞譜散亡之後，詞人無法根據音律塡詞之際，周邦彥精密有法度的塡詞方法，使詞體格律嚴整，讓後人有規則可循，他這方面的貢獻更加凸顯了。後人編訂詞譜、詞律以示學者塡詞津梁的書，都不得不以周邦彥的格律爲正體，因此從明至清，許多論者都稱許周邦彥爲「詞家之正宗」，如王世貞《藝苑卮言》，將周邦彥與南唐二主、二晏、柳永、張先、秦觀、李清照等並列爲詞之正宗；趙函（艮甫）〈碎金詞敘〉則將周邦彥與姜夔、周密、張炎等四家列爲正宗（江順詒《詞學集成》卷一引）；先著《詞潔》所指詞家正宗只有秦觀、周邦彥兩人；戈載《宋七家詞選》更直指周邦彥「最爲詞家之正宗」。另外又有論者推尊周邦彥爲「集大成」，周濟《宋四家詞選．目錄序論》云：「清眞，集大成者也。」陳匪石《宋詞舉》卷下云：「周邦彥集詞學之大成，前無古人，後無來者，凡兩宋之千門萬戶，清眞一集，幾擅其全，世間早有定論矣！」㊸何謂「集大成」呢？這個名詞出自《孟子．萬章篇》，是孟子稱讚孔子集伯夷、伊尹、柳下惠三聖之大成。周濟謂清眞爲集大成，是集《宋四家詞選》所選另三家優點之大成，即：辛棄疾、王沂孫、吳文英等三家，他認爲作詞應當「問塗碧山，歷夢窗、稼軒，以還清眞之渾化」（《宋四家詞選．目錄序論》）雖然只集三家之大成，其實已包含所有詞人之優點，因他論詞專主這四家，其餘都被列爲附庸。陳匪石則更明白指出周邦彥集兩宋所有詞人之大成。但周邦彥眞的如此偉大嗎？個人認爲，這是因爲他們論詞強調宗派，周詞符合他們的論詞宗旨而推尊過度，其實周邦彥並沒有這麼偉大，單就詞的內容而言，他如何集蘇辛一派作品之大成呢？尤其蘇軾「曲子縛不住」的寫法，更與周詞格格不入。所以如果欲推尊周邦彥，充其量只能說他是集婉約派之大成，因爲他的詞在形式技巧方面，無論審音協律、章法結構、或遣詞用字，都已達到最高的藝術水準，在他之前的柳永、晏殊、歐陽修、晏幾道、秦觀、賀鑄等人的作風、寫法，都被周邦彥吸收發揚光大，尤其情韻兼勝的婉約詞人秦觀更給他直接的影響，因此說周邦彥集此派之大成尚不爲過。

周邦彥既然集婉約派之大成，而他對後世之影響，最主要也是這一派之支流分脈。陳廷焯《白雨齋詞話》卷一云：「詞至美成，乃有大宗，前收蘇秦之終，後開姜史之始，自有詞人以來，不得不推爲巨擘。」葉嘉瑩在〈論周邦彥詞〉一文時亦特別指出周邦彥對南宋詞人的影響，以史達祖、姜夔、吳文英三位最重要，他說：「史達祖是全以清眞爲師法的追隨者，不過較周詞爲尖巧，而少周詞之渾厚；姜夔與吳文英兩家，則是自周詞變化而出者，只不過姜、吳二人變化之途徑，則又各有不同。姜氏是自周詞出而轉向清空一途的作者；吳氏則是自周詞出而轉向質實一途的作者。」除此三家以外，她又指出南宋末期的詞人，如周密、陳允平、張炎諸人，「其長調之作，在鍊字、造句、謀篇各方面，也都曾或多或少地受過周詞的影響。」㊹傅試中在〈兩宋承先啓後之二詞人—清眞白石詞之比較與分析〉一文，曾立專節討論白石出於清眞，其主要是從：辭彙、句法、結構三項分析㊺，所以周邦彥對後代詞人的影響，主要是在形式技巧方面，對於內容、思想的開拓並無多大助益。

綜合全文之探討，周邦彥雖然被王國維等人推舉爲「詞中老杜」，但這只是指他在藝術技巧及形式格律方面的成就，即使兩人作品的風格「沈鬱頓挫」亦相類似，但很可惜的，周邦彥只沈湎在兒女之情、離別之感上，沒有將敏銳的觸角伸展開來，正如杜甫寫〈兵車行〉、〈北征〉、〈石壕吏〉等富有時代意義的作品，如果其詞內容能多關懷北宋末年的社會，而不只是屬於個人式的抒發情懷而已，那麼周邦彥的成就眞的可以與杜甫相媲美了。

**【附註】**

① 周邦彥生年史無明載，王國維〈清眞先生遺事．尙論三〉云：「先生卒年，《宋史》、《東都事略》、《咸淳志》皆云『年六十六』。而據《玉照新志》，則先生實以宣和三年辛丑卒，以此上推，則當生於仁宗嘉祐二年也。」（見吳則虞校點《清眞集》，台北：木鐸出版社，一九八二年二月，頁一〇八）王國維推算時少算一年，故應生於嘉祐元年方是。

② 王國維〈清眞先生遺事．尙論三〉云：「至元豐二年詔增太學生舍爲八十齋，齋三十人，外舍生二千人，內舍生三百人，上舍生百人（《宋史．選舉志》），先生入都爲太學生，當在此時。詞中〈西平樂序〉『元豐初，予以布衣西上，過天長道中』，亦足證也。」見同註①，頁一〇八。

③ 周邦彥獻〈汴都賦〉時間，《宋史．文苑傳》卷四四四云在元豐初，王國維〈清眞先生遺事．事蹟一〉考證應當在元豐六年。見同註①，頁九六。

④ 潛說友《咸淳臨安志．人物傳》卷六六云：「命左丞李清臣讀於邇英閣」，王國維〈清眞先生遺事．事蹟一〉云：「清臣官至門下侍郎，此云左丞，非稱其最後之官，乃以讀賦時之官稱之。而〈神宗紀〉及〈宰輔表〉，

清臣以元豐六年八月辛卯自吏部尙書除尙書右丞，至元祐初乃遷左丞，則左丞當爲右丞之誤。」見同註①，頁九六。

⑤ 召對及重進賦時間，王明清《揮麈餘話》卷一云在蔡京用事之後，王國維〈清眞先生遺事・事蹟一〉云：「其重進〈汴都賦〉，參考諸書，當在哲宗元符之初，而不在蔡元長用事之後，徵之表文，事甚明白。」並加以考辨，甚爲精詳，今從之。見同註①，頁九八。

⑥ 周邦彥以直龍圖閣知河中府的時間，見《宋會要輯稿》卷二〇四八〇〈選舉〉三三，政和元年十月二十七日載。

⑦ 周邦彥生平傳略參考：《宋史・文苑傳》卷四四四、《東都事略・文藝傳》卷一一六、《咸淳臨安志・人物傳》卷六六等。其不足或失誤之處，可參考王國維〈清眞先生遺事〉（在《海寧王忠愨公遺書二集》）；另吳則虞校點《清眞集》，台北：木鐸出版社，一九八二年二月，附錄參考資料亦有收）。其年譜較重要者有：王國維編〈清眞先生遺事・年表四〉、陳思編〈清眞居士年譜〉（在《遼海叢書》第六集）、羅忼烈編〈清眞年表〉（在《周邦彥清眞集箋》，香港：三聯書店香港分店，一九八五年二月，五一五─五三〇）、馬成生、趙治中編〈周邦彥年譜〉（《麗水師專學報》，一九九一年二、三期）等。其傳記專著有：錢鴻瑛《周邦彥研究》（廣州：廣東人民出版社，一九九〇年六月）、劉揚忠《周邦彥傳論》（西安：陝西人民出版社，一九九一年七月），皆可參考。

⑧ 吳則虞校點《清眞集》（台北：木鐸出版社，一九八二年二月），附錄參考資料四、〈版本考辨〉，頁一六

九—一七〇。

⑨ 饒宗頤《詞集考》（北京：中華書局，一九九二年十月），頁七二。

⑩ 有關周邦彥詞的校本或校註本，有：蔣哲倫校編《周邦彥集》（南昌，江西人民出版社，一九八三年三月）、吳則虞校點《清眞集》（北京：中華書局，一九八一年四月；台北：木鐸出版社，一九八二年二月）、馮海榮校點《片玉詞》（上海古籍出版社，一九八二年十二月）、黃秋《周邦彥片玉集箋疏》（馬來亞：溟社撰述部）、張曦《片玉詞校箋》（台北：文津出版社，一九七二年十二月）、金鍾培《清眞詞訂釋》（國立政治大學中國文學研究所碩士論文，一九六七年六月）、洪惟助《清眞詞訂校註評》（台北：華正書局，一九八二年三月）、羅忼烈《周邦彥清眞集箋》（香港：三聯書店，一九八五年二月）等。

⑪ 羅忼烈《周邦彥清眞集箋》，頁一三九。

⑫ 發表于《光明日報》，三版〈文學遺產〉，一九八六年六月三日。

⑬ 胡雲翼《宋詞選》（台北：明文書局，一九八七年八月），頁一三一。

⑭ 俞平伯〈辨舊說周邦彥蘭陵王詞的一些曲解〉，見《論詩詞曲雜著》（上海古籍出版社，一九八三年十月），頁六六五—六七〇。袁行霈〈拂水飄綿送行色—周邦彥的蘭陵王〉，見《文史知識》，一九八三年九期，頁五三—五六。吳世昌〈周邦彥和他被錯解的詞〉，見《文史知識》，一九八六年十一期，頁八—一五。

⑮ 同註⑪，頁一六三。

⑯ 唐圭璋《詞話叢編》（台北：新文豐出版公司，一九八八年二月），冊四，頁三〇六三。

⑰ 同註⑧，頁一六〇引。

⑱ 同註⑧，頁一六〇引。

⑲ 車杜環〈北宋懷古詞小考〉，見《詞學．十輯》（上海：華東師範大學出版社，一九九二年十二月），頁一三。

⑳ 《詞學季刊》二卷四號，頁七。一九三五年七月。

㉑ 〈擁護新法的北宋詞人周邦彥〉，見《詞曲論稿》（台北：木鐸出版社，一九八二年六月），頁三一—一一〇。〈周清眞詞時地考略〉，見《兩小山齋論文集》（北京：中華書局，一九八二年七月），頁四九—一〇五。

㉒ 華東師範大學中文系中國古典文學研究室編《詞學論稿》（上海：華東師範大學出版社，一九八六年九月），頁一八二。

㉓ 《河北大學學報》，一九八七年三期，頁二九—三二。

㉔ 同註㉓，頁三二。

㉕ 車杜環在〈北宋懷古詞小考〉一文，以〈西河〉（長安道）認定周邦彥曾親身往遊長安，並在註九用〈渡江雲〉、〈齊天樂〉兩首詞做周邦彥遊蹤至長安的佐證。見同註⑲，頁一一—一二、一五—一六。

㉖ 國立臺灣大學中國文學研究所主編《宋代文學與思想》（臺北：臺灣學生書局，一九八九年八月），頁三五八。

㉗ 洪惟助《清眞詞訂校註評》（臺北：華正書局，一九八二年三月），頁五五—五八。

㉘ 同註⑯，冊一，頁二三二。

㉙ 施蟄存〈詞學名詞解釋・犯〉，見《唐宋詞鑒賞辭典》（上海辭書出版社，一九八八年八月），附錄，頁二五七〇。

㉚ 同註①，頁一一三。

㉛ 胡仔《苕溪漁隱叢話》（臺北：長安出版社，一九七八年十二月），後集，卷三三，頁二五四。

㉜ 中國古典文學研究會主編《古典文學・第五集》（臺北：臺灣學生書局，一九八三年十二月），頁一四九。

㉝ 夏承燾《唐宋詞論叢》（香港：中華書局，一九八五年九月），頁六六、七六。

㉞ 《上海師範大學學報》，一九八五年二期，頁三〇。

㉟ 王國維《清眞先生遺事・尙論三》云：「故以宋詞比唐詩，則東坡似太白，……而詞中老杜，則非先生不可。」見同註①，頁一一二。邵瑞彭〈周詞訂律序〉云：「嘗謂詞家有美成，猶詩家有少陵。詩律莫細乎杜，詞律亦莫細乎周。」見《詞學季刊》，三卷一號，頁一六九，一九三六年三月。汪東〈唐宋詞選評語〉云：「詞至清眞，猶文家之有馬、揚，詩家之有杜甫，吐納衆流，範圍百族，古今作者，莫之與競矣！」見《詞學・二輯》（上海：華東師範大學出版社，一九八三年十月），頁七九。

㊱ 《詞學・五輯》（上海：華東師範大學出版社，一九八六年十月），頁一九九。

㊲ 袁行霈〈以賦爲詞—清眞詞的藝術特色〉，見所著《中國詩歌藝術研究》（北京大學出版社，一九八七年六

月），頁三五六、三五九。

㊳余雪曼《余雪曼詞學演講錄》（香港：雪曼藝文院，一九五五年四月），頁七七。

㊴《文學遺產》，一九八七年一期，頁八一—八九。

㊵同註⑯，冊五，頁四八四一。

㊶陳元龍集註《片玉集》劉肅序云：「章江陳少章家世以學問文章為廬陵望族，涵泳經籍之暇，閱其詞，病舊註之簡略，遂詳而疏之。」此序作於嘉定辛未（四年），可見周詞在此之前即有多種註本，陳振孫《直齋書錄解題》著錄有曹杓《註清眞詞》二卷，亦其中之一。

㊷羅忼烈〈清眞詞與少陵詩〉，見《詞學．四輯》（上海：華東師範大學出版社，一九八六年六月），頁十九、二十。

㊸陳匪石《宋詞舉》（臺北：正中書局，一九七〇年九月），卷下，頁六三。

㊹葉嘉瑩《唐宋詞名家論集》（臺北：國文天地雜誌社，一九八七年十一月），頁二九五、二九六。

㊺《輔仁學誌．文學院之部》十一期，一九八二年六月，頁三八九—四一六。

# 重要參考書目

## 一、叢刻、選集

唐宋元明百家詞（又名唐宋名賢百家詞，簡稱百家詞）（明）吳訥編　臺北　廣文書局　一九七一年五月

宋六十名家詞　（明）毛晉編　四部備要本　臺北　臺灣中華書局　一九七〇年六月

四印齋所刻詞　（清）王鵬運編　清光緒刊本

彊村叢書　朱祖謀校輯　臺北　廣文書局　一九七〇年三月

全唐五代詞　張璋、黃畬編　上海　上海古籍出版社　一九八六年二月

敦煌曲校錄　任二北撰　臺北　盤庚出版社　一九七八年十月

花間集　（宋）趙崇祚編　蕭繼宗評點校註　臺北　臺灣學生書局　一九八一年十月

全宋詞　唐圭璋編　臺北　世界書局　一九七六年十月

全宋詞補輯　孔凡禮輯　臺北　源流出版社　一九八二年十二月

全金元詞　唐圭璋編　臺北　洪氏出版社　一九八〇年十一月

樂府雅詞　（宋）曾慥編　四部叢刊初編縮本　臺北　臺灣商務印書館　一九七五年六月
唐宋諸賢絕妙詞選　（宋）黃昇編　四部叢刊初編縮本　臺北　臺灣商務印書館　一九七五年六月
花菴詞選　（宋）黃昇編　影印文淵閣四庫全書本　臺北　臺灣商務印書館　一九八六年三月
草堂詩餘　（明）楊愼批點　明金閶世裕堂刊本
草堂詩餘　（明）沈際飛評選　明崇禎間刊本
陽春白雪　（宋）趙聞禮編　葛渭君校點　上海　上海古籍出版社　一九八三年六月
絕妙好詞（箋）　（宋）周密編　（清）查爲仁、厲鶚注　四部備要本　臺北　臺灣中華書局　一九七〇年六月
花草粹編　（明）陳耀文編　影印文淵閣四庫全書本　臺北　臺灣商務印書館　一九八六年三月
詞綜　（清）朱彝尊編、王昶續補　臺北　世界書局　一九八〇年五月
詞選、續詞選（箋注）　（清）張惠言選、董毅續選　姜亮夫箋註　臺北　廣文書局　一九八〇年十二月
宋四家詞選　（清）周濟編　臺北　廣文書局　一九六二年十一月
唐宋詞選釋　俞陛雲選釋　臺北　廣文書局　一九七七年七月
宋詞舉　陳匪石編　臺北　正中書局　一九七〇年九月
藝蘅館詞選　梁令嫻選　臺北　臺灣中華書局　一九七〇年十月

宋詞三百首箋註　朱祖謀選　唐圭璋箋註　臺北　華正書局　一九七四年八月
詞選　胡適選　臺北　臺灣商務印書館　一九七五年五月
唐宋名家詞選　龍沐勛選　臺北　臺灣開明書店　一九七六年八月
宋詞選　胡雲翼選注　臺北　明文書局　一九八七年八月
唐宋詞簡釋　唐圭璋選釋　臺北　木鐸出版社　一九八二年三月
唐宋詞欣賞　夏承燾撰　臺北　文津出版社　一九八三年十月
唐宋詞選釋　俞平伯選釋　臺北　木鐸出版社　一九八〇年六月
唐五代兩宋詞簡析　劉永濟選釋　臺北　龍田出版社　一九八二年一月
詞選注　盧師聲伯選注　臺北　正中書局　一九七〇年九月
詞選　鄭師因百選注　臺北　中國文化大學出版部　一九八二年二月
宋詞賞析　沈祖棻撰　上海　上海古籍出版社　一九八八年二月
唐宋詞鑑賞辭典　唐圭璋主編　南京　江蘇古籍出版社　一九八六年十二月
唐宋詞鑑賞辭典　唐圭璋等撰　上海　上海辭書出版社　一九八八年八月
宋詞鑑賞辭典　賀新輝主編　北京　北京燕山出版社　一九八七年三月
唐宋詞精華分卷　王洪主編　北京　朝華出版社　一九九一年十月
全宋詞精華分類鑑賞集成　潘百齊主編　南京　河海大學出版社　一九九一年十二月

## 二、別集　引用各家詞作以全宋詞爲主，其它版本間或參考

珠玉詞一卷　（宋）晏殊撰　唐宋元明百家詞本　臺北　廣文書局　一九七一年五月
珠玉詞一卷　（宋）晏殊撰　四部備要宋六十名家詞本　臺北　臺灣中華書局　一九七〇年六月
珠玉詞校訂箋註　張紹鐸撰　臺北　中國文化大學中文研究所碩士論文　一九七一年六月
珠玉詞校注　蔡茂雄撰　在珠玉詞研究內　臺北　文津出版社　一九七五年七月
二晏詞選註　夏敬觀撰　臺北　臺灣商務印書館　一九六五年
二晏詞選　陳寂撰　廣州　廣東高等教育出版社　一九八六年六月
晏殊晏幾道詞選　陳永正撰　臺北　遠流出版事業公司　一九八八年七月
近體樂府三卷　（宋）歐陽修撰　四部備要本歐陽文忠全集附　臺北　臺灣中華書局　一九七〇年六月
歐陽文忠公近體樂府　林大椿校輯　上海　商務印書館　一九三一年
六一詞四卷附錄樂語一卷校記一卷　林大椿校　唐宋元明百家詞本　臺北　廣文書局　一九七一年五月
六一詞一卷　（宋）歐陽修撰　四部備要宋六十名家詞本　臺北　臺灣中華書局　一九七〇年六月
六一詞　冒廣生校　臺北　華正書局　一九七四年十月
六一詞　李偉國校點　上海　上海古籍出版社　一九八八年十二月

六一詞校註　蔡茂雄撰　臺北　文津出版社　一九七八年十一月
醉翁琴趣外篇　（宋）歐陽修撰　景刊宋金元明本詞四十種　吳氏雙照樓刊　一九一一—一九一七年
歐陽修詞研究及其校註　李栖撰　臺北　文史哲出版社　一九八二年三月
歐陽修詞箋註　黃畬撰　北京　中華書局　一九八六年十二月
小山詞一卷　（宋）晏幾道撰　唐宋元明百家詞本　臺北　廣文書局　一九七一年五月
小山詞一卷　（宋）晏幾道撰　四部備要宋六十名家詞本　臺北　臺灣中華書局　一九七〇年六月
小山詞一卷附校記一卷　朱祖謀校　彊村叢書本　臺北　廣文書局　一九七〇年三月
小山詞箋　王煥猷撰　上海　商務印書館　一九四七年十一月
小山詞箋註　詹俊喜撰　臺北　政治大學中文研究所碩士論文　一九六七年六月
小山詞校注　揚繼修撰　在小山詞研究內　臺北　黎明文化事業公司　一九八〇年三月
小山詞校箋註　李明娜撰　臺北　文津出版社　一九八一年六月
張子野詞　（宋）張先撰　唐宋元明百家詞本　臺北　廣文書局　一九七一年五月
張子野詞　（宋）張先撰　百部叢書集成影印知不足齋叢書本　臺北　藝文印書館　一九六五年
張子野詞　（宋）張先撰　彊村叢書本　臺北　廣文書局　一九七〇年三月
安陸集　（宋）張先撰　影印文淵閣四庫全書本　臺北　臺灣商務印書館　一九八六年三月
張子野詞　吳熊和校點　上海　上海古籍出版社　一九八八年十二月

柳屯田樂章集三卷　（宋）柳永撰　唐宋元明百家詞本　臺北　廣文書局　一九七一年五月
樂章集一卷　（宋）柳永撰　四部備要宋六十名家詞本　臺北　臺灣中華書局　一九七〇年六月
樂章集三卷續添曲子一卷附校記一卷　朱祖謀校　彊村叢書本　臺北　廣文書局　一九七〇年三月
樂章集　高健中校點　上海　上海古籍出版社　一九八八年十二月
樂章集校箋　梁冰枬撰　臺北　臺灣師範大學國文研究所碩士論文　一九六六年六月
柳永詞詳註及集評　姚學賢、龍建國撰　鄭州　中州古籍出版社　一九九一年二月
樂章集校註　薛瑞生撰　北京　中華書局　一九九四年十二月
柳永詞校註　賴橋本撰　臺北　黎明文化事業公司　一九九五年四月
東坡樂府二卷　（宋）蘇軾撰　影印元延祐本　臺北　世界書局　一九七〇年五月
東坡詞二卷拾遺一卷　（宋）蘇軾撰　唐宋元明百家詞本　臺北　廣文書局　一九七一年五月
東坡詞一卷　（宋）蘇軾撰　四部備要宋六十名家詞本　臺北　臺灣中華書局　一九七〇年六月
東坡樂府二卷　（宋）蘇軾撰　四印齋所刻詞本　清光緒刊本
東坡樂府三卷　（宋）蘇軾撰　彊村叢書本　臺北　廣文書局　一九七〇年三月
傅幹注坡詞　（宋）傅幹注　劉尚榮校證　成都　巴蜀書社　一九九三年七月
東坡樂府箋　龍榆生撰　臺北　華正書局　一九七四年六月
東坡樂府校訂箋註　鄭向恆撰　臺北　學藝出版社　一九七七年八月

蘇東坡詞　曹樹銘撰　臺北　臺灣商務印書館　一九八三年十二月
東坡樂府編年箋註　石聲淮、唐玲玲撰　臺北　華正書局　一九九三年八月
山谷詞三卷　（宋）黃庭堅撰　唐宋元明百家詞本　臺北　廣文書局　一九七一年五月
山谷詞一卷　（宋）黃庭堅撰　四部備要宋六十名家詞本　臺北　臺灣中華書局　一九七〇年六月
山谷琴趣外篇三卷附校記一卷　朱祖謀校　彊村叢書本　臺北　廣文書局　一九七〇年三月
山谷琴趣外篇三卷附校勘記一卷　張元濟校　四部叢刊續編本　臺北　臺灣商務印書館　一九六六年
十月
豫章黃先生詞　龍沐勛校　在蘇門四學士詞內　臺北　世界書局　一九八二年四月
山谷詞　嚴壽徵校點　上海　上海古籍出版社　一九八八年十二月
黃山谷詞校注　李居取撰　在蘇門四學士詞研究內　臺北　臺灣師範大學國文研究所碩士論文　一九
七三年五月
山谷詞校注　譚錦家撰　臺北　學海出版社　一九八四年七月
宋本兩種合印淮海居士長短句　（宋）秦觀撰　香港　龍門書店　一九六五年五月
淮海詞三卷　（宋）秦觀撰　唐宋元明百家詞本　臺北　廣文書局　一九七一年五月
淮海詞一卷　（宋）秦觀撰　四部備要宋六十名家詞本　臺北　臺灣中華書局　一九七〇年六月
淮海居士長短句附校記一卷　朱祖謀校　彊村叢書本　臺北　廣文書局　一九七〇年三月

淮海居士長短句三卷　（宋）秦觀撰　四部叢刊初編縮本淮海集附　臺北　臺灣商務印書館　一九七五年六月
淮海詞箋註　王輝曾撰　北京　中國書店　一九八五年六月
淮海詩註附詞校註　徐文助撰　臺北　嘉新水泥公司文化基金會　一九六九年八月
淮海居士長短句箋釋　包根弟撰　臺北　嘉新水泥公司文化基金會　一九七二年十月
秦觀詞校注　李居取撰　在蘇門四學士詞研究內　臺北　臺灣師範大學國文研究所碩士論文　一九七三年五月
淮海詞箋註　楊世明撰　成都　四川人民出版社　一九八四年九月
淮海居士長短句　徐培均校註　上海　上海古籍出版社　一九八五年八月
淮海詞　陳祖美選註　杭州　浙江古籍出版社　一九八七年十一月
秦觀詞集　張璋、黃畬校訂　鄭州　中州古籍出版社　一九八八年八月
東山詞殘一卷　（宋）賀鑄撰　續刊景宋元明本詞　陶氏涉園續刊　一九一七—一九二三年
東山寓聲樂府一卷補鈔一卷　（宋）賀鑄撰　四印齋所刻詞本　清光緒刊本
東山詞殘一卷附校記一卷賀方回詞二卷附校記一卷東山詞補一卷附校記一卷　朱祖謀校　彊村叢書本　臺北　廣文書局　一九七〇年三月
東山詞箋註　黃啓方撰　臺北　嘉新水泥公司文化基金會　一九六九年八月

東山詞　鍾振振校註　上海　上海古籍出版社　一九八九年十二月
片玉集十卷抄補一卷　（宋）周邦彥撰　唐宋元明百家詞本　臺北　廣文書局　一九七一年五月
片玉詞二卷補遺一卷　（宋）周邦彥撰　四部備要宋六十名家詞本　臺北　臺灣中華書局　一九七〇年六月
清眞集二卷集外詞一卷　（宋）周邦彥撰　四印齋所刻詞本　清光緒刊本
片玉集十卷附校記一卷　（宋）陳元龍集註　朱祖謀校　彊村叢書本　臺北　廣文書局　一九七〇年三月
清眞集　吳則虞校點　臺北　木鐸出版社　一九八二年二月
周邦彥集　蔣哲倫校編　南昌　江西人民出版社　一九八三年三月
清眞詞訂釋　金鍾培撰　臺北　政治大學中文研究所碩士論文　一九六七年六月
片玉詞校箋　張曦撰　臺北　文津出版社　一九七二年十二月
清眞詞訂校註評　洪惟助撰　臺北　華正書局　一九八二年三月
周邦彥清眞集箋　羅忼烈撰　香港　三聯書店　一九八五年二月

## 三、詞話、詞論

詞話叢編　唐圭璋編　臺北　新文豐出版公司　一九八八年二月
古今詞話　（宋）楊湜撰　詞話叢編本　臺北　新文豐出版公司　一九八八年二月

碧雞漫志 (宋)王灼撰 詞話叢編本 臺北 新文豐出版公司 一九八八年二月
能改齋詞話 (宋)吳曾撰 詞話叢編本 臺北 新文豐出版公司 一九八八年二月
苕溪漁隱詞話 (宋)胡仔撰 詞話叢編本 臺北 新文豐出版公司 一九八八年二月
魏慶之詞話 (宋)魏慶之撰 詞話叢編本 臺北 新文豐出版公司 一九八八年二月
浩然齋詞話 (宋)周密撰 詞話叢編本 臺北 新文豐出版公司 一九八八年二月
詞源 (宋)張炎撰 詞話叢編本 臺北 新文豐出版公司 一九八八年二月
詞源注 (宋)張炎撰 夏承燾校注 臺北 木鐸出版社 一九八二年五月
樂府指迷 (宋)沈義父撰 詞話叢編本 臺北 新文豐出版公司 一九八八年二月
樂府指迷箋釋 (宋)沈義父撰 蔡嵩雲箋釋 臺北 木鐸出版社 一九八二年五月
吳禮部詞話 (元)吳師道撰 詞話叢編本 臺北 新文豐出版公司 一九八八年二月
詞旨 (元)陸輔之撰 詞話叢編本 臺北 新文豐出版公司 一九八八年二月
渚山堂詞話 (明)陳霆撰 詞話叢編本 臺北 新文豐出版公司 一九八八年二月
藝苑卮言 (明)王世貞撰 詞話叢編本 臺北 新文豐出版公司 一九八八年二月
詞品、拾遺 (明)楊愼撰 詞話叢編本 臺北 新文豐出版公司 一九八八年二月
窺詞管見 (清)李漁撰 詞話叢編本 臺北 新文豐出版公司 一九八八年二月
古今詞論 (清)王又華撰 詞話叢編本 臺北 新文豐出版公司 一九八八年二月

七頌堂詞繹（清）劉體仁撰　詞話叢編本　臺北　新文豐出版公司　一九八八年二月
塡詞雜說（清）沈謙撰　詞話叢編本　臺北　新文豐出版公司　一九八八年二月
遠志齋詞衷（清）鄒祇謨撰　詞話叢編本　臺北　新文豐出版公司　一九八八年二月
花草蒙拾（清）王士禎撰　詞話叢編本　臺北　新文豐出版公司　一九八八年二月
皺水軒詞筌（清）賀裳撰　詞話叢編本　臺北　新文豐出版公司　一九八八年二月
金粟詞話（清）彭孫遹撰　詞話叢編本　臺北　新文豐出版公司　一九八八年二月
古今詞話（清）沈雄撰　詞話叢編本　臺北　新文豐出版公司　一九八八年二月
歷代詞話（清）王弈清等撰　詞話叢編本　臺北　新文豐出版公司　一九八八年二月
詞潔輯評（清）先著、程洪撰、胡念貽輯　詞話叢編本　臺北　新文豐出版公司　一九八八年二月
雨村詞話（清）李調元撰　詞話叢編本　臺北　新文豐出版公司　一九八八年二月
詞綜偶評（清）許昂霄撰　詞話叢編本　臺北　新文豐出版公司　一九八八年二月
介存齋論詞雜著（清）周濟撰　詞話叢編本　臺北　新文豐出版公司　一九八八年二月
宋四家詞選目錄序論（清）周濟撰　詞話叢編本　臺北　新文豐出版公司　一九八八年二月
詞苑萃編（清）馮金伯輯　詞話叢編本　臺北　新文豐出版公司　一九八八年二月
蓮子居詞話（清）吳衡照撰　詞話叢編本　臺北　新文豐出版公司　一九八八年二月
雙硯齋詞話（清）鄧廷楨撰　詞話叢編本　臺北　新文豐出版公司　一九八八年二月

惄園詞話（清）杜文瀾撰　詞話叢編本　臺北　新文豐出版公司一九八八年二月
雨華盦詞話（清）錢裴仲撰　詞話叢編本　臺北　新文豐出版公司　一九八八年二月
蓼園詞評（清）黃氏撰　詞話叢編本　臺北　新文豐出版公司一九八八年二月
左庵詞話（清）李佳撰　詞話叢編本　臺北　新文豐出版公司一九八八年二月
詞學集成（清）江順詒輯　詞話叢編本　臺北　新文豐出版公司一九八八年二月
賭棋山莊詞話、續詞話（清）謝章鋌撰　詞話叢編本　臺北　新文豐出版公司　一九八八年二月
蒿庵論詞（清）馮煦撰　詞話叢編本　臺北　新文豐出版公司一九八八年二月
詞概（清）劉熙載撰　詞話叢編本　臺北　新文豐出版公司一九八八年二月
詞壇叢話（清）陳廷焯撰　詞話叢編本　臺北　新文豐出版公司一九八八年二月
白雨齋詞話（清）陳廷焯撰　詞話叢編本　臺北　新文豐出版公司一九八八年二月
白雨齋詞話足本校注（清）陳廷焯撰　屈興國校注　濟南　齊魯書社　一九八三年十一月
論詞隨筆（清）沈祥龍撰　詞話叢編本　臺北　新文豐出版公司一九八八年二月
詞徵（清）張德瀛撰　詞話叢編本　臺北　新文豐出版公司　一九八八年二月
褭碧齋詞話　（清）陳銳撰　詞話叢編本　臺北　新文豐出版公司一九八八年二月
詞論（清）張祥齡撰　詞話叢編本　臺北　新文豐出版公司一九八八年二月
人間詞話　王國維撰　詞話叢編本　臺北　新文豐出版公司一九八八年二月

人間詞話新注（修訂本） 王國維撰 滕咸惠校注 濟南 齊魯書社 一九八九年七月
人間詞話譯注 王國維撰 施議對譯註 臺北 貫雅文化事業公司 一九九一年五月
蕙風詞話、續詞話 況周頤撰 詞話叢編本 臺北 新文豐出版公司 一九八八年二月
臥廬詞話 周曾錦撰 詞話叢編本 臺北 新文豐出版公司 一九八八年二月
海綃說詞 陳洵撰 詞話叢編本 臺北 新文豐出版公司 一九八八年二月
柯亭詞論 蔡嵩雲撰 詞話叢編本 臺北 新文豐出版公司 一九八八年二月
聲執 陳匪石撰 詞話叢編本 臺北 新文豐出版公司 一九八八年二月
詞苑叢談 （清）徐釚撰 臺北 木鐸出版社 一九八二年二月
詞苑叢談校箋 （清）徐釚撰 王百里校箋 北京 人民文學出版社 一九八八年十一月
詞林紀事 （清）張宗橚輯 臺北 木鐸出版社 一九八二年四月
彙輯宋人詞話 夏敬觀輯 臺北 廣文書局 一九七〇年十月
唐宋詞集序跋匯編 金啓華等編 臺北 臺灣商務印書館 一九九三年二月
宋代詞學資料匯編 張惠民編 汕頭 汕頭大學出版社 一九九三年十一月
歷代詞論新編 龔兆吉撰 北京 北京師範大學出版社 一九八四年十一月
詞學通論 吳梅撰 臺北 臺灣商務印書館 一九七二年十二月
詞論 劉永濟撰 臺北 龍田出版社 一九八二年一月

詞學綜論　馬興榮撰　濟南　齊魯書社　一九八九年十一月
詞話十論　劉慶雲編撰　長沙　岳麓書社　一九九〇年一月
詞學理論綜考　梁榮基撰　北京　北京大學出版社　一九九一年八月
中國詞學史　謝桃坊撰　成都　巴蜀書社　一九九三年六月
宋詞與佛道思想　史雙元撰　北京　今日中國出版社　一九九二年十一月
中國詞的物體意象　唐景凱撰　廣州　廣東人民出版社　一九九三年八月
詞與音樂關係研究　施議對撰　北京　中國社會科學出版社　一九八五年七月
唐宋詞的風格學　楊海明撰　臺北　木鐸出版社　一九八七年六月
宋詞審美淺說　黎小瑤撰　廣州　中山大學出版社　一九九二年五月
敦煌曲初探　任二北撰　上海　上海文藝聯合出版社　一九五五年五月
唐宋五十名家詞論　陳如江撰　上海　華東師範大學出版社　一九九二年七月
百家唐宋詞新話　傅庚生、傅光編　成都　四川文藝出版社　一九八九年五月
佘雪曼詞學演講錄　佘雪曼撰　香港　雪曼藝文院　一九五四年四月
從詩到曲　鄭師因百撰　臺北　中國文化雜誌社　一九七一年三月
景午叢編（上、下編）　鄭師因百撰　臺北　臺灣中華書局　一九七二年一月、三月
宋詞散論　詹安泰撰　廣州　廣東人民出版社　一九八二年一月

樂府詩詞論藪　蕭滌非撰　濟南　齊魯書社　一九八五年五月
唐宋詞論叢　夏承燾撰　香港　中華書局　一九八五年九月
唐宋詞學論集　唐圭璋、潘君昭撰　濟南　齊魯書社　一九八五年二月
詞學論叢　唐圭璋撰　臺北　宏業書局　一九八八年九月
迦陵論詞叢稿　葉嘉瑩撰　臺北　明文書局　一九八一年九月
唐宋詞名家論集　葉嘉瑩撰　臺北　國文天地雜誌社　一九八七年十一月
靈谿詞說　繆鉞、葉嘉瑩撰　臺北　國文天地雜誌社　一九八九年十二月
詩馨篇（下）　葉嘉瑩撰　北京　中國青年出版社　一九九一年十月
詞學雜俎　羅忼烈撰　成都　巴蜀書社　一九九〇年六月
羅音室學術論著（第二卷詞學論叢）　吳世昌撰　北京　中國文聯出版公司　一九九一年十一月
詞學考詮　林玫儀撰　臺北　聯經出版事業公司　一九八七年十二月
唐宋詞論稿　楊海明撰　杭州　浙江古籍出版社　一九八八年五月
十大詞人　吳熊和主編　臺北　世界文物出版社　一九九二年七月
詞學論稿　華東師範大學中文系中國古典文學研究室編　上海　華東師範大學出版社　一九八六年九月
詞學研究論文集（一九一一—一九四九）　華東師範大學中文系中國古典文學研究室編　上海　上海

古籍出版社　一九八八年三月
詞學研究論文集（一九四九—一九七九）　華東師範大學中文系中國古典文學研究室編　上海　上海古籍出版社　一九八二年三月
日本學者中國詞學論文集　王水照、保苅佳昭編選　上海　上海古籍出版社　一九九一年五月

## 四、詞史、專著及其他

詞史　劉毓盤撰　臺北　臺灣學生書局　一九七二年
詞曲史　王易撰　臺北　廣文書局　一九七一年七月
詞史（上卷）　黃拔荊撰　福州　福建人民出版社　一九八九年四月
中國詞史　許宗元撰　合肥　黃山書社　一九九〇年十二月
宋詞研究—唐五代北宋篇　村上哲見撰　東京　創文社　一九七六年三月
唐宋詞通論　吳熊和撰　杭州　杭州古籍出版社　一九八五年一月
唐宋詞史　楊海明撰　南京　江蘇古籍出版社　一九八七年十二月
唐宋詞史稿　蕭世杰撰　武昌　華中師範大學出版社　一九九一年四月
晚唐迄北宋詞體演進與詞人風格　孫康宜撰　李奭學譯　臺北　聯經出版事業公司　一九九四年六月
宋詞通論　薛礪若撰　臺北　臺灣開明書店　一九八〇年一月

宋詞研究　胡雲翼撰　臺南　大行出版社　一九九〇年六月
宋詞概論　謝桃坊撰　成都　四川文藝出版社　一九九二年八月
北宋詞壇　陶爾夫撰　太原　山西人民出版社　一九八六年六月
北宋六大詞家　劉若愚撰　王貴苓譯　臺北　幼獅文化事業公司　一九八六年六月
宋南渡詞人　黃文吉撰　臺北　臺灣學生書局　一九八五年五月
宋南渡詞人群體研究　王兆鵬撰　臺北　文津出版社　一九九二年三月
婉約詞派的流變　艾治平撰　瀋陽　遼寧大學出版社　一九九四年一月
中國詩史　陸侃如、馮沅君撰　北京　作家出版社　一九五六年九月
插圖本中國文學史　鄭振鐸撰　北京　人民文學出版社　一九五七年十二月
（增訂本）中國文學發展史　劉大杰撰　臺北　華正書局　一九七七年五月
珠玉詞研究　蔡茂雄撰　臺北　文津出版社　一九七五年七月
二晏及其詞　宛敏灝撰　上海　商務印書館　一九三五年六月
二晏詞研究　黃瓊誼撰　臺北　政治大學中文研究所碩士論文　一九九〇年六月
二晏研究論集　吳林抒、萬斌生編　上海　學林出版社　一九九一年七月
晏幾道及其詞　林明德撰　臺北　文馨出版社　一九七五年五月
小山詞研究　楊繼修撰　臺北　黎明文化事業公司　一九八〇年三月

張先及其安陸詞研究　劉文注撰　北京　北京大學出版社　一九九〇年三月
樂章集析論　廖爲祥撰　臺北　臺灣大學中文研究所碩士論文　一九七六年六月
柳永詞研究　葉慕蘭撰　臺北　文史哲出版社　一九八二年一月
柳永及其詞之研究　梁麗芳撰　香港　三聯書店　一九八五年六月
柳永和他的詞　曾大興撰　廣州　中山大學出版社　一九九〇年六月
柳永與周邦彥　崔瑞郁撰　臺北　臺灣大學中文研究所碩士論文　一九七六年五月
東坡詞研究　王保珍撰　臺北　長安出版社　一九八七年四月
蘇軾詞研究　劉石撰　臺北　文津出版社　一九九二年七月
東坡樂府研究　唐玲玲撰　成都　巴蜀書社　一九九三年二月
東坡在詞風上的承繼與創新　郭美美撰　臺北　文津出版社　一九九〇年十一月
蘇軾意內言外詞隅測　劉昭明撰　臺北　東吳大學中文研究所博士論文　一九九四年五月
東坡黃州詞研究　林玟玲撰　臺北　臺灣大學中文研究所碩士論文　一九八六年六月
東坡詞論叢　蘇試研究學會編　成都　四川人民出版社　一九八二年九月
東坡研究論叢　蘇軾研究學會編　成都　四川文藝出版社　一九八六年三月
紀念蘇軾貶儋九百九十周年學術討論集　蘇軾研究學會、儋縣人民政府編　成都　四川大學出版社
一九九一年五月

蘇詞索引　嶺南學院中文系編　香港　嶺南學院中文系　一九九二年
蘇辛詞比較研究　陳滿銘撰　臺北　文津出版社　一九八〇年十月
蘇門四學士詞研究　李居取撰　臺北　臺灣師範大學國文研究所碩士論文　一九七三年五月
秦少游研究　王保珍撰　臺北　學海出版社　一九八一年五月
淮海詞研究　王保珍撰　臺北　學海出版社　一九八四年五月
賀方回詞研究　陳靜芬撰　臺北　輔仁大學中文研究所碩士論文　一九八五年五月
北宋詞人賀鑄研究　鍾振振撰　臺北　文津出版社　一九九四年八月
周邦彥（美成）詞研究　韋金滿撰　臺北　莊嚴出版社　一九八四年九月
周邦彥研究　錢鴻瑛撰　廣州　廣東人民出版社　一九九〇年六月
（索引本）詞律、附拾遺、補遺　（清）萬樹撰、徐本立拾遺、杜文瀾補遺　臺北　廣文書局　一九七一年九月
御製詞譜　（清）聖祖敕撰　臺北　聞汝賢據殿本縮印　一九七六年一月
唐宋詞格律　龍沐勛撰　臺北　里仁書局　一九七九年三月
漢語詩律學　王力撰　上海　新知識出版社　一九五八年一月
詞林正韻　（清）戈載撰　臺北　世界書局　一九八二年十一月
塡詞名解　（清）毛先舒撰　詞學全書本　臺北　廣文書局　一九七一年四月

詞調溯源　夏敬觀撰　臺北　臺灣商務印書館　一九七二年四月
詞牌彙釋　聞汝賢撰　臺北　自印本　一九六三年五月
作詞法　夏承燾撰　臺北　偉文圖書公司　一九七八年九月
唐宋詞百科大辭典　王洪主編　北京　學苑出版社　一九九〇年九月
宋詞大辭典　張高寬等主編　瀋陽　遼寧人民出版社　一九九〇年六月
詞集考　饒宗頤撰　北京　中華書局　一九九二年十月
詞學研究書目（一九一二—一九九二）　黃文吉主編　臺北　文津出版社　一九九三年四月
全宋詞作者詞調索引　高喜田、寇琪編　北京　中華書局　一九九二年六月
詞話叢編索引　李復波編　北京　中華書局　一九九一年九月
全宋詞典故考釋辭典　金啓華主編　長春　吉林文史出版社　一九九一年一月

## 五、詩文集

小畜集　（宋）王禹偁撰　四部叢刊初編縮本　臺北　臺灣商務印書館　一九七五年六月
晏元獻遺文　（宋）晏殊撰　影印文淵閣四庫全書本　臺北　臺灣商務印書館　一九八五年九月
梅堯臣集編年校註　朱東潤編註　臺北　源流出版社　一九八三年四月

歐陽修全集　（宋）歐陽修撰　臺北　河洛圖書出版社　一九七五年三月
蘇東坡全集　（宋）蘇軾撰　臺北　河洛圖書出版社　一九七五年九月
經進東坡文集事略　（宋）蘇軾撰　郎曄注　臺北　世界書局　一九九二年三月
東坡題跋　（宋）蘇軾撰　宋人題跋本　臺北　世界書局　一九九二年三月
增刊校正王狀元集注分類東坡先生詩　（宋）王十朋編　四部叢刊初編縮本　臺北　臺灣商務印書館　一九七五年六月
蘇文忠公詩編註集成　（清）王文誥編　臺北　臺灣學生書局　一九七九年八月
蘇試詩集　（清）王文誥輯註　孔凡禮點校　臺北　莊嚴出版社　一九九〇年十月
欒城集　（宋）蘇轍撰　上海　上海古籍出版社　一九八七年三月
姑溪居士前集、後集　（宋）李之儀撰　影印文淵閣四庫全書本　臺北　臺灣商務印書館　一九八五年九月
演山集　（宋）黃裳撰　影印文淵閣四庫全書本　臺北　臺灣商務印書館　一九八五年九月
豫章黃先生文集　（宋）黃庭堅撰　四部叢刊初編縮本　臺北　臺灣商務印書館　一九七五年六月
淮海集　（宋）秦觀撰　四部備要本　臺北　臺灣中華書局　一九七〇年六月
慶湖遺老詩集　（宋）賀鑄撰　影印文淵閣四庫全書本　臺北　臺灣商務印書館　一九八五年九月
後山集　（宋）陳師道撰　影印文淵閣四庫全書本　臺北　臺灣商務印書館　一九八五年九月

石門文字禪　（宋）釋惠洪撰　四部叢刊初編縮本　臺北　臺灣商務印書館　一九七五年六月
石林居士建康集　（宋）葉夢得撰　影印文淵閣四庫全書本　臺北　臺灣商務印書館　一九八五年九月
攻媿集　（宋）樓鑰撰　四部叢刊初編縮本　臺北　臺灣商務印書館　一九七五年六月
須溪集　（宋）劉辰翁撰　影印文淵閣四庫全書本　臺北　臺灣商務印書館　一九八五年九月
滹南遺老集　（金）王若虛撰　影印文淵閣四庫全書本　臺北　臺灣商務印書館　一九八五年九月
文選　（梁）蕭統輯　（唐）李善注　臺北　藝文印書館　一九七一年三月
樂府詩集　（宋）郭茂倩輯　臺北　里仁書局　一九八〇年十二月
先秦西漢魏晉南北朝詩　逯欽立輯校　臺北　木鐸出版社　一九八三年九月
全唐詩　（清）聖祖御定　臺北　文史哲出版社　一九七八年十二月
全宋詩　北京大學古文獻研究所編　北京　北京大學出版社　一九九一年八月
宋詩選註　錢鍾書撰　臺北　木鐸出版社　一九八〇年六月

## 六、詩文評

樂府古題要解　（唐）吳兢撰　歷代詩話續編本　臺北　木鐸出版社　一九八三年九月
司空圖詩品解說二種　（清）孫聯奎、楊廷芝撰　孫昌熙、劉淦校點　濟南　齊魯書社　一九八〇年

八月

六一詩話　（宋）歐陽修撰　歷代詩話本　臺北　木鐸出版社　一九八二年二月

中山詩話　（宋）劉攽撰　歷代詩話本　臺北　木鐸出版社　一九八二年二月

後山詩話　（宋）陳師道撰　歷代詩話本　臺北　木鐸出版社　一九八二年二月

西清詩話　（宋）蔡絛撰　宋詩話輯佚本　臺北　文泉閣出版社　一九七二年四月

石林詩話　（宋）葉夢得撰　歷代詩話本　臺北　木鐸出版社　一九八二年二月

竹坡詩話　（宋）周紫芝撰　歷代詩話本　臺北　木鐸出版社　一九八二年二月

高齋詩話　（宋）曾慥撰　宋詩話輯佚本　北京　中華書局　一九八七年五月

韻語陽秋　（宋）葛立方撰　歷代詩話本　臺北　木鐸出版社　一九八二年二月

詩人玉屑　（宋）魏慶之撰　影印文淵閣四庫全書本　臺北　臺灣商務印書館　一九八六年三月

滹南詩話　（金）王若虛撰　歷代詩話續編本　臺北　木鐸出版社　一九八三年九月

吳禮部詩話　（元）吳師道撰　詩話叢刊本　臺北　弘道文化事業公司　一九七一年三月

瀛奎律髓彙評　（元）方回選評　李慶甲集評校點　上海　上海古籍出版社　一九八六年四月

藝概　（清）劉熙載撰　臺北　廣文書局　一九七四年十月

宋詩概說　吉川幸次郎撰　鄭清茂譯　臺北　聯經出版事業公司　一九七七年四月

文心雕龍注　（梁）劉勰撰　范文瀾注　臺北　明倫出版社　一九七〇年九月

文體明辨序說　（明）徐師曾撰　臺北　長安出版社　一九七八年十二月
中國文學批評史　王運熙、顧易生主編　臺北　五南圖書出版公司　一九九一年十一月
醉翁藝苑探幽　鄭孟彤、黃志輝撰　廣州　廣東人民出版社　一九九一年十二月
三蘇文藝思想　曾棗莊撰　成都　四川人民出版社　一九八五年十月
論蘇軾的文藝心理觀　黃鳴奮撰　福州　海峽文藝出版社　一九八七年五月
東坡文藝理論研究　黃惠菁撰　臺北　臺灣師範大學國文研究所碩士論文　一九九二年六月

## 七、史　部

宋史　（元）脫脫等撰　臺北　鼎文書局　一九八三年十一月
續資治通鑑長編　（宋）李燾撰　北京　中華書局　一九七九年八月
建炎以來繫年要錄　（宋）李心傳撰　京都　中文出版社　一九八三年三月
宋史紀事本末　（明）陳邦瞻撰　臺北　里仁書局　一九八一年十二月
東都事略　（宋）王偁撰　影印文淵閣四庫全書本　臺北　臺灣商務印書館　一九八四年七月
名臣言行錄前集、後集　（宋）朱熹撰　影印文淵閣四庫全書本　臺北　臺灣商務印書館　一九八四年七月
十國春秋　（清）吳任臣撰　影印文淵閣四庫全書本　臺北　臺灣商務印書館　一九八四年七月

宋人軼事彙編　丁傳靖輯　臺北　源流出版社　一九八二年九月
方輿勝覽　（宋）祝穆撰　影印文淵閣四庫全書本　臺北　臺灣商務印書館　一九八四年七月
景定建康志　（宋）周應合撰　影印文淵閣四庫全書本　臺北　臺灣商務印書館　一九八四年七月
嘉泰吳興志　（宋）談鑰撰　臺北　中國地方志研究會　一九七八年八月
咸淳臨安志　（宋）潛說友撰　（清）汪遠孫校補　臺北　成文出版社　一九七〇年三月
大德昌國州圖志　（元）馮福京等撰　影印文淵閣四庫全書本　臺北　臺灣商務印書館　一九八四年七月
萬曆重修鎮江府志　（明）王樵撰　明萬曆二十五年刊本
嘉靖建寧府志　（明）范嵩、汪佃撰　影印天一閣藏明嘉靖刊本　臺北　新文豐出版公司　一九八五年七月
嘉慶餘杭縣志　（清）朱文藻撰、董作棟等續撰　清嘉慶十三年刊本
嘉慶崇安縣志　（清）章朝栻撰　清嘉慶十三年抄本
東京夢華錄　（宋）孟元老撰　臺北　大立出版社　一九八〇年十月
宋會要輯稿　（清）徐松輯　臺北　新文豐出版公司　一九七六年十月
郡齋讀書志　（宋）晁公武撰　書目續編本　臺北　廣文書局　一九七九年五月
直齋書錄解題　（宋）陳振孫撰　書目續編本　臺北　廣文書局　一九七九年五月

四庫全書總目（清）紀昀等撰　臺北　藝文印書館　一九七四年十月
宋人傳記資料索引　昌師彼得等編　臺北　鼎文書局　一九八七年三月
宋人傳記資料索引補編　李國玲編　成都　四川大學出版社　一九九四年八月
歷代人物年里碑傳綜表　姜亮夫編　華世出版社　一九七六年十二月
宋人生卒考示例　鄭師因百撰　臺北　華世出版社　一九七七年一月
唐宋詞人年譜　夏承燾撰　上海　上海古籍出版社　一九七九年五月
歐陽修的生平及其文學　江正誠撰　臺北　臺灣大學中文研究所博士論文　一九七八年五月
歐陽修的生平與學術　蔡世明撰　臺北　文史哲出版社　一九八六年九月
醉翁的世界——歐陽修評傳　鄭州　中州古籍出版社　一九九〇年六月
宋歐陽文忠公修年譜　林逸撰　臺北　臺灣商務印書館　一九八〇年六月
歐陽修年譜　嚴杰撰　南京　南京出版社　一九九三年十一月
柳永　謝桃坊撰　上海　上海古籍出版社　一九八六年十二月
蘇東坡傳　林語堂撰　宋碧雲譯　臺北　遠景出版社　一九七七年五月
蘇軾評傳　劉維崇撰　臺北　黎明文化事業公司　一九七八年二月
蘇軾評傳　曾棗莊撰　成都　四川人民出版社　一九八一年九月
蘇東坡新傳　李一冰撰　臺北　聯經出版事業公司　一九八三年六月

蘇軾　王水照撰　臺北　國文天地雜誌社　一九九三年一月

東坡先生年譜　（宋）施宿撰　蘇軾選集附　臺北　萬卷樓圖書公司　一九九三年三月

東坡年譜　（宋）王宗稷撰　臺北　臺灣商務印書館　一九七八年三月

蘇文忠公詩編年總案　（清）王文誥撰　蘇文忠公詩編註集成附　臺北　臺灣學生書局　一九七九年八月

增補蘇東坡年譜會證　王保珍撰　臺北　國立臺灣大學文學院　一九六九年八月

蘇軾著作版本論叢　劉尚榮撰　成都　巴蜀書社　一九八八年三月

蘇軾與道家道教　鍾來因撰　臺北　臺灣學生書局　一九九〇年五月

黃山谷的交游及作品　張秉權撰　香港　香港中文大學出版社　一九七八年

黃山谷年譜　（宋）黃罃撰　臺北　學海出版社　一九七九年十月

宋黃文節公庭堅年譜　（清）楊希閔撰　臺北　臺灣商務印書館　一九八二年十月

清眞先生遺事　王國維撰　清眞集附　臺北　木鐸出版社　一九八二年二月

周邦彥傳論　劉揚忠撰　西安　陝西人民出版社　一九九一年七月

清眞居士年譜　陳思撰　叢書集成續編影印遼海叢書本　臺北　新文豐出版公司　一九八九年七月

## 八、子部

北夢瑣言　（宋）孫光憲撰　臺北　源流出版社　一九八三年四月
筆記　（宋）宋祁撰　影印文淵閣四庫全書本　臺北　臺灣商務印書館　一九八三年二月
青箱雜記　（宋）吳處厚撰　影印文淵閣四庫全書本　臺北　臺灣商務印書館　一九八五年六月
澠水燕談錄　（宋）王闢之撰　臺北　木鐸出版社　一九八二年二月
畫墁錄　（宋）張舜民撰　影印文淵閣四庫全書本　臺北　臺灣商務印書館　一九八五年六月
東坡志林　（宋）蘇軾撰　臺北　木鐸出版社　一九八二年五月
明道雜志　（宋）張耒撰　筆記小說大觀三編本　臺北　新興書局　一九七八年七月
侯鯖錄　（宋）趙令畤撰　影印文淵閣四庫全書本　臺北　臺灣商務印書館　一九八五年六月
鐵圍山叢談　（宋）蔡絛撰　影印文淵閣四庫全書本　臺北　臺灣商務印書館　一九八五年六月
冷齋夜話　（宋）釋惠洪撰　影印文淵閣四庫全書本　臺北　臺灣商務印書館　一九八五年二月
石林燕語　（宋）葉夢得撰　影印文淵閣四庫全書本　臺北　臺灣商務印書館　一九八五年二月
避暑錄話　（宋）葉夢得撰　影印文淵閣四庫全書本　臺北　臺灣商務印書館　一九八五年二月
宋朝事實類苑　（宋）江少虞撰　臺北　源流出版社　一九八二年八月
錢氏私志　（宋）錢世昭撰　影印文淵閣四庫全書本　臺北　臺灣商務印書館　一九八五年六月
曲洧舊聞　（宋）朱弁撰　影印文淵閣四庫全書本　臺北　臺灣商務印書館　一九八五年二月
卻掃編　（宋）徐度撰　影印文淵閣四庫全書本　臺北　臺灣商務印書館　一九八五年二月

過庭錄　（宋）范公偁撰　影印文淵閣四庫全書本　臺北　臺灣商務印書館　一九八五年六月
聞見後錄　（宋）邵博撰　影印文淵閣四庫全書本　臺北　臺灣商務印書館　一九八五年六月
苕溪漁隱叢話　（宋）胡仔撰　臺北　長安出版社　一九七八年十二月
獨醒雜誌　（宋）曾敏行撰　影印文淵閣四庫全書本　臺北　臺灣商務印書館　一九八五年六月
夷堅甲志、乙志、丙志、丁志　（宋）洪邁撰　宛委別藏本　臺北　臺灣商務印書館　一九八一年十月
老學庵筆記　（宋）陸游撰　臺北　木鐸出版社　一九八二年五月
能改齋漫錄　（宋）吳曾撰　臺北　木鐸出版社　一九八二年五月
揮麈前錄、後錄、三錄、餘話　（宋）王明清撰　四部叢刊續編本　臺北　臺灣商務印書館　一九六六年十月
野客叢書　（宋）王楙撰　影印文淵閣四庫全書本　臺北　臺灣商務印書館　一九八五年二月
賓退錄　（宋）趙與旹撰　影印文淵閣四庫全書本　臺北　臺灣商務印書館　一九八五年二月
鶴林玉露　（宋）羅大經　影印文淵閣四庫全書本　臺北　臺灣商務印書館　一九八五年二月
貴耳集　（宋）張端義撰　臺北　木鐸出版社　一九八二年五月
吹劍錄　（宋）俞文豹撰　說郛本　臺北　臺灣商務印書館　一九七二年十二月
藏一話腴　（宋）陳郁撰　影印文淵閣四庫全書本　臺北　臺灣商務印書館　一九八五年二月

道山清話　(宋)王暐撰　影印文淵閣四庫全書本　臺北　臺灣商務印書館　一九八五年六月
耆舊續聞　(宋)陳鵠撰　影印文淵閣四庫全書本　臺北　臺灣商務印書館　一九八五年六月
醉翁談錄　(宋)羅燁撰　上海　古典文學出版社　一九五七年四月
五燈會元　(宋)釋普濟撰　影印文淵閣四庫全書本　臺北　臺灣商務印書館　一九八五年六月
敬齋古今黈　(元)李治撰　影印文淵閣四庫全書本　臺北　臺灣商務印書館　一九八五年二月
研北雜志　(元)陸友撰　影印文淵閣四庫全書本　臺北　臺灣商務印書館　一九八五年二月
池北偶談　(清)王士禛撰　影印文淵閣四庫全書本　臺北　臺灣商務印書館　一九八五年二月
義門讀書記　(清)何焯撰　影印文淵閣四庫全書本　臺北　臺灣商務印書館　一九八五年二月

## 九、單篇論文

二晏年譜　夏承燾撰　收入唐宋詞人年譜　上海　上海古籍出版社　一九七九年五月
夏著二晏年譜補正　鄭師因百撰　收入景午叢編(下編)　臺北　臺灣中華書局　一九七二年三月
夏承燾〈晏殊年譜〉摭遺　阮廷焯撰　華學季刊　五卷四期　一九八四年十二月
珠玉詞版本考　鄭師因百撰　收入景午叢編(下編)　臺北　臺灣中華書局　一九七二年三月
大小晏　王熙元撰　收入中國文學講話(七)兩宋文學　臺北　巨流圖書公司　一九八六年六月
二晏父子　劉揚忠撰　文史知識　一九八三年九期

晏殊珠玉詞新評　萬斌生撰　江西社會科學　一九八六年六期
論晏殊詞　葉嘉瑩撰　收入靈谿詞說　臺北　國文天地雜誌社　一九八九年十二月
簡論晏歐詞的藝術風格　詹安泰撰　收入宋詞散論　廣州　廣東人民出版社　一九八二年一月
落花微雨燕歸來——晏氏父子詞中的花與燕　陳滿銘撰　國文天地　六卷十二期　一九九一年五月
歐陽修詞集考　謝桃坊撰　文獻　二十八輯　北京　書目文獻出版社　一九八六年四月
歐陽修の詞について　田中謙二撰　東方學　二輯　一九五三年十月
論歐陽修詞　葉嘉瑩撰　收入靈谿詞說　臺北　國文天地雜誌社　一九八九年十二月
歐陽修詠物詞之研究　顧柔利撰　黃埔學報　二十三輯　一九九一年十月
歐陽修詞的藝術特色　潘君昭撰　詞學　三輯　上海　華東師範大學出版社　一九八五年二月
詞之雅鄭在神不在貌——談作爲宋初小詞之界碑的歐陽修詞的品格特色　葉嘉瑩撰　收入詩馨篇（下）　北京　中國青年出版社　一九九一年十月
論民間歌曲對歐陽修詞的影響　陳曉芬撰　收入詞學論稿　上海　華東師範大學出版社　一九八六年九月
歐陽修在詞史上的地位　鄧魁英撰　收入詞學研究論文集（一九四九—一九七九）　上海　上海古籍出版社　一九八二年三月
風花中有大家詞——論歐陽修詞的歷史地位　柏寒撰　文史哲　一九八九年二期

晏叔原繫年新考　鄭師因百撰　收入景午叢編（下編）　臺北　臺灣中華書局　一九七二年三月
晏幾道生卒年小考　鍾陵撰　南京師大學報　一九八七年四期
晏幾道生平零考　陳尙君撰　中華文史論叢　一九八八年一期
評王箋小山詞　鄭師因百撰　收入景午叢編（上編）　臺北　臺灣中華書局　一九七二年一月
晏幾道及其小山詞　葉慶炳撰　文學雜誌二卷三期　一九五七年五月
論晏幾道詞　繆鉞撰　收入靈谿詞說　臺北　國文天地雜誌社　一九八九年十二月
詞品與人品——再論晏幾道、繆鉞撰　收入詞學古今談　臺北　萬卷樓圖書公司　一九八九年十二月
清壯頓挫小山詞　鍾陵撰　南京師大學報　一九八五年二期
倦客紅塵，長記樓中粉淚人——試論小山詞對意義的追尋　方曉明撰　山東師大學報　一九九一年五期
晏幾道夢詞的理性思考　陶爾夫、劉敬圻撰　文學評論　一九九〇年二期
小山詞中的紅與綠　鄭師因百撰　收入景午叢編（下編）　臺北　臺灣中華書局　一九七二年一月
漫談小山詞用成句及其他　吳世昌撰　收入羅音室學術論著（第二卷詞學論叢）　北京　中國文聯出版公司　一九九一年十一月
晏幾道、聶勝瓊剿襲前人詩　羅忼烈撰　收入詞學雜俎　成都　巴蜀書社　一九九〇年六月
論晏幾道在詞史中之地位　葉嘉瑩撰　收入唐宋詞名家論集　臺北　國文天地雜誌社　一九八七年十

一月
張子野年譜　夏承燾撰　收入唐宋詞人年譜　上海　上海古籍出版社　一九七九年五月
張子野年譜辨誤　姜書閣撰　湘潭大學學報　一九九一年一期
張子野佚詩輯存　羅忼烈撰　收入詞學雜俎　成都　巴蜀書社　一九九〇年六月
張子野の詞について　村上哲見撰　收入宋詞研究（唐五代北宋篇）　東京　創文社　一九七六年三月
論張先詞　繆鉞　收入靈谿詞說　臺北　國文天地雜誌社　一九八九年十二月
張先是由小令到長調的橋樑　曾憲燊撰　藝文誌　一四四期　一九七七年九月
張先一叢花的本事辯證　蕭滌非撰　收入樂府詩詞論叢　濟南　齊魯書社　一九八五年五月
柳永事跡新證　唐圭璋撰　收入詞學論叢　臺北　宏業書局　一九八八年九月
小畜集中關於柳永家世的記載　唐圭璋撰　收入詞學論叢　臺北　宏業書局　一九八八年九月
關於柳永初任職的記載不實　黃強祺撰　文學遺產　一九八七年一期
從宋代官制考證柳永的生平仕履　吳熊和撰　文學評論　一九八七年三期
話柳永　羅忼烈撰　收入話柳永　香港　星島教育出版社　一九八八年七月
柳永六題　羅忼烈撰　收入詞學雜俎　成都　巴蜀書社　一九九〇年六月
柳永與孫沔的交游及柳永卒年新證　吳熊和撰　詞學　十輯　上海　華東師範大學出版社　一九九二

年十二月
柳永年譜稿　劉天文撰　成都大學學報　一九九二年一、二期
論柳永詞　唐圭璋、潘君昭撰　收入詞學研究論文集（一九四九—一九七九）　上海　上海古籍出版社　一九八二年三月
論柳永的詞　唐圭璋、金啓華撰　收入詩詞論叢　武漢　湖北人民出版社　一九八四年五月
柳耆卿詞綜編　村上哲見撰　周慧珍譯　詞學　五輯　上海　華東師範大學出版社　一九八六年十月
柳詞略述　唐圭璋撰　收入詞學論叢　臺北　宏業書局　一九八八年九月
論柳永詞　葉嘉瑩撰　收入靈谿詞說　臺北　國文天地雜誌社　一九八九年十二月
柳永詞について—その艷詞に關する一考察　中原健二撰　中國文學報　二十五冊　一九七五年四月
柳永の詞風と北宋都市生活　宇野直人撰　日本中國學會報　四十二集　一九九〇年
論柳永的對句法　宇野直人撰　康萍譯　收入日本學者中國詞學論文集　上海　上海古籍出版社　一九九一年五月
柳永詞中的口頭語　蕭滌非撰　收入樂府詩詞論藪　濟南　齊魯書社　一九八五年八月
詞牌からみた柳永と周邦彥　萩原正樹撰　學林　八號　一九八六年七月
柳永與慢詞的形成　孫康宜撰　李奭學譯　中外文學　二十卷一期　一九九一年六月
柳永蘇軾與詞的發展　鄭師因百撰　收入從詩到曲　臺北　中國文化雜誌社　一九七一年三月

怎樣評價柳永的詞　王季思撰　收入玉輪軒古典文學論集　北京　中華書局　一九八二年六月
北宋詞壇的「柳永熱」　施議對撰　社會科學研究　一九八八年六期
略論柳永和周邦彥詞作風格的異同　黃毓文撰　吉林師範學院學報　一九八七年一期
柳周詞比較研究　林玫儀撰　收入詞學考詮　臺北　聯經出版事業公司　一九八七年十二月
論周邦彥對柳永詞的繼承和發展　黃炳輝撰　河北大學學報　一九八八年三期
柳永周邦彥慢詞之比較　陳水生撰　廣州師院學報　一九九〇年三期
蘇東坡的先世及其親屬　鄭師因百撰　收入景午叢編(下編)　臺北　臺灣中華書局　一九七二年三月
蘇東坡著述版本考　王景鴻撰　書目季刊　四卷二、三期　一九六九年十二月、一九七〇年三月
蘇軾詞集版本綜述　劉尚榮撰　詞學　四輯　上海　華東師範大學出版社　一九八六年八月
蘇軾的文藝觀　劉乃昌撰　文史哲　一九八一年三期
蘇軾詞學思想研究　楊佐義撰　東北師大學報　一九九一年二期
蘇軾與黃庭堅的詞論　青山宏撰　范建明譯　蘇州大學學報　一九九〇年三期
論蘇軾的「自是一家」說　徐中玉撰　學術月刊　一九八一年五期
蘇軾「以詩爲詞」促成詞體革命　朱靖華撰　收入蘇軾新論　濟南　齊魯書社　一九八三年十一月
論蘇試以詞言志　景剛撰　華中師範大學學報　一九八八年五期

從蘇軾、秦觀詞看詞與詩分合趨向——兼論蘇詞革新和傳統的關係　王水照撰　收入蘇軾論稿　臺北　萬卷樓圖書公司　一九九四年十二月
蘇軾的書簡〈與鮮于子駿〉和〈江城子·密州出獵〉　王水照撰　收入蘇軾論稿　臺北　萬卷樓圖書公司　一九九四年十二月
蘇軾豪放詞派的涵義和評價問題　王水照撰　收入蘇軾論稿　臺北　萬卷樓圖書公司　一九九四年十二月
蘇軾試論　王季思撰　收入玉輪軒古典文學論集　北京　中華書局　一九八二年六月
論蘇軾詞　唐圭璋、潘君昭撰　收入唐宋詞學論集　濟南　齊魯書社　一九八五年二月
東坡詞研究　車柱環撰　張泰源譯　書目季刊　二十二卷二期　一九八八年九月
論蘇軾詞　葉嘉瑩撰　收入靈谿詞說　臺北　國文天地雜誌社　一九八九年十二月
東坡詩詞中的自我表現　于大成撰　中華文化復興月刊　四卷二期　一九七一年二月
東坡詞中的感情表現　鄭向恆撰　古典文學　二集　臺北　臺灣學生書局　一九八〇年十二月
蘇試雨中花慢是悼念朝雲　高培華撰　文學遺產　一九八七年六期
文學社會學理論在中國文學的應用——以高德曼理論剖析東坡詞之世界觀　何金蘭撰　收入文學社會學　臺北　桂冠圖書公司　一九八九年八月
論蘇、辛詞與莊騷　繆鉞撰　收入靈谿詞說　臺北　國文天地雜誌社　一九八九年十二月

論蘇軾與佛教　劉石撰　收入蘇軾詞研究　臺北　文津出版社　一九九二年七月
蘇軾初期的送別詞　西紀昭撰　孫康宜譯　中外文學　七卷五期　一九七八年十月
蘇東坡與辛稼軒的農村詞　徐信義撰　幼獅月刊　四十八卷一期　一九七八年七月
從東坡樂府裡看蘇軾與農民的情誼　唐圭璋撰　收入詞學論叢　臺北　宏業書局　一九八八年九月
讀蘇軾黃州時期的詞　馬興榮撰　收入東坡研究論叢　成都　四川文藝出版社　一九八六年三月
東坡詞「是曲子中縛不住者」辨析　張子良撰　中國學術年刊　十一期　一九九〇年三月
論蘇軾對詞境的擴大和提高　葉柏村撰　收入詞學研究論文集（一九四九—一九七九）　上海　上海古籍出版社　一九八二年三月
蘇軾轉變詞風的幾個問題　施議對撰　學習與思考　一九八三年一期
詞風的轉變與蘇詞的風格　袁行霈撰　收入中國詩歌藝術研究　北京　北京大學出版社　一九八七年六月
蘇軾在宋代文學革新中的領袖地位　姜書閣撰　文學遺產　一九八六年三期
略論蘇軾在宋詞發展中所起的作用和影響　楊海明撰　收入唐宋詞論稿　杭州　浙江古籍出版社　一九八八年五月
於剪紅刻翠之外別立一宗的蘇軾　朱宏達撰　收入十大詞人　臺北　世界文物出版社　一九九二年七月

東坡詞雜說　羅忼烈撰　收入兩小山齋論文集　北京　中華書局　一九八二年七月
東坡詞二題　謝桃坊撰　收入東坡研究論叢　成都　四川文藝出版社　一九八六年三月
有關蘇軾詞的若干問題　吳世昌撰　收入羅音室學術論著（第二卷詞學論叢）　北京　中國文聯出版公司　一九九一年十一月
漫談蘇辛異同　鄭師因百撰　收入景午叢編（上編）　臺北　臺灣中華書局　一九七二年一月
東坡詞研究評論述要　崔海正撰　文學遺產　一九九〇年一期
黃庭堅名、字與別號　陳靖華、陳小林撰　九江師專學報　一九九〇年四期
黃庭堅卒年質疑　于景祥撰　文學遺產　一九九〇年三期
黃庭堅卒年可以無疑　徐无聞撰　文學遺產　一九九一年三期
黃庭堅禪學源流述略　祝振玉撰　文史知識　一九八八年四期
蘇門四學士詞　龍沐勛撰　詞學研究論文集（一九一一—一九四九）　上海　上海古籍出版社　一九八八年三月
蘇籀論山谷、少游、晁無咎詞　羅忼烈撰　收入詞學雜俎　成都　巴蜀書社　一九九〇年六月
試論黃庭堅詞　周裕鍇撰　學術月刊　一九八四年十一期
論黃庭堅詞　繆鉞撰　收入靈谿詞說　臺北　國文天地雜誌社　一九八九年十二月
山谷詞試論　張晶撰　遼寧師範大學學報　一九九二年一期

黃庭堅詞的自我人格形象　喬力撰　江西社會科學　一九八七年四期
試論山谷詞中抒情主人公的情感因素　王詞魯撰　九江師專學報　一九九〇年四期
黃庭堅詞風管窺　蔡厚示撰　文學評論　一九八六年五期
入於蘇而又出於蘇之黃庭堅詞　曾昭岷撰　湖北大學學報　一九八八年二期
談黃山谷詞札記　祝振玉撰　上海師範大學學報　一九九一年三期
秦觀評傳　唐圭璋、潘君昭撰　收入唐宋詞學論集　濟南　齊魯書社　一九八五年二月
秦觀　唐圭璋撰　收入詞學論叢　臺北　宏業書局　一九八八年九月
秦少游詞論稿（一）　青山宏撰　漢學研究　十六、十七號　一九七八年九月
秦少游詞論稿（二）　日本大學人文科學研究所研究紀要　廿三號　一九八〇年三月
秦少游詞論稿（三）　青山宏撰　保苅佳昭譯　收入日本學者中國詞學論文集　上海　上海古籍出版社　一九九一年五月
論婉約派詞人秦觀　朱德才撰　收入詞學研究論文集（一九四九—一九七九）　上海　上海古籍出版社　一九八二年三月
簡論秦觀詞　葉元章撰　青海社會科學　一九八四年五期
秦觀淮海詞論辨　陳祖美撰　上海師範大學學報　一九八七年四期
論秦少游詞　楊海明撰　收入唐宋詞論稿　杭州　浙江古籍出版社　一九八八年五月

論淮海詞　蕭瑞峰撰　詞學　七輯　上海　華東師範大學出版社　一九八九年二月
論秦觀詞　葉嘉瑩撰　收入靈谿詞說　臺北　國文天地雜誌社　一九八九年十二月
飛花萬點愁如海——秦觀詞寫愁舉隅　于廣元撰　文史知識　一九八二年五期
說秦觀以詩詞問題　金啓華撰　光明日報　一九八四年三月十三日三版
媚春幽花，自成馨逸——秦觀詞的審美特色　錢鴻瑛撰　文學遺產　一九八七年一期
清眞、淮海詞風之異同　蔣哲倫撰　詞學　七輯　上海　華東師範大學出版社　一九八九年二月
論杜牧與秦觀八六子詞　繆鉞撰　收入靈谿詞說　臺北　國文天地雜誌社　一九八九年十二月
賀方回年譜　夏承燾撰　收入唐宋詞人年譜　上海　上海古籍出版社　一九七九年五月
讀夏承燾先生〈賀方回年譜〉札記十一則　李維新撰　鄭州大學學報　一九八三年三期
賀鑄建中靖國元年蹤跡考索——〈賀方回年譜〉訂補一例　鍾振振撰　文學遺產增刊　十六輯　北京
　中華書局　一九八三年十一月
論賀方回詞質胡適之先生　龍沐勛撰　詞學季刊　三卷三號　一九三六年九月
論賀鑄的詞　張起撰　河南師大學報　一九八九年一期
論賀鑄詞　繆鉞撰　收入靈谿詞說　臺北　國文天地雜誌社　一九八九年十二月
不緣師友，求變出新——談賀鑄東山詞的表現手法　李維新撰　殷都學刊　一九八八年四期
賀鑄六州歌頭繫年考辨　鍾振振撰　中華文史論叢　一九八二年四輯

周邦彥年譜　馬成生、趙治中撰　麗水師專學報　一九九一年二、三期
清眞詞敘論　龍沐勛撰　詞學季刊　二卷四號　一九三五年七月
周詞訂律序　邵瑞彭撰　詞學季刊　三卷一號　一九三六年三月
論清眞詞　洪惟助撰　收入詞曲四論　臺北　華正書局　一九七九年十二月
論周邦彥詞　葉嘉瑩撰　收入靈谿詞說　臺北　國文天地雜誌社　一九八九年十二月
周美成的詞　村上哲見撰　邵毅平譯　收入日本學者中國詞學論文集　上海　上海古籍出版社　一九九一年五月
論周邦彥的羈旅行役詞　蔣哲倫撰　上海師範大學學報　一九八五年二期
北宋文化低潮時期的周邦彥詞　謝桃坊撰　光明日報　一九八六年六月三日三版
擁護新法的北宋詞人周邦彥　羅忼烈撰　收入詞曲論稿　臺北　木鐸出版社　一九八二年六月
周清眞詞時地考略　羅忼烈撰　收入兩小山齋論文集　北京　中華書局　一九八二年七月
清眞詞的比興與寄托　萬雲駿撰　收入詞學論稿　上海　華東師範大學出版社　一九八六年九月
論周邦彥詞之政治託喻　葉嘉瑩撰　河北大學學報　一九八七年三期
論清眞詞中之寄托　林玫儀撰　收入宋代文學與思想　臺北　臺灣學生書局　一九八九年八月
清眞詞的藝術成就及其特徵　劉揚忠撰　文學遺產　一九八二年三期
論清眞詞的風格演變及其思想內容　劉揚忠撰　收入中國文學史研究集　上海　上海古籍出版社　一

九八五年十一月
論清眞詞風格的辯證藝術　何尊沛撰　四川師院學報　一九九二年一期
清眞詞與少陵詩　羅忼烈撰　詞學　四輯　上海　華東師範大學出版社　一九八六年六月
論清眞詞的抒情結構　顧偉列撰　文學遺產　一九八七年一期
以賦爲詞——清眞詞的藝術特色　袁行霈撰　收入中國詩歌藝術研究　北京　北京大學出版社　一九八七年六月
有關周邦彥詞的幾個問題　唐圭璋、潘君昭撰　詞學　八輯　上海　華東師範大學出版社　一九九〇年十月
評歷代詞話論周美成之得失　韋金滿撰　古典文學　五集　臺北　臺灣學生書局　一九八三年十二月
拂水飄綿送行色——周邦彥的蘭陵王　袁行霈撰　文史知識　一九八三年九期
辨舊說周邦彥蘭陵王詞的一些曲解　俞平伯撰　收入論詩詞曲雜著　上海　上海古籍出版社　一九八三年十月
周邦彥和他被錯解的詞　吳世昌撰　文史知識　一九八六年十一期
柳周詞比較研究　林玫儀撰　收入詞學考詮　臺北　聯經出版事業公司　一九八七年十二月
兩宋承先啓後之二詞人——清眞白石詞之比較分析　傅試中撰　輔仁學誌（文學院之部）　十一期　一九八二年六月

唐宋詞選評語　汪東撰　詞學　二輯　上海　華東師範大學出版社　一九八三年十月
唐宋詞字聲之演變　夏承燾撰　收入唐宋詞論叢　香港　中華書局　一九八五年九月
映庵詞評　夏敬觀撰　葛渭君輯　詞學　五輯　上海　華東師範大學出版社　一九八六年十月
成府談詞　鄭師因百撰　收入景午叢編（上編）　臺北　臺灣中華書局　一九七二年一月
漁父在唐宋詞中的意義　黃文吉撰　第一屆詞學國際研討會論文集　臺北　中央研究院中國文哲研究所籌備處　一九九四年十一月
敦煌曲子詞集敘錄　王重民撰　收入敦煌遺書論文集　臺北　明文書局　一九八五年六月
船子和尚撥棹歌　施蟄存撰　詞學　二輯　上海　華東師範大學出版社　一九八三年十月
論馮延巳詞　鄭師因百撰　收入從詩到曲　臺北　中國文化雜誌社　一九七一年三月
宋詞互見考　唐圭璋撰　收入宋詞四考　南京　江蘇文藝出版社　一九五九年七月
宋代士大夫歌詞的文化意蘊　張惠民撰　海南師院學報　一九九三年三期
從詞的實用功能看宋代文人的生活　黃文吉撰　國際宋代文化研討會論文集　成都　四川大學出版社　一九九一年十月
宋代歌妓繁盛對詞體之影響　黃文吉撰　第一屆宋代文學研討會論文集　高雄　麗文文化事業公司　一九九五年五月
北宋懷古詞小考　車柱環撰　詞學　十輯　上海　華東師範大學出版社　一九九二年十二月

論詠物詞之發展及王沂孫之詠物詞　葉嘉瑩撰　收入唐宋詞名家論集　臺北　國文天地雜誌社　一九八七年十一月